中国制造专精特新管理升级丛书

# 6S

## 方法、工具与推行指南

占必考 刘玲峰 杨庆伟 ▶ 著

# 精益管理

电子工业出版社.

**Publishing House of Electronics Industry**

北京·BEIJING

## 内 容 简 介

本书基于精益的思维和方法指导企业如何做好现场管理工作。精益现场管理不但要做到环境干净整洁，人、设备、物料运转有序，而且还需要根据生产运作规律，构建最佳的生产作业系统，使人员高效化、成本最优化、经营效益最大化。在这样的指导思想下，本书对6S管理的整理、整顿、清扫、清洁、素养、安全六大要素做了全面且精细的剖析，采用图解化、流程化、表格化、案例式的写作方法，让读者一目了然地知道如何有效推行6S。本书不但教会读者行之有效的推行方法，而且通过大量图片的对比说明，深入解读了推行6S前后的变化，让读者真实体会到推行6S的种种好处，最终实现思想上的统一。参照本书，管理者可以快速推动企业实现精益6S管理，帮助企业把6S活动习惯化、常态化，进而完成"高效率、零浪费、精益化"的修炼。

本书适合生产性企业的班组长、工段长、车间主任、主管生产的副总、精益变革人员、6S推行组成员、管理咨询顾问等阅读使用。

**图书在版编目（CIP）数据**

6S精益管理：方法、工具与推行指南 / 占必考，刘玲峰，杨庆伟著. —北京：电子工业出版社，2022.4
（中国制造专精特新管理升级丛书）

ISBN 978-7-121-43153-1

Ⅰ.①6… Ⅱ.①占… ②刘… ③杨… Ⅲ.①制造工业—精益生产—工业企业管理—生产管理—研究—中国 Ⅳ.①F426.4

中国版本图书馆CIP数据核字（2022）第045685号

责任编辑：杨　雯
印　　刷：中国电影出版社印刷厂
装　　订：中国电影出版社印刷厂
出版发行：电子工业出版社
　　　　　北京市海淀区万寿路173信箱　邮编：100036
开　　本：787×1092　1/16　印张：22　字数：508千字
版　　次：2022年4月第1版
印　　次：2022年4月第1次印刷
定　　价：69.00元

凡所购买电子工业出版社图书有缺损问题，请向购买书店调换。若书店售缺，请与本社发行部联系，联系及邮购电话：（010）88254888，88258888。

质量投诉请发邮件至zlts@phei.com.cn，盗版侵权举报请发邮件至dbqq@phei.com.cn。

本书咨询联系方式：（010）57565890，meidipub@phei.com.cn。

# "专精特新"从精细管理入手

刘九如

习近平总书记 2021 年 7 月主持中共中央政治局会议分析研究当前经济形势、部署下半年经济工作时，提出要"发展专精特新中小企业"。由此，工业和信息化部发布规划，明确"十四五"期间，将重点培育孵化带动百万家创新型中小企业、培育 10 万家省级专精特新企业、1 万家专精特新"小巨人"企业。

所谓专精特新"小巨人"，是指专业化、精细化、特色化、新颖化的中小企业，是既专注于制造业各领域细分市场，又在质量、品牌、技术、创新和市场占有率方面有突出表现，真正做到质量创新能力强、市场占有率高、掌握关键核心技术、质量效益优的行业"排头兵"。因此，经济效益好、专注细分专业领域、具备较强的创新能力和优秀的企业管理是专精特新"小巨人"推荐评选的基本条件。截至 2021 年 7 月底，工业和信息化部评选发布了三批专精特新"小巨人"企业，共计 4762 家。

中国是制造大国，制造业由大变强，是新阶段制造业高质量发展的主要任务。目前，我国制造业原创产品少、高端产品少，专利产品少，在工业软件、航空发动机、芯片、农业机械等方面与先进国家差距较大，在传感器、实验精密设备、高压柱塞泵、高端电容电阻、高端轴承钢、精密抛光等专业制造领域仍被部分国外产品垄断。化解这些难题，不能仅靠大企业和科研机构，也不能靠规模化或举国体制，有效的解决办法，就是在量大面广的中小制造业企业中培育专精特新"小巨人"企业。

培育专精特新，首要的就是鼓励创新。创新是专精特新的灵魂，是其最鲜明的特色。我国经济发展到今天，科技创新既是发展问题，更是生存问题。工业和信息化部的相关统计数据显示，现有专精特新"小巨人"企业平均研发强度为 6.4%，平均拥有发明专利近 12 项。这些企业长期深耕细分市场，创新实力强、市场占有率高、掌握核心技术，处于产业链供应链的关键环节，对补链强链、解决"卡脖子"难题等具有重要支撑作用。

此外，培育专精特新"小巨人"要从精细管理入手。精细精益化运营和数字化管理既是创新的基本前提，也是"小巨人"脱颖而出的关键。建立精细化管理思维，帮助企业在经营管理中建立精细高效的制度、流程和体系，实现生产精细化、管理精细化、服务精细化，真正向专精特新迈进，需要企业自身建立标准，树立标杆，不断强化质量基础，提高资源利用效率，化解管理粗放问题；同时也需要借鉴众多成功企业的经验，对标自身短板，持续改进提升。

"中国制造专精特新管理升级丛书"集合了华为、三星、海尔、三一重工、富士康等知名企业中高管的管理经验，遵循制造企业转型升级的成长逻辑，从"夯实基础管理—推进精益管理—走向智能制造"三个阶段，多层面、多维度地解构了制造企业转型升级的关键要点，为专精特新"小巨人"的培育提供了良好参照。

第一阶段，夯实基础管理。围绕工作现场生产要素的有效管理、质量控制和管理、"五星"班组建设等基础管理问题，精心策划实操性强、实效性高的研究课题，帮助企业系统掌握做好现场管理、质量管理、班组建设的方法和工具，夯实制造企业转型升级的基石。

第二阶段，推进精益管理。围绕打造理性组织，将精益理念、改善理念与流程和管理体系建设方法、工具等有机融合在一起，帮助企业快速习得精益管理、组织理性建设的具体实践方法，以之作为制造企业转型升级的系统保障。

第三阶段，走向智能制造。围绕推进信息技术与制造技术深度融合，强化供应链管理能力，持续普及供应链管理和精益智能制造的前沿理念与先进方法，引导企业加快构建智能制造发展生态，全面实现高质量发展。

本套丛书即将出版的《6S 精益管理》《精益质量管理》《全员精益文化》《激发一线活力》《流程赋能》《智能制造落地》《精益采购与供应商管理》等书籍，涵盖了制造企业管理的方方面面，对于培育专精特新"小巨人"、助力制造企业转型升级有重要的指导作用，其中的思想智慧、方式方法，值得广大制造企业经营者、管理者深度学习与借鉴。（本序作者系电子工业出版社有限公司总编辑兼华信研究院院长、工业和信息化部电子科技委产业政策组副组长）

# 前　言

制造业的转型升级除了技术的变革、硬件的升级，人的思维升级、企业的管理升级同等重要。面对日趋白热化的市场竞争和日益复杂的经营环境，如何练好管理"内功"已成为生产性企业不可回避的重要课题。6S 管理作为生产现场管理的基础，不但能够帮助企业做到环境干净整洁，人、设备、物料运转有序，而且还可以根据生产运作规律，优化生产作业系统，实现生产的"高效率、零浪费、精益化"。

随着中国制造2025、工业4.0的提出，许多企业在推进智能制造的过程中遇到了一些基础性的问题，如技术工人的素养和能力不够、生产设备的预防性管理不到位、现场作业的流动性不畅通。本以为可以通过设备实现生产作业的自动自发，设备引进后反而变成了半智能状态，甚至许多智能设备成为摆设，生产线经常瘫痪在那里。无论是传统制造企业，还是新时期的智能制造，都离不开人、机、料、法、环这些现场管理要素。不同的是智能制造将这5个要素与信息化技术深度融合，产生了智能化、信息化的智能车间现场，6S 管理被赋予了新的内涵，也对其提出了更高的要求。

笔者常年为各类型制造企业提供精益咨询服务，在服务过程中，发现众多企业不但没有与时俱进提高对这项工作的认知，还陷入了各种思维误区。误区之一是大家都很忙，没时间推行 6S；误区之二是员工的文化水平低，不适合推行 6S；误区之三是通过罚款高压推行 6S 比激励驱动更有效果；误区之四是推行 6S 管理就是现场大扫除；误区之五是通过一段时间的努力，6S 推行目的自然达到了。

这些误区看似简单，却代表了一大批人的真实想法。我们必须正确认知推行 6S 的价值，并在全体员工中达成共识，从而消除推行过程中的各种阻力。推行 6S 管理从现场的整理、整顿开始，逐步深入人的工作习惯、职业素养，以及设备的预防管理，同时在这个过程中还可以进一步优化作业流程、作业方式，提高作业效率，保障生产安全和产品质量。推行 6S 管理，是一项需要全员参与的工作，通过推行 6S 管理可以培养员工的职业精神，持续提升和优化企业的人才队伍。同时，它还是一项需要正向激励的工作，需要长期坚持，一旦企业上下养成了良好的 6S 习惯，将带给大家的是舒适的工作环境、积极的工作氛围、稳定的产品质量、良好的客户口碑，对企业的经营发展起到很好的促进作用。

即便知道推行 6S 的种种好处，很多企业在推行中仍然困难重重。一些生产管理人员面对杂乱的现场无从下手，或者一时解决了问题，时间一久又恢复原样，这是 6S 推行最大的困难。面对生产现场长距离搬运、回流搬运、交叉流动、在制品堆积等现象，如果只是简单地做好整理、整顿，开展目视化管理，是无法从根本上解决问题的。推行 6S 管理的背后必须重视对生产运作系统的梳理，重视现场"一个流"生产建设，强化对人、机、料、法、环五大要素的管控，使之处于协调、顺畅的状态。

6S 推行工作看起来简单，却被很多人误以为只是做现场大扫除，事实上它的背后集成了精益生产、流程管理、质量管理和组织管理等众多管理理念与方法。单一地从某一方面考虑，就无法最优化地改善生产运营系统。为了更好地推行 6S 管理，相关人员必须系统地策划和设计 6S 推行计划和策略。

笔者具有多年的 6S 推行服务经验，总结了基于 6S 精益管理的标准化推行模式，诸如样板区的打造、一周一标杆的推进、以点带面实现 6S 精益管理全面深入的标准化推行模式。这些方式方法对培养 6S 推行团队、传承 6S 推行方法、突破企业推行 6S 困局，以及形成企业 6S 改善文化有着事半功倍的作用。这些经验和方法，我在本书中都做了详细的解读。

本书前三章，解读了 6S 推行的价值认知、组织管理和推行方案制定，第 4 章至第 9 章解读了 6S 推行中整理、整顿、清扫、清洁、素养、安全这 6 个模块的内容，后三章分别解读了 6S 全面推行指南、6S 推行绩效评比、6S 推行成果巩固这 3 个方面的内容。通过系统性地阐述 6S 推行的路径、方法与标杆实践，再配以图片对照和工具表单的解读，力求帮助读者抓住 6S 推行的根本，掌握 6S 推行实战方法。

除了为广大生产性企业提供 6S 精益咨询服务，笔者还致力于提供效率提升、流程优化、供应链优化和质量改善等方面的咨询服务。多年的咨询服务经历，使我积累了大量的成功案例，包括为三星电子、海尔、OPPO、新北洋、中国建材、威盛电子等企业提供的精益咨询服务。这也是我能够撰写本书的基础，希望能够将自己多年精益咨询经验与大家分享，并对大家的工作有所帮助。本书的出版，得到了企业界朋友以及众多精益咨询行业伙伴的帮助，他们提供的资料以及提出的优化意见，让本书增色不少。在此，一并表示感谢！

因笔者水平有限，书中难免存在疏漏错误之处。如果您发现书中不足之处，还请提出宝贵的意见和建议。

占必考

# 目　录

## 第1章　价值认知：6S 内涵与作用

推行 6S 是管理生产作业现场的重要手段。它通过整理、整顿、清扫、清洁、素养、安全、节约等活动，消除作业和工作现场各种不利因素和行为，以提高作业效率。

## 第2章　组织管理：6S 推行责任

企业开展 6S 推行活动需要自上而下进行，建立一个强有力的 6S 推行组织是实现这一目标的可靠保证。

# 第3章　6S 推行方案：6S 推行路径图

6S 推行方案是 6S 推行的纲领性、指导性文件。制定合理的推行方案是所有企业开展 6S 管理必做的功课。

# 第4章　6S 推行 1：整理活动指南

不整理，会造成 50% 以上的时间浪费。因而，下定决心，果断丢弃不需要的物品，是非常紧迫而重要的事情。通过整理，会提高空间使用率与工作效率，降低失误率。

# 第5章　6S 推行 2：整顿活动指南

寻找东西看起来微不足道，但如果不予以重视，那么累积起来的时间浪费将是惊人的，足以占去人们大半的工作时间。整顿活动就是致力于打造没有浪费的作业现场，让任何人都能够一目了然、快速便捷地周转物料、使用工具，高效地工作。

## 第6章 6S 推行 3：清扫活动指南

清扫工作的价值在于彻底去除现场、机械设备、设施、工具的污垢，有预见性地发现异常的发生源，实现全员自主保养。

## 第7章 6S 推行 4：清洁活动指南

就清洁的本质而言，它旨在通过建立一个避免多余物品、不必返还、避免污染的机制，长期维持 3S 工作成果。

## 第8章　6S 推行5：素养培育指南

素养，就是人们遵守规则，养成自然而然地做事的习惯。这对 6S 推行至关重要。漫不经心、不修边幅的人，如何指望他能够认同并做好 6S 呢？在素养的养成上，除教育以外，还需要有奖惩措施，直到形成习惯为止。

## 第9章　6S 推行6：安全预防指南

安全是企业永恒的话题。做不好安全管理的企业是无法成就卓越的。6S 推行人员应配合企业安全部门积极完善安全管理工作。

## 第10章　推行实战：6S 全面推行指南

生产企业的作业流程长，生产空间转换多，只有每个部门的人员都投入 6S 推行工作中，才能打造一个流畅的、员工和客户都满意的生产和管理现场。

# 第 11 章 绩效保障：6S 推行评比

评比是推行 6S 的有效手段。一方面，员工的努力和工作成果得到了认同；另一方面，通过评比督促大家不断学习、总结，大家对 6S 的理解更加透彻，执行更加到位。

## 第 **12** 章　成果保持：6S 推行成果巩固

开展巡查和改善活动，可以巩固已有的成果，积累经验，并且积极挖掘问题根因和鼓励大家创造性地解决问题，进而使 6S 推行工作更上一个台阶。

# 第1章

# 价值认知：6S 内涵与作用

推行 6S 是管理生产作业现场的重要手段。它通过整理、整顿、清扫、清洁、素养、安全、节约等活动，消除作业和工作现场各种不利因素和行为，以提高作业效率。

## 1.1　6S 内涵

一家企业要推行 6S 活动，企业内的推行人员以及员工就必须对 6S 管理有基本的认知，这样才能顺利地推进后续工作。

### 1.1.1　6S 活动的起源

认识 6S，应从认识 5S 开始。5S 起源于日本，是一种有效管理生产现场中人员、机器、材料、方法、信息等生产要素的活动。1955 年，日本企业提出了"安全始于整理、整顿，终于整理、整顿"的口号，开始推行整理、整顿活动，以确保作业空间和生产安全。随着生产和品质控制的需要，逐步开展了清扫、清洁、素养活动。在罗马文拼写中，日文的整理（Seiri）、整顿（Seiton）、清扫（Seiso）、清洁（Seiketsu）、素养（Shitsuke），首个字母都是 S，因此被称为 5S。

此时，5S 雏形初步形成，后又在丰田公司的推波助澜下，逐步向美国和欧洲传播。随着欧美企业对 5S 活动认识的不断深入和企业管理要求及水准的提升，5S 又增加了安全（Safety）内容，并称 6S。经过 30 年的发展，到 20 世纪 80 年代出现了一批关于 5S 的著作。这些著作的问世加速了 5S/6S 向世界各地的传播。

6S 管理适用于对企业办公室、车间、仓库、宿舍和公共场所的人、机、料、法、环的管理，也适用于对公共事务、供水、供电、道路交通管理，以及人员思想意识的管理。

6S 活动不仅能够改善生产作业环境，而且还能提高生产效率、产品质量、服务水准、员工士气等。

### 1.1.2　6S 活动的定义

6S 由 6 个要素组成，掌握这些要素可以更好地开展 6S 活动。6S 的构成要素说明及彼此之间的关系如表 1-1 及图 1-1 所示。

表 1-1　6S 的构成要素说明

| 构成要素 | 说　明 | 概　括 |
|---|---|---|
| 整理 | 区分必需品和非必需品，定期处置非必需品 | 要与不要，一留一弃 |
| 整顿 | 定位必需品，明确数量并准确标示，减少寻找时间 | 合理布局，省时省力 |
| 清扫 | 保持岗位无垃圾、无灰尘、干净整洁 | 清除垃圾，美化环境 |
| 清洁 | 将整理、整顿、清扫进行到底，维持前 3S 成果，并制度化、标准化 | 形成制度，贯彻到底 |
| 素养 | 培养遵守规章制度、积极向上的工作习惯，形成文明作业和团队精神 | 养成习惯，文明作业 |
| 安全 | 清除事故隐患，保障员工人身安全，保证生产正常运行 | 规范操作，安全第一 |

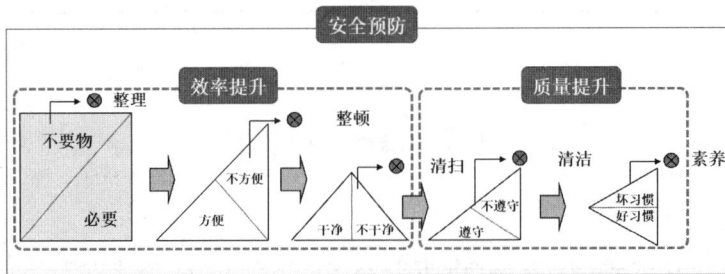

图 1-1　6S 构成要素之间的关系

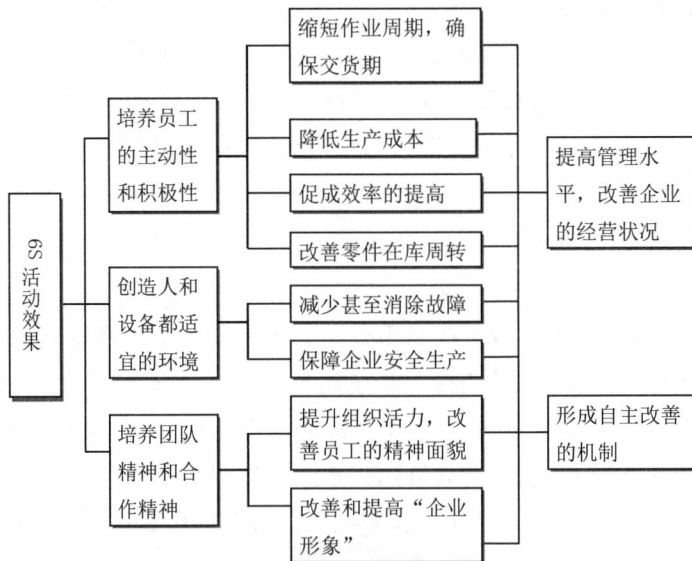

图 1-2　6S 推行目的

6S 彼此相互关联。其中，整理、整顿、清扫是进行日常 6S 活动的具体内容；清洁则是对整理、整顿、清扫工作的规范化和制度化管理；素养要求员工培养自律精神，形成开展 6S 活动的良好习惯；安全则强调员工在开展前 5 项活动的基础上，实现安全化作业。

推行 6S 能给企业带来积极的影响。笔者多年从事 6S 咨询工作，在这里总结出了 6S 推行的目的，看看它能为企业带来哪些好处。6S 推行目的说明如图 1-2 所示。

我们了解 6S 活动的起源，掌握 6S 活动的定义，对推行 6S 活动具有十分重要的作用。

# 1.2　6S 与企业发展

6S 是现代企业管理的基础，推行 6S 活动能够消除工作环境的脏、乱、差现象，使工作现场井井有条，工作质量和效率不断提高。同时还能够激发员工的士气和责任感，使其养成认真工作、规范操作的良好习惯。

## 1.2.1　打造清爽的工作环境

日本企业素以整洁、有序著称，它们认为好的工作环境是员工产生好的工作质量的前提。

### 1. 营造宜人的环境，留住员工的心

员工每天至少有 8 小时在作业域内度过，因此，企业应当尽力打造舒适的工作环境，在给员工带来享受的同时，也能让大家对工作环境产生依赖性，以增强企业的凝聚力。

笔者曾经到一家以精密制造闻名全球的日本企业参观，一进入厂区，它那园林式的优美环境就令我们惊叹。在几万平方米的厂区里，只见飞瀑流水，鸟语花香，仿佛置身于一个很美的风景区；林立其中的车间楼，也是窗明几净，相得益彰；轻缓柔和的音乐在回响，员工们一个个精神饱满，紧张地忙碌着。当我们走向他们时，他们会带着微笑向我们点头致意。

正所谓"物以类聚，人以群分"，你要留住合适的人才，你就得给他合适的工作环境。或者说，你有什么样的环境，你就能培养什么样的人才。这正是"人造环境，环境育人"的道理。

我们需要记住理光公司的一句话："我们无法改变世界，但我们可以把地球的小部分变得更美好。"

### 2. 形成一目了然的工作现场，让管理简单化

工作现场是员工工作的地方，环境的好坏在一定程度上影响着员工的工作心情和工作效率。

企业通过 6S 活动，将没用的或暂时不用的东西统统清理掉，包括灰尘、垃圾、个人物品、破损的设备等，总之，只保留有助于当前工作的物品，保持干净、整洁的现场。一目了然的工作现场如图 1-3 所示。

图 1-3　一目了然的工作现场

　　良好的工作环境管理，还可以通过目视化的管理手段将工作中的标准、规范、要求和注意事项等内容以标识、看板等各种视觉感知信息的方式呈现出来，借以推动看得见的管理。

　　推动目视化管理，不仅可以提升企业整体形象，使工作环境成为推销企业的一张名片，还有助于促进信息公开，实现工作人员自主管理。心理学揭示，在诱发人的积极的工作行为的过程中，不隐藏问题，使工作要求、事物信息处于看得见的状态，有利于调动人的责任感和能动性。

### 1.2.2　营造令客户满意的现场

　　6S 可以给予客户信任感。通常客户与企业进行合作，往往会对企业考察一番，以判断是否可以合作。如果映入眼帘的是工厂生产热火朝天，但现场凌乱，员工衣着不统一，那么客户的第一感觉是，这个工厂没有管理，进而得出判断：这家工厂的产品品质无法让人放心。

　　营造一个整洁有序、安全作业、人员训练有素的现场作业环境是十分必要的。整洁的现场环境如图 1-4 所示。

图 1-4　整洁的现场环境

　　众所周知，日本企业大都对现场有着极高的要求，无论是自己还是供应商，都十分看重细节，近乎苛刻。这背后是对品质和现场环境的高标准和严要求。

　　华为在 2008 年与日本 KDDI 公司合作时，规模已经非常大。当时它乐观地认为很容易通过 KDDI 的审核，因为它已通过了 BT 和 VODAFONE 认证，也取得了 ISO9000、TL9000、ISO14000、OHSAS18000 等证书。当年 7 月，KDDI 对华为生产现场进行了第一次审核。

　　福田是这次 KDDI 审核的主审员，他随身携带三大法宝（手电筒、放大镜、照相机）和白手套。检查中福田用白手套抹灰尘，用放大镜看焊点的质量，用手电筒照设备和物料箱的灰尘，用照相机拍实物图片。检查的细致程度和严谨性让华为现场人员觉得无法理解。

　　第一次审核完毕，福田丢下 93 个不合格项回日本了。这 93 个问题，涉及厂房环境温湿度控制、无尘管理、设备静电防护、周转工具清洁、印锡质量、外观检验标准、规范更新等，每一个问题都有非常高的要求。华为的工程师很震惊，他们认为自己已经做得很不错了，早已达到了行业规范。

　　就在他们争论不休的时候，公司领导经过讨论，认为华为在质量上要有更高的进取心。

　　接下来的 4 个月，华为以 KDDI 的要求为标准，投入大量资源对设备、现场进行了优化改造，准备迎接第二次审核。

　　第二次审核是在 2008 年 12 月，面对这次审核，人们如履薄冰。审核完毕，福田列出问题 57 个，但华为人很高兴，因为审核通过了。福田说："这次做得不错，其中防静电系统改善得很好。IQC 部门在所有区域中做得最好，只有 9 个问题，装配部门做得不是很好，指导书还需要再完善一下。大家再接再厉！"

　　2009 年 10 月，KDDI 给了华为第一份合同，但它对华为并未完全信任。在 2009 年 11 月，KDDI 第三次来到华为，派出 8 名专家在华为现场蹲点，在生产线上全过程观察华为是怎么做产品的，产品从原材料分料到成品最后装箱，KDDI 的专家都要亲眼看到、检查。最后，KDDI 对华为的工作表示很满意。

　　可见日本企业对现场要求是多么的高。企业在推行 6S 时，必须以客户的眼光来改进现场，方可获得客户的青睐和认同。

　　6S 与现场环境管理、客户关系说明如表 1-2 所示。

表 1-2　6S 与现场环境管理、客户关系说明

| 客户期望 | | 6S 与环境、客户关系 |
|---|---|---|
| 项　目 | 说　明 | |
| 质量 | 产品质量是客户关注的核心，是生产的基础 | 推行 6S 能够：<br>1. 保证作业的规范化、标准可视化，减少人为失误造成的不合格<br>2. 提高员工素养，树立品质意识，降低不合格品率<br>3. 营造整洁、干净、有序的现场，确保作业场所以及产品不被污染<br>4. 通过品质看板，杜绝品质问题 |

续表

| 客户期望 | | 6S 与环境、客户关系 |
| --- | --- | --- |
| 项　目 | 说　明 | |
| 交期 | 交期关乎企业的信誉，是能否与客户持续合作的必要条件之一 | 推行 6S 能够：<br>1. 通过建立拉动式看板系统，保证生产各个环节供料准时，不耽误生产<br>2. 通过可视化及看板，保证管理和作业人员随时掌握进度 |
| 生产过程能力 | 企业的生产能力完全能够满足来自不同方面的订单 | 推行 6S 能够：<br>1. 通过建立看板系统，实现人、机、料、法、环可视化管理，进而促进作业自动化管理<br>2. 通过整理、整顿，提高空间、时间以及设备利用率，进而提升对生产过程的控制 |

可以说，6S 管理是满足客户需求的最基本、最经济的管理手段，投入小、员工接受能力强，且效果明显。

### 1.2.3　消除现场八大浪费

6S 活动可以消除各种浪费。通过多年的咨询工作，笔者发现，工厂效率不佳，很大一部分原因是由浪费引起的，常见的有寻找的浪费、搬运的浪费、材料混放引起的品质浪费等，而这些浪费就潜藏在作业人员日常工作中。

大家可以通过 6S 活动找出并消除这些浪费，帮助企业打造一个没有浪费的现场。

**1. 消除动作浪费**

寻找所需物料和工具时间过长或找不到，导致时间浪费。动作不合理、行走多，导致作业效率变低。工具定置整理前后对比如图 1-5 所示。

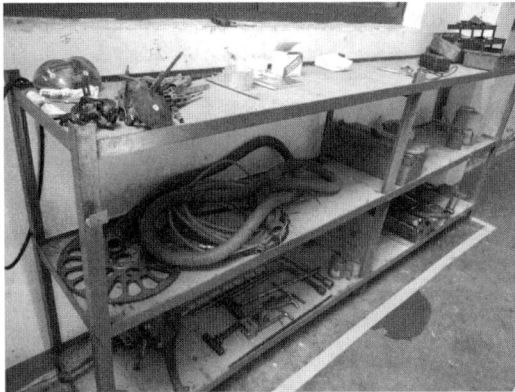

车间工具架定置整理前　　　　　　车间工具架定置整理后

图 1-5　工具定置整理前后对比

改善后货架整洁干净，作业人员第一时间就能够找到自己所需的工具，使用完成后按照标识将工具准确放回原位置。

**2. 消除搬运浪费**

人与物料、设备、工具距离远，会导致时间和运力的浪费；物料堆积时，需要先搬开无关物料，再搬运所需的物料，消耗体力和时间。物料中转区物料定置前后场景如图 1-6 所示。

物料中转区物料没有定置　　　　　　　　　　物料中转区物料定置

图 1-6　物料中转区物料定置前后场景

改善后，物料装筐并定置，避免了物料不断在中转区域堆积，使运力合理化，搬运有序化。

### 3. 消除不良浪费

物料堆积导致挤压变质、变形，物料混放导致误用、设备保养不当等，这些都会导致不良品的发生。设备清扫前后场景如图 1-7 所示。

设备脏污不堪　　　　　　　　　　　　　　　设备焕然一新

图 1-7　设备清扫前后场景

充分清扫设备，让设备焕然一新，提高了设备的使用寿命，维持了设备的精度、整洁度，进而减少了产品被污染的概率。

### 4. 消除等待浪费

生产线缺料，导致工序等待；忙闲不均，导致部分人员等待，造成产能浪费。穿线圈工序改善前后如图 1-8 所示。

改善前          改善后

图 1-8 穿线圈工序改善前后

改善前，物料等待时间长，流转不畅，且存在人员排布不合理的现象。改善为 5 人标准作业模式，形成一个"流"，人工利用率提升 10%。

### 5. 消除过度生产

不用物料不舍得丢弃，继续加工生产；一些物料在不合时宜的时候进行生产。改善过度生产前后现场如图 1-9 所示。

改善前生产线在制品大量积压          改善后只进行必要的生产

图 1-9 改善过度生产前后现场

### 6. 消除库存浪费

无法实时观测库存，导致库存积压或库存不足，降低了库存周转率，引发了作业停顿。此外，仓库规划不合理，导致先进先出不畅。货架空间改善前后场景如图 1-10 所示。

### 7. 消除安全隐患

作业场所、设备、人员可能处于安全隐患之中，导致安全事故发生。通过 6S 可有效预防安全问题的发生。热压机清洁工具改善前后对比如图 1-11 所示。

货架空间利用率低，搬运寻找耗时耗力　　　　重新定置货架并标识，物料品类一目了然

图 1-10　货架空间改善前后场景

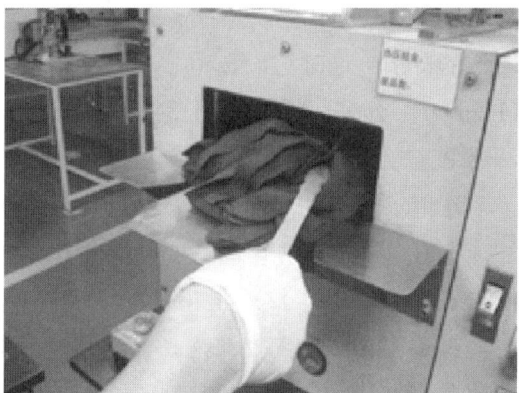

徒手清洁　　　　　　　　　　　使用专用的清洁工具

图 1-11　热压机清洁工具改进前后对比

改善前，热压机在清洁或有部件掉落时，操作员须将手伸入热压机内，一旦设备误操作，将造成安全事故。通过制作专用清洁工具，一端用于取出掉入设备的部件，另一端用于内部清洁，安全方便。

### 8. 消除管理浪费

作业不规范导致返工或作业中断；标准不清晰、指导性不强导致操作失误；人员素养不高，导致管理浪费。标准书改善前后如图 1-12 所示。

改善前称重架车机点检卡内容简单，指导性不强。经过修订，编制图文并茂的"设备自主保养基准表"，作业人员操作更加准确和便捷，同时提升了管理效能。

消除现场八大浪费不仅可以提高企业运营效率，还可以改善产品质量。

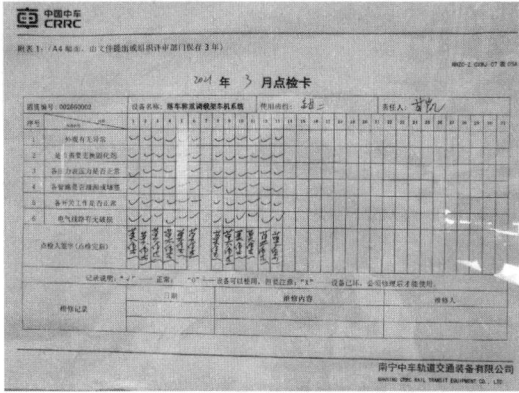

文字版标准书　　　　　　　　　　　　　　图文版标准书

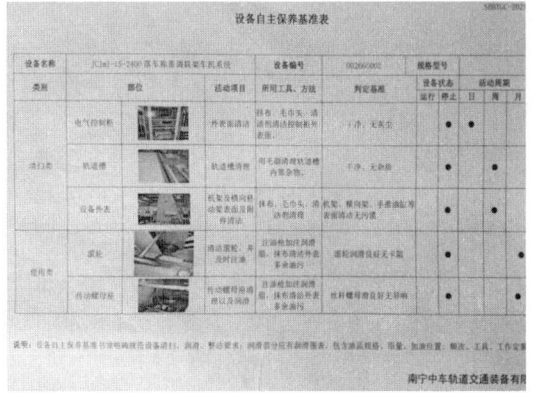

图 1-12　标准书改善前后对比

### 1.2.4　降低差错率，改善质量

6S 与企业质量管理息息相关，这与其起源国日本不无关系。当时，日本制造在第二次世界大战后被公认为质量低劣的代名词。为了扭转这一局面，日本各大公司开始寻求质量改进的方法。这时它们选中了质量管理大师戴明博士，他开发了一套改进系统 PDCA［P（Plan）——计划，D（Do）——执行，C（Check）——检查，A（Action）——行动（或处理）］。一个 PDCA 循环结束后，再进入下一个 PDCA 循环，周而复始。

在追求质量的道路上，从 20 世纪 50 年代到 70 年代，日本涌现了大批的质量管理方法，有石川馨的质量管理·七种工具、田口玄一的田口法，还有丰田的 JIT（准时化生产）、Kanben（看板生产）、Kaizen（持续改善）、QFD（质量功能展开）、新七种工具等。这一时期也是 5S 管理在日本不断发展和成熟的阶段，尤其是丰田，它将 5S 视为管理的起点，并将其作为精益化管理的基础。这种环境决定了 5S 成为推动质量管理的一种基础工具。PDCA 模型如图 1-13 所示。

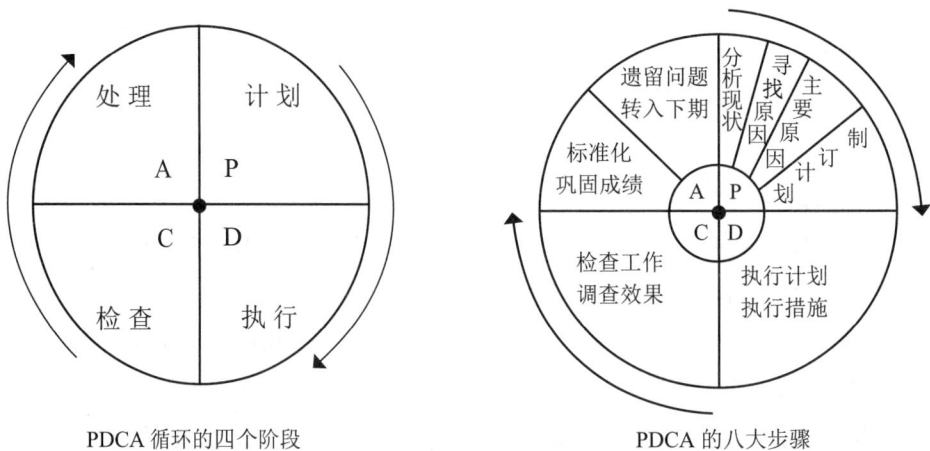

PDCA 循环的四个阶段　　　　　　　　　　PDCA 的八大步骤

图 1-13　PDCA 模型

6S 推行是一项需要长期坚持的基础性管理活动，一旦停滞又会回到原点，现场再次陷

入混乱、看板缺失、不要的物品逐渐多了起来等，直接导致现场质量管理水平下降或原地踏步。

将 6S 或 6S 中的某一项纳入 PDCA 管理，可以有效避免这个问题。6S 与 PDCA 循环改进关系如图 1-14 所示。

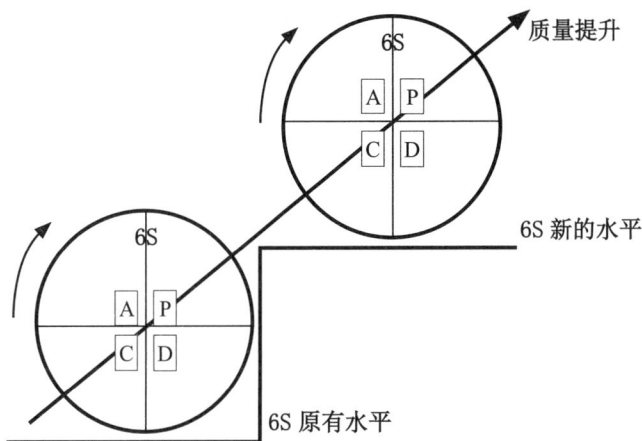

图 1-14　6S 与 PDCA 循环改进有关系

大家可以看到，随着 6S 推行水平的不断提升，企业的质量管理水平也在稳步提升。

企业通过 6S 活动可以营造一个精益求精、秩序井然的工作现场，对质量改善有积极的意义。6S 与质量改善的关系如表 1-3 所示。

表 1-3　6S 与质量改善的关系

| 6S | 与质量改善关系 |
|---|---|
| 整理 | 清除不用的物料、多余工具、失准的量具，以消除错用、误用带来的不良品 |
| 整顿 | 对不同状态的加工材料进行三定管理，保证各类材料不会被混用 |
| 清扫 | 对设备进行清扫、保养、自主保全，以消除设备故障，进而避免制造出不良品的可能性 |
| 清洁 | 营造整洁、有序、干净的现场，人们的心情也随之开朗，进而积极工作。在精神饱满的状态下工作，员工的产品质量意识会极大地提升 |
| 素养 | 养成遵守规则的习惯，按标准、流程进行操作，可以避免因操作失误带来的产品安全问题 |
| 安全 | 质量安全也是 6S 安全管理的内容，做好质量管理会直接促进质量水平的提升 |

产品质量维持和管理依赖一个良好的生产运行环境。良好的人文素养和透明的现场环境可以有效降低差错率，改善质量。

以良好的工作态度和工作行为，取代漫不经心、凡事不以为然是增强质量意识、强化质量行为，降低作业失误、作业事故的根本。

丰田生产方式的创始人大野耐一，在做经理时十分重视员工的素养教育。那时工厂丢失看板的事情经常发生，不知该如何是好的企业顾问林南八先生决定以增加看板数量来解决此事。这样一来，有时就会出现多余的看板。知道这件事后，大野耐一勃然大怒，令林南八"去找回丢失的看板"。可是，林南八找了一个小时也没有找到。

林南八把情况如实地向大野先生做了报告。大野先生又一次大声斥责道："只过了一个小时就说'找不到'，这算什么事？"于是，林南八又去四处寻找，可还是没有找到。

大野先生问："你知道为什么找不到吗？"林南八不知该如何回答才好。此时，大野先生又补充了一句："这很简单！只是因为你没有一直找，直到找到为止！"

不肯服输的林南八又四处寻找了一番，终于找到了丢失的看板。原来是被油黏在了几个零件箱的底部。林南八对此加以改善后，看板就再也没有丢失过。

增加看板数量只不过是权宜之计，不管增加多少，还是会丢失的。解决人的"问题"才是解决现场问题根源的关键。

优良的品质来自优良的工作环境。通过经常性的清扫、点检，不断净化工作环境，避免污物损坏机器，维持设备的高效率，提高品质；通过各类看板，规范操作，预防质量事故等。这些 6S 管理方法，可以有效提高现场质量管理水平。

生产线状况看板如图 1-15 所示。

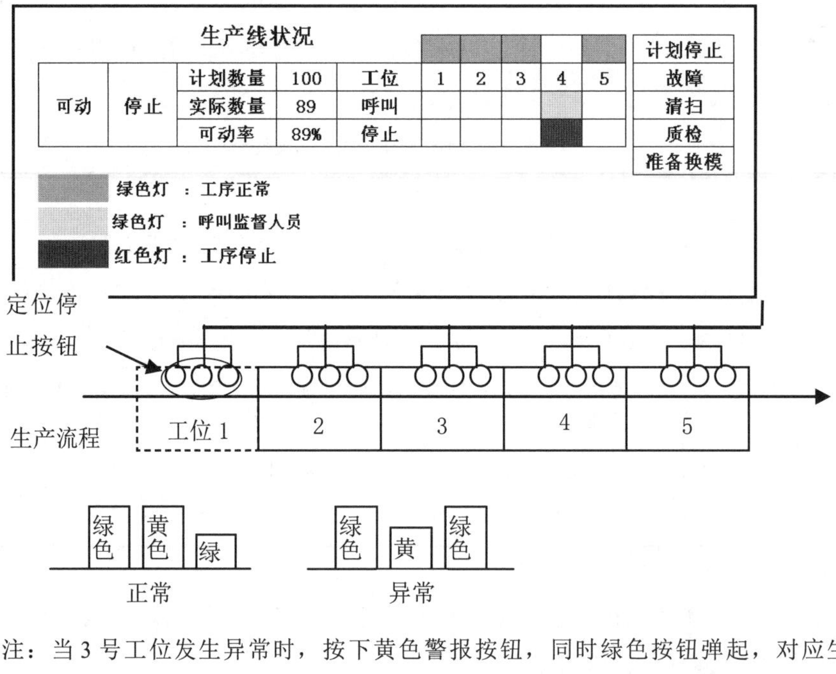

注：当 3 号工位发生异常时，按下黄色警报按钮，同时绿色按钮弹起，对应生产状况看板上的 3 号工位绿色显示灯熄灭，黄色显示灯亮起，表示异常。异常处理后，按下绿色按钮，对应看板绿灯亮起，恢复正常；否则工位看板维持异常状态。

图 1-15 生产线状况看板

作业人员发现作业异常时，及时按下黄色按钮，生产线看板黄灯亮起，现场监督人员看到后，及时停止生产，并处理异常，阻止不良品进入下一工序。

6S 注重从小处不断改善现场作业环境，持续消除质量事故，降低成本。装配车间无纺布带料收集改善前后对比如图 1-16 所示。

改善前：无纺布带料随处乱落或吸附在设备上，造成隐患

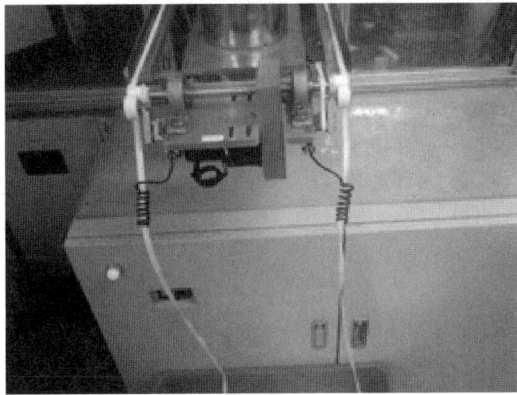

改善后：在无纺布带料收集盒前面加装导向装置，防止带料随处乱落或吸附在设备上

图 1-16　装配车间无纺布带料收集改善前后对比

综上所述，6S 管理是企业改善质量问题、提升质量管理水平的最简便的方法，它有着投入小、收益高的特点。

# 1.3　6S 与工业 4.0

智能制造的兴起，给 6S 管理带来了机遇和挑战。厘清二者的关系，以及如何适应智能制造，是 6S 推行人员首要考虑的问题。

## 1.3.1　奠定智能制造的最基础环境

随着制造业的不断发展、设备的迭代更新，6S 也被赋予更新的内涵与意义。在传统制造业时代，6S 营造了一个干净、有秩序、没有垃圾的现场；在精益自动化时期，6S 与精益化紧密结合，互相影响，形成了精益 6S，成为精益生产的基础。近十年来，智能制造蓬勃发展，在世界各地生根发芽，它的出现与普及，对 6S 也提出了新的要求。

通俗地讲，智能制造就是在精益自动化生产基础上整合了信息化，其具有以下几个特点：

（1）由过去的单一的人机互动形态，转为更多的形态。目前主要有物与物、设备与设备、人与物，它们之间的互动以互联网为载体。

（2）人由前台转为幕后，更多时候承担设计职能和维护职能。

（3）生产流程 IT 化，智能工厂实现了无人化或少人化生产，可以 24 小时不间断生产。

（4）设备更加精密和昂贵，对环境安全的要求比以往任何时候都要高。

（5）现场工艺布局不再受限于人的存在，布局更加合理、经济。

智能制造下的工厂，尽管现场管理水平已经非常高，不过智能制造的这些特点却凸显了精益 6S 在现场管理的重要性。

6S 管理实现智能工厂车间的秩序感。智能车间的设备包括机器人，布置密集，需要进行合理的现场布局，体现在人的行走通道、自动机器人行走路线、智能设备作业区域等。智能车间场景如图 1-17 所示。

图 1-17　智能车间场景（三星电子）

（1）人的行走通道。由于智能车间的无人化或少人化现状，人的行走通道数量、作业点大大减少。保留的通道必须都是关键路线，供人巡视现场之用，有些通道甚至设置在空中，为的是不影响智能设备运行。可见通道的布局及画线尤为重要了。

（2）自动机器人行走路线。例如，AGV（Automated Guided Vehicle，自动引导运输车）这类机器人在智能工厂使用较为普遍，它的引导路径需要预先规定，行驶路径需要画线，便于人巡检时观察和判断。

（3）智能设备作业区域。智能设备运行时，其运行轨迹要能被人识别，目的是便于巡检，也避免人员巡检时误入导致人、机安全事故。智能设备的作业范围及设备自身的边缘需要画线。

（4）作业位定置。在半封闭智能车间中，有些任务需要人来操作，在制品随着流水线运行，人在固定的位置作业。此时人的作业区域就需要合理规划和定置，包括人的作业区域定置及辅助工具架的三定、物料架的定置。总之要兼顾效率和安全，杜绝各种浪费。

（5）6S 管理促进智能工厂人的标准化作业。智能车间有全封闭和半封闭之分。全封闭智能车间一般会预先规划设备巡检和点检位，画线、定置要与规划同步。此外，各类作业标准指导书、手持终端设备的使用操作标准，可制作成看板，指导人的动作。

（6）6S 目视化助力智能化。智能工厂厂区道路、各类设施需要常规标识和智能标识，如各类交通类电子标识等，以适应各种环境。有些智能工厂使用投影人行横道，可以满足雨天、雪天通行需求等。在智能车间，有大量的终端操作、检测设备，这类设备有的在现场，有的在控制室，清晰的状态、界限、责任标识能够让人快速掌握相关动态。总之，6S 目视化在制造业应用广泛，人、机、料、法、环、测状态都被一目了然地呈现出来，任何人都能看到、看懂，指令能被立即执行。

（7）6S 色彩管理与智能工厂。智能工厂的设备与产品对空气湿度、灰尘、静电、光线的特殊要求，以及人对环境的感知度等，决定了智能工厂需要更加注重色彩布局。例如，智能车间总体色彩以亮白色为主，机械臂、防护栏为黄色等。6S 色彩管理非常成熟，工厂、车间整体色彩布局、不同功能设备的色彩、管线色彩等有着出色的理论和技术，能够充分满足智能工厂对色彩布局的需求。

### 1.3.2 夯实智能制造组织的底层文化

要想了解为什么 6S 构成了智能制造组织的底层文化，就要先弄清楚智能制造需要怎样的人才。2020 年 2 月我国人力资源社会保障部会同国家市场监督管理总局、国家统计局发布"智能制造工程技术人员"的新职位信息，对这一职位的介绍是，从事智能制造相关技术的研究、开发，对智能制造装备、生产线进行设计、安装、调试、管控和应用的工程技术人员。

不难发现，在智能制造组织里，懂信息技术的工程技术型人才主导着企业的运营，其组织文化不可避免受到工程师文化的影响，甚至被其主导。在这种文化的影响下，传统制造业的管理文化受到巨大冲击，将会产生以下影响。

（1）重技术轻管理。由于工作性质决定了智能制造工程技术人员的工作重心在研发和智能加工，传统生产企业的管理方式有意或无意被忽视，例如，常见的计划沟通、项目管理、班组管理、早晚会、改善活动等。尽管一部分管理方式应该被取代，但其也带来一些影响，这就是组织文化的流失、员工归属感的丧失。如何建立符合智能制造的组织文化是企业需要持续关注的事情。

（2）重数据轻现场。智能制造对信息技术的依赖达到了前所未有的程度，企业制造的各个环节都围绕数据、数据流展开，加之无人化和少人化的状况，现场管理极容易被人忽略。这可能会带来以下问题：

➢ 现场不易察觉的浪费。例如废料增加，不要物品增加且无人清理等。

➢ 潜在的安全隐患。智能生产线需要顺畅运行，一点杂物就会导致其精度不准，例如，AGV 运输线路上不慎落入杂物，将使其偏离预定轨道。

➢ 不遵守规则的习惯。现场须遵守的规则不只是企业明确订立的规章制度，还有长期在现场管理中总结出来的规则，例如，工具及时拿取，并准确归位；各类标识、看板的设计和管理，都需要智能工程技术人员具备一定的基础管理能力。此外，面对智能制造，还需要新的现场管理规则，如智能设备的安装、调试、维护等都需要遵守一定的规则。如果不注重或忽略现场管理，必然会引发一系列的问题，其中最大的问题就是产品质量、智能设备故障。

（3）重专业轻组织。相较于传统制造业的科层制和精益化生产组织的扁平化，智能制造似乎淡化了组织形式。智能制造的人才分布于不同的环节与链条中，人才类型与人才层次也不同。更细的专业分工，让现场管理中的横向沟通变得越发困难。我们在智能工厂推行 6S 时，发现目视化管理能够在不影响沟通目的、效率的情况下，减少沟通频率、会议次数。例如，设置设备点检位置时，点检脚印分为两个颜色，不同的颜色代表不同专业人员，点检部标识相应的颜色，点检人员只须负责自己的部分即可。各类看板则可提醒人们做什么、怎么做，以减少会议次数。

总之，目视化管理是能够解决智能制造组织沟通问题的有效手段之一。

可见，智能制造工程技术人员在掌握高端技术的同时，还应具备基础的管理知识和实践能力。6S 管理与智能制造的关系如图 1-18 所示。

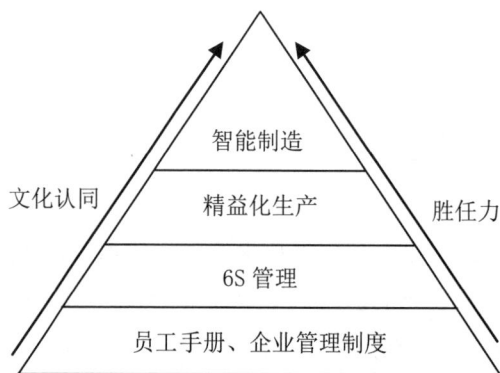

图 1-18　6S 管理与智能制造的关系

6S 管理是制造业现场管理的基础，而精益自动化生产奠定了智能制造的基础。智能制造组织人员应具备四种能力，即制度执行能力、6S 贯彻能力、精益技术应用能力和智能制造技术应用能力。智能制造组织还应强化四个层面的建设与管理，即企业制度、6S 管理、精益改善和智能制造理念，形成文化认同，这样各层次的管理文化才能被铸实。

### 1.3.3　树立智能工厂现场安全屏障

智能工厂在规划布局时，要充分考虑现场各种安全隐患，将工厂的最佳路线设计出来的同时，安全隐患也应做好相应的标记和说明。

智能工厂各类设备在调试期间，要完成安全标识、防护装置的安装工作。6S 与智能工厂现场安全关系如图 1-19 所示。

6S 从目视化层面以及安全作业规范两个层面保障智能工厂的现场安全，并在不断改善中，实现零事故的目标。

智能设备作业区的防护与标识如图 1-20 所示。

智能设备四周设置防护栏，保证了智能设备的安全，防止物体飞入或人员闯入。需要注意的是防护栏的颜色有特别的要求，即亮白色的外框、黄色的拦网。

提醒标识和禁止标识让人们注意，避免做出不安全的举动，例如，翻越、倚靠等。

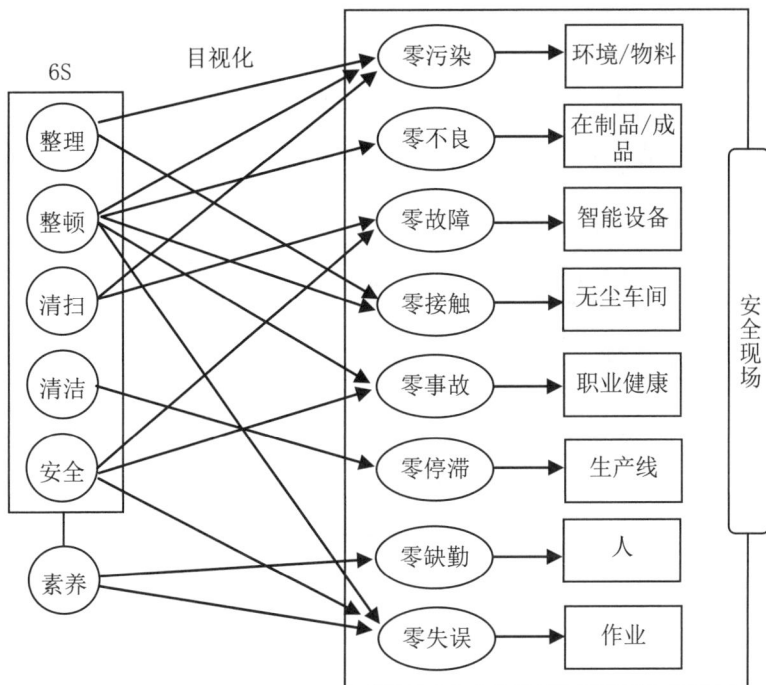

图 1-19　6S 与智能工厂现场安全关系

图 1-20　智能设备作业区的防护与标识

在现场，生产线不停地流动，各种悬挂系统、喷涂系统、机械臂等都对现场作业人员的人身安全造成威胁，悬挂各种安全标识就尤为重要了。智能喷涂设备安全标识如图 1-21 所示。

除了目视化管理，提高人的素养，让现场人员养成遵守规则的习惯，能够让安全管理变被动为主动。

6S 在改善智能制造现场的同时，也需要注意在新环境下的应用，例如，我们提到的智能设备作业区域防护栏颜色与传统工厂防护栏全黄色是不同的，安全标识内容也需要更丰富。

图 1-21　智能喷涂设备安全标识

# 第 2 章
# 组织管理：6S 推行责任

> 企业开展 6S 推行活动需要自上而下进行，建立一个强有力的 6S 推行组织是实现这一目标的可靠保证。

## 2.1 6S 推行组织建设

成功推行 6S 必须设立相应的组织。企业决定推行 6S 后，应协商成立 6S 推行组织，以指导和督导 6S 的正常推行。

### 2.1.1 筹建 6S 推行委员会

企业高层应关注并直接参与 6S 推行委员会的建立，并在其中担任职务。推行委员会在 6S 推行中具有指导和引领的作用，通过 6S 推行委员会制定相关的推行制度和实施办法，系统地规范 6S 推行，保障 6S 顺利推行。6S 推行委员会的组织结构如图 2-1 所示。

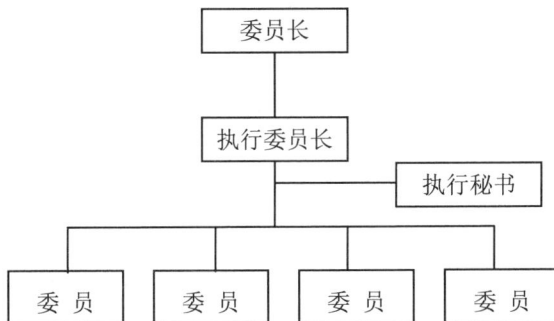

图 2-1 6S 推行委员会的组织结构

确定了 6S 推行委员会的组织结构之后，就应当对 6S 推行委员会的成员进行选择，确定委员会各职位的相应人选。

### 1. 委员长设置

委员长一名，由企业的最高领导者担任，如企业的总经理或董事长。在 6S 推行中，委员长是总负责人，负责各项计划书与制度的审批、相关人员的任命与罢免，拥有最高决策权。由企业的最高领导者担任委员长，便于 6S 推行过程中各项事务的决策，同时，最高领导者的权威有助于 6S 活动的开展。

### 2. 执行委员长设置

执行委员长一名，由企业的生产副总经理担任。执行委员长负责执行 6S 推行委员会和委员长发出的各项决议和命令，指导各类 6S 活动的具体推进。由企业的生产副总担任，既能与委员长进行有效沟通，又有指导全局的优势。

### 3. 执行秘书设置

执行秘书一名，由总经理秘书担任。执行秘书负责相关文件和制度的撰写和修改，传达相关指令和文件。由总经理秘书担任，一方面可以熟练起草各类 6S 文件和制度，另一方面可以及时将需要审批的文件送交委员长审批，并传达委员长的各项指令。

### 4. 委员设置

委员若干名，视企业的具体规模而定，一般与企业的部门数量相当。6S 推行委员会的委员主要由各部门的负责人担任，其中至少包括一到两名熟悉 6S 推行的人员。委员主要参与各项推行制度及活动方案的拟定、6S 活动的评比等。

### 2.1.2　组建 6S 推行小组

6S 推行小组是 6S 的具体执行机构，负责委员会制订的各项制度与推行计划的具体实施。6S 推行小组的组织结构如图 2-2 所示。

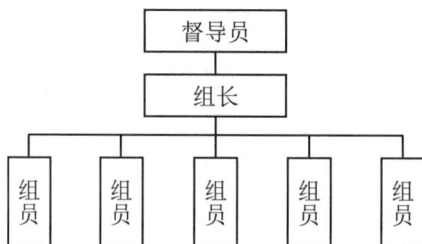

图 2-2　6S 推行小组的组织结构

在 6S 推行小组的组建过程中，小组成员的选择是极其关键的环节。通常 6S 推行小组承担以下责任：

➤ 实施 6S 活动推行计划，组织 6S 推行活动。

➤ 执行 6S 相关培训计划。

➤ 参加有关的 6S 教育训练，学习和运用 6S 技巧。

➤ 向 6S 推行委员会报告进展情况。

➤ 组织评选 6S 之星活动。

➢ 管理有关 6S 推行活动的工作文件。

6S 推行委员负责 6S 推行小组的架构设计，以及相关人员的考察和选拔，并最终确定 6S 推行小组各成员的责任。

### 1. 6S 推行小组组长设置

6S 推行小组设组长一名，由熟悉 6S 推行操作和企业管理现状的人担任，也可以由参加外派培训的管理人员担任。

### 2. 6S 推行小组组员设置

6S 推行小组设组员若干名，具体人数视企业规模而定，一般为 10 人以内。小组成员来自各部门，并熟悉 6S 推行的具体事务。

6S 推行小组的组员负责 6S 推行中各项制度和活动的具体执行，推动整理、整顿、清扫等各项 6S 活动的开展。

### 3. 确定 6S 推行小组工作方法

首先，6S 推行小组要明确工作目标，以保证 6S 活动有目的地进行，避免搞形式主义。6S 推行小组工作目标如下：

➢ 提高产品品质和生产效率，生产优质产品。

➢ 降低产品成本。

➢ 提升员工的素养，建立协调有序的工作关系，创造安全、文明、舒适的工作环境。

其次，确定 6S 推行小组的分工，以指引 6S 推行小组成员开展工作。6S 推行小组分工如图 2-3 所示。

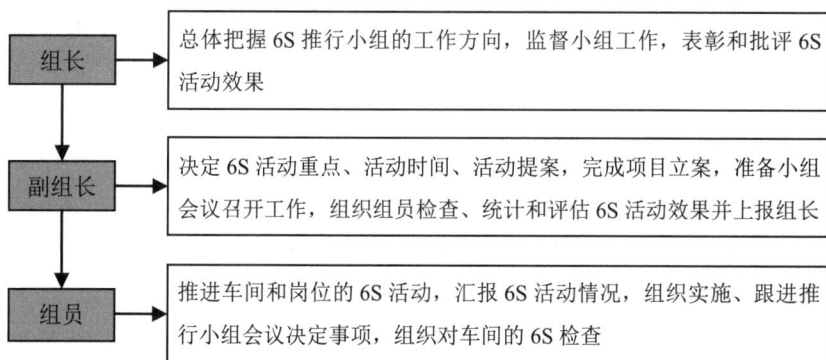

| 组长 | → | 总体把握 6S 推行小组的工作方向，监督小组工作，表彰和批评 6S 活动效果 |
| 副组长 | → | 决定 6S 活动重点、活动时间、活动提案，完成项目立案，准备小组会议召开工作，组织组员检查、统计和评估 6S 活动效果并上报组长 |
| 组员 | → | 推进车间和岗位的 6S 活动，汇报 6S 活动情况，组织实施、跟进推行小组会议决定事项，组织对车间的 6S 检查 |

图 2-3　6S 推行小组分工

### 2.1.3　明确 6S 推行组织的职责

6S 推行组织由 6S 推行委员会与 6S 推行小组构成。6S 推行委员会应该对各组织的职责进行明确的界定，以保证推行工作分工明确、有序进行。

### 1. 6S 推行委员会职责

➢ 确定企业的 6S 推行战略、方针、目的、目标。

➢ 负责审核 6S 推行管理办法及计划。

➢ 负责重大项目的定期评审、验收及激励。

➢ 负责 6S 推行阶段成果的现场验收及总结。

➢ 指导和支持 6S 推行小组开展工作。

➢ 监督项目组及各部门改善团队的工作进度和效果。

➢ 对于 6S 推行工作给予资源 ( 包括人、财、物 ) 上的支持。

➢ 负责协调解决推行过程中遇到的问题。

➢ 负责和跟进本部门 / 区域内改善工作，指挥并监督本部门 / 区域内的各团队开展工作。

➢ 负责 6S 推行各类文件的审批和签发。

### 2. 6S 推行小组职责

➢ 负责 6S 推行目标达成与方针实施。

➢ 负责参与 6S 推行计划制订。

➢ 负责参与制定 6S 推行政策和制度，并在企业内宣传。

➢ 负责 6S 推行具体工作，对 6S 推行委员会有汇报义务。

➢ 负责 6S 推行各阶段的指导与督导工作。

➢ 负责 6S 推行按计划执行，并对过程中的异常负责。

➢ 负责对 6S 推行过程中的矛盾纠纷进行处理和汇报。

➢ 负责各部门、车间之间 6S 推行的联络与沟通。

➢ 负责 6S 推行中各类文件、图表的收集与整理。

➢ 负责 6S 标准书、改善报告等文件的编写等工作。

此外，为了提升 6S 推行委员会及推行小组成员责任力度，更好地完成 6S 推行项目，可以订立一份军令状，即每个成员签署一份责任状。6S 推行项目责任状如表 2-1 所示。

表 2-1　6S 推行项目责任状

| 6S 推行项目责任状 |
| --- |
| 　　为确保 6S 推行项目的全面贯彻和实施，保证各部门及员工各司其职，并全力配合与支持本次 6S 推行项目，不断改进，以达到更好的生产经营水平，提升公司管理形象和竞争力，公司 6S 项目组成员特签订此责任状：<br>　　1. 积极响应公司号召，全力配合 6S 咨询顾问与推行小组开展工作。<br>　　2. 项目推行中，不推托，不畏难，不找借口找方法，塑造公司正能量。<br>　　3. 做公司改善活动的榜样，主动反观内省，积极学习，对工作精益求精。<br>　　4. 保障公司所有员工积极参与 6S 活动，服从领导和咨询顾问的安排。<br>　　5. 用心，有耐心，有热情，懂关心，做好员工的辅导老师和推行引领者。<br>　　6. 确保公司员工作业行为规范化、标准化、高效率，并对工作结果负全责。<br>　　7. 严格要求，认真贯彻，对违反规章制度的行为予以及时纠正、严肃处理。<br>　　8. 如因本人原因影响 6S 项目的工作进度和成果，本人将自请处分。<br><br>　　　　　　　　　　　　　　　　　　　　　　　　总经理（签字）：<br>　　　　　　　　　　　　　　　　　　　　　　　　部门责任人（签字）：<br>　　　　　　　　　　　　　　　　　　　　　　　　　　年　　月　　日 |

### 2.1.4　制定 6S 推行制度章程

推行组织建立后，应制定相应的制度章程，明确 6S 工作的推进方向和方法。企业常用的 6S 推行制度章程如表 2-2 所示。

表 2-2 企业常用的 6S 推行制度章程

××企业 6S 推行制度章程

**一、目的**

（1）通过 6S 活动的有效开展与持续改进，提升员工的素质。

（2）导入目视化管理，提升现场管理水平。

**二、适用范围**

本办法适用于本企业内所有员工。

**三、6S 活动的定义、目的、效益、推行步骤、推行要领以及内容**

详见《6S 活动推行手册》及《6S 活动推行实务》。

**四、6S 活动的推行组织与职责**

1. 组织

设立 6S 推行委员会，由董事长任委员长，下设执行委员长、执行秘书和委员，其中执行委员长由总经理担任，执行秘书可自选，委员由各部门部长担任。

2. 委员会组织图

3. 职责

依据组织结构图，各职位的职责说明如下。

（1）推行委员会：负责 6S 活动的计划制订和推行工作。

（2）委员长：负责委员会的运作以及指挥，监督所属委员。

（3）执行委员长：全程负责计划、执行和监督；辅助委员长处理委员会事务，并在委员长授权后，代行其职务。

（4）委员：参与制订 6S 活动计划，贯彻执行委员长的指示；定期检查、改善推行活动；指导活动，处理争议；处理其他 6S 活动的相关事务。

（5）推行小组：拟定 6S 实施办法和推行计划；召开会议，整理资料；筹划、宣传、推动 6S 相关活动；统计与公布评比分数。

**五、会议与记录**

为有效推行 6S 活动，检查执行成果，及时发现应改善的事项，并评议申诉的案件，定于每周五下午 3：30—5：30 在大会议室召开检查会议，并做出决议和记录。

（1）必须出席人员：各部门推行小组负责人及宣传人员。同时，推行委员会执行委员长、委员应尽可能参加。

（2）会议记录是追踪改善的工具，也是未参加会议人员获取信息的工具，故记录的资料应包括：a. 议程、主题；b. 召开时间、地点、出席人员；c. 会议决议的内容：d. 已完成、未完成事项；e. 待办事项完成期限。

（3）召开会议后次日，应将记录转送各委员和推行小组组员，必要时张贴公布，让员工知晓。

**六、项目执行流程**

整个 6S 推行项目，将按照"先设立样板区，再覆盖到全企业"的过程来推进。

## 七、6S 推行组织成员绩效评价规则

### 1. 6S 推行组织成员考核维度

考核 4 个维度，根据组织保障、计划完成度、重点工作质量、努力度每月进行评价打分。

（1）组织保障：6S 推行小组周例会按时召开，项目执行组长参加并组织项目组周例会，与 6S 推行委员会对接的积极程度。

（2）计划完成度：周完成度评价，重点工作输出质量、数据报告及下周工作计划提报等工作的完成情况。

（3）重点工作质量：重点工作计划完成时间、结果、质量、标准、汇报及团队协作意识等。

（4）努力度：工作任务的难度及态度表现。

| 考核指标 | 组织保障 | 计划完成度 | 重点工作完成质量 | 努力度 |
|---|---|---|---|---|
| 满分分数（分） | 20 | 60 | 10 | 10 |

### 2. 6S 推行组织成员考核评分表

| 序　号 | 类　别 | | 9 月得分总计（分） | 9 月 | | | | |
|---|---|---|---|---|---|---|---|---|
| | | | | 60 分 | | 20 分 | 10 分 | 10 分 |
| | | | | 计划完成度 | | 组织保障 | 努力度 | 重点工作完成质量 |
| | | | | 计划 | 实际 | 实际 | 实际 | 实际 |
| | 部门 | 姓名 | | | | | | |
| 1 | 生产 | | | | | | | |
| 2 | 品质 | | | | | | | |
| 3 | 行政 | | | | | | | |
| 4 | 技术 | | | | | | | |
| 定义说明 | 计划完成度：依据委员会每月计划任务的完成情况进行评价（以每月由项目组长与项目组作业稽核的为准）。<br>组织保障：出席会议，讨论现状情况。缺勤或未对接一次扣一分。<br>努力度：各成员在 6S 推行中的努力程度，由委员长与项目组组长评定。<br>重点工作完成质量：指定重点项目，由顾问评定。 | | | | | | | |

### 3. 6S 推行组织成员绩效考核计算标准

| 分值（分） | 系数 | 绩效 | 激励方式 | 个人月度绩效核算 | 团队绩效核算 |
|---|---|---|---|---|---|
| 95～100 | 1.2 | A | 奖 | 工资 = 系数 × 绩效薪资<br>公告栏通报优秀个人 | 1. 月度全体人员平均 95 分以上奖励 10000 元，用于项目团队激励活动<br>2. 平均分低于 90 分无奖金<br>3. 连续两个月平均分低于 90 分，撤换执行委员长<br>4. 个人评价连续两个月低于 80 分者，调离岗位 |
| 90～94 | 1.0 | B | | 工资 = 系数 × 绩效薪资 | |
| 85～89 | 0.8 | C | | 工资 = 系数 × 绩效薪资 | |
| 80～84 | 0.7 | D | | 工资 = 系数 × 绩效薪资 | |
| 0～79 | — | E | 惩 | 工资 = 基本工资<br>全企业通报 | |

备注：计划实施过程中制订的工作计划受不可控因素影响不能按时完成的，必须及时向 6S 推行委员会委员长提出，有必要时可做出调整，否则，计划不达标的按考核标准执行。

### 4. 绩效考核计算公式

个人得分 = 计划完成度得分 + 组织保障得分 + 重点工作质量得分 + 努力度得分

### 5. 绩效考核评价方式

按月评比，具体奖惩在次月工资体现。

### 6. 项目组绩效评价奖惩实施流程

每月第一个工作日，进行验收评价，每月在项目会议上通报、点评，每月评价后编制成项目完成度评价考核报告提交给企业总经理审批后，交由行政部门汇总核算人员总绩效，在当月绩效工资中进行核

算发放。

八、各车间 6S 业绩评比

为深入开展 6S 活动，实时了解 6S 活动情况，并有针对性地改善 6S 现场问题，在 6S 项目推行期间，推行委员会和顾问组将定期实施业绩评比。

1. 评比小组

主要由 6S 推行委员会、顾问组共同参与，由人力资源部负责具体执行。

2. 评比时间

按照项目执行的阶段或每周进行。

3. 评比内容与指标

（1）在评比中，将针对问题责任及整改责任是否履行到位、部门或个体工作能力等方面设计评比项。

（2）秉持公平公正的原则，将综合考虑部门或岗位工作任务的数量、内容、难度、人数等因素，分别设置科学合理的评比细化指标、评比基准、各评比项的权重、部门加权分等。

4. 评比过程控制

在 6S 推行过程中，评比小组将进行现场勘查、拍照并及时记录，再由全体评比人员进行评分。

5. 评比结果

（1）通过改善前后的效果对比，清晰地展示 6S 推行效果。

（2）对于推行中遇到的问题，共同讨论普遍性问题的整改措施，再做调整与完善。

（3）对于推行中取得的成果，将定期召开成果发布会或设立展示台，展示先进部门的成果。

将评分情况进行展示，如下。

| 评比单位 | 评　分 | 排　名 | 上次得分 | 排　名 | 成绩升降 |
|---|---|---|---|---|---|
| 一车间 | | | | | |
| 二车间 | | | | | |
| … | | | | | |

也可以将改善前后的现场照片进行对比展示。

九、奖惩管理

在对各车间执行情况进行评比后，将结合评比结果进行奖惩。具体奖惩与员工每月工资相挂钩。

1. 奖罚标准

| 措　施 | 名　次 | 对　象 | 奖金（元） |
|---|---|---|---|
| 奖励 | 第一名 | 主要负责人 | |
| | | 小组 | |
| 惩罚 | 第五名 | 主要负责人 | |
| | | 小组 | |

车间整体成绩未达到 90 分时，不奖励第一名；整体成绩超过 90 分时，不惩罚最后一名。

2. 样板区评比奖励规定

奖励前两名的样板区，奖励标准如下。

| 人数 | 1～10 人 | 10 人以上 |
|---|---|---|
| 奖金（元） | | |

3. 看板评比奖励规定

月底进行看板评比，标准如下。

| 评比标准 | 位于前 10% | 前 10%～20% | 前 20%～40% |
|---|---|---|---|
| 奖金（元） | | | |

4. 6S 活动征文奖励规定

6S 推行委员会在前 4 个月中，不断征集员工有关 6S 活动的文章，发表于企业简报中，一经录用，每篇奖励稿费 80 元。验收后，整理出版 6S 活动员工文集，文章被录入者每篇奖励 200 元。

**5. 6S 活动积极分子评比奖励规定**

每次评比末期，由各小组推选 6S 活动积极分子 3 名，6S 推行委员会统一进行评比，并实施奖励，标准如下。

| 评比标准 | 前 5 名 | 其余人员 |
|---|---|---|
| 奖金（元） | | |

**十、申诉制度**

6S 活动成绩是个人、也是集体的荣誉。若有人认为有不公的情况，可填报联络单，依下列方式申诉。

（1）核对最新的检查标准。

（2）与评分委员协调。

（3）交委员会裁决。

**十一、办法说明**

本实施办法经 6S 推行委员会议定，由 6S 推行委员会的委员长核准后实施，未尽事宜随时修正并公布。

# 2.2　6S 推行责任人管理

在 6S 推行组织逐级建立起来之后，还应该对各组织成员的职责进行明确的界定，以保证推行工作能有序进行。

## 2.2.1　推行委员会委员长职责

6S 推行委员会委员长一般由公司总经理担任。在集团化企业中，各分公司总经理担任分公司 6S 推行委员会委员长，并对公司董事长负责。推行委员会委员长的职责如表 2-3 所示。

表 2-3　推行委员会委员长的职责（示例）

| 职位名称 | 委员长 | 部门 | — | 直属上级 | — |
|---|---|---|---|---|---|
| 内部协作 | 仓储部、办公室、生产部、行政部等 | | | 外部协作 | 6S 顾问公司 |
| 职责与工作内容 | | | | | |
| 职责一 | 负责 6S 推行委员会成员的任免和管理工作 | | | 权重 | 35% |
| | 具体内容 | 1. 自上而下组建 6S 推行委员会，协调各部门关系。<br>2. 任命推行委员会各成员，协调和界定各成员职责。<br>3. 定期核查 6S 推行情况，督导各推行委员工作职责的履行。<br>4. 对优秀的推行委员进行奖励，对推行不力的委员进行责罚 | | | |
| 职责二 | 负责 6S 推行政策和制度的批准 | | | 权重 | 30% |
| | 具体内容 | 1. 提出或批准 6S 推行活动的方针和目标。<br>2. 审核和批准 6S 体系文件。<br>3. 批准 6S 推行的执行计划 | | | |

| | | | | |
|---|---|---|---|---|
| 职责三 | | 提供各种支持性资源 | 权重 | 20% |
| | 具体内容 | 1. 审核和批准与顾问机构的 6S 合作项目。<br>2. 批准 6S 推行中各项财务支出。<br>3. 界定各部门 6S 推行的时间和人员安排情况。<br>4. 参与 6S 推行中的各种大型会议，动员和激励全体员工 | | |
| 职责四 | | 对 6S 推行中各种重要事务进行裁决 | 权重 | 15% |
| | 具体内容 | 1. 对 6S 推行中的各种冲突进行最终裁决。<br>2. 对排除 6S 推行中的关键性障碍提供支持。<br>3. 对 6S 推行的最终结果进行认定。<br>4. 6S 固化后，为 6S 执行人员提供长期的政策及资源支持 | | |

### 2.2.2　推行委员会执行委员长职责

在 6S 推行中，执行委员长是具体的掌舵人，全面主导 6S 推行的全过程。如果企业聘请了顾问机构，执行委员长一般由对方派员担任，同时，由熟悉企业生产现场的副总经理或厂长担任副执行委员长。二者之间的职责基本相同。推行委员会执行委员长的职责如表 2-4 所示。

表 2-4　推行委员会执行委员长的职责

| 职位名称 | 执行委员长 | 部　门 | — | 直属上级 | 委员长 |
|---|---|---|---|---|---|
| 内部协作 | 总经理室以及其他各部门 | | | 外部协作 | 6S 顾问公司 |
| 职责与工作内容 | | | | | |
| 职责一 | | 负责 6S 推行委员会委员的筛选和管理工作 | | 权重 | 15% |
| | 具体内容 | 1. 与意向中的执行委员沟通，确定名单后，呈报委员长批准。<br>2. 拟定各委员的职责，沟通到位后，呈报委员长批准。<br>3. 定期核查 6S 推行情况，督导各推行委员履行工作职责。<br>4. 就 6S 推行中的项目状况以及人员状况及时与委员长进行沟通 | | | |
| 职责二 | | 参与制定 6S 推行政策和制度，并进行审核 | | 权重 | 25% |
| | 具体内容 | 1. 提出或审核 6S 推行活动的方针和目标，呈报委员长批准。<br>2. 协助相关人员编写体系文件，并对成稿进行审核。<br>3. 协助相关人员制订 6S 推行计划，并对成稿进行审核。<br>4. 对制定的 6S 推行制度和政策负责，并呈报委员长批准 | | | |
| 职责三 | | 规划 6S 推行中的各项资源，并提供支持 | | 权重 | 20% |
| | 具体内容 | 1. 协调各部门与 6S 推行组织的整体对接。<br>2. 考察和筛选具备资质的 6S 推行顾问机构，呈交委员长批准。<br>3. 审核或规划 6S 推行中各项财务支出，并交委员长批准。<br>4. 界定各部门 6S 推行的时间和人员安排情况，并交委员长批准。<br>5. 参与 6S 推行中的各种大、中型会议，动员和激励全体员工。<br>6. 为 6S 宣传人员提供支持，引导宣传人员多样化地展现 6S 推行过程 | | | |
| 职责四 | | 负责跟踪和管理 6S 推行的执行情况 | | 权重 | 25% |
| | 具体内容 | 1. 对各部门（推行委员）6S 推行情况进行跟踪，并提出改善建议。<br>2. 及时召开阶段性会议，总结各时间段内 6S 推行成果和发现问题。<br>3. 及时组织推行委员召开会议，探讨 6S 推行问题与对策。<br>4. 及时审阅 6S 推行小组的工作总结、数据表单。<br>5. 对 6S 推行中奖惩考评的公平性和及时性负责 | | | |

| 职责五 | 负责处理 6S 推行中各种重要问题 | | 权重 | 15% |
|---|---|---|---|---|
| | 具体内容 | 1. 及时协调和处理 6S 推行中的各种冲突。<br>2. 及时协调和处理 6S 推行中的关键性障碍。<br>3. 验收 6S 推行的最终结果，并对结果负责。<br>4.6S 固化后，为 6S 执行人员提供长期的政策及资源支持 | | |

### 2.2.3 推行委员会执行秘书职责

在大型企业的 6S 推行委员会中，一般会设执行秘书一名。执行秘书承担着 6S 推行中的行政管理职能，肩负着文件的整理、规范和管理职责，同时在推行委员会和推行组织中起到上传下达的作用。推行委员会执行秘书的职责如表 2-5 所示。

表 2-5　推行委员会执行秘书的职责

| 职位名称 | 执行秘书 | 部　门 | — | | 直属上级 | 委员长 |
|---|---|---|---|---|---|---|
| 内部协作 | 总经理室以及企业内其他各部门 | | | | 外部协作 | 6S 顾问公司 |
| 职责与工作内容 | | | | | | |
| 职责一 | 建立 6S 推行的沟通渠道，保障信息流通顺畅 | | | | 权重 | 15% |
| | 具体内容 | 1. 向推行委员会和推行组织传达委员长的各项指令。<br>2. 将需要审批的 6S 推行文件及时送交委员长审批。<br>3. 配合执行委员长做好人员调动、工作内容协调等工作。<br>4. 与 6S 顾问公司进行工作协调，为委员长提供建设性意见。<br>5. 就 6S 推行中的项目状况以及人员状况及时与委员长进行沟通 | | | | |
| 职责二 | 主导制定 6S 推行政策和制度，并进行宣传 | | | | 权重 | 35% |
| | 具体内容 | 1. 积极倡导企业 6S 推行活动的方针和目标。<br>2. 指导相关人员制定体系文件，并对成稿进行审核。<br>3. 指导相关人员制订 6S 推行计划，并对成稿进行审核。<br>4. 对制定的 6S 推行制度和政策负责，并呈报委员长批准。<br>5. 积极组织形式多样的 6S 宣传活动，强化 6S 推行气氛 | | | | |
| 职责三 | 统筹和管理委员长在 6S 推行中的工作内容 | | | | 权重 | 15% |
| | 具体内容 | 1. 与推行组织议定委员长在 6S 推行中的工作内容。<br>2. 与委员长核实其在 6S 推行中的工作内容，并予以确认。<br>3. 与推行组织最终确定委员长在 6S 推行中的工作内容。<br>4. 适时统筹委员长在 6S 推行中的各项工作内容，并及时给予提醒。<br>5. 就委员长与推行组织间临时变更的工作内容进行协调 | | | | |
| 职责四 | 协助委员长核实 6S 推行中的现状 | | | | 权重 | 20% |
| | 具体内容 | 1. 对各部门（推行委员）6S 推行情况进行核实，给予委员长建议。<br>2. 参与 6S 推行中的会议，做好会议记录，将会议成果呈报委员长。<br>3. 协助委员长审阅 6S 推行中的工作总结、数据表单。<br>4. 协助委员长对 6S 推行中奖惩考评的公平性和及时性进行核实 | | | | |
| 职责五 | 规范管理 6S 推行中的各类文件和数据表单 | | | | 权重 | 15% |
| | 具体内容 | 1. 及时收集和整理各类 6S 推行文件。<br>2. 将各类 6S 推行文件编号和归档。<br>3. 及时更新各类 6S 推行文件。<br>4. 及时废止各类过时或作废的 6S 推行文件 | | | | |

### 2.2.4　推行委员会委员职责

推行委员一般由各部门主管兼任。推行委员会委员之间的横向交流，一方面可以扫清部门间的壁垒，形成良好的互动气氛；另一方面可以保证各部门在 6S 推行工作中的执行力。当企业规模较大、部门主管工作任务较重时，每个部门还可由部门主管抽调一到两名熟悉 6S 推行事务的员工加入 6S 推行委员，以便在 6S 推行过程中成为部门主管的得力助手。推行委员的职责如表 2-6 所示。

表 2-6　推行委员的职责

| 职位名称 | 推行委员 | 部　门 | 一 | 直属上级 | 执行委员长 |
|---|---|---|---|---|---|
| 内部协作 | 总经理室以及企业内其他各部门 | | | 外部协作 | 6S 顾问公司 |
| 职责与工作内容 | | | | | |
| 职责一 | 负责协调 6S 推行委员会下达给部门的工作内容 | | | 权重 | 15% |
| | 具体内容 | 1. 与推行委员会协商和确定本部门在企业 6S 推行中的工作内容。<br>2. 与推行委员会商定本部门在企业 6S 推行中的时间规划。<br>3. 按照推行委员会的要求，分配本部门人员的 6S 推行工作内容。<br>4. 就本部门 6S 推行情况及时与推行委员会进行沟通 | | | |
| 职责二 | 参与制定 6S 推行政策和制度，并在部门内宣传 | | | 权重 | 15% |
| | 具体内容 | 1. 在本部门内积极倡导企业 6S 推行活动的方针和目标。<br>2. 配合执行秘书制定 6S 推行文件，并对涉及本部门的文件进行审核。<br>3. 配合执行秘书制订 6S 推行计划，并对涉及本部门的计划进行审核。<br>4. 对本部门的 6S 推行制度和计划负责。<br>5. 积极组织本部门员工学习 6S 推行文件和 6S 推行计划。<br>6. 参与 6S 推行会议，做好会议记录，将会议精神传达给本部门员工 | | | |
| 职责三 | 统筹和规划本部门在 6S 推行中的工作内容 | | | 权重 | 20% |
| | 具体内容 | 1. 与本部门员工明确每人在 6S 推行中的工作内容。<br>2. 制订本部门的 6S 推行计划，交推行委员会审核。<br>3. 公布本部门在 6S 推行中的工作内容和各员工职责。<br>4. 就本部门与推行组织间临时变更的工作内容进行协调 | | | |
| 职责四 | 全面主导本部门的 6S 推行工作 | | | 权重 | 35% |
| | 具体内容 | 1. 及时跟踪和管理本部门 6S 推行中的人、财、物，保证资源到位。<br>2. 召开本部门的 6S 宣传活动，强化 6S 推行气氛。<br>3. 配合督导员，及时落实本部门的 6S 推行工作。<br>4. 对本部门员工在 6S 推行中的表现给予关注，适时指导。<br>5. 及时召开阶段性会议，总结本部门 6S 推行成果和发现问题。<br>6. 及时组织本部门员工探讨 6S 推行中的问题，找到对策。<br>7. 在 6S 推行中，对本部门员工表现进行评定，及时申报奖惩。<br>8. 验收本部门 6S 推行的最终结果，并对结果负责。<br>9.6S 固化后，为本部门 6S 推行的长期实施提供动力 | | | |
| 职责五 | 规范管理本部门在 6S 推行中的各类文件 | | | 权重 | 15% |
| | 具体内容 | 1. 及时收集和整理本部门的 6S 推行文件。<br>2. 及时总结本部门的 6S 推行工作，并形成书面文件。<br>3. 及时呈交本部门的 6S 推行报告和总结。<br>4. 将本部门的各类 6S 推行文件编号和归档。<br>5. 及时更新本部门的各类 6S 推行文件。<br>6. 及时废止本部门的各类过时或作废的 6S 推行文件 | | | |

### 2.2.5　推行小组督导员职责

6S 督导员在企业 6S 推行中为企业成功推行 6S 提供技术支持以及纠偏管理。6S 督导员必须具备 6S 管理知识，掌握科学的推行技巧，能够结合企业现状，通过培训、引导、沟通、协调等方式全面促进企业成功完成 6S 推行工作。6S 推行小组督导员职责如表 2-7 所示。

表 2-7　6S 推行小组督导员职责

| 职位名称 | 6S 督导员 | | 部　门 | | 一 | 直属上级 | 6S 执行秘书 |
|---|---|---|---|---|---|---|---|
| 内部协作 | 总经理室以及企业内其他各部门 | | | | | 外部协作 | 6S 顾问公司 |
| 职责与工作内容 | | | | | | | |
| 职责一 | | 跟踪、协调和沟通 6S 推行情况 | | | | 权重 | 10% |
| | 具体内容 | 1. 向推行委员会和推行组织解读 6S 推行中的关键点。<br>2. 从技术层面为各部门的 6S 推行提供支持。<br>3. 配合执行秘书做好各部门 6S 推行情况的跟踪和评定工作。<br>4. 及时就企业 6S 推行的整体情况进行沟通、协调。<br>5. 就 6S 推行中的项目状况以及人员状况及时与执行秘书进行沟通 | | | | | |
| 职责二 | | 负责全面宣传企业的 6S 推行制度和计划 | | | | 权重 | 25% |
| | 具体内容 | 1. 负责收集和宣传国内外推行 6S 的经典案例。<br>2. 向推行委员会和推行组织宣传推行 6S 的价值。<br>3. 积极倡导企业 6S 推行活动的方针和目标。<br>4. 参与制定 6S 体系文件，并对企业员工进行辅导宣传。<br>5. 指导各部门制订 6S 推行计划，并从企业的角度整体统筹。<br>6. 协助举办形式多样的 6S 宣传活动，强化 6S 推行气氛 | | | | | |
| 职责三 | | 负责指导和培训推行人员掌握 6S 推行技巧 | | | | 权重 | 30% |
| | 具体内容 | 1. 积极研究企业 6S 推行中的难点，向上寻求支持。<br>2. 指导部门主管掌握 6S 推行中的关键控制点和推行手法。<br>3. 指导推行小组成员掌握 6S 推行中的关键控制点和推行手法。<br>4. 适时为各部门员工提供 6S 推行的辅导支持。<br>5. 为企业刊物和宣传栏提供 6S 推行的技术性或总结性文章 | | | | | |
| 职责四 | | 负责警示和追踪 6S 推行中的问题 | | | | 权重 | 25% |
| | 具体内容 | 1. 注意观察各部门 6S 推行情况，及时纠偏。<br>2. 对阻碍或消极对待 6S 推行的部门或个人给予警告，必要时向上反映。<br>3. 对 6S 推行中的重点问题实施持续性跟踪，直到问题解决。<br>4. 就 6S 推行中反复出现的问题提供最佳解决方案。<br>5. 协助执行秘书评定和审核 6S 推行中的奖惩管理 | | | | | |
| 职责五 | | 持续提升企业 6S 管理水平 | | | | 权重 | 15% |
| | 具体内容 | 1. 不断学习 6S 推行的各类技巧、技术。<br>2. 适时总结和推广适用于企业的 6S 推行技术。<br>3. 及时帮助各部门提升 6S 管理水平 | | | | | |

### 2.2.6　推行小组组长职责

如果企业聘请了顾问机构的话，推行小组组长可由对方派员担任，同时也可由本企业派员学习后再担任副职，共同推动企业的 6S 推行工作。6S 推行小组组长的职责如表 2-8 所示。

表 2-8 6S 推行小组组长的职责

| 职位名称 | 推行组长 | 部 门 | — | 直属上级 | 执行委员长 |
|---|---|---|---|---|---|
| 内部协作 | 总经理室以及企业内其他各部门 | | | 外部协作 | 6S 顾问公司 |
| 职责与工作内容 | | | | | |
| 职责一 | 负责管理 6S 推行委员会下达给各部门的任务 | | | 权重 | 15% |
| | 具体内容 | 1. 与推行委员会协商和确定 6S 推行的工作内容。<br>2. 与推行委员会商定 6S 推行的时间规划。<br>3. 按照推行委员会的要求，为各部门分配 6S 推行工作任务。<br>4. 就各部门 6S 推行情况及时与推行委员会进行沟通 | | | |
| 职责二 | 参与制定 6S 推行政策和制度，并在企业内宣传 | | | 权重 | 15% |
| | 具体内容 | 1. 倡导企业 6S 推行活动的方针和目标。<br>2. 在执行委员长、执行秘书协助下制定 6S 推行文件。<br>3. 在执行委员长、执行秘书协助下制订 6S 推行计划。<br>4. 对企业的 6S 推行制度和计划负责。<br>5. 积极组织员工学习 6S 推行文件和 6S 推行计划。<br>6. 主持 6S 推行会议，做好会议记录，将会议精神传达给各部门员工 | | | |
| 职责三 | 协助各部门规划 6S 推行中的工作内容 | | | 权重 | 20% |
| | 具体内容 | 1. 与各部门主管明确各部门在 6S 推行中的工作内容。<br>2. 审核各部门的 6S 推行计划，交推行委员会。<br>3. 审核各部门在 6S 推行中的工作内容和各员工职责。<br>4. 就各部门与推行组织间临时变更的工作内容进行协调 | | | |
| 职责四 | 负责配合 6S 推行小组组长开展 6S 推行工作 | | | 权重 | 35% |
| | 具体内容 | 1. 及时跟踪和管理 6S 推行中的人、财、物，保证资源到位。<br>2. 举办 6S 宣传活动，强化 6S 推行气氛。<br>3. 配合督导员，及时落实 6S 推行工作。<br>4. 对各部门在 6S 推行中的表现给予关注，适时指导。<br>5. 及时召开阶段性会议，总结 6S 推行成果和发现问题。<br>6. 及时组织各部门探讨 6S 推行中的问题，找到对策。<br>7. 在 6S 推行中，对各部门表现进行评定，及时申报奖惩。<br>8. 验收各部门 6S 推行的最终结果，并对结果负责。<br>9.6S 固化后，为各部门 6S 推行的长期实施提供动力 | | | |
| 职责五 | 规范管理企业的 6S 推行文件 | | | 权重 | 15% |
| | 具体内容 | 1. 及时收集和整理 6S 推行文件。<br>2. 及时总结 6S 推行工作，并形成书面文件。<br>3. 及时呈交 6S 推行报告和总结。<br>4. 将各类 6S 推行文件编号和归档。<br>5. 及时更新 6S 推行文件。<br>6. 及时废止过时或作废的 6S 推行文件 | | | |

### 2.2.7 推行小组组员职责

推行小组组员主要职责为协助推行组长完成企业的 6S 推行工作，全力支持和配合推行组长的工作内容。6S 推行小组组组员职责如表 2-9 所示。

表 2-9  6S 推行小组组员职责

| 职位名称 | 推行小组组员 | 部 门 | 一 | 直属上级 | 推行小组组长 |
|---|---|---|---|---|---|
| 内部协作 | 总经理室以及企业内其他各部门 | | | 外部协作 | 6S 顾问公司 |
| 职责与工作内容 | | | | | |
| 职责一 | 负责管理 6S 推行委员会下达给各部门的任务 | | | 权重 | 15% |
| | 具体内容 | 1. 负责 6S 推行各类会议、活动的组织或支持工作。<br>2. 负责推动培训工作、知识竞赛、6S 评比和奖惩、有奖征文等各项 6S 活动。<br>2. 明确自己在 6S 推行中的工作内容和时间规划。<br>3. 按照 6S 推行小组长的要求,为各班组分配 6S 推行任务 | | | |
| 职责二 | 负责各部门与推行组织的信息传达和联络 | | | 权重 | 15% |
| | 具体内容 | 1. 负责 6S 推行中文件的上传下达。<br>2. 负责保障沟通渠道的畅通。<br>3. 负责信息传达的准确性和及时性。<br>4. 确保 6S 推行小组成员之间联系畅通和紧密 | | | |
| 职责三 | 协助各部门规划 6S 推行中的工作指导和辅导 | | | 权重 | 20% |
| | 具体内容 | 1. 负责指导各班组及员工开展 6S 活动。<br>2. 负责 6S 推行关键点的讲解。<br>3. 指导各车间掌握 6S 推行中的推行手法。<br>4. 负责各班组及员工 6S 推行的日常辅导工作 | | | |
| 职责四 | 协助推行小组长的 6S 推行工作 | | | 权重 | 35% |
| | 具体内容 | 1. 在 6S 推行小组组长的指导下开展日常工作。<br>2. 负责 6S 推行各类宣传海报、文件的落实工作<br>3. 负责各部门 6S 推行工作的跟踪和监督<br>4. 负责向推行小组组长上报各部门 6S 推行进展及问题状况。<br>5. 负责 6S 推行中各班组问题及对策的商讨和改善建议的回复<br>6. 负责 6S 推行中各班组定期或不定期的检查和评比。<br>7. 必要时为各部门员工提供 6S 推行的辅导支持 | | | |
| 职责五 | 管理 6S 推行中产生的文件 | | | 权重 | 15% |
| | 具体内容 | 1. 负责收集和整理各部门 6S 推行文件。<br>2. 负责各部门 6S 推行纸质文件和电子文件的建档。<br>3. 负责定期向 6S 推行小组长呈交 6S 推行改善报告。<br>4. 将各类 6S 推行文件编号和归档。<br>5. 负责 6S 推行中各类废弃海报、报表、文件的处理 | | | |

## 2.2.8  车间主任与班组长职责

班组作为制造型企业中最基层的执行单位,对 6S 推行具有重大意义,可以说直接关系到 6S 推行水平的高低。班组长是 6S 推行过程中的直接负责人,车间主任应为他们提供直接的各类资源保障,并明确自身及班组长在 6S 推行中所承担的责任。车间主任与班组长 6S 推行职责如表 2-10 所示。

表 2-10  车间主任与班组长 6S 推行职责

| 职位名称 | 车间主任与班组长 | | 部　门 | — | 直属上级 | 6S 推行组织 |
|---|---|---|---|---|---|---|
| 内部协作 | 总经理室以及企业内其他各部门 | | | | 外部协作 | 6S 顾问公司 |
| 职责与工作内容 | | | | | | |
| 职责一 | 配合 6S 推行小组展开活动 | | | 权重 | | 25% |
| | 具体内容 | 1. 参与企业、车间、班组的 6S 宣传活动。<br>2. 配合 6S 推行小组，推动所在车间、班组的 6S 管理。<br>3. 配合 6S 推行小组，为 6S 推行提供资源支持 | | | | |
| 职责二 | 负责 6S 推行在本车间和班组的具体落实 | | | 权重 | | 35 |
| | 具体内容 | 1. 积极参与学习 6S 知识和推行技巧，并在车间班组内进行辅导教育。<br>2. 熟悉 6S 活动竞赛实施方法，并向员工详细解释。<br>3. 依据企业 6S 活动计划进度表，制订班组 6S 活动工作计划。<br>4. 协助生产主管划分作业区域，做好整理、整顿、定置和标识等工作。<br>5. 协助员工解决 6S 活动中的问题与难点。<br>6. 对班组成员的 6S 执行情况进行评比，并对结果负责 | | | | |
| 职责三 | 负责 6S 推行的例行检查工作 | | | 权重 | | 20% |
| | 具体内容 | 1. 督促员工执行定期的清扫和点检工作。<br>2. 组织班前、班后会，点名，清查服装、仪容。<br>3. 负责下班前进行安全巡查 | | | | |
| 职责四 | 负责 6S 的标准化和改善活动 | | | 权重 | | 20% |
| | 具体内容 | 1. 严格落实班组现场的可视化、规范化和标准化管理。<br>2. 负责班组 6S 日常管理，保持岗位清洁、整齐，提高员工素养。<br>3. 负责班组 6S 改善提案活动的开展，持续巩固班组 6S 成果 | | | | |

# 2.3  6S 推行制度编写

6S 推行委员会组织编制 6S 体系文件，以便为 6S 推行工作提供技术指导和制度保障，从而促进 6S 活动顺利开展。

## 2.3.1  6S 体系文件的组成

6S 体系文件的构成如图 2-4 所示。

### 1. 6S 推行手册

6S 推行手册是推行 6S 活动作业的指导书，包括推行 6S 活动的目标、方针和总体要求等。

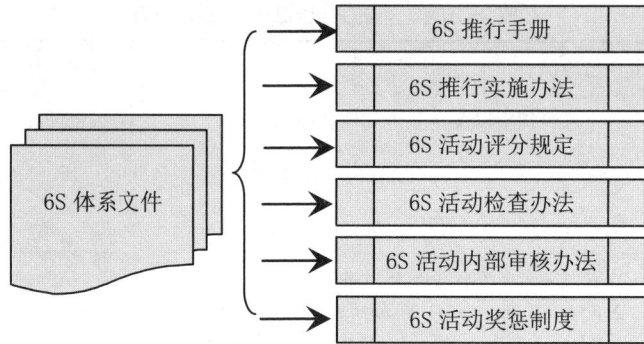

图 2-4　6S 体系文件的构成

### 2. 6S 推行实施办法

6S 推行实施办法是对 6S 活动进行管理的文件，内容包括推行 6S 活动的目的、范围、各部门的职责和管理权限、6S 活动的内容等。

### 3. 6S 活动评分规定

6S 活动评分规定是有关 6S 活动的评分文件，包括评分的原则、项目、内容、标准和要求等。

### 4. 6S 活动检查办法

6S 活动检查办法是规定 6S 活动检查办法的文件，包括 6S 活动检查的目的、范围、标准和方法等。

### 5. 6S 活动内部审核办法

6S 活动内部审核办法是对 6S 活动进行内部审核的文件，包括内部审核的目的、范围、程序、标准等。

### 6. 6S 活动奖惩制度

6S 活动奖惩制度具体包括奖惩制度的目的、适用范围、奖惩对象、奖惩标准以及要求等。

### 2.3.2　6S 体系文件编制原则

6S 体系文件作为推行 6S 活动有力的制度保障，在编制 6S 体系文件的过程中，应遵循一定的编制原则，保证文件的可行性和有效性。6S 体系文件的编制原则如图 2-5 所示。

图 2-5　6S 体系文件的编制原则

### 1. 系统性原则

6S 体系是由程序、过程、方法以及管理构成的有机整体。因此，应站在系统高度进行把握。

### 2. 确定性原则

在编制 6S 体系文件的过程中，必须对何时、何地、由谁、依据哪些文件、怎样编制，以及应保留哪些记录等，加以明确规定。

### 3. 可行性原则

6S 体系文件必须符合企业的客观实际，具有可操作性。因此，编写人员应深入实际，进行调查研究，力求完善，使之可被有效执行。

### 4. 符合性原则

6S 体系文件一方面必须符合推行 6S 活动的目标和方针，另一方面必须符合企业实际情况，以保证活动顺利执行。

### 5. 法规性原则

6S 体系文件的编制应符合相关文件的标准和本企业关于标准编写的规定。同时，一经发布，就具有法规效应，成为企业法规性文件的重要组成部分。

### 6. 相容性原则

6S 体系文件中的各文件之间，应保持良好的相容性，即不仅要协调一致，不产生矛盾，还要为实现总目标，明确各自相应的职责和任务。

### 7. 创新性原则

为使 6S 体系文件真正起到作用，在编制过程中，应将其与 6S 先进的管理理念和方法，以及企业实际紧密结合，形成优化的管理体系。

### 8. 独立性原则

推行 6S 活动只能使用唯一且独立的 6S 体系文件，不能使用过时或失效的文件。同时，还应保证执行的客观性、真实性和公正性。

## 2.3.3　6S 体系文件编制要求

6S 体系文件是推行 6S 活动的有力支持，也是企业其他管理体系标准的重要补充。因此，在编制 6S 体系文件时，应遵循以下要求。

### 1. 文字要求

编制的 6S 体系文件，在文字方面应达到以下要求：

➢ 文字表达准确、顺畅、简练；

➢ 文字表达规范，术语界定严格；

➢ 各种数据真实，符合实际情况。

### 2. 内容要求

编制的 6S 体系文件在内容方面应达到以下要求：

➢ 内容力求完整，易于理解；

➤ 内容安排和文字说明应符合逻辑规律；

➤ 内容的选择符合企业实际情况。

### 3. 格式方面

编制 6S 体系文件时，其格式应符合以下要求：

➤ 编排科学、合理，便于查找；

➤ 体例、格式统一；

➤ 保持文件的系统性，力求协调一致。

### 2.3.4　6S 体系文件编制流程

6S 体系文件的编制应按照一定的步骤和方法进行，以保证 6S 体系文件严谨、客观、合理和有效，从而为推行 6S 活动奠定基础。6S 体系文件的编制步骤如图 2-6 所示。

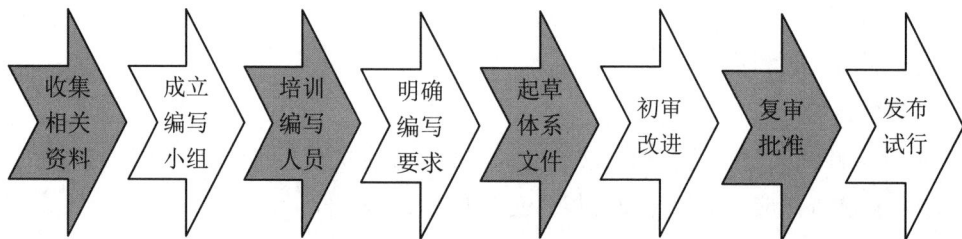

图 2-6　6S 体系文件的编制步骤

### 1. 收集相关资料

编制 6S 体系文件之前，需要大量收集有关 6S 的资料，并进行整理、分析。

### 2. 成立编写小组

从 6S 推行委员会与 6S 推行小组中选出有经验的成员，组成 6S 体系文件编写小组，并确定各成员的职责。

### 3. 培训编写人员

在执行秘书的引导下，对编写小组的所有成员，进行 6S 知识和文件编制培训。

### 4. 明确编写要求

确定编制文件的结构、数量、格式，以及文件编制计划。为提高编制 6S 体系文件的工作效率，在编制前须注意一些事项，如表 2-11 所示。

表 2-11　6S 体系文件编制注意事项

| 事　项 | 说　明 |
|---|---|
| 制定编制程序 | 为使 6S 体系文件的编制工作能够顺利进行，应制定科学严谨的编制程序，以提高编制效率 |
| 开展全面调查 | 编制 6S 体系文件前，必须深入生产现场调查，与员工沟通，了解现状，从而避免文件内容脱离实际 |
| 加强团队协作 | 编制 6S 体系文件是一项繁重的工作，需要相关部门和人员积极支持、配合与协作，保证编制工作顺利完成 |
| 寻求领导支持 | 高层领导的态度在很大程度上影响着企业员工的行为，为保证 6S 体系文件的编制效率，编制人员应积极寻求最高层领导的支持 |

### 5. 起草体系文件

编写小组成员根据明确的编写要求，起草所有文件的初稿。

### 6. 初审改进

一方面将起草的 6S 体系文件上交推行委员会审核，另一方面组织有关人员讨论；综合审核和讨论的意见，不断修订 6S 体系文件。

### 7. 复审批准

将改进后的 6S 体系文件，再次呈交推行委员会审核，经执行委员长审批合格后，准备发布执行。

### 8. 发布试行

经 6S 执行委员长签署后，发布并试行 6S 体系文件，根据使用者反馈的意见、与相关文件的相容度，确认文件的可操作性。根据试行的具体情况修改文件，最终形成完善、有效的 6S 体系文件。

# 2.4　6S 推行宣贯与教育

6S 推行离不开宣传活动。企业应通过各种形式，加强在车间等各部门的宣传工作，以便让更多的员工和管理者了解和认同 6S。

### 2.4.1　6S 推行动员大会程序

召开动员大会，不仅可以鼓舞士气，而且可以让员工认识到 6S 对企业发展和个人的重要作用，使管理层和员工达成共识，减少 6S 推行的阻力。6S 推行动员大会召开流程如图 2-7 所示。

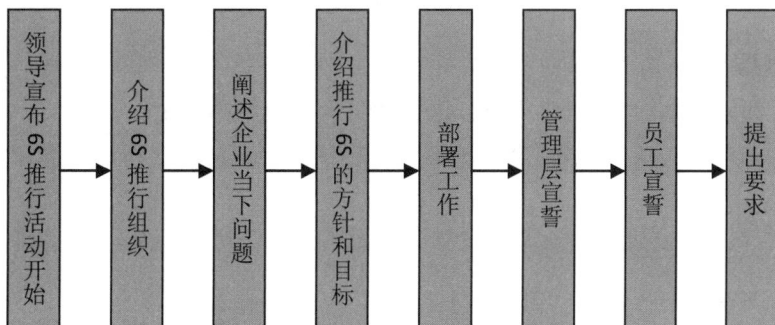

图 2-7　6S 推行动员大会召开流程

### 1. 领导宣布 6S 推行活动开始

会议开始，由企业高层领导发表讲话，向全体员工热烈传达企业开展 6S 推行活动的意图和领导层对 6S 推行的重视；简要说明企业全力推行 6S 的原因，表达企业领导层对 6S 推行的重视，同时号召员工积极参与。

### 2. 介绍 6S 推行组织

6S 推行委员会执行委员长向企业全体员工宣读 6S 推行委员会和 6S 推行小组人员名单，各推行组织成员依次亮相，让全体员工熟悉推行组织结构，便于 6S 推行工作的开展。

### 3. 阐述企业当下问题

集中说明日常工作中经常出现、对产品品质和企业形象有不良影响的问题，以表明推行 6S 的必要性。

### 4. 介绍推行 6S 的方针、目标及制度

6S 推行委员会委员长宣读企业 6S 推行活动的方针、目标及制度，要求全体员工共同学习。

### 5. 部署工作

就企业各部门 6S 推行活动的责任、要求等进行简要说明。

### 6. 管理层宣誓

各部门负责人作为部门代表上台发表活动宣言或宣誓，表达本部门全体员工努力配合企业推行 6S 的决心和信心。

干部宣誓词

我代表本部门全体员工庄严宣誓：

1. 我部门所有员工将积极参与 6S 推行，从身边的一点一滴做起，坚持不懈。

2. 我部门将积极配合兄弟部门开展 6S 推行工作，在工作中共同进步。

3. 我部门每一位员工都将致力于培养良好的 6S 习惯，为打造良好的企业形象贡献自己的力量。

为了建设企业美好的明天，我们将一起努力！

### 7. 员工宣誓

由部门主管组织本部门员工，在 6S 推行动员大会上集体宣誓。

员工宣誓词

我宣誓：

1. 我将积极参与企业举办的每一项 6S 活动，配合企业的 6S 推行工作。

2. 我将从身边的每一件小事做起，持之以恒，养成良好的生产习惯。

3. 我将在 6S 推行工作中团结友爱，互相帮助，追求共同进步。

4. 我将致力于素养建设，为打造良好的企业形象贡献自己的力量！

为了企业辉煌的未来，我们将携手努力！努力！再努力！

动员大会的关键点在于，高层领导要以坚定的态度、高昂的热情向员工传递企业的现状、今后的生存问题以及 6S 对企业发展的重要性。

### 8. 提出要求

对 6S 推行工作提出具体要求，包括加强培训、提高素质、重视节约、降低成本、提高效益、注重安全、持续改善、精细管理和避免工作表面化等。

### 2.4.2　6S 教育与培训

对企业的相关人员进行 6S 培训，开展推行 6S 活动的动员大会，加强对 6S 活动的舆论宣传，能够提高员工对 6S 的认识。

#### 1. 确定 6S 培训对象

开展 6S 培训活动前，必须明确培训对象，加强其 6S 的意识和技能，为顺利推行 6S 活动奠定基础。6S 培训的对象如表 2-12 所示。

表 2-12　6S 培训的对象

| 对　象 | 说　明 |
|---|---|
| 推行组织成员 | 6S 推行组织成员是活动的直接负责人，必须了解 6S 管理与推行原理及相关知识、宣传教育方式、评审技巧和考核方法 |
| 骨干人员 | 挑选和培训骨干员工，使他们较好地理解和认识 6S 基本知识，由他们引导其他员工实施推行 6S 的具体措施。培训骨干员工，可采取委外培训、参观先进企业和购买培训教材等方式 |
| 普通员工 | 由接受培训的推行组织成员和骨干人员，向普通员工传授 6S 知识，使其了解 6S 的基本知识、活动意义及目标。在培训的过程中应注意互动性，鼓励员工参与 |

员工在对 6S 的认识等方面存在差异，企业必须通过培训的方式对员工"洗脑"，消除意识障碍。

教育培训效果的好坏，决定 6S 活动是否能够达到和维持理想的水平。良好的事前培训，能够在较大程度上引导员工统一认识，消除浪费，持续改善，保证 6S 的顺利推行。

#### 2. 拟定培训计划

6S 推行委员会针对管理人员、作业人员、新员工等不同情况量身定制 6S 培训计划。首先应拟定 6S 培训大纲，然后量身定制 6S 培训计划。

1）编制 6S 培训大纲

6S 培训大纲也是培训的总计划，包括培训的内容、目标对象、要求、培训时间等，用于指导整个 6S 培训。6S 培训计划如表 2-13 所示。

表 2-13　6S 培训计划

| 内　容 | 项　目 | 目　标 | 对　象 | 要　求 | 8月 | 9月 | 10月 |
|---|---|---|---|---|---|---|---|
| 6S 知识培训 | 6S 的起源和适用范围 | 培训考核合格率达 80% | 全员 | 培训 | | 现场操作 | 考核 |
| | 6S 的定义及目的 | | | | | | |
| | 6S 的作用 | | | | | | |

续表

| 内　容 | 项　目 | 目　标 | 对　象 | 要　求 | 8月 | 9月 | 10月 |
|---|---|---|---|---|---|---|---|
| 6S 推进步骤 | 成立推行委员会和推行小组 | 全员 100% 理解并正确实施 | 管理人员 | | → | | |
| | 组织成员集中学习 | | | | → | | |
| | 设定改进部位 | | | | → | | |
| | 进行现场诊断 | | | | | → | |
| | 开展改进活动 | | | | | → | |
| | 发动员工自己开展改进活动 | | | | | → | |
| | 确认和检查改进效果 | | | | | | → |
| ... | ... | ... | ... | ... | ... | ... | ... |

2）部门 / 班组 6S 培训计划

6S 推行小组依据 6S 培训大纲，与各部门 / 班组共同拟定培训计划（月度）。部门 / 班组 6S 培训计划（示例）如表 2-14 所示。

表 2-14　部门 / 班组 6S 培训计划（示例）

| 星期一 | 星期二 | 星期三 | 星期四 | 星期五 | 星期六 | 星期日 |
|---|---|---|---|---|---|---|
| | | | | 1<br>19:00-20:00<br>6S 推行启动会 | 2<br>19:00-20:00<br>皮球组一线长，6S 培训 | 3<br>19:00-20:00<br>皮球组一线长，6S 测试 |
| 4 | 5<br>19:00-20:00<br>①车缝 2 楼线长 6S 培训<br>②皮球组线现场指导 | 6<br>19:00-20:00<br>①车缝 2 楼线长 6S 测试<br>②皮球组线 6S 评分 | 7 | 8<br>19:00-20:00<br>①车缝 3 楼线长 6S 培训<br>②车缝 2 楼线现场指导 | 9<br>19:00-20:00<br>①车缝 3 楼线长 6S 测试<br>②车缝 2 楼线 6S 评分 | 10<br>制造组 / 班组长级干部 6S 培训 |
| 11 | 12<br>19:00-20:00<br>①橄榄球线长 6S 培训<br>②车缝 3 楼线现场指导 | 13<br>19:00-20:00<br>①橄榄球线长 6S 测试<br>②车缝 3 楼线 6S 评分 | 14 | 15<br>19:00-20:00<br>①橡胶球线长 6S 培训<br>②橄榄球线现场指导 | 16<br>19:00-20:00<br>①橡胶球线长 6S 测试<br>② 橄榄球线 6S 评分 | 17 |
| 18 | 19<br>19:00-20:00<br>①辅助单位 6S 培训<br>②橡胶球线现场指导 | 20<br>19:00-20:00<br>①辅助单位 6S 评分<br>②橡胶球线 6S 评分 | 21 | 22<br>①皮球组 6S 试行<br>②制定全厂 6S 考核办法 | 23<br>①召开 6S 自主改善会 | 24 |
| 25 | 26 | 27 | 28 | 29<br>全厂考核 | 30 | |

除了拟订培训计划，还应设立培训场所，场所内应有示范线，供现场辅导培训对象之用。某公司员工 6S 培训现场如图 2-8 所示。

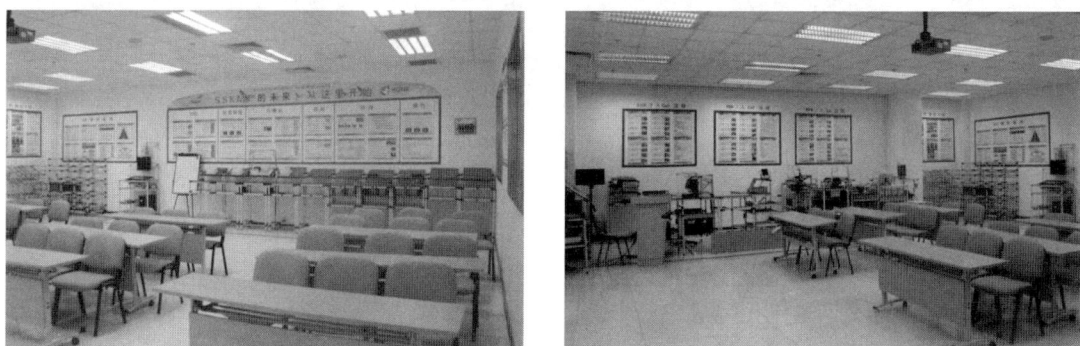

图 2-8　某公司员工 6S 培训现场

员工培训场所的布置要充分考虑知识培训与技能实操相结合。

### 3. 选择培训师 / 督导员

6S 培训师 / 督导员是指熟悉 6S 管理知识、推行技巧、企业管理现状，能通过调查、分析现有的管理方式，找出存在的问题，提出改善方案并指导实施的人。

6S 培训师 / 督导员的任用条件如图 2-9 所示。

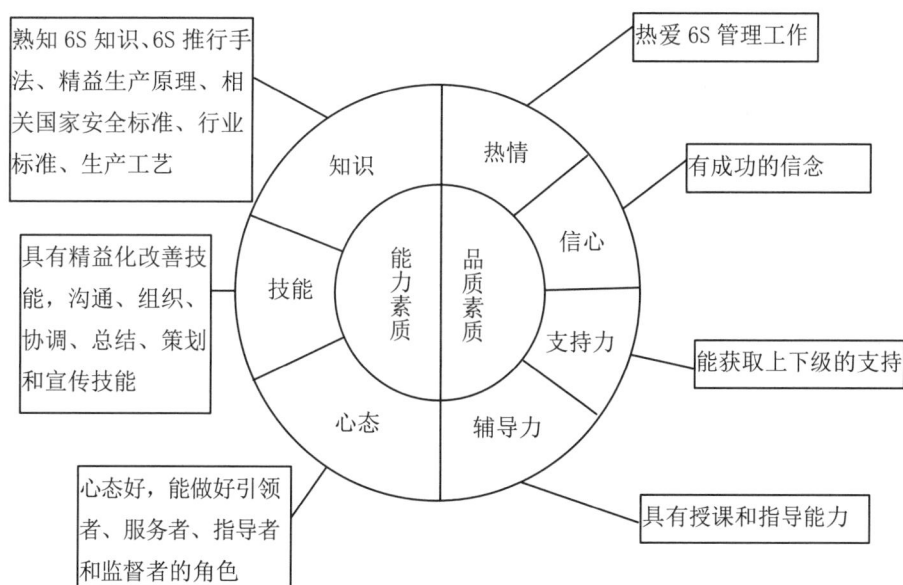

图 2-9　培训师 /6S 督导员的任用条件

6S 培训师可请培训或咨询机构的人员担任，督导员由企业内部人员担任。

### 4. 明确培训方式并开展培训

培训方式决定着 6S 培训的效果，业界通常采用讲授和现场指导相结合的方式。6S 常用培训方式如图 2-10 所示。

教育讲授　　　　　　　　　现场指导　　　　　　　　　现场评估

图 2-10　6S 常用培训方式

具体操作流程如下：

➤ 培训师讲授培训，让学员掌握基本的 6S 知识和方法。

➤ 培训师现场示范并讲解，学员观看，其间应示范 2 ～ 3 次。

➤ 学员试操作，培训师在一旁观察。学员操作结束后，培训师指出问题并给予指导，直至学员完全掌握。

➤ 现场操作评估。学员将所学 6S 知识应用于工作岗位中。

6S 督导员应定期进行检查与评估，确认学员能熟练运用。不足的地方进行改善，并在下一阶段培训中纠正。

### 2.4.3　6S 知识测试与竞赛

6S 知识测试既是一种考核方式，也是一种教学方式。它主要有两大作用：一是检验学员整体培训效果；二是查漏补缺，奖优惩劣。6S 知识竞赛也是一种促进企业员工学习 6S 知识的方法，趣味性和实战性更高。

#### 1. 6S 知识测试

通过设计知识测试题考查员工对课堂讲授知识的接受程度、对 6S 知识的了解程度；对优秀员工予以表彰、奖励，未合格者给予适当惩处，补考至及格为止。

1）中高层管理人员 6S 知识测试

在推行 6S 中，中高层管理人员（如部门经理、主管人员）扮演着管理者的角色。因此，针对中高层管理人员设计的 6S 知识测试题应该站在全局高度，全面考查其对 6S 的理解。中高层管理人员 6S 知识测试题如表 2-15 所示。

表 2-15　中高层管理人员 6S 知识测试题（示例）

| 中高层管理人员 6S 知识测试 |
| --- |
| 姓名：＿＿＿＿＿＿＿　　部门 / 职位：＿＿＿＿＿＿＿＿＿　　得分：＿＿＿＿＿＿＿ |
| 一、填空题（在下列横线上填入正确答案，每空 1 分，共 30 分） |
| 1. 6S 是指＿＿＿＿＿＿、＿＿＿＿＿＿、＿＿＿＿＿＿、＿＿＿＿＿＿、＿＿＿＿＿＿、＿＿＿＿＿＿。 |
| 2. 清洁是指＿＿＿＿＿＿＿＿＿＿＿＿＿＿＿＿＿＿＿＿＿＿＿＿＿＿＿＿＿＿＿＿＿＿＿＿＿＿。 |
| 3. 6S 推行组织主要有＿＿＿＿＿＿＿＿＿＿＿＿＿＿＿＿＿＿＿＿＿＿＿＿＿＿＿＿＿＿＿＿＿＿。 |
| 4. 整顿的“三定”原则是指＿＿＿＿＿＿＿＿、＿＿＿＿＿＿＿＿、＿＿＿＿＿＿＿＿。 |
| 5. 6S 的最终目的是＿＿＿＿＿＿＿＿＿＿＿＿＿＿＿＿＿＿＿＿＿＿＿＿＿＿＿＿＿＿＿＿＿＿＿＿。 |
| 6. 6S 推行步骤包括＿＿＿＿＿＿＿＿＿＿＿＿＿＿＿＿＿＿＿＿＿＿＿＿＿＿＿＿＿＿＿＿＿＿＿＿。 |
| 7. 本公司的 6S 活动方针是＿＿＿＿＿＿＿＿＿＿＿＿＿＿＿＿＿＿＿＿＿＿＿＿＿＿＿＿＿＿＿＿。 |
| 8. 6S 与公司运营的关系主要体现在＿＿＿＿＿＿＿＿＿＿＿＿＿＿＿＿＿＿＿＿＿＿＿＿＿＿＿＿。 |

二、选择题（从每道题的四个选项中，选出一个或多个合适的答案，将其代号填入后面的括号中。每小题 2 分，共 20 分）

1. 推行 6S 的根本目的是（ ）。
A．降低生产成本 　　B．改善生产现场 　　C．提高品质 　　D．增加企业盈利
2. 6S 推行活动的主体是（ ）。
A．高层领导 　　B．管理人员 　　C．班组长 　　D．全体员工
3. 下列（ ）不是 6S 推行委员会的成员。
A．委员长 　　B．执行秘书 　　C．委员 　　D．推行小组组长
4. 在清洁工作中，应该（ ）。
A．清除工作中不要的物品 　　　　　　B．将物品按规定的位置摆放
C．在公司范围内进行大清扫 　　　　　D．将整理、整顿、清扫制度化
5. 在样板区成功推行 6S 之后，下一步应该（ ）。
A．全面导入 6S 　　　　　　　　　　　B．召开动员大会
C．召开成果发布会 　　　　　　　　　D．考核评比
6. 6S 与产品质量的关系是（ ）。
A．工作方便 　　B．改善品质 　　C．增加产量 　　D．没有关系
7. 目视管理的要点包括（ ）。
A．无论是谁都能判断好坏（正常还是异常） 　　B．能迅速做出判断，精确度高
C．判断的结果不会因人而异 　　　　　　　　　D．醒目，美观，领导满意
8. 整顿工作的目的是（ ）。
A．使工作场所一目了然 　　　　　　　B．营造整齐的工作环境
C．缩短寻找物品的时间 　　　　　　　D．清除过多的积压物品
9. 推行 6S 应该做到（ ）。
A．坚持半年 　　　　　　　　　　　　B．坚持一年
C．想做多久做多久 　　　　　　　　　D．成为日常工作的一部分，持之以恒
10. 6S 起源于（ ）。
A．中国 　　B．美国 　　C．日本 　　D．苏联

三、问答题（第 1～3 题每题 10 分，第 4 题 20 分）
1. 简要说明 6S 中"素养"的推行要领。
2. 6S 管理与 ISO 9000 的区别有哪些？
3. 列举十项本公司的 6S 问题点，并给出改进建议。
4. 论述所在部门推行 6S 中的责任以及如何与推行组织协作。

2）基层管理人员 6S 知识测试

在 6S 推行活动中，基层管理人员有着承上启下的重要作用，既是车间主管推行 6S 工作的协助者，又是班组推行 6S 工作的领导者。因此，在设计基层管理人员 6S 知识测试题时，既要考虑到 6S 基本理论知识，又要兼顾实际操作知识的考查。基层管理人员 6S 知识测试题如表 2-16 所示。

表 2-16　基层管理人员 6S 知识测试题（示例）

| 基层管理人员 6S 知识测试 |
| --- |
| 姓名：＿＿＿＿＿＿＿ 　　部门 / 职位：＿＿＿＿＿＿＿ 　　　得分：＿＿＿＿＿＿＿ |
| 一、填空题（在下列横线上填入正确答案，每空 1 分，共 30 分） |
| 1. 6S 是指＿＿＿＿、＿＿＿＿、＿＿＿＿、＿＿＿＿、＿＿＿＿、＿＿＿＿。 |
| 2. 整顿的"三定"原则是指＿＿＿＿＿＿、＿＿＿＿＿＿、＿＿＿＿＿＿。 |
| 3. 6S 推行委员会由＿＿＿＿、＿＿＿＿、＿＿＿＿、＿＿＿＿四个岗位构成。 |
| 4. ＿＿＿＿＿＿是维护整理、整顿、清扫的结果。 |

5. 整理的实质是区分_____和_____。

6. 零件、夹具、材料等随意摆放属于 6S 中的_____问题；随意乱扔废弃物属于 6S 中的_____问题；在车间内吃零食、打瞌睡属于 6S 中的_____问题。

7. 整顿主要是排除_____浪费。

8. 6S 中的_____是针对现场、物品的；6S 中的_____是针对人的。

9. 本公司推行 6S 的方针是_____。

10. 红牌作战的对象包括_____、_____、_____、_____、_____等。

**二、选择题**（从每道题的四个选项中，选出一个或多个合适的答案，将其代号填入后面的括号中。每小题 2 分，共 30 分）

1. 推行 6S 的根本目的是（　　）。
A. 降低生产成本　　B. 改善生产现场　　C. 提高品质　　D. 增加企业盈利

2. 6S 推行活动的主体是（　　）。
A. 高层领导　　B. 管理人员　　C. 班组长　　D. 全体员工

3. 在清洁工作中，应该（　　）。
A. 清除工作中不要的物品　　B. 将物品按规定的位置摆放
C. 在公司范围内进行大清扫　　D. 将整理、整顿、清扫制度化

4. 整理期间可以采取下列哪些手段？（　　）
A. 红牌作战　　B. 洗澡活动　　C. 平面定局　　D. 定位法则

5. 整顿期间可以采取下列哪些手段？（　　）
A. 红牌作战　　B. 洗澡活动　　C. 平面定局　　D. 定位法则

6. 清扫期间可以采取下列哪项手段？（　　）
A. 红牌作战　　B. 洗澡活动　　C. 平面定局　　D. 定位法则

7. 目视化管理的要点包括（　　）。
A. 无论是谁都能判断好坏（正常还是异常）　　B. 能迅速做出判断，精确度高
C. 判断的结果不会因人而异　　D. 醒目，美观，领导满意

8. 整顿工作的目的是（　　）。
A. 使工作场所一目了然　　B. 营造整齐的工作环境
C. 缩短寻找物品的时间　　D. 清除过多的积压物品

9. 推行 6S 应该做到（　　）。
A. 坚持半年　　B. 坚持一年
C. 想做多久做多久　　D. 成为日常工作的一部分，持之以恒

10. 样品室应当分为哪几个区域？（　　）
A. 待检区　　B. 已检区　　C. 备查区　　D. 不合格样品区

11. 对待 6S 应有的态度是（　　）。
A. 随便应付，应应景就行　　B. 事不关己，高高挂起
C. 看别人怎么做就怎么做，随大溜　　D. 积极参与

12. 推行 6S 的手段包括（　　）。
A. 定点摄影　　B. 红牌作战　　C. 目视管理　　D. 洗澡活动

13. 形迹管理的好处包括（　　）。
A. 30 秒取出需要的物品　　B. 物品一目了然
C. 减少物品寻找时间　　D. 以上都是

14. 消除安全隐患，预防事故发生是哪一阶段的内容？（　　）
A. 整理　　B. 清扫　　C. 素养　　D. 安全

15. 洗澡活动的目的是（　　）。
A. 清除污垢　　B. 消灭脏污　　C. 清除卫生死角　　D. 以上都是

**三、问答题**（每小题 10 分，共 40 分）

1. 简述"洗澡活动"。

2. 列举十项本班组的 6S 问题点，并给出改善建议。

3. 对于不能脱岗的班组长，怎样在生产过程中对部下进行 6S 考核？

4. 简述班组长在 6S 推行中的责任以及如何与推行组织协作。

3）基层员工的 6S 知识测试

基层员工在 6S 推行中扮演着操作者的角色，各项 6S 活动的实际操作都是由一线作业员最终操作完成的。因此，作业员 6S 知识测试题的设计应该包括两方面的内容：一是关于 6S 基础知识的考查；二是关于实操知识的考查。基层员工 6S 知识测试题如表 2-17 所示。

表 2-17 基层员工 6S 知识测试题

基层员工 6S 知识测试

姓名：＿＿＿＿＿＿＿ 部门 / 职位：＿＿＿＿＿＿＿＿ 得分：＿＿＿＿＿＿＿

**一、填空题（在下列横线上填入正确答案，每空 1 分，共 20 分）**

1. 6S 是指整理、整顿、＿＿＿＿＿＿、＿＿＿＿＿＿、＿＿＿＿＿＿、＿＿＿＿＿＿。
2. ＿＿＿＿＿＿＿＿是维护整理、整顿、清扫的结果。
3. 经过＿＿＿＿＿活动以后，应该做到车间地面没有垃圾、杂物，车间设备干净如新。
4. 通道的区域线一般用＿＿＿＿＿＿表示；半成品的区域线一般用＿＿＿＿＿＿表示。
5. 红牌作战的对象包括＿＿＿＿＿＿、＿＿＿＿＿＿、＿＿＿＿＿＿、＿＿＿＿＿＿等。
6. 洗澡活动的主要对象是＿＿＿＿＿＿。
7. 将工作现场打扫干净属于 6S 中的＿＿＿＿＿＿范畴；将不需要的物品处理掉属于 6S 中的＿＿＿＿＿＿范畴；零件、夹具、材料等随意摆放属于 6S 中的＿＿＿＿＿＿问题。
8. 作业员在 6S 推行中的职责是＿＿＿＿＿＿＿＿＿＿＿＿＿＿＿＿＿＿＿＿＿＿＿＿＿＿＿＿

**二、选择题（从每道题的四个选项中，选出一个或多个合适的答案，将其代号填入后面的括号中。每小题 2 分，共 30 分）**

1. 根据"要"与"不要"的区分标准，下列哪项应该清除出工作现场？（ ）
   A. 推车　　　　　B. 成品　　　　　C. 料架　　　　　D. 呆料
2. 下列哪项应当用四角定位线进行定位？（ ）
   A. 成品放置区　　B. 作业区　　　　C. 机器设备　　　D. 作业台
3. 下列哪些应当用虎纹线进行标识？（ ）
   A. 危险区域　　　B. 配电柜　　　　C. 垃圾桶　　　　D. 回风口
4. 车间里破损的工具被贴上红牌以后，应当（ ）。
   A. 扔到工具箱里　　　　　　　　　　B. 当作没看见
   C. 立即进行修理，确实无法再利用的予以变卖或废弃处理
   D. 放到仓库里收起来
5. 下列哪些需要洗澡？（ ）
   A. 生锈的机器　　　　　　　　　　　B. 满是灰尘的墙壁
   C. 布满蜘蛛网的天花板　　　　　　　D. 乱涂乱画的门窗
6. 公司哪些地方需要整理、整顿？（ ）
   A. 仓库　　　　　B. 工作现场　　　C. 办公室　　　　D. 公司每个地方
7. 定位法则是指（ ）。
   A. 点集中　　　　B. 线垂直 / 平行　C. 面居中　　　　D. 以上都是
8. 洗澡活动的目的是（ ）。
   A. 清除污垢　　　B. 消灭脏污　　　C. 清除卫生死角　D. 以上都是
9. 现场警示灯中表示正常运转状态的是（ ）。
   A. 绿灯　　　　　B. 黄灯　　　　　C. 蓝灯　　　　　D. 红灯
10. 整顿工作的目的是（ ）。
    A. 使工作场所一目了然　　　　　　　B. 营造整齐的工作环境
    C. 缩短寻找物品的时间　　　　　　　D. 清除过多的积压物品
11. 6S 推行应该做到（ ）。
    A. 坚持半年　　　　　　　　　　　　B. 坚持一年
    C. 想做多久做多久　　　　　　　　　D. 成为日常工作的一部分，持之以恒
12. 在清洁工作中，应该（ ）。
    A. 清除工作中不要的物品　　　　　　B. 将物品按规定的位置摆放

C. 在公司范围内进行大清扫　　　　　D. 将整理、整顿、清扫制度化

13. 推行 6S 的手段包括（ 　 ）。

A. 定点摄影　　　　B. 红牌作战　　　　C. 目视管理　　　D. 洗澡活动

14. 对待 6S 应有的态度是（ 　 ）。

A. 随便应付，应应景就行　　　　　　B. 事不关己，高高挂起

C. 随大流　　　　　　　　　　　　　D. 积极参与

15. 推行 6S 的目的是要做到（ 　 ）。

A. 人人有素养　　　　B. 生产效率高　　　　C. 工作环境好　　　D. 地、物干净

**三、判断题**（对下面各题进行判断，正确的画 √，错误的画 ×。每小题 2 分，共 20 分）

1. 6S 就是大扫除。（ 　 ）

2. 开展 6S 活动是领导的事情，与我无关。（ 　 ）

3. 6S 应该成为日常工作的一部分。（ 　 ）

4. 推行 6S 是一个活动，有空的时候搞搞就行了。（ 　 ）

5. 6S 一旦开始实施，就不能中途停止。（ 　 ）

6. 物品用完后应该放到规定的摆放地点。（ 　 ）

7. 6S 有助于提高生产效率。（ 　 ）

8. 6S 要求从我做起，养成良好的工作习惯。（ 　 ）

9. 推行 6S 要求全民参与，每一位员工都应该自觉做好自己的工作。（ 　 ）

**四、问答题**（每小题 10 分，共 30 分）

1. 为本公司的 6S 宣传工作制作 5 条宣传标语。

2. 简述对现场进行整理的步骤。

3. 你对公司推行 6S 有什么合理化建议？

### 2. 6S 知识竞赛

企业举办各种丰富多彩的 6S 竞赛活动，不但可以有效推广 6S 知识，增进员工之间 6S 推行经验的交流，而且还能提高员工参与的积极性。可以根据 6S 推行目标或任务选定"6S 活动竞赛月/周"。那么，应当如何选定 6S 活动竞赛月/周呢？

1）选择时机

6S 知识竞赛应当选择适当的时机。一般选在 6S 推行初期或取得阶段性成果的时候效果较为显著。6S 推行取得一定的成效时，员工容易产生懈怠心理，认为 6S 已经取得了成果，不需要像开始时那样执行了。此时开展 6S 知识竞赛，可及时遏制员工的消极心态，激发员工持续推行 6S 的动力。

2）众中择重

6S 知识竞赛是针对全体员工的教育培训活动，应当全面开展，重点突出。6S 知识竞赛是针对上一阶段 6S 推行工作进行的查漏补缺，重点强调以往 6S 工作中存在的问题和解决方法。

3）策划 6S 有奖知识竞赛

6S 有奖知识竞赛一般采用部门组队参赛、现场提问作答等方式进行。6S 推行委员会在赛前须制定比赛方案，包括比赛方式、参赛要求和比赛规则等内容，并及时予以公布，便于各部门做好参赛准备。6S 有奖知识竞赛方案如表 2-18 所示。

表 2-18 　 6S 有奖知识竞赛方案（示例）

6S 有奖知识竞赛方案

**一、比赛时间**

2020 年 7 月 8 日 13：00—17：00。

**二、参赛队伍**

公司所有部门各派一个代表组参赛，每个参赛组共 5 人。

**三、比赛规则**

1. 比赛前，由各参赛组领队抽签决定分组。

2. 竞赛题型包括抢答题、必答题和风险题 3 种。

3. 抢答题共 30 题，由主持人读完题并说"开始"后，参赛组组员方可按铃进行抢答，答题时间不得超过 1 分钟。每答对一题加 10 分，答错或超时扣 10 分。主持人未读完或未说"开始"参赛组组员就按铃抢答，则每题扣 10 分且该题作废。

4. 必答题为所有参赛组均须回答的题目，答题时间为 1 分钟，每题的分值为 10 分，答对加 10 分，答错或未能回答的不得分。

5. 风险题由各参赛组自行选择不同分值的题目进行回答，答题时间为 2 分钟。答题顺序按当时得分的实际情况从高到低排列。题目难度分别为一、二、三级，与其相对应的分值为 10 分、20 分和 30 分，答对加相应的分值，答错扣所选题目相应的分值，放弃答题则扣所选题目对应分值的一半。

6. 本次竞赛每个参赛组基础分为 100 分，由主持人现场判定加分或减分。

7. 本次竞赛还对现场观众设有奖竞答和抽题回答环节，答对题的员工可获得纪念品。

**四、比赛要求**

1. 单组参赛人员统一着装，在竞赛中途不得退场。

2. 参赛选手答题时必须口齿清楚，讲普通话，声音响亮，便于主持人和评委评分。

3. 允许商议时，由参赛组组员在台上讨论决定，其他人员不得在台下指挥。

4. 参赛人员不得作弊，凡发现有翻阅资料等舞弊行为的，一次扣 20 分，再次则取消资格。

5. 所有人员须遵守赛场规则及公司其他相关规章制度。

**五、奖项设置**

大赛设一等奖 1 名，二等奖 3 名，三等奖 5 名，比赛结束后由总经理当场颁奖。

×× 公司 6S 推行委员会

2020 年 6 月 15 日

### 2.4.4　6S 推行宣传造势

建立相应的推行组织，各项准备工作就绪，还需要通过规模化的宣传造势，使员工更好地了解 6S 和创造良好的活动氛围。

#### 1. 6S 活动宣传与标语

利用企业宣传栏，将企业推行 6S 活动的宗旨、目标、理念以及方针等展示给员工，使员工进一步加深对 6S 的认识。6S 活动宣传如图 2-11 所示。

6S 推行委员会在企业内部征集 6S 活动海报和标语。内容既可以是对 6S 推行活动整体的宣传，也可以是对整理、整顿、清扫、清洁、素养、安全、节约中某一环节的宣传。6S 活动标语如图 2-12 所示。

6S 活动海报和标语征集结束之后，6S 推行委员会应当从中甄选出一些比较优秀的作品，发动大家提出修改意见，进行完善。

6S 活动标语征集方案如表 2-19 所示。

图 2-11　6S 活动宣传

图 2-12　6S 活动标语

表 2-19　6S 活动标语征集方案

| |
| --- |
| 6S 活动标语征集 |

**一、目的**

×× 公司将每年的 9 月定为 6S 加强月。为大力倡导 6S 在我公司的全面实施，培养员工 6S 意识，特由 6S 推行小组在本阶段推行过程中举行 6S 标语征集活动。

**二、参选范围及起止日期**

1. 全员参与，不分职级。

2. 起止时间为 2020 年 9 月 18 日至 2020 年 9 月 25 日。

**三、参选内容要求**

1. 内容体现出 6S 的主题。

2. 内容要求思想健康，积极向上，简短精练。

3. 内容体现出 6S 的精髓和创建积极进取、文明健康的企业文化精神面貌。

4. 内容可以是 6S 执行口号、细节亮点、精神宣导、心得体会等。

5. 标语格式为精短的一句话，或两个并列式的短句等。

**四、标语受理和处理流程**

1. 各车间投稿人可以将自己的标语交车间主管，由车间主管按下图中的程序提交。

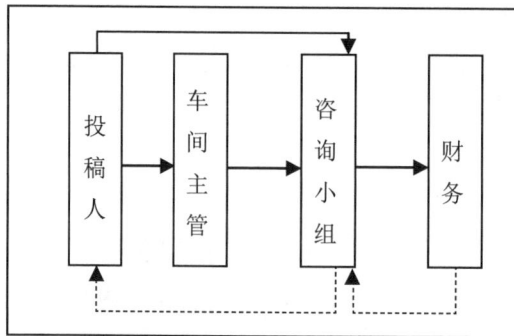

━━▶ 投稿提交顺序　　----▶ 奖金提取顺序

2. 本次投稿原则上以车间（部门）为单位，要求每个车间最少提交 3 条标语。

3. 以车间（部门）为单位，把投稿内容收集并汇总在一张 A4 纸上，然后上交给 6S 推行小组。

4. 投稿人填写自己的标语时，须清楚填写本人姓名、单位。

**五、标语评选及奖励办法**

1. 标语首先要符合参选内容要求。

2. 由 6S 推行小组对所有标语进行筛选，并将入围的标语张贴在宣传看板以供赏读。

3. 成立标语评审团，评审团人员为公司 6S 推行小组成员，包括咨询顾问老师。

4. 评选日期及办法：

评审团评审日期暂定为 9 月 27 日。评审采用无记名投票的方式选出三组标语，并以票数多少分出排名。

5. 奖励办法：

本次活动将选出三组获奖者，分别为：

最受欢迎奖 1 名，奖励 200 元；

最具创意奖 4 名，各奖励 100 元；

先进思想奖 10 名，各奖励 50 元。

**六、相关文件**

无

### 2. 开展文娱活动

以员工喜闻乐见的方式宣传 6S，例如办 6S 简报、有奖征文、6S 朗诵会等。简报是 6S 宣传的有效载体。6S 推行组织可以通过看板、内刊等形式定期将 6S 活动的相关信息传递给员工。

6S 活动看板可以一月一版；内刊一般定期发行，可以一周一期，也可以半月或每月一期。主要内容为该周或该月的 6S 推行工作介绍、图片展示以及阶段性工作总结等。

6S 有奖征文活动是面向全体员工征集 6S 相关文章和原创作品，给予优秀者奖励并将获奖作品发表在企业内刊上的一种活动形式。6S 有奖征文评分规则及标准如表 2-20 所示。

表 2-20 6S 有奖征文评分规则及标准

| 6S 有奖征文评分规则 | | | |
| --- | --- | --- | --- |
| 1. 征文实行盲审制：所有的参赛征文在评分阶段一律隐藏作者信息。 | | | |
| 2. 征文实行监察制：为防止出现抄袭现象，所有的征文在评分前均进行网上检索，发现抄袭现象取消获奖资格。 | | | |
| 3. 评分：每篇征文由三位评委进行评分，取平均分为最终得分。 | | | |
| 6S 有奖征文评分标准 | | | |
| 评分内容 | 分值（分） | 评分标准 | 对应分值（分） |
| 思想内容 | 40 | 紧扣企业 6S 推行实际，思考深刻 | 31～40 |
| | | 与企业 6S 推行实际相关，思想较为成熟 | 22～30 |
| | | 与企业 6S 推行实际无关，内容肤浅，视野有局限性 | 21 及以下 |
| 语言表达 | 30 | 文笔优美，语言流畅，感情表达清晰自然 | 24～30 |
| | | 语句通顺，表述清楚流利，情感表达准确 | 16～23 |
| | | 表述不够清楚，文字晦涩难懂 | 15 及以下 |
| 文章结构 | 20 | 文章整体结构清晰，逻辑性强 | 14～20 |
| | | 结构清楚，有较好的节奏感 | 8～13 |
| | | 结构混乱，韵律感和美感不足 | 7 及以下 |

续表

| 评分内容 | 分值（分） | 评分标准 | 对应分值（分） |
|---|---|---|---|
| 书面 | 10 | 卷面整洁，无错别字或错别字较少 | 7～10 |
| | | 字迹潦草，错别字较多 | 6 及以下 |
| 总分 | 100 | | |

　　6S 有奖征文活动结束之后，应该对获奖情况进行公布，可以在企业公告栏和企业内刊上予以发布。

# 第 3 章
# 6S 推行方案：6S 推行路径图

6S 推行方案是 6S 推行的纲领性、指导性文件。制定合理的推行方案是所有企业开展 6S 管理必做的功课。

## 3.1 识别 6S 推行关键路径

推行 6S 既要从总体上把握，也要充分关注推行过程。要做到二者兼顾，就需要找准 6S 推行方向，找到 6S 推行关键路径，并给出关键策略。

### 3.1.1 6S 推行现场调研

6S 推行委员会应通过调研诊断了解企业现场管理存在的问题，综合分析企业内部现场管理现状，并对标企业外部 6S 管理水平，发现机遇与挑战，最终确定合理的 6S 推行目标、进度和解决方案。

#### 1. 现场调研诊断与建模

6S 推行小组根据工厂的工艺及订单生产的价值流作为检查的路径。在检查过程中，发现的各类问题，例如，环境问题、安全问题、呆滞物料、多余工序、标准遵守情况、流程和标准缺失的问题等都要详细记录。

将收集的数据进行汇总、筛选和归类，对企业经营现场深度核查和分析后，构建科学的 6S 调研诊断模型，支撑 6S 目标的制定，指导 6S 推行范围和内容的确定。6S 调研诊断模型如图 3-1 所示。

#### 2. 调研诊断综合分析

调研诊断综合分析能够准确反映企业现场管理的真实水平，为接下来的 6S 推行工作提供理论和实践指导。调研诊断综合分析如表 3-1 所示。

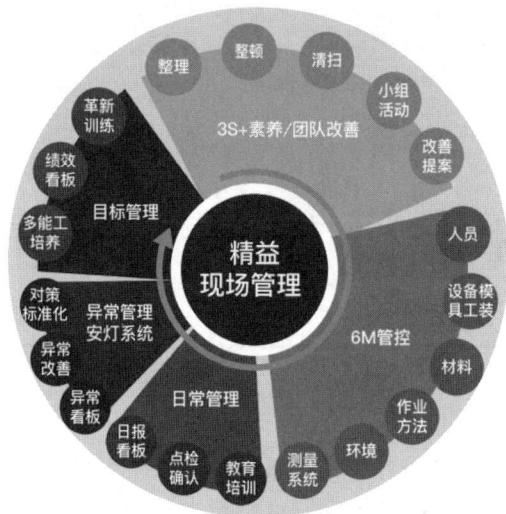

图 3-1 6S 调研诊断模型

表 3-1 调研诊断综合分析

| 诊断评分与分析 | 问题梳理 |
|---|---|
| <br><br>（雷达图）<br><br>| **日常管理：**<br>1. 班组晨会流程不规范，班中点检无标准<br>2. 班组长及员工之间交接管理不系统<br>3. 无面谈制度，员工之间无沟通平台，员工流失率高<br>4. 生产异常记录没有详细分类，问题原因分析较为粗放 |

| 序 | 项目 | 分值（分） | 得分（分） |
|---|---|---|---|
| 1 | 日常管理 | 20 | 7 |
| 2 | 3S 与目视化改善 | 20 | 7 |
| 3 | 6M 管理 | 20 | 6 |
| 4 | 异常及绩效管理 | 20 | 7 |
| 5 | 团队目标改善 | 20 | 4 |
| | 合计 | 100 | 31 |

**3S 与目视化改善：**
1. 岗位人员责任区域未划分且无清扫标准
2. 现场没有目视化管理标准，目视化不够
3. 清扫工具没有专项开发，工具管理制度不完善
4. 制造现场目视化标准指导文件缺失

**6M 管理：**
1. 新老员工目视化管理不够，个人技能评价不系统
2. 现场没有物控管理，影响作业效率，作业员作业区库存多
3. 现场工具摆放标准化不够，材料摆放等定位不清楚
4. 静电、照明、粉尘、温湿度等管控反馈机制不具体

**异常及绩效管理：**
1. 现场 4M 发生异常，现场没有绩效检查及改善方式
2. 生产关键异常无重点管理迹象
3. 班组没有定期的挑战目标，并未进行分析及改善
4. 绩效管理只对结果奖惩，没有改善绩效

**团队目标改善：**
1. 班组长无团队管理意识和技能，改善活力不足
2. 公司无合适的改善活动导入与指导
3. 没有收集员工改善想法的平台
4. 现场没有亮点改善事例，也没有针对性地进行攻关课题管理

调研诊断是推行 6S 的前提。以上是我们为大家提供的调研诊断的一个简要思路。

### 3.1.2　6S 推行关键路径图

企业推行 6S 要有清晰的思路，要能抓住少数关键，把有限的精力和资源用在"刀刃"上，不能眉毛胡子一把抓。6S 推行关键路径如图 3-2 所示。

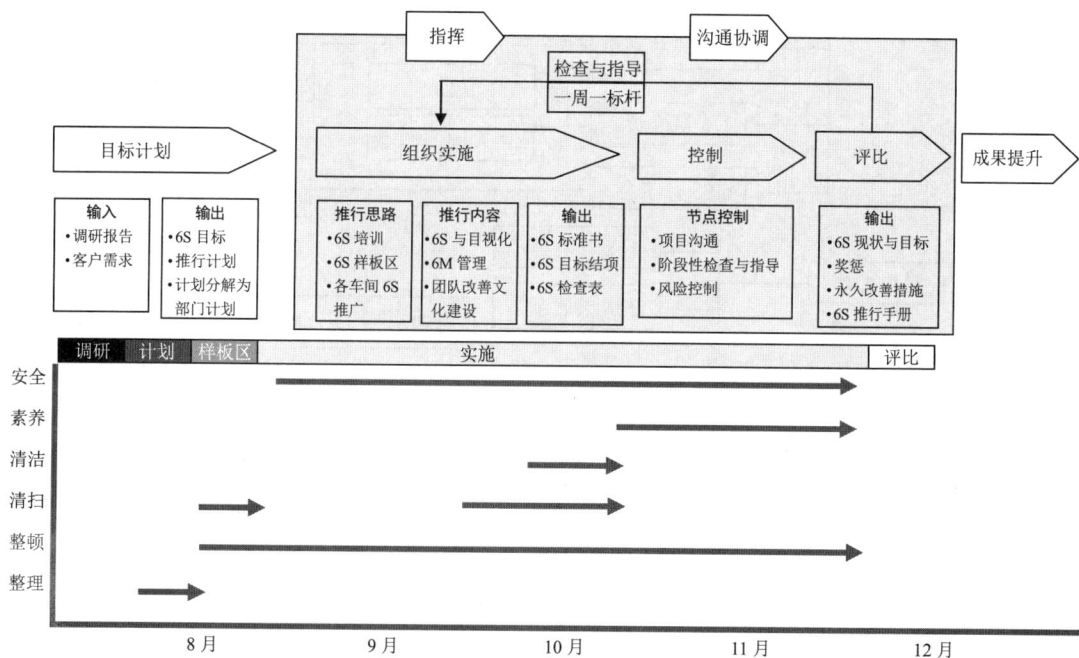

图 3-2　6S 推行关键路径

6S 推行关键路径图展现了 6S 推行的全貌。

需要说明的是，图中的"指挥"体现在上级对下级、推行委员会对各部门的行政督导力度和资源协调力度上。此外，我们需要关注该图中推动 6S 管理的一些策略，如项目沟通、风险控制、一周一标杆、检查与指导、目视化诊断方法等，我们应熟知并掌握这些策略。

### 3.1.3　6S 推行关键策略

我们选取了 6S 推行关键路径图中的一些策略进行展示和说明。

#### 1. 项目沟通策略

项目沟通策略覆盖了 6S 推行的方方面面，不论是横向的，还是纵向的沟通方式与措施。6S 项目沟通策略如图 3-3 所示。

6S 推行小组需要依据企业 6S 推行实际，逐项确定每个会议的目的、内容和议程，不能让项目沟通策略流于表面。

#### 2. 项目风险管理

推行 6S 时有许多不确定性，6S 推行人员应对一些可能的风险进行预判，并给出应对的方案或策略。项目风险管理如表 3-2 所示。

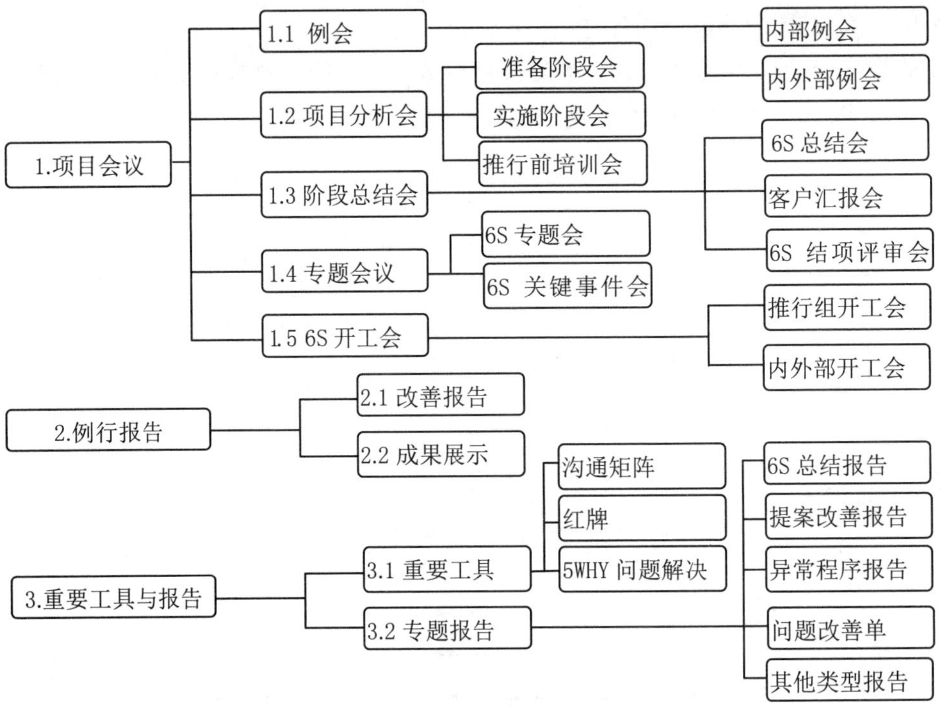

图 3-3　6S 项目沟通策略

表 3-2　项目风险管理

| 项目名称 | | | | 项目经理 | | | |
|---|---|---|---|---|---|---|---|
| 风险发生概率判断标准 | | | | | | | |
| 高风险 | 发生风险的可能性大于 60% | | | | | | |
| 中风险 | 发生风险的可能性为 30%～60% | | | | | | |
| 低风险 | 发生风险的可能性小于 30% | | | | | | |
| 序号 | 风险描述 | 发生概率 | 影响程度 | 风险等级 | 风险响应计划 | 责任人 | 开放/关闭 |
| | | | | | | | |
| | | | | | | | |
| | | | | | | | |
| | | | | | | | |
| | | | | | | | |
| | | | | | | | |
| | | | | | | | |
| | | | | | | | |
| | | | | | | | |

6S 项目风险预判及应对应尽可能地在事前、事中完成，避免事后补救导致被动局面。

### 3. 一周一标杆

一周一标杆指在一周的时间内由干部和一线人员组成的团队，在样板区实施 6S 改善活动，进而在短时间内实现 6S 的巨大改进。

1）作用

➢ 适用于 6S 推行阶段在样板区推行标准化管理。

➢ 适用于 6S 项目关闭后，企业 6S 管理常态化。

➢ 适用于推动企业团队改善文化的积累和形成。

一周一标杆活动周期短，见效快，激励及时。企业能够在任何时候、任何现场实施，不用再为无法长期坚持 6S 而为难。

2）一周一标杆模型

一周一标杆模型如图 3-4 所示。

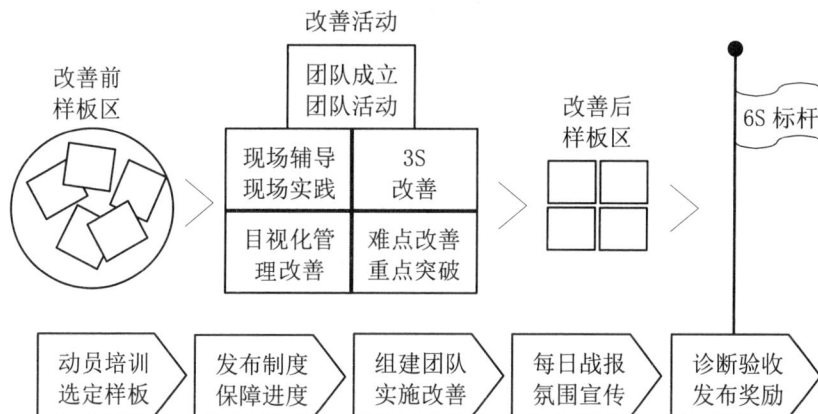

图 3-4　一周一标杆模型

3）一周一标杆推行流程与方案

一周一标杆体现了全员参与的改善文化，是通过干部和员工的共同参与推动组织文化的改善和学习改善的工作方法。它有着一整套完善的推行流程和方案，具体如表 3-3 所示。

表 3-3　一周一标杆推行流程和方案

| 日　期 | 关键流程 | 事　项 |
|---|---|---|
| 周一 | 确认准备事项 | 1. 确认组织架构、制度<br>2. 确认硬件准备情况<br>3. 样板区定点摄影 |
| | 组建团队 | 1. 样板团队选拔团长仪式，确定团队名称、口号，制作队旗<br>2. 一周一标杆流程培训说明<br>3. 确定样板区大清扫时间并进行分工 |
| | 启动项目会议 | 召开项目启动会议 |

| 日　期 | 关键流程 | 事　项 |
|---|---|---|
| 周二<br>周三 | 6S 日例会召开 | 1. 样板区负责人召开日例会，部署当日计划<br>2. 样板区巡回指导，如出现进度延迟，召开临时紧急会议 |
| | 现场 3S 实践 | 1. 开始整理，清除不要物<br>2. 样板区地面、周边公共区域、设备大清扫<br>3. 调整现场布局，规划区域、画线，物料进出位置三定 |
| | 重点改善工作说明 | 1. 管理信息看板<br>2. 工艺路线目视化<br>3. 多能工评价<br>4. 岗位 6S 规范<br>5. 设备目视化标识、设备点检标准化<br>6. 工具形迹管理 |
| | 现场巡视与指导 | 1. 各样板区亮点、重点、难点改善指导<br>2. 样板区改善亮点交叉学习 |
| 周四 | 预验收，横向学习 | 1. 现场培训验收流程，组织验收训练，各参加验收团队代表学习亮点改善<br>2. 各团队自主研讨，模拟验收<br>3. 6S 推行小组协助各团队完成看板制作，各表单填写完整 |
| | 公共区域问题改善 | 1. 公共区域验收改善质量<br>2. 确定样板区验收时间、顺序、验收路线 |
| | 周总结报告编写 | 1. 团队周总结报告编制、审核<br>2. 确定发表人员，对发表人员培训、预演<br>3. 一周一标杆回顾视频制作 |
| 周五 | 现场验收 | 1. 验收流程注意事项强调及再培训<br>2. 组织精益委员会现场验收，现场公布结果，发验收合格卡 |
| | 发表及横向动员 | 1. 样板团队发表总结、表彰，员工代表发表改善感言<br>2. 横向扩展动员 |
| | 月改善计划及培训 | 1. 横向扩展团队成立，6S 推行小组每日跟进，每日打分排名<br>2. 召开周例会，公布团队成绩，优秀团队及落后团队上台发言<br>3. 培训周改善制度、评价标准，培训各团队目视化管理 |
| 周一 | 团队拉练活动 | 1. 制定拉练活动方案（地点、路线、人员、开始时间），申请经费<br>2. 准备拉练后勤和公司旗帜，制定安全预案 |

一周一标杆是一套小而美的、可复制的 6S 推行策略。它将精益改善方法、组织形式、革新文化、推行周期紧密结合，实现了周周有成果的标准化改善。

**4. 现场目视化管理诊断表**

从目视化管理的角度对现场进行诊断，能够快速切入问题，定位问题。在 6S 推行初期，现场调研、样板区诊断和车间 6S 自我诊断有着广泛的应用。现场目视化管理诊断表如表 3-4 所示。

表 3-4　现场目视化管理诊断

| 现场目视化管理诊断表 | | 企业： | 评价者： |
|---|---|---|---|
| | | 评价分数： | 评价日： |

| 项　目 | 序号 | 评价项目（每项 5 分） | 得分 | 诊断评价 |
|---|---|---|---|---|
| 现场 3M 管理目视化 | 1 | 全部现场要素（4M）位置、标识、数量是否明了，成品、半成品、材料备料的状态、数量是否目视化 | | |
| | 2 | 设备清扫点检标准化与执行度、设备清扫点检作业是否规范并且记录完整；工具存放是否目视化，摆放方法有无创意并做到取放方便 | | |
| | 3 | 人员能力评价是否目视化，人员技能的多能化评价与培训计划是否明了 | | |
| | 4 | 现场 6S 责任是否清楚、有无现场悬挂，责任区的全面清扫作业标准、全部物品及设施清扫分工是否清晰（频度及标准是否明确） | | |
| 现场绩效目视化 | 5 | 6S 日常职责标准化督察是否到位，现场基层的员工与班组长是否有 6S 日常职责表 | | |
| | 6 | 现场是否有小时看板记录小时产量 | | |
| | 7 | 生产现场关键质量控制点是否目视化 | | |
| | 8 | 是否定期组织团队活动，进行专项改善，并定期对团队活动情况及活动质量进行打分评价，不同团队之间是否进行评比，以鼓励各团队积极改善 | | |
| 运营管理目视化 | 9 | 异常管理是否进行有效的目视化 ( 是否安灯) | | |
| | 10 | 现场管理看板的水平如何，包括质量、效率、TPM、计划交期等管理 | | |
| | 11 | 工作方法是否标准化并目视化 | | |
| | 12 | 现场操作方法是否有防呆措施设计 | | |
| 方针、目标目视化 | 13 | 是否制定企业战略，是否进行经营分析 | | |
| | 14 | 是否进行战略经营目标制定，并拆解成管理指标且目视化 | | |
| | 15 | 是否针对目标达成进行关键课题的管理 | | |
| | 16 | 是否定期针对目标及绩效的达成情况进行点检 | | |
| 改善成果目视化 | 17 | 是否有改善方法的推广及宣传 | | |
| | 18 | 是否有改善成果核算方法 | | |
| | 19 | 现场改善绩效评比考核项目是否明确 | | |
| | 20 | 是否有改善成果发表会 | | |

　　6S 推行策略是 6S 推行关键路径图的不可或缺的部分，企业可以适当总结一些适合自己的策略，优化关键路径。

# 3.2　制订 6S 推行计划

制订的 6S 推行计划，一方面须与企业的发展宗旨相结合；另一方面还须加以动态管理，随着环境的变化及时进行调整与修订。

### 3.2.1　6S 推行方针制定

6S 推行方针是 6S 各项工作开展的出发点，方针的制定要遵循以下两个原则。

#### 1. 符合实际

6S 推行方针的制定要与企业自身的发展和管理特点相符合，例如，生产环境脏乱比较突出的，可以在制定 6S 推行方针时重点强调改善生产环境；物品摆放杂乱的，可以在 6S 推行方针中重点突出整理的重要性。

#### 2. 通俗易懂

6S 推行方针的制定要通俗易懂。6S 推行方针是向企业全体员工传达 6S 推行理念的媒介，它有助于不同文化层次的员工理解和执行活动。6S 推行方针如下：

➢ 6S 从点滴做起，共同塑造整洁的工作环境。

➢ 6S 从身边做起，一起养成整理的良好习惯。

➢ 6S 从你我做起，努力打造美好的企业形象。

### 3.2.2　6S 推行目标设定

6S 目标应是"组织在 6S 方面所追求的目的"。简单地讲就是 6S 要达到的效果、级别、标准等，例如，"通过定置工具，消除寻找浪费"等。具体包括以下 7 项内容：

➢ 塑造和提高企业的整体形象，提高员工工作热情和敬业精神。

➢ 提供舒适、安全的工作环境。

➢ 减少不必要的等待和查找，提高工作效率。

➢ 提高产品质量，降低员工出错率和生产消耗。

➢ 延长设备的使用寿命，降低维修、保养成本。

➢ 合理配置和使用资源，减少浪费。

➢ 保持通道畅通、各种标识清楚，保障员工人身安全。

制定 6S 推行目标时，一方面应与企业的实际相结合；另一方面应做到目标具体、明确，同时，具有可衡量性和可达成性。

此外，还需要将 6S 推行目标细化成不同阶段的目标，以实现 6S 活动的细化和量化。6S 推行阶段性目标如图 3-5 所示。

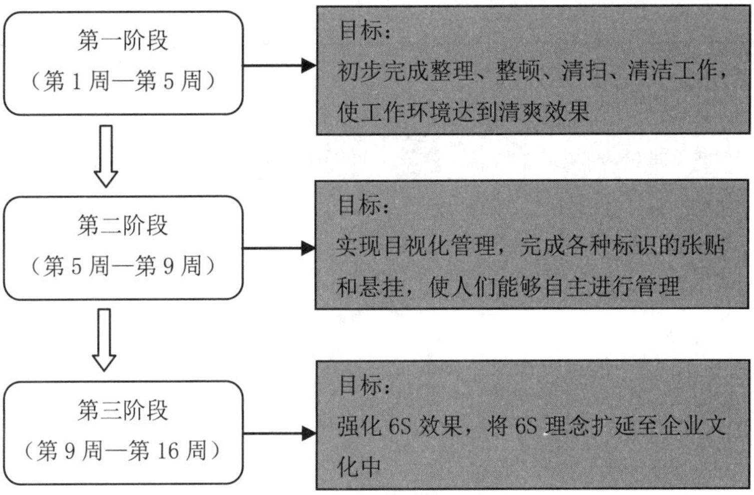

图 3-5　6S 推行阶段性目标

### 3.2.3　6S 推行计划制订和分解

6S 推行委员会依据企业实际情况制订 6S 推行计划。6S 推行主计划审核通过后，6S 推行小组与各部门经理依据主计划制订各部门的 6S 推行计划，并上报 6S 推行委员会审核，批准后执行。

#### 1. 制订 6S 推行计划

6S 推行委员会综合考量本企业可提供的预算、资源、人员素质、生产现状等情况，制订 6S 推行计划。该计划为企业级计划，能够指导整个 6S 项目的推行。6S 推行主计划如表 3-5 所示。

表 3-5　6S 推行主计划（示例）

| 阶段 | | 周 项目 | 6S 推行进程（以周为单位） | | | | | | | | | | | | | | |
|---|---|---|---|---|---|---|---|---|---|---|---|---|---|---|---|---|---|
| | | | 1 | 2 | 3 | 4 | 5 | 6 | 7 | 8 | 9 | 10 | 11 | 12 | 13 | 14 | 15 | 16 |
| 6S 活动推行准备 | 1 | 建立 6S 推行组织 | ■ | ■ | | | | | | | | | | | | | | |
| | 2 | 编制 6S 体系文件 | | | ■ | | | | | | | | | | | | | | |
| | 3 | 制定 6S 推行方针 | | | | | | | | | | | | | | | | | |
| | 4 | 设定 6S 推行目标 | | | | | | | | | | | | | | | | | |
| | 5 | 开展 6S 教育培训 | | | | | ■ | | | | | | | | | | | | |
| | 6 | 进行 6S 知识测试 | | | | | ■ | | | | | | | | | | | | |
| | 7 | 开展 6S 宣传活动 | | | ■ | | ■ | | | | | | | | | | | | |
| | 8 | 召开动员大会 | | | | | ■ | | | | | | | | | | | | |
| | 9 | 举办竞赛活动 | | | | | ■ | | | | | | | | | | | | |

续表

| 阶段 | 项目 | 周 | 6S 推行进程（以周为单位） | | | | | | | | | | | | | | | |
|---|---|---|---|---|---|---|---|---|---|---|---|---|---|---|---|---|---|---|
| | | | 1 | 2 | 3 | 4 | 5 | 6 | 7 | 8 | 9 | 10 | 11 | 12 | 13 | 14 | 15 | 16 |
| 6S活动导入管理 | 10 | 诊断企业6S现状 | | | ■ | | | | | | | | | | | | | |
| | 11 | 制订6S推行主计划 | | | | ■ | | | | | | | | | | | | |
| | 12 | 制订部门6S计划 | | | | ■ | | | | | | | | | | | | |
| | 13 | 制定部门6S标准 | | | | ■ | | | | | | | | | | | | |
| | 14 | 选择6S样板区 | | | | | ■ | | | | | | | | | | | |
| | 15 | 评估样板区推行流程 | | | | | ■ | | | | | | | | | | | |
| | 16 | 制订样板区推行计划 | | | | | ■ | | | | | | | | | | | |
| | 17 | 培训样板区人员 | | | | | | ■ | | | | | | | | | | |
| | 18 | 记录样板区问题点 | | | | | | ■ | | | | | | | | | | |
| 6S活动全面实施 | 19 | 宣传与推广6S | | | | | ■ | ■ | ■ | | | | | | | | | |
| | 20 | 清理"不需品" | | | | | | ■ | ■ | | | | | | | | | |
| | 21 | 开展"洗澡活动" | | | | | | | | | | | ■ | | | | | |
| | 22 | 工具与设备三定 | | | | | | | | ■ | | | | | | | | |
| | 23 | 开展摄影活动 | | | | | | | | ■ | | | | | | | | |
| | 24 | 进行油漆作战 | | | | | | | | | ■ | | | | | | | |
| | 25 | 张贴6S口号、标语 | | | | | | | | | ■ | | | | | | | |
| | 26 | 制作企业标识 | | | | | | | | | | ■ | | | | | | |
| | 27 | 进行标识牌作战 | | | | | | | | | | ■ | | | | | | |
| | 28 | 制作各类看板 | | | | | | | | | | | | ■ | | | | |
| | 29 | 实施红牌作战 | | | | | | | | | | | ■ | | | | | |
| | 30 | 开展"寻宝活动" | | | | | | | | | | | ■ | | | | | |
| | 31 | 制定作业标准 | | | | | | | | | | | ■ | | | | | |
| | 32 | 完善6S各管理制度 | | | | | | | | | | | | ■ | | | | |
| 6S活动绩效评审 | 33 | 编制6S活动检查表 | | | | | | | ■ | | | | | | | | | |
| | 34 | 设计6S检查指标 | | | | | | | ■ | | | | | | | | | |
| | 35 | 制定6S考评规则 | | | | | | | ■ | | | | | | | | | |
| | 36 | 制定6S奖惩制度 | | | | | | | ■ | | | | | | | | | |
| | 37 | 准备6S活动考评 | | | | | | | | | | | | | ■ | | | |
| | 38 | 实施6S绩效考评 | | | | | | | | | | | | | ■ | | | |
| | 39 | 总结6S绩效考评 | | | | | | | | | | | | | | ■ | | |
| | 40 | 组织6S成果发布会 | | | | | | | | | | | | | | ■ | | |
| | 41 | 召开成果发布会 | | | | | | | | | | | | | | ■ | | |
| | 42 | 举办6S成果展示 | | | | | | | | | | | | | | | ■ | |

续表

| 阶段 | 项目 | 周 | 6S 推行进程（以周为单位） | | | | | | | | | | | | | | | |
|---|---|---|---|---|---|---|---|---|---|---|---|---|---|---|---|---|---|---|
| | | | 1 | 2 | 3 | 4 | 5 | 6 | 7 | 8 | 9 | 10 | 11 | 12 | 13 | 14 | 15 | 16 |
| 6S 活动持续改善 | 43 | 建立 6S 巡查小组 | | | ■ | | | | | | | | | | | | | |
| | 44 | 开展巡查工作 | | | ■ | | | ■ | ■ | ■ | ■ | ■ | ■ | ■ | ■ | ■ | | |
| | 45 | 设计 6S 督导员岗位 | | | ■ | | | | | | | | | | | | | |
| | 46 | 召开 6S 自检会议 | | | | | | | | | | | | | | | ■ | |
| | 47 | 跟踪管理整改 | | | | | | | | | | | | | | | | ■ |
| | 48 | 管理改善提案 | | | | | | | | | | | | | | | | |
| | 49 | 修订 6S 文件 | | | | | | | | | | | | | | | | ■ |
| 注：■ 表示占用时间 | | | | | | | | | | | | | | | | | | |

6S 推行计划完成后，6S 推行委员会执行委员长召集推行委员会委员、推行小组成员以及企业中高层管理人员就该计划进行解读，确保参会人员充分了解该计划每一项内容。

### 2. 分解部门 6S 推行计划

6S 推行计划制订出来之后，6S 推行小组在各部门的配合下，结合各部门的生产特点，制订出各部门的 6S 计划，并送交 6S 推行委员会审批。生产一车间的 6S 推行计划如表 3-6 所示。

表 3-6　生产一车间的 6S 推行计划（示例）

| 序号 | 内容 | 工期 | 完成日期 | 进度安排 | | | | | 责任人 |
|---|---|---|---|---|---|---|---|---|---|
| | | | | 11/12 | 11/13 | 11/14 | 11/15 | 11/16 | |
| 周一：材料的准备及现场测量工作 | | | | | | | | | |
| 1 | 黄色、绿色、红色贴地胶带，以及黑黄相间警示胶带的申购和认领 | 1 | 11.12 | ▯ | | | | | |
| 2 | 白色、黄色、红色油漆及油漆刷、透明胶带的申购和认领 | 1 | 11.13 | | ▯ | | | | |
| 3 | 台牌、铭牌的申购和认领 | 1 | 11.12 | ▯ | | | | | |
| 4 | 界刀、吹塑纸、白纸、红纸、油画笔、广告色、铅笔、尺子的申购和认领 | 1 | 11.12 | ▯ | | | | | |
| 5 | 工具架、茶杯架的申购和认领 | 5 | 11.16 | ▭▭▭▭▭ | | | | | |
| 6 | 不锈钢欢迎牌、区域牌的订购 | 3 | 11.14 | ▭▭▭ | | | | | |
| 7 | 不干胶的申购和认领 | 1 | 11.13 | | ▯ | | | | |
| 8 | 磁粒、磁条的申购和认领 | 1 | 11.15 | | | | ▯ | | |
| 9 | 测量停车场、标语、不良品区、合格品区、上料区等区域的尺寸 | 1 | 11.12 | ▯ | | | | | |

| 序号 | 内　容 | 工期 | 完成日期 | 进 度 安 排 | | | | | 责任人 |
|---|---|---|---|---|---|---|---|---|---|
| | | | | 11/12 | 11/13 | 11/14 | 11/15 | 11/16 | |
| **周二：现场的分区与定位** | | | | | | | | | |
| 10 | 1/2/3/4/5 号机台不良品箱的定位 | 1 | 11.13 | | ☐ | | | | |
| 11 | 1/2/3/4/5 号机台合格品区的定位 | 1 | 11.13 | | ☐ | | | | |
| 12 | 1/2/3/4/5 号机台工作台的定位 | 1 | 11.13 | | ☐ | | | | |
| 13 | 1/2/3/4/5 号机台上料架的定位 | 1 | 11.13 | | ☐ | | | | |
| 14 | 搬运车辆场所的定位 | 1 | 11.13 | | ☐ | | | | |
| 15 | 两个车间看板的定位 | 2 | 11.14 | | ▭ | | | | |
| 16 | 两个检验台的定位 | 2 | 11.14 | | ▭ | | | | |
| 17 | 垃圾桶、井盖、地秤、小车、工具箱的定位 | 1 | 11.13 | | ☐ | | | | |
| 18 | 原料区、辅料区、成品区、粉碎区的定位 | 1 | 11.13 | | ☐ | | | | |
| 19 | 各工作台及检验台台面的定位 | 2 | 11.14 | | ▭ | | | | |
| 20 | 工具架的定位 | 1 | 11.14 | | ▭ | | | | |
| **周三：现场的标识** | | | | | | | | | |
| 21 | 相关照片的准备 | 1 | 11.14 | | | ☐ | | | |
| 22 | 管道流向的标识 | 1 | 11.14 | | | ☐ | | | |
| 23 | 设备界限范围的标识 | 1 | 11.14 | | | ☐ | | | |
| 24 | 流量表及油壶的界限标识 | 1 | 11.14 | | | ☐ | | | |
| 25 | 球阀状态的标识 | 1 | 11.14 | | | ☐ | | | |
| 26 | 电器控制箱的标识 | 1 | 11.14 | | | ☐ | | | |
| 27 | 额定电压的标识 | 1 | 11.14 | | | ☐ | | | |
| 28 | 原料区、辅料区、成品区的标识及限高标识 | 1 | 11.15 | | | | ☐ | | |
| 29 | 各种警告、消防、设备运行状态的标识 | 1 | 11.15 | | | | ☐ | | |
| 30 | 原料、辅料、成品及计量器、检具的标识 | 1 | 11.15 | | | | ☐ | | |
| **周四：现场看板、平面图、检验台及标语** | | | | | | | | | |
| 31 | 车间平面图的制作 | 2 | 11.16 | | | | | ▭ | |
| 32 | 看板内容的准备（企业介绍、6S、组织结构、质量知识等） | 1 | 11.15 | | | | ☐ | | |
| 33 | 检验台及工作台的作业指导书、设备点检表、检验指导书、安全操作规程等文件的归位 | 1 | 11.15 | | | | ☐ | | |

续表

| 序号 | 内　容 | 工期 | 完成日期 | 进 度 安 排 | | | | | 责任人 |
|------|--------|------|----------|-------|-------|-------|-------|-------|--------|
| | | | | 11/12 | 11/13 | 11/14 | 11/15 | 11/16 | |
| 34 | 欢迎牌内容的制作 | 1 | 11.15 | | | | ☐ | | |
| 35 | 各机台上照片及标牌 | 1 | 11.15 | | | | ☐ | | |
| 36 | 墙壁上标语的制作与悬挂 | 2 | 11.16 | | | | ☐☐☐ | | |
| 周五：检查总结 | | | | | | | | | |
| 37 | 6S 区域分工及检查 | 1 | 11.16 | | | | | ☐ | |

部门 6S 推行计划完成后，6S 推行小组组长协助部门负责人组织车间、班组中基层管理人员熟悉该计划，并要求其对各自下属员工进行培训。

# 3.3　打造 6S 样板区

推行 6S 活动，应选定样板区，如一个车间、一个班组、一个部门，作为榜样和示范，取得一定成效后，再扩展到其他区域。

### 3.3.1　6S 样板区选定

6S 推行委员会和顾问组会通过"现场诊断，可行性分析，组织决策"这样一个科学的流程，来选定一个最有代表性的车间作为 6S 样板区。

**1. 样板区现场诊断**

根据 6S 的各项要求，由 6S 推行委员会和推行小组对样板区的生产现场进行诊断，从人、机、料、法、环等方面，全方位地了解 6S 样板区当前的现场问题和管理水平。6S 现场诊断标准如表 3-7 所示。

表 3-7　6S 现场诊断标准

| 检查项目 | 0～1分标准 | 2～3分标准 | 4～5分标准 |
|---------|-----------|-----------|-----------|
| 地面 | 没有清扫，到处是垃圾、杂物、油污、"不要"的物品等 | 进行了清扫，但是仍然有少量垃圾、杂物、油污等 | 地面保持干净、整洁 |
| 区域线、定位线 | 标识线不全或缺少 | 标识线比较齐全，但是油漆脱落，不清晰 | 区域线和定位线明确、齐全，色泽鲜亮 |
| 标识牌 | 脏污严重，字迹无法辨认，内容过时 | 存在不需要的标识牌，或缺少必要的标示牌 | 标识牌明显、清晰，标识系统完善 |
| 物料 | 随意摆放，要用时找不着 | 划分区域摆放，但有时不按规定区域摆放或超出线外摆放，标识不清晰 | 定点、定量摆放，标识清晰 |

| 检查项目 | 0～1分标准 | 2～3分标准 | 4～5分标准 |
|---|---|---|---|
| 料架 | 料架脏污，物料放置混乱，有"不要"的物料掺杂其中 | 料架比较清洁，但仍有放置混乱的现象，标识不明确 | 料架整洁，物料摆放合理，先进先出，标识明确 |
| 工具 | 工具随意乱放，破损的工具掺杂其中 | 工具分类摆放，但用后经常不放回原处 | 工具进行形迹管理，标识清晰，用后放回原处 |
| 设备 | 设备脏污，严重存在跑冒滴漏现象 | 设备经过清扫，但仍有顽渍 | 设备干净无脏污，且重新刷漆，光亮如新 |
| 作业台 | 作业台凌乱，且放置了与工作无关的私人物品，台面脏污 | 进行整理，但仍有部分"不要"的物品或少量脏渍 | 作业台规划合理，物品按规定摆放，标识明确 |
| 储物柜 | 到处是油渍等脏污，柜内物品放置凌乱，无标识 | 进行过整理，物品分类摆放，但仍有少量"不要"的物品或标识不明确 | 柜子清洁，分类摆放，标识清晰 |
| 消防器材 | 消防设施不齐备，许多消防器材过期 | 消防设施较齐备，大部分有效 | 消防器材齐备、有效 |
| 清扫用具 | 清扫用具脏污，不齐全，随处乱放 | 清扫用具较齐备、较整洁，摆放在规定区域 | 清扫用具齐备、干净，离地摆放 |
| 作业人员 | 随意穿戴，秩序混乱，管理无序 | 少数人不按规定着装，存在上班时间吃零食、打瞌睡、闲谈等现象 | 按规定穿戴工装和防护用具，遵守规章制度，不违规操作 |
| 休息室 | 椅子、茶几等摆放杂乱，私人物品随处乱扔，地面有垃圾、杂物 | 比较整洁，但仍有少量杂物等 | 整洁、干净，桌椅摆放整齐有序 |

在 6S 现场诊断过程中，6S 推行小组依照各项诊断标准对各部门进行诊断，并填写 6S 现场诊断记录单。6S 现场诊断记录单如表 3-8 所示。

表 3-8　6S 现场诊断记录单（示例）

| 部门： | | 主管： | |
|---|---|---|---|
| 日期： | | 记录人： | |
| **项目** | **优点** | **缺点** | **图例** |
| 作业区地面、墙壁、天花板、门窗 | | | |
| 作业区通道和区域线 | | | |
| 作业区机器设备 | | | |
| 作业区物料、产品、工夹具、零部件 | | | |
| 安全生产 | | | |
| 生产节约 | | | |
| 库房 | | | |
| 办公区通道、地面、墙壁、天花板、门窗 | | | |

| 项目 | 优点 | 缺点 | 图例 |
|---|---|---|---|
| 办公区物品和文件资料 | | | |
| 公共区域 | | | |
| 员工素养 | | | |

6S 现场诊断完成之后，推行小组应当对诊断记录单进行总结，对各部门的优缺点有一个大致了解，同时对企业的现场管理水平进行整体评估。

### 2. 样板区资格评审

6S 现场诊断完成之后，6S 推行小组应依据 6S 现场诊断记录单，对各部门成为 6S 样板区的可行性进行分析，并形成文件上报 6S 推行委员会。样板区可行性分析步骤如图 3-6 所示。

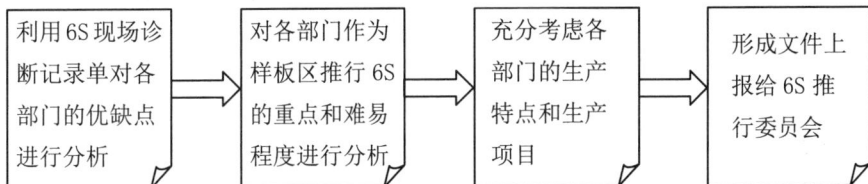

图 3-6　样板区可行性分析步骤

可行性分析文件应该对各部门的现场状况优缺点、推行 6S 的难易程度、生产特点三个部分进行详细的记录，以作为 6S 推行委员会组织决策的依据。可行性分析报告的格式如表 3-9 所示。

表 3-9　可行性分析报告（示例）

| 推进项目 | 6S 样板区考察 | | 执行人 | 6S 推行小组 | 日期 | 2010.×.× | |
|---|---|---|---|---|---|---|---|
| 以下为可行性分析说明 | | | | | | | |
| 部门 | | 主管 | | 员工人数 | | 车间号 | |
| 作业场地说明 | | | | | | | |
| 生产工艺说明 | | | | | | | |
| 主要设备和资财说明 | | | | | | | |
| 目前生产项目说明 | | | | | | | |
| 现场诊断说明 | 优点 | | | | | | |
| | 缺点 | | | | | | |
| | 重点问题 | | | | | | |
| 6S 推行主要内容 | | | | | | | |
| 6S 推行难易度说明 | | | | | | | |
| 参与考察和讨论人员签字 | | | | | 推行组长审核 / 签字 | | |

### 3. 样板区组织决策

6S 推行小组递交了各部门的现场诊断记录单和可行性分析报告之后，6S 推行委员会召开会议对可行性分析报告进行讨论，做出最后决策，选定 6S 样板区。6S 候选样板区评分标准如表 3-10 所示。

表 3-10　6S 候选样板区评分标准（示例）

| 部门 | 评分项目 | 评分标准 | 得分 | 总分 |
|---|---|---|---|---|
| ×× 部门 | 现场诊断情况（5 分） | 5 分：缺点多且明显，便于短时间解决，且存在迫切需要解决的问题<br>4 分：缺点较多且明显，可在短时间内解决<br>3 分：缺点较多<br>2 分及以下：缺点不明显，解决时间长 | | |
| | 场地适宜性（2 分） | 2 分：较好，可以开展 6S 活动<br>1 分：很不好，无法开展 6S 活动 | | |
| | 资财适宜性（2 分） | 2 分：资财缺少，但可申请<br>1 分：资金短缺，短时间内无法购买材料 | | |
| | 设备适宜性（1 分） | 1 分：生产未处于高峰期<br>0 分：设备运行繁忙，不能关停 | | |
| | 员工综合素质（3 分） | 3 分：自动自发工作<br>2 分：需要监督工作<br>1 分：消极怠工 | | |

6S 样板区选定之后，应当着手准备推行工作，制订样板区 6S 推行计划，同时明确样板区的相关责任人。

## 3.3.2　样板区责任人落实

样板区责任人必须精通 6S 知识、推行流程及推行手法，同时具备出色的领导力、组织力、协调力和沟通力。

### 1. 确定样板区主要负责人

6S 推行委员会负责考察和选拔样板区负责人，通常由 6S 推行小组组长负责，再由样板区主管领导负责落实 6S 指令，协调资源。

### 2. 划分样板区

在一个大的生产作业现场，选定一条生产线或生产区域作为 6S 推行的样板区，再将样板区划分为若干个区域，并指定各区域的 6S 推行责任人。6S 样板区划分如图 3-7 所示。

样板区每个区域必须安排相应的责任人，并对责任范围做出一定的描述。样板区责任划分表如表 3-11 所示。

需要指出的是，样板区的划分也可以以班组为单位进行划分。

### 3. 样板区 6S 推进现状看板

制作样板区 6S 推进现状看板，能确保推行组织成员和样板区人员清晰地了解到当下的实际进展和成果。6S 推行现状看板内容如表 3-12 所示。

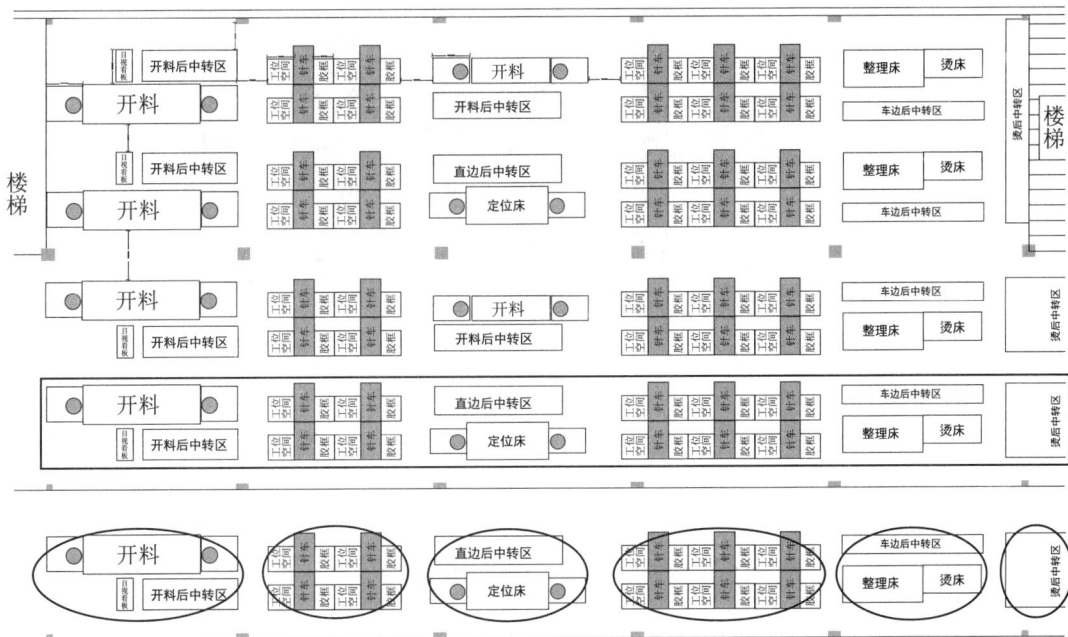

图 3-7　样板区划分

表 3-11　样板区责任划分（示例）

| 责任区 | 责任范围描述 | 指定责任人 | 备注 |
|---|---|---|---|
|  |  |  |  |
|  |  |  |  |
|  |  |  |  |

表 3-12　6S 推行现状看板内容（示例）

推行周期：2019-08-05 至 2019-08-12

| 序号 | 责任区域 | 责任人 | 6S 推行现状看板 | | | | | | | | |
|---|---|---|---|---|---|---|---|---|---|---|---|
|  |  |  | 物品分类 | 不要物清出 | 区域规划 | 区域画线 | 物品定位 | 物品标识 | 彻底清扫 | 安全排查 | 改善与评比 |
| 1 |  |  |  |  |  |  |  |  |  |  |  |
| 2 |  |  |  |  |  |  |  |  |  |  |  |
| 3 |  |  |  |  |  |  |  |  |  |  |  |
| 4 |  |  |  |  |  |  |  |  |  |  |  |

看板制作好后，悬挂于样板区，供大家阅览。

### 3.3.3　6S 样板区推进

针对工作现场情况，对具体实施过程进行规划，主要涉及各项工作的时间、人员安排、材料分配、工具使用等方面内容。样板区 6S 推行流程如图 3-8 所示。

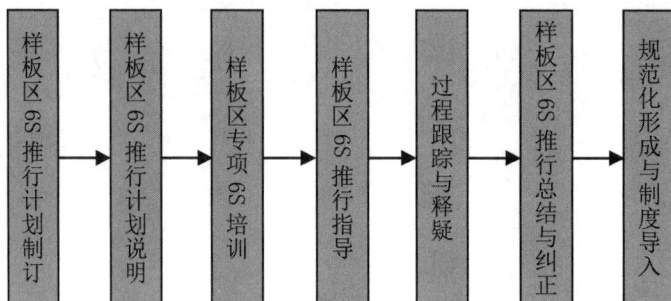

图 3-8　样板区 6S 推行流程

## 1. 样板区 6S 推行计划制订

6S 推行计划是对 6S 具体实施过程进行时间和内容安排，包括各项具体工作的时间、人员、材料、工具等内容。样板区 6S 推行计划如表 3-13 所示。

表 3-13　样板区 6S 推行计划（示例）

| 时间 | 工作内容 | 人员安排 | 所需工具 |
|---|---|---|---|
| 2019 年 6 月 3 日 | 整理：晨会动员，整理要与不要物品 | 整理：所有人员<br>晨会：所有人员 | 垃圾袋、废物桶等 |
| 2019 年 6 月 4 日 | 整顿：平面定局，现场目视化改善，看板制作 | 整顿：所有人员<br>平面定局：×××<br>油漆作战、绘制大脚印：×××<br>设备和物品标识：××× | 油漆、刷子、胶带、剪刀、A4 纸等 |
| 2019 年 6 月 5 日 | 清扫：洗澡活动，寻找并消除现场污染源 | 清扫：所有人员<br>洗澡活动：×××统一指导，各机器设备负责人具体负责<br>看板制作：××× | 扫帚、拖把、抹布、清洁剂、油漆、白板、不锈钢支撑架等 |
| 2019 年 6 月 6—7 日 | 清洁：检查 3S 执行情况<br>素养：规范作业行为，激励团队<br>安全：排查安全隐患，改善安全目视化 | 清洁、素养、安全：所有人员<br>寻宝活动：所有人员 | 员工手册等 |

在制订样板区 6S 推行计划的过程中，应注意以下几点。

➤ 由于整理、整顿、清扫的工作内容繁杂，工作强度大，最好分别安排在 3 天中进行。

➤ 油漆作战、平面定局、定位应当与整理工作安排在同一天进行，洗澡活动与清扫工作安排在同一天进行。

➤ 每项工作至少有一个班组长级别或以上的人员负责。

## 2. 样板区 6S 推行计划说明

样板区 6S 推行计划在 6S 推行委员会内沟通、达成一致意见后，即刻公布、实施。6S 推行委员会执行委员长召集 6S 推行小组以及样板区责任人召开会议，详细解释样板区 6S 推行计划内容。

### 3. 样板区专项 6S 培训

样板区推行 6S，先要对 6S 样板区的全体员工进行专项培训，培训时间不超过 2 天。培训的方法和主要内容如表 3-14 所示。

表 3-14　样板区专项 6S 培训的方法和主要内容

| 培训方法 | 时间安排 | 培训地点及方式 | 主要内容 |
|---|---|---|---|
| 课堂授课法 | 第 1 天 | 选择一个可以容纳样板区全体员工的会议室或其他场所，组织员工进行课堂学习 | ①"要"与"不要"物的区分标准；<br>②平面定局的作用与实施；<br>③油漆作战的方法；<br>④如何制作看板与标示牌；<br>⑤6S 大脚印的实施方法；<br>⑥晨会的组织过程；<br>⑦专人负责制的实施方法；<br>⑧如何消除现场的浪费；<br>⑨如何做到安全生产；<br>⑩如何养成良好的生产习惯 |
| 现场演示法 | 第 2 天 | 在样板区现场进行 6S 操作技巧指导 | ①"不要"物品如何处理；<br>②工夹具和零部件的形迹管理；<br>③如何给现场画线和刷漆；<br>④如何给机器设备"洗澡"；<br>⑤如何消除卫生死角；<br>⑥设备的点检和保养工作；<br>⑦看板与标识牌的摆放与粘贴；<br>⑧搬运管理和盘点作业 |

推行小组要提前做好功课，编写培训课件，依据培训对象的现有能力安排课程。在培训期间，邀请企业高层领导发表简短讲话，以突出企业对样板区的重视，增强员工信心，减少推行阻碍。

### 4. 样板区 6S 推行指导

6S 推行小组协力组织、督导 6S 推行计划在样板区实施的前期准备工作，并在样板区现场进行 6S 操作技巧指导。工具架的整理指导如图 3-9 所示。

（a）指导老师现场讲解　　　（b）指导老师现场示范操作　　　（c）作业员按指导操作

图 3-9　工具架的整理指导（示例）

在这个阶段，6S 推行人员按照既定的执行计划，分阶段主导推进整理、整顿、清扫、清洁等活动。

### 5. 过程跟踪与释疑

6S 推行小组成员需要核查样板区的现场执行情况，督促现场按日完成每日推行进度要求和质量要求。当现场人员针对改善事项提出疑问或不解时，要及时给出答复，确认现场人员真正明白这样做的原因。

在样板区的 6S 推行过程中，6S 推行小组应记录期间发生的问题点，并找出对策，以在全面推行 6S 中避免此类问题。通常样板区采用定点摄影的方式，对每个问题点进行拍照，同时记录下拍照的时间和位置，便于改善后从同一地点取像进行对比。6S 样板区问题点记录如表 3-15 所示。

表 3-15　6S 样板区问题点记录（示例）

| 问题描述： | | 原始照片 | |
|---|---|---|---|
| 位置： | | | |
| 改善方式： | | | |
| 改善时间： | | | |
| 问题描述： | | 原始照片 | |
| 位置： | | | |
| 改善方式： | | | |
| 改善时间： | | | |
| No. | 问题描述 | 改善方式 | 改善时间 |
| | | | |
| | | | |
| 例行检查人：　　　月　　日 | | 主管签字：　　　月　　日 | |

### 6. 样板区 6S 推行总结与纠正

6S 推行小组根据推行周期，对样板区的精益 6S 推行效果进行检查和评估。同时汇总样板区 6S 推行计划执行不力之处，找出发生问题的根源。样板区 6S 推行效果检查如表 3-16 所示。

表 3-16　样板区 6S 推行效果检查（示例）

| 喷气车间检查重点问题描述 | | 解决思路 |
|---|---|---|
| | | |
| | | |
| 如本人发出红牌请在此记录 | | |

续表

| 项目 | | 6S 检查项标准（评分项） | 差 | 一般 | 较好 | 很好 |
|---|---|---|---|---|---|---|
| 车间通道 | 1 | 车间通道标线完整、清晰，无污损或模糊 | | | | |
| | 2 | 通道保持畅通，无临时乱堆乱放现象 | | | | |
| | 3 | 通道内路面清扫干净，无垃圾、积水或油污 | | | | |
| 区域标识 | 4 | 区域划分明确，区域线完整、清晰，无污损或模糊 | | | | |
| | 5 | 区域标识牌设置合理，张贴或悬挂完整，无破损 | | | | |
| 物品摆放 | 6 | 物料品类和区域标识牌对应摆放，无混乱放错现象 | | | | |
| | 7 | 各区域内物料摆放整齐、有序，边角分明，无凌乱感 | | | | |
| 机台设备 | 8 | 设备定位准确，标线完整、清晰，无污损或模糊 | | | | |
| | 9 | 设备底部干净、整洁，无维修工具、废弃物等 | | | | |
| | 10 | 设备表面及可清扫区域清扫干净、无积尘、无油污 | | | | |
| | 11 | 设备周围及通道无随意摆放物料、维修工具及其他物品 | | | | |
| | 12 | 设备部件功能完善，无缺损或带伤运行现状 | | | | |
| | 13 | 机台的原始信息（额定功率等）完整，清晰可见 | | | | |
| | 14 | 机台的清扫点检表、维修与保养单完整 | | | | |
| | 15 | 机台设备上无私人物品悬挂或摆放 | | | | |
| | 16 | 机台上电线连接规范，无乱接乱拉等情况 | | | | |
| | 17 | 机台上灯管安装规范、安全，不会有触电等危险 | | | | |
| | 18 | 机台楼梯有安全标示，扶手、楼梯牢固，有虎纹线警示 | | | | |
| | 19 | 机台上的围栏无破损，有虎纹线作为安全警示 | | | | |
| 作业人员 | 20 | 作业人员穿戴整齐，无穿拖鞋、赤身或内衣外穿现象 | | | | |
| | 21 | 作业人员在车间内行为得体，无打闹、嬉戏等现象 | | | | |
| | 22 | 作业人员按操作规程作业，无危险作业行为(如吸烟) | | | | |
| 个人物品存放区 | 23 | 个人物品分类摆放，整齐有序，标识明确 | | | | |
| | 24 | 个人物品区无堆放杂物、垃圾及生产用品现象 | | | | |
| | 25 | 个人物品摆放整齐，无乱拉、乱挂、乱堆等现象 | | | | |
| 工具存放区 | 26 | 工具摆放区域准确定位，画线清晰、完整 | | | | |
| | 27 | 区域内有专门的工具摆放架，摆放架上贴有标签 | | | | |
| | 28 | 工具清洗干净，无明显油污痕迹 | | | | |
| | 29 | 工具分类摆放在工具架上，整齐有序 | | | | |
| 辅助通道 | 30 | 辅助通道标线完整、清晰，无污损或模糊 | | | | |
| | 31 | 通道保持畅通，无随意存放生产用品或工模具 | | | | |
| | 32 | 辅助通道内路面清扫干净，无垃圾、积水或油污 | | | | |
| 墙面、窗户 | 33 | 墙面干净，无灰尘、涂鸦、脚印 | | | | |
| | 34 | 墙角清扫干净，无蜘蛛网 | | | | |
| | 35 | 窗户无乱挂、乱贴现象，窗帘（贴膜）无明显破损 | | | | |
| | 36 | 窗户及墙面安全，无脱落、破损等安全隐患 | | | | |

| 项目 | | 6S 检查项标准（评分项） | 差 | 一般 | 较好 | 很好 |
|---|---|---|---|---|---|---|
| 电路安全 | 37 | 动力箱警示线清晰，状态标识明确，表面无污迹或破损 | | | | |
| | 38 | 电源开关标识清晰，安装牢固，无脱落或松动 | | | | |
| | 39 | 应急灯安装完整，线路通畅，处于使用状态中 | | | | |
| | 40 | 墙壁上的电线包裹完整，无裸露或乱拉现象 | | | | |
| 饮水机 | 41 | 饮水机、水桶等定置归位，饮水机擦拭干净，无污迹 | | | | |
| 验布区 | 42 | 机台清洁良好，无积垢，无油污，机台底部无废弃物 | | | | |
| | 43 | 机台周围布料摆放整齐有序，地面无灰尘、垃圾、油污 | | | | |
| 修复作业区 | 44 | 修复作业区地面干净、整洁 | | | | |
| | 45 | 布料堆放较整齐有序 | | | | |
| | 46 | 作业区域的线条入筐，无随地乱扔现象 | | | | |
| 车间看板 | 47 | 车间看板无损坏，栏目设置完整，看板擦拭干净整洁 | | | | |
| | 48 | 各看板栏目内容更新及时，字迹工整，准确清晰，易于认读 | | | | |
| 搬运工具 | 49 | 搬运工具专区放置，无临时乱放乱堆现象 | | | | |
| | 50 | 搬运工具使用状态良好，无破损、污迹等 | | | | |
| 消防安全 | 51 | 消防警示线、警示标识牌完整、清晰，无污损 | | | | |
| | 52 | 消防器具、配件（消防水带、灭火器等）配置完整 | | | | |
| | 53 | 消防栓的定期检查记录完整，且处于更新状态 | | | | |
| | 54 | 安全通道标识灯使用状态良好，无裸线、破损或歪斜 | | | | |
| 原料摆放区 | 55 | 原料区域按区域标识牌对应摆放，无混放或错放现象 | | | | |
| | 56 | 原料堆放整齐、有序，边角分明，无压线越线 | | | | |
| 成品堆放区 | 57 | 成品堆放区地面干净整洁，无灰尘、积水和油污 | | | | |
| | 58 | 成品摆放整齐、有序，边角分明，无压线越线 | | | | |
| 车间门口 | 59 | 门口无临时堆放各种生产物料或垃圾 | | | | |
| | 60 | 门口路面垃圾清扫干净，路面整洁、干净 | | | | |
| 印象分（10 分） | | 根据总体感觉酌情打分 | | | | |

注：计分标准：差 0 分，一般 0.5 分，较好 1 分，很好 1.5 分，连同印象分满分为 100 分。

  6S 推行委员会对样板区 6S 推行情况进行评估后，调整样板区的 6S 推行计划，确保其更有效地解决企业的现场问题。

### 7. 规范化形成与制度导入

  6S 推行委员会依据样板区 6S 推行结果，将作业方法规范化，使之形成可供参考的标准文件；建立起规范作业的模式，让员工知道"应该怎么做，如何做，为什么这样做"。样板区（仓库）6S 标准书如表 3-17 所示。

表 3-17  样板区（仓库）6S 标准书（示例）

| No. | 3 | 管理对象 | 成品 C 区 | 二级对象 | 6S 标准 |
|---|---|---|---|---|---|
| | | | | 成品布料 | 1. 成品布料包装完好（需要用包装袋的使用包装袋，不需要用包装袋的用扎带捆绑）<br>2. 同一种成品码放在一处，摆放不下时再摆到另一个垫板上<br>3. 成品里料整齐码放在垫板上，外侧整齐摆放成一个平面<br>4. 里料摆放不超出区域范围（不超过黄线范围） |
| | | | | 地面 | 1. 地面标线完整、清晰，无污损或模糊<br>2. 地面清洁干净，无垃圾、废弃布料<br>3. 地面无其他临时物品摆放 |
| No. | 5 | 管理对象 | 待发货区 | 二级对象 | 6S 标准 |
| | | | | 待发成品 | 1. 同一种成品存放在一处，摆放不下时再摆到另一处<br>2. 成品里料摆放整齐，外侧整齐摆放成一个平面<br>3. 里料摆放不超出区域范围（不超过黄线范围） |
| | | | | 区域地面 | 1. 地面标线完整、清晰，无污损或模糊<br>2. 地面清洁干净，无垃圾、废弃布料<br>3. 地面无其他临时物品 |

标准文件形成后，还应注意标准文件在企业内部的推广与贯彻执行。6S 推行委员会应从以下 3 个方面入手。

➢ 设计系统的奖惩标准文件，通过制度导入模式来督促员工按照正确的作业方法操作。

➢ 督导员工对作业标准和奖惩制度进行学习，以加深其规范化操作意识。

➢ 建立严谨的督导核查系统，确保企业内部规范化管理体系的建立。

### 3.3.4  6S 样板区宣传

通过对 6S 样板区的成果进行宣传和推广，可以使全体员工都了解到 6S 样板区取得的成就，增强员工推行 6S 的信心。

#### 1. 6S 改善效果看板

6S 推行小组选取改善前后的现场照片作为案例，以看板、海报、内刊等形式展现出来；同时总结和报告活动进程，展示具有典型意义的先进事例。6S 改善效果看板内容如图 3-10 所示。

#### 2. 6S 样板区观摩

对 6S 样板区效果进行确认之后，可以选定一个日期，组织 6S 样板区的观摩活动。观摩 6S 样板区要注意以下事项。

（1）观摩人员选择：到 6S 样板区进行观摩的人员应当包括企业的高层领导、各部门的主管和 6S 推行主要负责人以及员工代表。

# 改善成果

6S全员改善成果展示

**主编：XXX　编辑：XXX　校对：XXX**

## 改善成果

### 现场3S3定改善亮点

整理：要与不要　整顿：方便与否　清扫：干净与否
定点：摆放位置　定容：容器及状态　定量：合适数量

---

# 改善成果

## 现场6S成果改善亮点

**主编：XXX　编辑：XXX　校对：XXX**

| 主题 | 流水线作业台改善、提升作业效率 | 改善人员 | XXX |
|---|---|---|---|
| 工序 | 流水线 | 完成日期 | 2020.05.17 |

火箭队

**问题现象：**
1. 现场凌乱，工作量大小不一，台灯未进行对应岗位应用。
2. 产品容易被摔，造成产品损坏。
3. 物品混杂没有分类。

**改善效果：** 生产线现场干净整洁，周转速度及作业效率提升，产品质量得到保证

**改善手法：**
☐效率（作业效率、少人化、工程可靠性、工装改善）☐品质（作业、设备、工装）☐防呆对策
☐安全（作业、环境）☐成本（制造、品质、耗材）☐目视（人、机、料、法）☐5S定、定置　土气

**改善对策：**
1. 根据作业环境及岗位的要求将工作台进行统一调配
2. 规定产品在工作台上面的作业数量
3. 增加工具盒和首件分类标识放置，私人物品集中在车间统一管理

☐A类：定量的效益改善
☐B类：效益好，定性的效益改善
☐C类：对现场有贡献的即时性改善

---

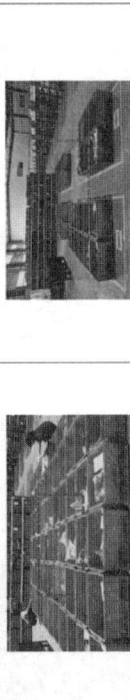

| 主题 | 物料待领区规划整改，提高领料效率 | 改善人员 | ×××× |
|---|---|---|---|
| 工序 | 领料区 | 完成日期 | 2020.5.11 |

旭日队

**问题现象：**
1. 领料拿取不方便，中间物料箱、人踩在物料箱上拿取，人员踩在物上
料上时影响安全，对物料会造成影响。
2. 杂乱、点错待领物料放在一起，全部门领料员查找费时间。
3. 物料待领货摆放混乱，料放表未扣，物料易损坏，料物箱货损坏时间。

**改善效果：**
1. 方便人员查找物料，提高拿取物料准确率、杜绝安全隐患，保障物料品质。
2. 提高领料效率，少人化，工程可靠性、工装改善，平均每次领料时间缩短10～20分钟。

**改善手法：**
☐效率（作业效率、少人化、工程可靠性、工装改善）☐品质（作业、设备、工装）☐防
☐安全（作业、环境）☐成本（制造、品质、耗材）☐目视（人、机、料、法）☐5S定、定置　土气

**改善对策：**
1. 设置十字形人行通道，方便领料人员查找拿取物料。
2. 分区域管理领料区，点视物料，提高物料查找准确率。
3. 物料箱内的物料分类，分箱位放置，分装采用订书机封口，防止物物料放货箱内，料散落箱内，物料单箱放在上角，提高领料效率，储放整放回箱压实底部，不便于翻取。

☐A类：定量的效益改善
☐B类：效益好，定性的效益改善
☐C类：对现场有贡献的即时性改善

---

全员参与　强化管理　精益求精　铸造品质

图3-10　6S改善效果看板内容

（2）观摩日期选择：观摩日期的确定最好与领导进行协商沟通，选在大部分观摩领导都有空的时段进行。

观摩人数控制：到样板区观摩的人数要依据样板区的空间大小确定，10 ～ 20 人为宜。

（3）参观路线规划：参观路线可以依据生产流程走向，也可以依照改善效果由最明显到相对不明显的顺序安排，如图 3-11 所示。

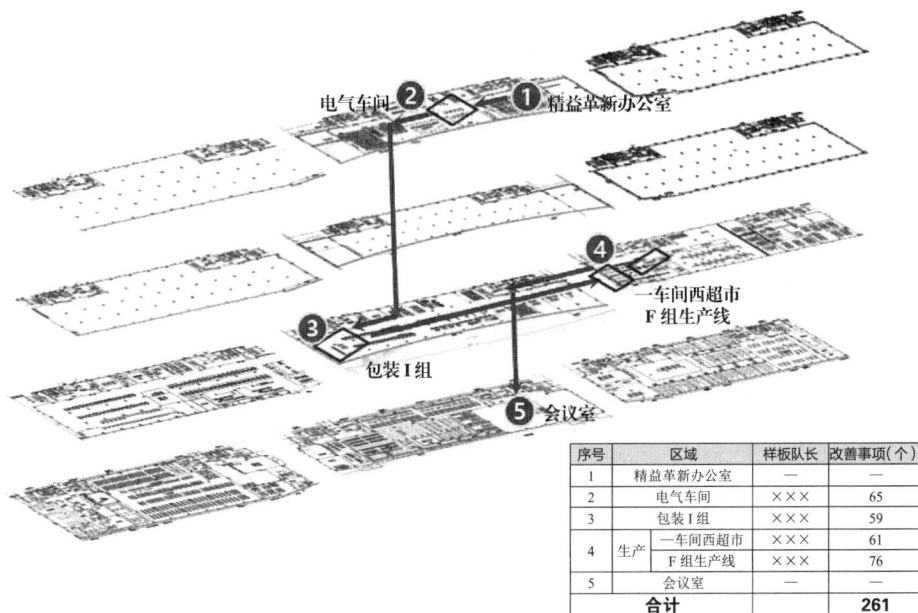

| 序号 | 区域 | | 样板队长 | 改善事项(个) |
|---|---|---|---|---|
| 1 | 精益革新办公室 | | — | — |
| 2 | 电气车间 | | ××× | 65 |
| 3 | 包装 I 组 | | ××× | 59 |
| 4 | 生产 | 一车间西超市 | ××× | 61 |
| | | F 组生产线 | ××× | 76 |
| 5 | 会议室 | | — | — |
| 合计 | | | | 261 |

图 3-11 6S 样板区观摩路线

6S 样板区的宣传向领导和员工展示了样板区 6S 推行的效果，为 6S 全面推行奠定了基础。

### 3.3.5 6S 样板区经验推广

推广 6S 样板区的经验，可以使其他部门的 6S 推行工作少走弯路，提高 6S 推行效率。

#### 1. 组织学习 6S 管理规程和实施细则

6S 推行委员会执行委员长组织推行组织及各部门、车间一把手学习样板区 6S 管理的规章制度及标准，了解样板区的经验教训和成果，以便接下来在企业内全面推行 6S。

#### 2. 组织基层员工学习样板区推行方法

6S 推行小组组织各车间班组长、员工代表学习 6S 推行方法。组织学习时应着重考虑以下方法：

➢ 编制样板区 6S 总结报告，下发至各班组长学习。

➢ 言传身教，现场讲解、示范、学员演示。

➢ 选取样板区优秀事迹作为标杆，引导各班组长学习。

#### 3. 依照样板区模式推行 6S 活动

6S 推行小组按照样板区的改善模式，在全企业推行 6S 活动。推行过程中根据不同部门的特点，调整 6S 推行方案。在推行过程中需要注意以下几点：

> 督导各区域员工按要求执行推广方案。

> 协助现场人员解决 6S 活动推行中的各类问题，对他们提出的问题进行答疑。

> 按照样板区的标准，对其他部门进行规范化和标准化管理，建立一系列制度体系。

6S 样板区工作的开展，不仅获得了 6S 推行经验，也使全体员工学到了 6S 知识。

# 3.4　关注推行难点

6S 推行中有几个难点需要引起大家的重视：企业重视程度不足，导致推行阻碍重重，推行进度滞后；现场规划不充分，导致 6S 推行流于表面，无法发挥应有作用。解决这 3 个难点能有效提升 6S 推行水平。

## 3.4.1　企业从始至终要保持足够的重视

6S 推行的水平取决于企业各个层面的重视程度。高层不重视，中层配合消极，员工就不会尽全力。而如果全员重视，则政令畅通，执行得力，避免 6S 推行工作不了了之。下面是 6S 推行不被重视的常见的想法。

> 优先完成本职工作，空闲时间再做 6S 也不晚。

> 现在的管理做得很好，没有必要推行 6S。

> 走过场，不了解 6S 推行的进度和状况。

> 交给下面的人去做就行了，我还有更重要的事要做。

> 6S 就是打扫卫生，推行起来很简单。

> 自己的工作任务已经很重了，做 6S 只会增加工作量。

> 6S 已经推行完了，不用继续关注了。

用稻盛和夫的话说，企业的管理问题到最后都是人的问题。要解决这些问题，就要做好员工的培训和管理工作。在 6S 推行之初，就要对员工进行 6S 的教育与培训，尽早地让大家从观念上转变。除此之外，还要制定可落地的措施。

### 1. 初期就要立规矩

签订责任状。在 6S 推行动员大会上，6S 推行委员及企业高层领导宣誓，并签订责任状，以此来约束企业领导的行为。

实施部门管理者负责制。各部门经理或部长对本部门 6S 推行进度快慢、水平高低、联络通畅与否负有直接责任。

### 2. 健全沟通汇报机制

6S 推行期间每日召开简短的早晚例会，各部门经理或部长出席。6S 推行小组组长点评每日 6S 推行情况，并下发当日任务清单。

6S 推行小组与各部门经理或部长保持密切联系，确保他们能够出席相关会议，指派 6S 推行所需的相关人员。同时要与各车间 6S 推行的直接责任人保持联系，随时反映情况。会议出席情况纳入 6S 推行考核机制中。

### 3. 实施奖励与惩罚

设置奖惩制度。在阶段性总结与评比中，优秀的团队可以享受团队奖金，优秀的个人也可以得到奖励；落后的团队无奖金，且主要负责人受罚。同时公布奖惩结果。

### 4. 将 6S 检查纳入日常管理中

强化行政人员的有效督导力，保证上层指令得到更有效的传达，促使生产前端更高效地执行。

6S 推行结束后，要将 6S 检查纳入日常行政督导管理之中，由行政部门负责牵头检查。

## 3.4.2　培养日清日结的工作习惯

良好的计划还要有良好的执行力。在 6S 推行中，项目组成员应培养日清日结的工作习惯。拖延行为会直接导致推行人员和执行人员的工作不断积压，不能按计划完成 6S 活动。

笔者总结了以下几种常见的情形：

（1）有大计划没有小计划，也就是日计划。需要大家合理安排当日任务及日程，让工作有条不紊。

（2）督导不到位，执行人员配合度不够，导致当日任务拖延。

（3）执行不到位，执行人员因各种原因导致自己当日任务没有完成。对于 6S 推行人员来说，不应受到对方因素的影响，以当日任务是否完成为评价依据，将任务追踪到位，直至其完成。

（4）遗忘也是一个重要的因素，由于任务琐碎，忙于"救火"，导致其中的一些任务忘记执行，因而每项任务都要及时确认。

日清日结的理念最早由海尔集团提出。1989 年海尔创造了 OEC（Overall Every Control and Clear）管理法，意为全方位优化管理法，它提升了海尔集团的整体执行效率。OEC 管理法也称为日清管理法，其目的是"日事日毕，日清日高"，要求员工当天的工作当天完成和清理，并且每天都要有所提高。

通过日清日结，员工不断提高了工作效率，提升了执行质量。

在实际工作中，6S 推行人员要使用看板和日清表单来帮助团队和个人更好地做到工作日清日结。

### 1. 日清日结工作看板

6S 推行日清日结看板如图 3-12 所示。

当日的工作任务要在前一天经任务盘点后，确认并写下来；当日早上通过早会分配任务；在当日晚上例会上确认工作任务完成情况，讨论哪些完成了，哪些做得还不好，怎样做可以更好等。

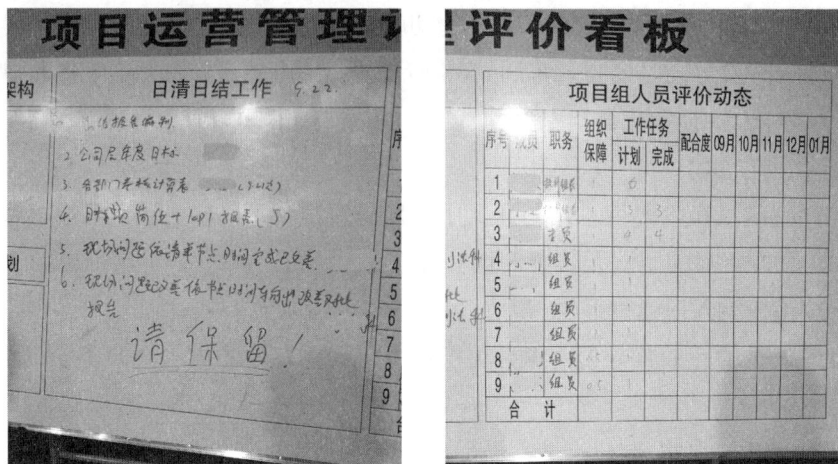

图 3-12　6S 推行日清日结看板

### 2. 日清日结工作督导

为了确保 6S 推行工作执行到位，6S 推行小组组长应在每日早会上下发日清日结任务表，项目执行人员签字确认，以提高督导效力和执行力度。项目执行人员日清日结任务表如表 3-18 所示。

表 3-18　项目执行人员日清日结任务（示例）

| 执行组长签字 | | | | 日期 | 2018 年 11 月 22 日 |
|---|---|---|---|---|---|
| No. | 任务内容 | 要求完成时间 | 责任人 | 执行人签字 | 结果提交 |
| 1 | 水泥磨点检指南内容收集 | 11 月 22 日 | | | 是□　否□ |
| 2 | 参观通道测量 | 11 月 22 日 | | | 是□　否□ |
| 3 | 设备看板外发时间确认 | 11 月 22 日 | | | 是□　否□ |
| 4 | 设备位置 | 11 月 22 日 | | | 是□　否□ |
| 5 | 目标看板优化 | 11 月 22 日 | | | 是□　否□ |
| 6 | 与王总沟通 | 11 月 22 日 | | | 是□　否□ |
| 每日交流讨论 / 工作总结 | | | | | |
| No. | 问题描述 | | | 解决思路 | |
| | | | | | |
| | | | | | |
| 备注 | | | | | |

在当日晚上例会上，项目执行人员对照表 3-18 确认任务完成度，完成结果直接纳入 6S 推行的绩效考核成绩。

### 3. 完善个人日计划

每个 6S 推行项目组成员，都应使用个人日清日结工作表，目的是将任务细化到个人，作为本人当日工作的参考。个人日清日结工作表如表 3-19 所示。

表 3-19　个人日清日结工作（示例）

| 姓名 | | | 日期 | | |
|---|---|---|---|---|---|
| 序号 | 点检 | 任务内容 | 执行时间 | 协作 / 资源说明 | 成果提交 |
| 1 | | 早会，当日任务安排 | 8：00 | 部门责任人 / 推行小组 | 日清日结看板 |
| 2 | | 整理第二期现场问题改善报告 | 9：00 | 古顾问 | 整理完成，水泥车间有 3 项未提交 |
| 3 | | 与刘部长确认后布置任务中第 6 项 | 9：30 | 刘部长 / 古顾问 | 设备标识图 |
| 4 | | 与刘总监确认后布置任务中第 7、8 项 | 9：30 | 刘总监 / 古顾问 | 设备安全标识更新 |
| 5 | | 与于部长确认 11 月各部门月度计划完成情况 | 10：00 | 于部长 / 古顾问 | 反馈月度计划追踪模板 |
| 6 | | 与王主任确认目标看板上墙事项 | 10：30 | 王主任 / 李顾问 | 目标上墙平面图（草绘） |
| 7 | | 巡视水泥车间现场整顿效果 | 14：00 | 古顾问 / 李顾问 | 指导 |
| 8 | | 整理当日资料 | | 古顾问 | 文件柜、文件管理程序文件 |
| 9 | | 晚会，当日任务盘点 | 17：30 | 推行组成员 | 会议记录 |
| 每日交流讨论 / 工作总结 | | | | | |
| NO. | 问题描述 | | | 解决思路 | |
| 1 | 周一上午（11.19）10：00 召开例会 | | | | |
| 2 | 周一召开项目评价会 | | | 周一与于部长确认 | |
| 3 | 全厂安全标识牌由安全办公室牵头统一更换，目前一层已更换完毕，二层以上暂未推进 | | | 明日与刘总监确认推进时间 | |
| 备注说明 | | | | | |
| 签字 | 顾问要求所对接部门负责人签字，以确认本表任务有效 | | | | |

　　6S 推行人员依据当日项目组分配的任务，填写该表，在当日逐项执行，于当日晚会前做好总结，并在晚会上汇报。

　　日清日结不仅可以确保任务完成，还可以让 6S 推行工作做得更好。

### 3.4.3　从流程分析现场杂乱的根因

　　物料搬运作业过多，且搬运距离较长；回流搬运、物料交叉流动的现象较严重；厂房空间实际上很大，但看起来非常局促；在制品量大，库存量大等。这些现象是笔者在咨询中经常见到的。这些问题的存在，造成了大量的资本积压、人力窝工和浪费，以及直观可见的现场混乱。如果仅仅简单地增加人力、扩大存放空间，虽然可以暂时缓解现场混乱的现实，却无法从根本上解决问题。

而要想彻底解决这些问题，我们必须重视现场"一个流"（见图 3-13）的建设，强化对人、机、料、环四大要素的管控，使之处于协调、顺畅的状态——人力资源利用率最大化、设备及环境利用率最大化、资本占用率最小化。

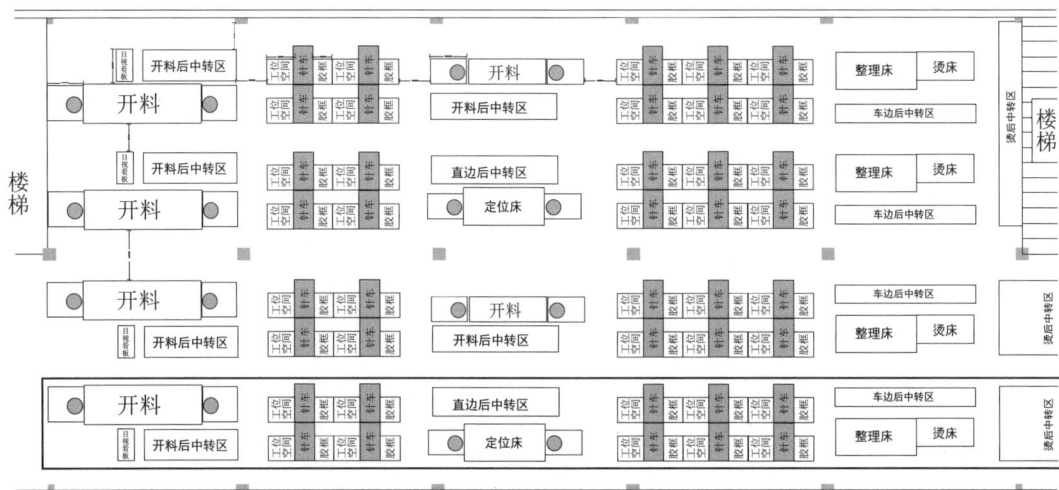

图 3-13　某纺织公司围巾车间四条流水线改造方案

为此，6S 推行小组应深入车间现场，进行数据测量、调查与沟通，并借助 ECRS 工具进行分析，设计科学的布局方案。

### 1.E——取消

考虑作业过程的操作、人、物、设施、工装有没有取消的可能，如果取消某个环节不会对工作结果造成影响就取消，这样可以消除浪费，如图 3-14 所示。

作业员旁边放置的在制品物料架　　　　取消在制品物料架

图 3-14　取消作业线物料架

从图 3-14 中可见，取消了作业线旁物料架，有效减少了在制品的堆积，使作业依据需求或计划而进行。采取"取消"这一方法应考虑以下问题：

➢ 该工作能够完成什么？

➢ 该工作能够实现什么目的？

➢ 该目的是否有价值？

➢ 是否是必须要做的工作？

➢ 如果取消该工作是否会对其他工作造成影响？

如果将一切不必要的、不合理的、多余的环节取消，会使作业现场浪费降低，成本减少。

### 2.C——合并

合并也是消除现场浪费的一个重要方法，即将某些操作、工装、器具、生产线等进行合并，减少相关内容。生产工艺合并如图 3-15 所示。

集约生产模式

细胞式生产方式

①合并前：同种工艺设备、工序组成生产线进行生产。此种生产方式适合大规模生产，但存在在制品库存高、生产周期长、物流复杂、等待普遍、不合格品多等问题。

②合并后：将这些设备、工序以产品为导向布局，配置到一条生产线上，形成一个完整的线上生产闭环，即生产线前端输出物料，终端输出产成品。其具有以下优点：

• 产品单件流动，后道工序拉动生产，避免了在制品堆积。

• 在同样的设备上，生产不同的产品，避免频繁换线。

• 后道工序发现前道工序不合格，即停止组装，从源头杜绝不合格品流入下道工序，提高了产品的合格率。

图 3-15　生产工艺合并（皮球生产）

除了将工艺设备、工序和人员合并，还可以考虑以下几个合并思路：

➢ 将多个方向突变的动作改变为一个方向的连续动作。

➢ 固定机器的运行周期，使其工作能够在一个周期内完成。

➢ 实现工具、控制、动作的合理合并。

### 3.R——重排

重排，是指通过改变各个环节的顺序，使各个环节重新组合，从而达到流程简化的目的。生产线重排效果如图3-16所示。

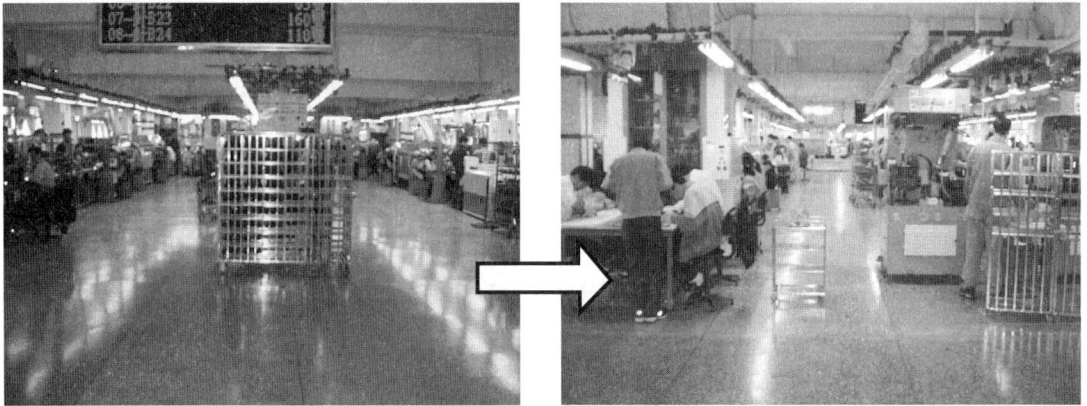

"M"形成型线　　　　　　　　　　　　　"二"字形成型线

图3-16　生产线重排效果

在图3-16中，"M"形成型线占用空间较大，作业走动多，且作业人员之间交流困难；改为"二"字形成型线后，可以有效提高空间使用率、人员交互水平。作业现场该如何实施重排？

1）按顺序重排

可以通过"何人、何处、何时"等问题的提问，鉴定流程中各个环节的顺序是否使流程最简，具体如表3-20所示。

表3-20　鉴定各环节顺序是否使流程最简

| 方法 | 提问 |
| --- | --- |
| "何人"询问法 | • 该环节由谁操作？<br>• 该员工操作技能是否娴熟？<br>• 该环节是否为该员工最擅长的？<br>• 是否存在岗位与员工能力不匹配的现象？<br>• 如何让熟悉第一环节的员工从第二环节调回？可以节省多少时间？ |
| "何处"询问法 | • 各环节的操作场所之间距离远近如何？<br>• 是否便于工作交接？<br>• 是否可将某环节的操作场所加以调整？<br>• 是否可以使工作交接时间更短？ |
| "何时"询问法 | • 从第一环节开始至最后一个环节结束，各环节的时间分别是多少？<br>• 时间安排是否过于紧凑？<br>• 是否使员工紧张、疲劳？<br>• 时间安排是否过于宽松，难以在交期前完成任务？ |

2）按逻辑重排

工作流程不符合逻辑，执行起来必定浪费大量的时间，所以在对流程进行优化时，需要厘清逻辑顺序，重新进行流程排序。重排流程时回答以下两个问题：

➤ 是否一个环节完成后，下一环节的执行者需要等待其他因素才能开始工作？

➤ 一个环节的开展过程是否需要下一环节辅助？

### 4.S——简化

检查某项作业的内容和步骤是否有简化的可能，化繁复为简单，用最便捷的路径到达目的地，包括方法的简化、工具的简化等。作业简化前后对比如图 3-17 所示。

改善前成品鞋由吊篮送至 3 楼统一包装　　　　　改善后直接在成型线进行包装

图 3-17　成品鞋包装作业简化前后对比

由图 3-17 可以看出成品鞋直接在成型线进行包装的好处，符合端到端的模式，大大降低了搬运成本。

# 第 4 章
# 6S 推行 1：整理活动指南

> 不整理，会造成 50% 以上的时间浪费。因而，下定决心，果断丢弃不需要的物品，是非常紧迫而重要的事情。通过整理，会提高空间使用率与工作效率，降低失误率。

## 4.1 整理的内涵

简单地说，整理就是丢弃不需要的东西，使杂乱的状态井然有序。它是推行 6S 活动的第一个阶段，是推行后几个 S 的基础。

### 4.1.1 整理的定义

整理是将必需与非必需品区分开，处理掉不要的东西，凸显有价值的物品，同时消除空间上的浪费，提高现场的作业效率。

#### 1. 目的

整理的主要目的有以下几个：

➢ 节省空间。清除不要的物品，只保留必要的物品，增加了作业空间。

➢ 防止工作出错。由于清理了杂放在一起的不要的物品，使得一些物品被误用的风险大大降低。

➢ 将混乱的物品整理得井然有序，现场环境看起来优美整洁。

我们来看一个案例。某企业推行 6S，车间的设备整理前后效果如图 4-1 所示。

整理前设备下面堆积着常年累积下来的厚厚油污，继续下去将影响设备功能；电线裸露在外，安全性不佳；油箱堆放处木梯松动，存在安全隐患；半空中有很多铁杆，稍不留神便会碰到。整理后，浆经设备焕然一新，现场环境整洁清爽，保留的设备、工具得到合理放置，提高了作业效率。

整理前

整理后

图 4-1　设备整理前后效果

## 2. 作用

我们从整理的目的出发，可以衍生出以下几个作用：

➢ 使现场无杂物，过道通畅，提高工作效率。

➢ 消除零乱根源，充分利用空间。

➢ 防止误送、误用无关的物品、材料。

➢ 保障生产安全，提高产品质量。

➢ 消除空间、资金、工时、时间和人力资源的浪费。

➢ 创造清爽的工作环境，保持工作场所整洁。

➢ 清除或保持最低库存，减少库存成本。

总之，整理不是为了丢弃物品，而是为了通过不断丢弃不需要的物品，提高空间利用率，消除潜在危险，给人以清新感。

### 4.1.2　整理的范围和内容

整理是丢弃不要的物品，那么什么是要的和不要的物品呢？这就需要明确整理的范围和内容。

#### 1. 依据使用价值确定整理的范围

在 6S 推行中，不同的企业整理范围不同，但一般以有无使用价值作为衡量标准，分为无使用价值物品、有价值但不打算使用的物品，以及有价值正在使用的物品。整理范围说明如表 4-1 所示。

表 4-1　整理范围说明

| 范围 | 说明 | 内容举例 |
| --- | --- | --- |
| 无使用价值和物品 | 已失去使用价值，彻底被损坏或失效，如无法修复的设备、工具以及过期的文件等 | • 损毁的钻头、丝锥、磨石、套筒、刃具等器具和设备<br>• 不能继续使用的手套、砂纸、工装夹具、垃圾桶和包装箱<br>• 精度不准的千分尺、卡尺等测量器具<br>• 过期及变质物品<br>• 过期的报表、看板、资料和档案<br>• 枯死的花卉 |

续表

| 范围 | 说明 | 内容举例 |
|---|---|---|
| 有价值但不打算使用的物品 | 有使用价值，但已不打算再使用，如旧的模具、需要淘汰的老设备等 | • 已停产的产品零件、原材料和半成品<br>• 已切换机种的生产设备<br>• 无保留价值的试验品、样品<br>• 安装中央空调后没有用的落地扇、吊扇<br>• 多余的办公桌椅 |
| 有价值正在使用的物品 | 在当下或其他时间被使用或能够发挥作用 | • 新工艺图<br>• 生产所需的工装 |

不论要或不要，总之在视线范围内的（包括隐藏的）都是整理的对象，务必纳入整理的范围，作为整理内容。常见整理内容如表 4-2 所示。

表 4-2 常见整理内容

| 要的 | 不要的 |
|---|---|
| 1. 正常的设备、机器或电气装置 | 1. 地板上的 |
| 2. 附属设备（滑台、工作台、料架） | A. 废纸、灰尘、杂物、烟蒂、油污 |
| 3. 台车、推车、堆高机 | B. 不再使用的设备、工夹具、模具 |
| 4. 正常使用中的工具 | C. 不再使用的办公用品、垃圾桶 |
| 5. 正常使用的工作椅、板凳 | D. 破垫板、纸箱、抹布、破篮筐 |
| 6. 尚有使用价值的消耗用品 | 2. 桌子上或橱柜里的 |
| 7. 原材料、半成品、成品 | A. 破旧的书籍、报纸 |
| 8. 尚有利用价值的边角料 | B. 破桌垫 |
| 9. 垫板、塑胶框、防尘用品 | C. 老旧无用的报表、账本 |
| 10. 使用中的垃圾桶、垃圾袋 | D. 无用的工具、余料、样品 |
| 11. 使用中的样品 | 3. 墙壁上的 |
| 12. 办公用品、文具 | A. 蜘蛛网 |
| 13. 使用中的清洁用品 | B. 过期海报、看报 |
| 14. 宣传的海报、看板 | C. 无用的提案箱、卡片箱、挂架 |
| 15. 推行活动海报、看板 | D. 过时的月历、标语 |
| 16. 近期的书稿、杂志、报表 | 4. 挂着的 |
| 17. 干净的地面、墙面 | A. 工作台上过期的作业指导书 |
| 18. 新引进的设备、图纸 | B. 不再使用的配线配管、老吊扇 |
| 19. 其他（必要的私人用品） | C. 不再使用的温度计、过时的标语 |

**2. 依据现场浪费类型确认整理范围**

笔者在多年的 6S 咨询中，发现现场人员在整理过程中，将一些物品归为"要的"范围，但其实它们已经不能很好地满足作业需求了。某企业残氨分析现场如图 4-2 所示。

作业人员在化验残气时会将化验器具放在桌子上，然后移动到其他取样点取样，再返回桌子化验。从整理的角度分析，存在以下两个主要问题：

➢ 取样效率低，造成了时间浪费。

➢ 木制的桌子并非专业设备，同时占用场地。

经过改善后，撤掉了桌子，使用车子作为化验器具的载体，腾出了空间，也提高了残氨分析工作的效率。改善后的残氨分析现场如图 4-3 所示。

图 4-2　某企业残氨分析现场

图 4-3　改善后的残氨分析现场

对于这类仍具有使用价值，但造成浪费的物品需要特别辨别和分析。为了避免现场整理不彻底，我们可以参考现场 7 种浪费类型来判断物品属于要还是不要。不确定物品判断如表 4-3 所示。

表 4-3　不确定物品判断

| 使用说明：<br>依据 7 种浪费类型判断物品属于 7 种浪费中的哪一种，并将代号填入判断一栏，给出对策。<br>1. 等待浪费　2. 搬运浪费　3. 不良品浪费　4. 动作浪费　5. 加工浪费　6. 库存（供料）浪费　7. 生产过多（早）浪费 | | | | | |
| --- | --- | --- | --- | --- | --- |
| 序号 | 物品 | 位置 | 判断 | 结果 | 处置说明 |
| 1 | 木桌 | | 1/2/4 | 不要 | 更换 |
| 2 | | | | | |
| 3 | | | | | |

对于经整理无法确认属于要还是不要的物品方可使用该表，一眼就可以判别的无须使用本表，避免耗费不必要的工夫。这样做不仅有助于整理工作的进行，而且还可以为后面 5 个 S 的工作提供基础支持。

### 4.1.3　整理工作的实施：做什么，怎么做

在整理中判断物品要还是不要是开展整理活动的核心，没有统一的标准，整理会陷入混乱。整理工作的实施如表 4-4 所示。

表 4-4　整理工作的实施

| 做什么 | 做的标准 |
| --- | --- |
| 清除不要物品 | • 整理物品，分清什么需要，什么不需要<br>• 分清使用频率，按使用频率高低确定物品的放置位置<br>• 对员工就"如何清除不要物"进行教育<br>• 清除不要物，管理人员应巡回检查、判断和给予指导 |

续表

| 做什么 | 做的标准 |
|---|---|
| 大扫除 | • 注意高空作业的安全<br>• 爬上或钻进机器时要注意<br>• 使用洗涤剂或药品时应注意<br>• 使用未用惯的机器时要注意<br>• 扫除时，注意不要让洗涤剂致使设备生锈或弄坏设备 |
| 消除问题和损坏的地方 | • 检查建筑物、窗户、天棚、柱子、管线、灯泡、开关、棚架、更衣室、设备外壳等脱落或破损情况，并采取措施彻底解决这些问题 |
| 消除污垢发生源 | • 明确什么是污垢<br>• 适时进行大扫除<br>• 确定脏的重点部位<br>• 详细调查和分析为什么会脏<br>• 研究对策<br>• 确定措施并付诸改善行动 |

整理工作应定期进行，应依据判断对象的特点，根据要与不要的判断标准，指定判断人定期检查，如表4-5所示。

表4-5 不要物判断与检查时间（示例）

| 分类 | 名称 | 标准 | 判断人 | 检查时间 |
|---|---|---|---|---|
| 办公室用 | 记录类 | 放置2个月以上的 | | 每2个月检查一次 |
| | 档案类 | 放置1年以上的 | | 每3个月检查一次 |
| | 报刊类 | 1个月以上未使用的 | | 每3个月检查一次 |
| | 海报、标语类 | 已贴半年以上的 | | 每2个月检查一次 |
| | 资料类 | 放置1年以上的 | | 每3个月检查一次 |
| | 电子数据类 | 放置1年以上的 | | 每3个月检查一次 |
| | 报表类 | 超过3个月的 | | 每3个月检查一次 |
| 现场用 | 设备类 | 工艺变更被淘汰的 | | 每3个月检查一次 |
| | 工装类 | 生产计划变化而无用的 | | 每3个月检查一次 |
| | 仪器类 | 无法保证精度的 | | 每1个月检查一次 |
| | 工具类 | 损坏的 | | 每1个月检查一次 |
| | 在制品 | 变为呆废料的 | | 每1个月检查一次 |
| | 成品 | 不合格的 | | 每1个月检查一次 |
| | 原材料 | 高库存的 | | 每1个月检查一次 |

# 4.2 整理的行动方案

整理活动的关键是让员工学会如何区分要与不要物，如此，不要物才能随时被清理出工作现场。

### 4.2.1　整理的步骤

认识了什么是整理之后，实施整理工作前要明确整理的步骤。整理的步骤如图 4-4 所示。

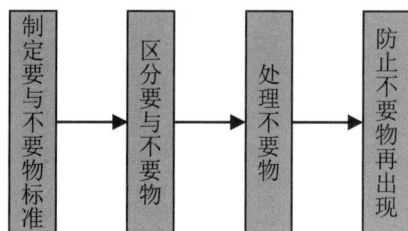

图 4-4　整理的步骤

#### 1. 制定要与不要物标准

明确不要物判断标准是首要任务，只有这样，那些该丢弃的物品才会显现出来，而且也能坚定现场人员丢弃这些物品的决心。

要与不要物有两个评价尺度，一个是数量，另一个是期限。要与不要物评价尺度如图 4-5 所示。

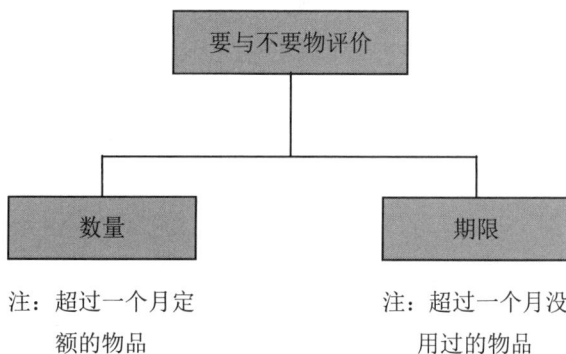

图 4-5　要与不要物评价尺度

依据要与不要物评价尺度，确定要与不要物标准。

#### 2. 区分要与不要物

6S 推行小组要强制员工按"要与不要物判别标准"区分要与不要物，如表 4-6 所示。

表 4-6　要与不要物判别标准

| 项目 | 判别标准 | 内容 |
|---|---|---|
| 要 | 使用中的设备、工具 | • 正常的机器设备、电气装置；<br>• 台车、推车、堆高机、工作梯；<br>• 正常使用中的工装夹具 |
| | 使用中的物料、用品 | • 原材料、半成品、成品；<br>• 滑台、工作台、板凳、料架；<br>• 垫板、托盘、塑胶框、防尘用品；<br>• 使用中的垃圾桶、垃圾袋、清洁用品；<br>• 使用中的样品、海报、看板；<br>• 有用的图纸、工艺文件、资料、标准书、表单记录 |

| 项目 | 判别标准 | 内容 |
|---|---|---|
| 要 | 尚有价值的物料、物品 | • 尚有使用价值的消耗用品;<br>• 尚有利用价值的边角料、余料;<br>• 其他必要的私人物品 |
| 不要 | 无使用价值的废弃物品 | • 破损、无法再使用的旧手套、破布、砂纸;<br>• 损坏了的钻头、丝锥、磨石;<br>• 精度不准的千分尺、卡尺等量具;<br>• 损坏、无法再使用的工装夹具;<br>• 破烂、无法再使用的垃圾桶、清洁用具;<br>• 废弃的包装袋、破损的包装箱;<br>• 过期的报表、图纸、资料;<br>• 损坏、无法修理的器具、设备;<br>• 过期、变质的物料、物品 |
| | 不再使用的物品 | • 已经停产的产品所使用的零件、在制品;<br>• 不再有保留价值的试验品、样品;<br>• 已切换机种的生产设备;<br>• 安装中央空调后未拆除的吊扇、落地扇 |
| | 滞销产品 | • 目前未登记在产品目录上的产品;<br>• 过时的、不合潮流的、生产过剩的产品;<br>• 出现生锈等质量问题、无法销售的产品;<br>• 积压、无法流通的特制产品 |
| | 多余的、妨碍生产的物品 | • 没有必要装配的零件;<br>• 造成生产不便的盒子、架子;<br>• 搬运、传递时经常需要打开或关上的门;<br>• 让人绕道而行的隔墙 |

之所以将要的物品也列出来,一是为了保证这些物品不被丢弃,二是为了更好地对其进行整顿,使之井然有序。

**3. 处理不要物**

区分清楚要与不要的物品之后,6S 推行人员应立即督促员工着手对不要物进行处理。

1)不要物处理方式

不要物的处理一般分为 3 种方式:扔掉、暂存或再利用。不要物处理方式如图 4-6 所示。

2)设立不要物暂存点

此外,对于不要物要建立专门的暂存点,这个暂存点的设置与"犹豫不决时,设置暂存点"类似。前者是在单位里为当场处理不要物建立的;后者是个人为了克服"没准什么时候用"的心理而设置的,二者有一定的区别。临时物资暂存点如图 4-7 所示。

暂存点的设置使用说明如下:

➢ 暂存点的设置应不影响通行、消防等作业,且尽可能不占用多余空间。

➢ 暂存点应设置标识牌,以引导前来放置不要物的员工准确找到位置。

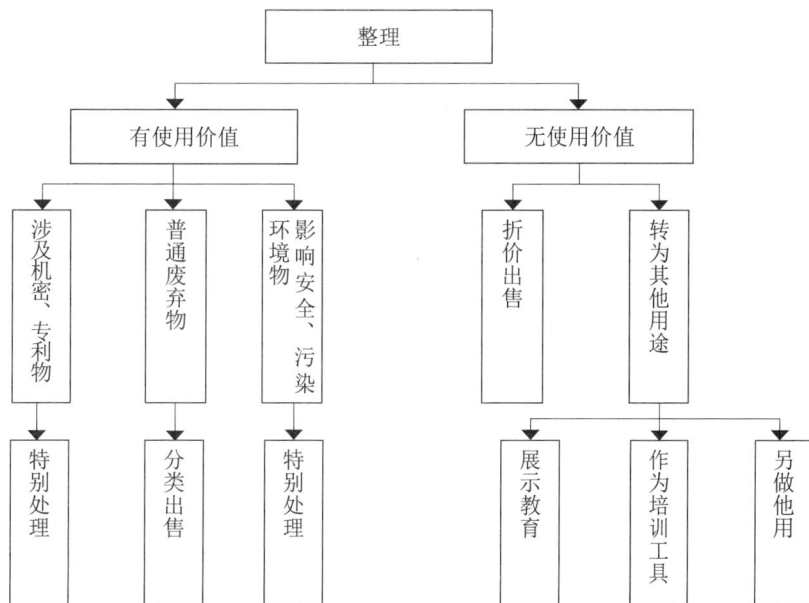

图 4-6　不要物处理方式

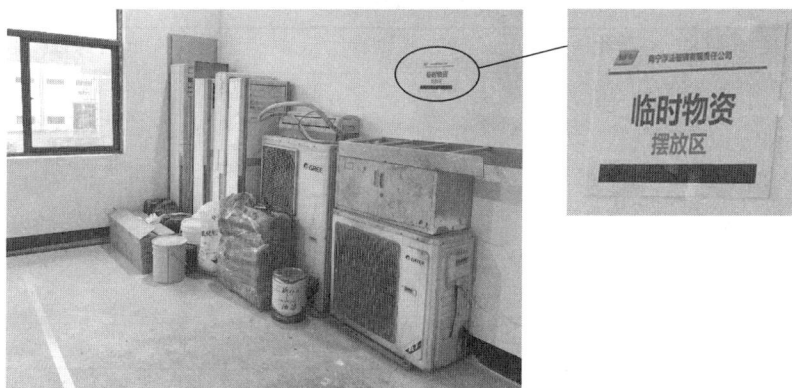

图 4-7　临时物资暂存点

➤ 暂存点所放置的不要物也要整齐有序，并保持环境整洁。

➤ 暂存点所放置的不要物应当天处理，遇特殊情况可延迟。

➤ 危险品不应放置于暂存点，应置于专门的危险品存放地点。

3）不要物处理过程

不要物的处理应有相应的规范，我们推荐采用"不要物处理一览表"，如表 4-7 所示。

表 4-7　不要物处理一览表（示例）

| 物品 | 数量（个） | 放置点 | 处理方式 | 负责人 | 期限 | 结果确认 |
|------|-----------|--------|----------|--------|------|----------|
| 胶带 | 5 | 作业现场 | 交其他部门 | | 本周末 | 已处理 |
| 电钻 | 2 | 设备科 | 变卖 | | 本月末 | |
| 砂轮 | 4 | 设备科 | 废弃 | | 本周末 | |

| 物品 | 数量（个） | 放置点 | 处理方式 | 负责人 | 期限 | 结果确认 |
|---|---|---|---|---|---|---|
| 模具 | 1 | 作业现场 | 维修，入库 | | 本月末 | |
| 千分尺 | 1 | 检验科 | 废弃 | | 本周末 | |
| 水平仪 | 1 | 检验科 | 废弃 | | 本周末 | |
| 转盘 | 1 | 工程部 | 变卖 | | 本月末 | |

该表的使用要注意以下一些要点：

➤ 在被处理物品上贴红色标签，以便在处理过程中一目了然。

➤ 难以判断的事项由上一级确认并处理。

➤ 每月末进行确认，确定负责人是否处理完成。

➤ 涉及变卖的、废弃的需要财务记账。

在处理不要物时，需要对每月处理的物品及处理方法进行详细记录，以便日后查阅和追溯。不要物处理记录如表4-8所示。

表4-8　不要物处理记录

| 物品名称： | | 规格型号： | | 数量： | | 日期： | |
|---|---|---|---|---|---|---|---|
| 类别 | □原材料　　□零件　　　　□工具　　　□文件　　　　　<br>□半成品　　□成品　　　　□机器设备　□其他 | | | | | | |
| 处理原因 | □无须使用　□当前无须使用　□剩余物资　　　　<br>□过时货品　□超量物品　　　□用途不明 | | | | | | |
| 处理方法 | □入库　　□修复　　□变卖　　□丢弃　　□其他 | | | | | | |
| 备注 | | | | | | | |
| | 记录人：　　部门审核：　　推行委员会批准： | | | | | | |

### 4. 防止不要物再出现

企业进行了整理活动，对不要物进行处理后，还应防止产生新的不要物。要避免不要物的再次产生，应当做到下列几点：

➤ 制定完善、规范的制度体系。

➤ 实施红牌作战，让整理活动持久化。

➤ 按需领料，多余的材料和零部件及时返仓库。

➤ 严格按照生产计划进行生产，超产半成品及时入库。

➤ 及时清理生产过程中产生的废弃物和垃圾。

➤ 控制生产质量，减少或杜绝不合格产品的产生。

➤ 设定整理日，在整理日号召大家收集不要物，然后进行相应处理。

整理活动不能当成只是某一天、某一阶段的突击活动，而应该成为一个自动循环的过程，持续地进行下去。

我们提供了不要物处理程序（见表 4-9），希望对 6S 推行人员有所帮助。

表 4-9　不要物处理程序

| |
|---|
| **1. 目的**<br>为使工作现场的不要物及时地、有效地得到处理，进而改善工作质量、提高工作效率，特制定本规定。<br>**2. 适用范围**<br>企业各部门不要物处理。<br>**3. 定义**<br>不要物：工作现场中一切不用的物品。<br>**4. 职责划分**<br>4.1 采购部负责不用物料的登记和判定。<br>4.2 设备部负责不用设备、工具、仪表、计量器具的登记和判定。<br>4.3 行政部负责不用的电子化办公设备的登记和判定。<br>4.4 质保部负责不用的自制件、半成品、成品的判定。<br>4.5 综合办负责所有办公用品、低值易耗品的登记和判定。<br>4.6 工程部负责组织不用物的审核、判定和申报工作。<br>4.7 采购部、生产部、销售部、工程部、综合办、质保部负责不用设备、工具、仪表、物料、原材料、办公用品的处理。<br>4.8 财务部负责不用物处置资金的管理。<br>**5. 工作程序**<br>5.1 各部门 / 车间及时清理已判定的不要物，并将不要物置于指定的暂放区，报责任部门审核批准后，同责任部门一起进行分类和标识，并记录在"不要物处理一览表"及台账中。<br>5.2 在正常情况下，每月一次向有关责任部门申报处理不要物，由责任部门分类填好不要物处理清单，报部门领导审核、批准。<br>5.3 各部门须每季度（特殊情况除外）汇总不要物处理清单报工程部，工程部协调采购部、生产部、销售部、综合办、质保部判定处理方案。<br>5.4 相关部门按批准的方案实施，完毕后填写不要物处置记录表报财务部。<br>5.5 财务部对处置回收的资金负责管理。<br>**6. 本规定由 6S 内部审核小组负责解释** |

### 4.2.2　整理的责任人及分工

整理的步骤、范围和内容明确之后，应考虑由谁、何时去执行。6S 推行小组对各楼层、各车间以及车间外部（厂区）绿化区域，分别选定负责人。每位负责人再组织 1 ～ 2 人来汇总该区域的物品整理清单。同时根据要与不要的标准，对物品进行分类，确定处理方式，形成整理计划。

整理责任人具体职责如下：

➢ 6S 推进小组成员：负责按照 6S 现场管理整理阶段工作标准开展工作。

➢ 区域负责人：负责组织并指导各推进小组整理活动的开展。

➢ 参与整理的员工：负责汇总所在区域的物品整理清单，配合区域负责人做好现场整理工作的落实。

负责整理工作的责任人每人一张现场物品整理表，详细记录物品处置情况，实现规范化管理和溯源管理。现场物品整理表如表 4-10 所示。

表 4-10　现场物品整理

部门/区域：　　　　　负责人：　　　　　执行人：　　　　　日期：

| No. | 名称 | 类型 | 数量 | 存放位置 | 状态 | | | | | 处理方式 |
|---|---|---|---|---|---|---|---|---|---|---|
| | | | | | □每天要用 | □每周要用 | □一个月内会用 | □半年用一次 | □一年未用 | |
| | | | | | □每天要用 | □每周要用 | □一个月内会用 | □半年用一次 | □一年未用 | |
| | | | | | □每天要用 | □每周要用 | □一个月内会用 | □半年用一次 | □一年未用 | |
| | | | | | □每天要用 | □每周要用 | □一个月内会用 | □半年用一次 | □一年未用 | |
| | | | | | □每天要用 | □每周要用 | □一个月内会用 | □半年用一次 | □一年未用 | |
| | | | | | □每天要用 | □每周要用 | □一个月内会用 | □半年用一次 | □一年未用 | |
| | | | | | □每天要用 | □每周要用 | □一个月内会用 | □半年用一次 | □一年未用 | |
| | | | | | □每天要用 | □每周要用 | □一个月内会用 | □半年用一次 | □一年未用 | |
| | | | | | □每天要用 | □每周要用 | □一个月内会用 | □半年用一次 | □一年未用 | |
| | | | | | □每天要用 | □每周要用 | □一个月内会用 | □半年用一次 | □一年未用 | |
| | | | | | □每天要用 | □每周要用 | □一个月内会用 | □半年用一次 | □一年未用 | |
| | | | | | □每天要用 | □每周要用 | □一个月内会用 | □半年用一次 | □一年未用 | |

随着工作的进行，以及员工个人活动的展开，工作现场随时都会出现不需要的物品，因而整理活动需要随时进行，才能保证整理的效果。此外，每个人都要参与进来，而不必管理者督促。

### 4.2.3　整理活动的检查与指导

6S 推行小组应就整理阶段的执行或完成情况进行检查和指导，以确保整理工作按计划实施。

#### 1. 巡查要点

6S 推行小组成员负责确定整理活动的检查时间、区域，在检查前做好相应的准备工作，检查后对不要物处理结果及时进行确认。以下是巡查要点：

➤ 将一个时期内用不到的物品作为待处理对象。

➤ 给用不到的物品贴红色标签。

➤ 当场确定不要物处理方式。

➤ 将不要物立即移走。巡查结束当天，立即对不要物进行处置，拒绝"就放在现场吧"的心理。

现场不要物处理确认单如表 4-11 所示。

表 4-11 现场不要物处理确认单

部门： 日期：

| 物品 | 类型 | 数量 | 放置点 | 处理方式 | 负责人 | 期限 | 结果确认 |
|---|---|---|---|---|---|---|---|
| | | | | | | | |
| | | | | | | | |
| | | | | | | | |

制单： 审核： 批准： 督导：

注：
1. 物品类型代号：A 设备类、B 工具、C 生产材料、D 产品／半成品、E 包装用材、F 文件资料、G 生活用品。
2. 制单者为区域责任人，审核者为直属主管（部门主任）；批准者为总经理或厂长；督导者为 6S 推行小组指定成员或督导员。

### 2. 使用巡查整理表辅助检查

开展巡查时，应制作巡查整理表，并将该表张贴于现场，动员员工自查。整理巡查表如表 4-12 所示。

表 4-12 整理巡查

| 分类 | 型号 | 判断标准 | 最后使用日期 | 保管、存放点 | 处理方案 | 处理决策人 | 处理原因 |
|---|---|---|---|---|---|---|---|
| 夹具类 | 嵌入夹具 | 一月之内不使用的，视为不要物。不能使用的，废弃 | 3.5 | 不要物存放点 | □废弃 ☑转移 | | 无生产计划 |
| | 锻造夹具 | | 4.15 | 不要物存放点 | □废弃 □转移 | | |
| 工具类 | 砂轮 | | 3.5 | 热加工处 | ☑废弃 □转移 | | 损坏，无法使用 |
| | 研磨机 | | 6.3 | 零部件加工处 | □废弃 □转移 | | |
| | 切削机 | | 7.5 | 零部件加工处 | □废弃 □转移 | | |
| 设备类 | 固定金属件 | | 5.5 | 热加工处 | □废弃 □转移 | | |

编制单位： 编制日期： 编制人：

需要指出的是，不要物的废弃由谁执行都可以，但是，员工是否拥有废弃属于企业资产的权力，还需要以相关规定为准。

### 3. 指导人员要与员工形成互动

在检查过程中，推行人员应给予员工及时的指导。在处理不要物时，6S 推行人员和员工都应该发挥各自的职能，共同完成整理工作。由于不要物属于企业的财产（私人物品除外），6S 推行人员应发挥积极的作用，做出是否废弃的决定，同时鼓励员工积极向推行人员提出现场不用物品的处理建议。

总之，整理活动要充分调动员工参与的积极性，同时，给出整理规范，这样整理工作很快就会见成效。

# 4.3 整理的工具与策略

整理需要首先确定要与不要的标准，然后依据该标准进行整理活动。整理活动中开展红牌作战能够推动全员参与整理，维持整理效果。

## 4.3.1 红牌作战

在整理工作完成之后，现场焕然一新。但是随着作业活动的进行，现场改善的效果会一点点地被吞噬：整齐的物料架又开始慢慢变乱，工具也开始随地乱丢，地上充满了垃圾和油污等。

为了防止这种状态进一步恶化，6S 推行小组要给现场需要进一步改善的地方全部贴上红色标签，责令相关部门和人员限期进行整改，从而保证整理的效果。

### 1. 概述

红牌又称红色标签。红牌是用红色的纸制成的 6S 问题揭示单，表示警告、危险或不合格。红牌作战的目的在于，找出需要改善的事物和过程，通过增加或减少红牌，发现问题，解决问题。红牌示意图如图 4-8 所示。

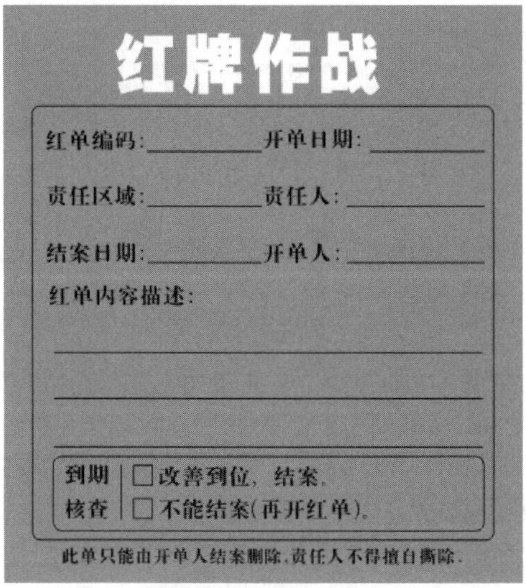
红牌作战

红单编码:________ 开单日期:________

责任区域:________ 责任人:________

结案日期:________ 开单人:________

红单内容描述:

________

________

________

到期核查 □改善到位，结案。
□不能结案(再开红单)。

此单只能由开单人结案删除，责任人不得擅自撕除。

图 4-8　红牌示意图

## 2. 适用场合

红牌作战在 6S 推行的整理阶段被广泛使用，适用于企业各个区域，包括办公室、作业现场、仓库和厂区等。

➤ 在日常行政事务中，对报表、文件等进行整理或维持整理效果时。

➤ 在工厂作业中，对工装夹具、托盘等进行整理或维持整理效果时。

➤ 在仓库管理中，对货架、材料等进行整理或维持整理效果时。

## 3. 实施步骤

红牌作战步骤如表 4-13 所示。

表 4-13　红牌作战步骤

| 步骤 | 责任人 | 要点说明 |
|---|---|---|
| 红牌作战开始 | 6S 推行委员会 | ①成员：生产部、仓储部、财务部等负责人<br>②周期：1 ～ 2 个月 |
| 确定红牌作战对象 | 6S 推行委员会 | ①办公：文件、资料<br>②设备：机器、工装夹具、模具、办公设备<br>③空间：地板、墙、天花板<br>④库存：原材料、半成品、零件、成品 |
| 确定红牌作战标准 | 6S 推行委员会 | ①制定要与不要物的标准<br>②一个月内能使用完的物品不贴红牌 |
| 制作红牌 | 6S 推行委员会 | ①普通红牌以 A4 纸为基准，可以折叠裁剪；纸张为红色；所填写项目要全面（见表 4-14）<br>②区域红牌材料为 PVC 板，表格边框为红色（表 4-15） |
| 粘贴红牌 | 6S 推行小组 | ①由他人贴红牌，不能由本人贴<br>②贴红牌要严格 |
| 红牌作战评估 | 6S 推行小组 | ①当事人严格按红牌执行<br>②对问题点进行追踪，以督促问题点的改善（见表 4-16）<br>③确认改善效果，合格后摘除红牌 |

红牌作战中的红牌如表 4-14 所示。

表 4-14　红牌

| 区分 | □机器设备　　　□物料　　　□成品　　　□半成品　　　□工具　　　□墙面　　　□地面<br>□门窗　　　　　□办公桌　　□文件柜　　□公共区域的物品 | | | | | | |
|---|---|---|---|---|---|---|---|
| 品名 | | 编号 | | 数量 | | | |
| 缘由 | □不需要　　□暂时不需要　　□废弃　　□品质不合格　　□无法判断　　□其他 | | | | | | |
| 处理 | □扔掉（考虑环境）　　□回收利用　　□转移至合理位置　　□放其他处保管　　□修复 | | | | | | |
| 处理部门 | 部　　　　　　科　　　　　班组 | | | | | | |
| 时间 | 记录时间 | 年　　月　　日 | 处理时限 | 年　　月　　日 | | | |

区域红牌看板如表 4-15 所示。

表 4-15　区域红牌看板

| 发牌单位： | 红牌看板 | |
|---|---|---|
| 区域： | 区域编号 | |
| | 检查时间 | |
| 班组： | 红牌数 | |
| | 计划整改时间 | |
| 作业名 / 工序 | 摘牌数量 | |
| | 评价 | |

红牌追踪表如表 4-16 所示。

表 4-16　红牌追踪

区域：　　　　　责任人：　　　　　检验人：　　　　　时间：

| 编号 | 问题描述 | 处理方案 | 红牌时限 | 实际完成时限 | 备注 |
|---|---|---|---|---|---|
| | | | | | |
| | | | | | |
| | | | | | |

红牌作战目的在于通过贴红牌、摘红牌以使红牌越来越少，最终实现零红牌，从而获得一个干净整洁、适宜工作的美好环境。

### 4. 示例

红牌作战如图 4-9 所示。

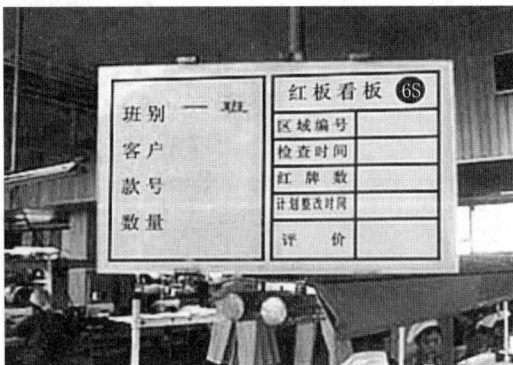

说明：
①红牌制作完成后应置于红牌对象附近显眼的位置。
②6S 巡查人员定时检查红牌状态，发现损坏及时更换。

图 4-9　红牌作战

在红牌作战中，对于改善效果明显、问题点得以解决的，要摘除红牌；对于改善不力的问题点要再次发出红牌，督促问题点尽快解决。

### 5. 红牌作战要点

红牌作战能够有效地消除企业各个部门、场所的不要物，但在实施时还应注意以下几个要点。

**1）尽可能快地贴红牌**

红牌作战计划开始后，应在 2 天内，贴完所有红牌。因为花费过长时间不仅浪费时间，而且红牌本身也会引起人们的反感。贴红牌之前，最好做好准备，备齐红牌，明确贴红牌对象，在开始后，就可以迅速完成了。

**2）下定决心贴红牌**

贴红牌一定要下定决心，不要有丝毫犹豫。一旦犹豫，红牌的效果就会大打折扣。在贴红牌时，对某个物品产生"到底有没有用的想法"时，立即贴上。只有这样，红牌作战才能成功。

**3）每个人至少有 4 张红牌**

红牌数量要按人均来算，而非按部门。一个人至少有 4 张，甚至更多，那么一个 10 个人的班组就会有 40 张，为彻底寻找和清除不要物提供了可能。

**4）一个品类一张红牌**

一个品类只能贴一张红牌，不能将所有的物品只贴一张红牌，否则起不到任何效果。

**5）不能往人的身上贴**

红牌绝对不能往人的身上贴，不管出于怎样的原因，给某个人贴上红牌会给其心理带来很大的创伤，容易引起其强烈的抵触心理，从而导致其排斥整理活动。

红牌应不断地去贴，不要有所顾虑。不过一旦贴了之后，就要立即行动。

### 4.3.2　设立免责区，推动全员参与

6S 推行整理初期，有些物品员工无法准确判断是否需要，尤其是涉及企业的财产时，丢错了难免担心会受到责罚。在丢与不丢之际，许多员工会选择匿藏那些不需要的物品。如此一来，整理工作的效果就会受到影响。6S 推行委员会应授权各部门设立免责区，鼓励员工大胆丢弃不要物品。

**1. 免责区的设立和管理**

员工将清理出的不要物放在免责区，不会被询问原因，不会受到任何形式的责罚。免责区域设立后还应出台相应的免责区管理制度。

（1）免责区域设置在室内或室外的空闲区域，在室外的要注意安全。

（2）明确放置场所、放置方法和标识方法，确保不要物在短时间内被妥善保存。

（3）指定免责区的责任人，负责免责区域不要物的处理，防止堆积。

（4）免责区的物品应及时进行整理，对确实不需要的物品及时丢弃；仍旧需要的物品清理出免责区域。

（5）免责区的物品是员工在犹豫时丢弃的物品，因而有些物品仍属于要的物品。及时整理可以避免不当报废带来的损失。

**2. 免责区的撤销**

免责区设立的同时，加强班组、员工对要与不要物的判断的培训和指导，使他们能尽

快自主完成整理工作，那时就可以撤销免责区了。免责区长期存在会带来以下几个不良影响。

（1）免责区是临时存放场所，不能长期存在，否则又会形成新的堆积场所。

（2）免责区的存在会让员工陷入依赖，许多人会不加思考就将物品丢弃到免责区域，不利于提升 6S 推行的水平。

（3）免责区的存在会增加管理和运营成本，增加新的浪费。

尽快提高团队和员工个人的整理能力才是高效推进整理活动的根本。

### 4.3.3 打消"没准什么时候会用"的心理

在整理活动中，很容易出现这样一些心态："这些物品全部都有用，全都要留下""这些物品现在不用，总有一天会用得上"，或者"这些东西当初花了很多钱买来的，扔了多可惜"。这只会使东西堆积越来越多，"没准什么时候会用"的东西实际上一直也没有用上。打消这种心理，是整理的基本准则之一。

#### 1. 不堆积，当场丢弃

没有用的物品被保留下来终究还是用不到的，与其等到不得已才丢弃，不如早早就处理掉。如果拖了很久，才决定丢弃不要物，会发现需要花费大量的精力和时间来进行判断，而且，要保留的东西也可能被一起被处理掉了。作业中堆积起来的工具和废料如图 4-10 所示。

图 4-10　作业中堆积起来的工具和废料

一次作业之后，产生了大量的物品。此时，最好的方式是当场发现不要的物品，当场丢弃。虽然不断重复丢弃，但会获得很多好处，可以让作业环境立即变整洁，作业中需要的东西可以立即找到。

#### 2. 犹豫不决时，可以临时放置

下了很大的决心丢弃不要物，但最终还是舍不得。此时，不妨做一个临时放置盒或临时放置点，将认为"还有用的东西"放进去。然后以一个月或一周为限，如果发现到期后，这些东西仍未被使用，那么就可以采取相关措施处理了。需要注意以下两点：

➢ 临时放置盒需要在视线范围内，否则，它也会成为不用的堆积物。

➢ 临时放置盒是缓期丢弃的盒子，不可对其产生依赖，否则设置其的初衷就变了。

#### 3. 试着一半一半地丢弃

此时如果还未打消"没准什么时候会用"的心理，可以尝试一半一半地丢。经过对比判

断，先将那些略差的东西丢掉，一周后，再次判断，然后再丢掉一半。这样丢弃就容易多了。不过需要注意以下两点：

> 如果一次能丢弃，务必全部丢掉，不要养成拖延的习惯。

> 一半一半地丢弃，最终要养成当场判断、当场丢弃的习惯。

此外，管理人员应发挥积极的作用，鼓励员工积极指出可丢弃的物品，然后给予肯定的答复，久而久之，员工的判断力和信心就会大增。

# 第 5 章
# 6S 推行 2：整顿活动指南

> 寻找东西看起来微不足道，但如果不予以重视，那么累积起来的时间浪费将是惊人的，足以占去人们大半的工作时间。整顿活动就是致力于打造没有浪费的作业现场，让任何人都能够一目了然、快速便捷地周转物料、使用工具，高效地工作。

## 5.1 整顿的内涵

整顿是对流程的合理化的验证。经过整理之后留下来的流程和要的物品是否真的合理，是否按照标准行动，有没有目视化，这些是整顿阶段要关注的内容。

### 5.1.1 整顿的定义

整顿指将必需品放置于任何人都能立即拿取的位置，最大限度地缩短寻找和放回时间，其本质在于"任何人一看就能掌握"和"无论何时都能保持秩序化"。

某车间吊具整顿后的效果如图 5-1 所示。

#### 1. 整顿的目的

整顿的目的如下：

➤ 场所和物品状态一目了然。

➤ 工作环境整洁、干净。

➤ 减少寻找和放回物品的时间，消除过多的积压物品。

➤ 使工作秩序井井有条。

#### 2. 整顿的作用

整顿的作用有以下几个：

➤ 将寻找时间减少为零。

➤ 及时发现异常情况。

整顿前：
吊具定置架无标签，需要寻找才能得到所需吊具，且
容易混用

整顿后：
制作规范化的吊具卡片，完善了信息，避免了混用，
且对定置吊具架进行了标识

图 5-1　吊具整顿后的效果

➢ 非作业人员也能明白相关要求和做法。

➢ 使工作结果标准化。

➢ 标识清楚，保证安全。

➢ 消除各种原因导致的浪费和非必需作业，提高工作效率。

营造一目了然的工作现场可以增强员工的信心，减少工作中犯错误的概率，不断提升工作水准。

### 5.1.2　整顿的范围和内容

整顿的对象是整理之后留下的要的物品。6S 推行人员以及作业人员应先明确这点，避免对不要物进行整顿。整顿的对象如表 5-1 所示。

表 5-1　整顿的对象

| 对象 | 内容说明 |
|---|---|
| 人 | 人员的定员、出勤等日常管理实现可视化，提高管理效能 |
| 机 | 对机械设备、工具、量仪器具、搬运车辆等进行标识和定置 |
| 料 | 对原材料、在制品、成品、呆废料进行可视化管理 |
| 法 | 作业方法标准化、可视化，不断进行整顿改善 |
| 环 | 各类工作区、作业区整洁干净，令人感到舒服 |

总之，所有"要"的物品都可以进行整顿。需要特别说明的是并不是所有东西都需要整顿。整顿最终要实现物的易辨识、取用方便。不过考虑到 6S 推行的成本及效果，首先对重要或拿取费劲的物品进行整顿，例如，精密设备的区域画线、标识等；其次考虑随时可以拿到的物品，例如，使用频率较高的工具。重要度和使用频率整顿表如表 5-2 所示。

表 5-2　重要度和使用频率整顿

| 重要度<br>频率 | 高 | 中 | 低 |
|---|---|---|---|
| 高 | 尽快、优先整顿 | | |
| 中 | | 随后整顿或逐步整顿 | |
| 低 | | | 最后整顿或不整顿 |

　　6S 推行人员应依据重要度和使用频率区分出整顿对象，并将其在整顿计划中体现出来。需要指出的是存在安全隐患的物品和不合格的成品是尤其需要进行整顿的。

### 5.1.3　整顿的标准：做好三定

　　整顿就是要对要的物品实行三定管理，即定品、定位、定量。物品实现三定后，无论是谁都能立即明白什么物品在哪里，还有多少。

　　（1）定品，指确定物品标识，目的是方便物品的取用。

　　（2）定位，指确定物品具体的存在位置，目的是确定物品存放的固定位置，培养把东西放在原位的习惯。

　　（3）定量，指确定物品的数量，目的是通过标识安全库存量，对数量不够的及时补充。

　　现场物品三定示意图如图 5-2 所示。

定品　　　　　　　　　　　定位　　　　　　　　　　　定量

图 5-2　现场物品三定示意图

#### 1. 定品

　　开展三定管理工作，首先要对现场进行整理，确保物品是当下或一定时期内的必需品；其次要明确物品名称、规格、所在工序、日期和责任人等，确保账物统一；最后要制作大小适合、更换方便的物品的标识并粘贴上去。定品要注意以下要点：

　　➤ 对物品全部标识。

　　➤ 在物品定位区域标识物品。

　　➤ 在物品上标识名称。

　　➤ 不同的颜色代表的含义不同。

　　➤ 标识要准确传递物品状态的信息。

## 2. 定位

物品定位要综合考虑现场物品放置的合理性。对现场工作流程、安全因素和人因工程等内容分析后，确定物品放置的场所。定位要注意以下要点。

➤ 按功能区或按种类放置和定位。

➤ 在规定区域放置。

➤ 立体放置，充分利用空间。

➤ 便于作业人员拿取与归还。

➤ 便于运载设备与人员通行。

➤ 做好防潮、防锈、防火、防尘等工作。

## 3. 定量

定量主要针对物料的数量进行精准管理，以可视化的方式对物料的存储、使用和进料进行管理，避免发生缺料或物料过多的问题。定量要注意以下要点：

➤ 保持安全库存。

➤ 遵守先进先出的原则。

➤ 仓库内物料堆放高度有限制。

➤ 一眼能看出物料的库存状态。

➤ 一眼能辨别出不同的物料、物品。

三定适用于整顿活动的不同场景，包括生产线、厂区、办公室、后勤等，同时明确了这些场景下整顿该做什么，以及做的标准。整顿的标准如表 5-3 所示。

表 5-3　整顿的标准（示例）

| 做什么 | 做的标准说明 |
| --- | --- |
| 规定放置场所 | • 岗位上原则上一种东西只留一个，其他一律清除<br>• 放置场所实行统一的分类法<br>• 工厂里使用、保管的东西的名称要统一 |
| 画线和定位标识 | • 要对通道和区域画线，标明位置<br>• 布局应以直线、直角、垂直、平行为原则<br>• 主通道和副通道画的线的宽度和颜色可以不同<br>• 限制东西摆放的高度，避免掉下来、倒下来或库存过多 |
| 管线整理和整顿 | • 管线离开地面，防止打捆、摩擦和振动，要保持直线、直角和松散的状态<br>• 不在地下埋线，全部在地上用垫子垫起来或者一根一根分不同的种类、号码、颜色来区分，以防止出错 |
| 工具使用和定置 | • 在设计与维修时不考虑使用工具<br>• 减少工具的使用数<br>• 工具要放在取拿方便的地方<br>• 按照使用顺序摆放工具<br>• 拿起工具不用改换姿势马上就能工作 |
| 刀具、模具使用和定置 | • 不能搞错品名，应进行标识<br>• 有时把刀具立起来保管，从安全角度考虑一定要戴上手套<br>• 存放场所要干净、整洁 |

| 做什么 | 做的标准说明 |
|---|---|
| 原材料、在制品、成品、不良品等 | • 对原材料、在制品、成品固定存放场所，规定数量和位置<br>• 在制品、产成品、备品等必须按"先进先出法"使用<br>• 对不良品、保留品要专设放置场所，使用特种箱子，以红色区别，放在通道边上，使人一看就知道 |
| 润滑油、动作油等油脂的管理 | • 减少和合并油种名称，以减少种类<br>• 按颜色管理<br>• 集中管理，分开标志，遵守保管规则<br>• 根据油种和注油口的形状准备好用具<br>• 对防火、公害、安全方面都要考虑周到<br>• 改善注油方法和延长注油周期 |
| 大的物品放置 | • 对大的、重的东西放置时要符合它的形状和使用方法，以确定方便保管和搬运<br>• 对安全钢丝绳和扫除用具的容器和放置方法都要下功夫研究 |
| 通知、标语 | • 不是什么地方都可以张贴的，要规定张贴的范围<br>• 通知要写上期限，否则不能张贴<br>• 胶带的痕迹要擦干净 |

三定既是整顿的基础，也是整顿的标准，对整顿活动有积极的意义。作业现场物品三定管理前后对比如图 5-3 所示。

整顿前
油脂存放数量过多，容易浪费；油脂混放，拿取不便；油脂品类标识在地面，不易察觉；现场杂物多，易引发污染

整顿后（三定）
定品：油脂类型标识上墙
定位：油脂区和油脂桶定置
定量：每个油脂桶定置区只存放一桶

图 5-3　作业现场物品三定管理前后对比

油脂存放现场经过三定管理后，作业人员通过目视能够快速发现油脂位置，并准确拿取，准确放回，真正实现了"任何人一看就能掌握，无论何时都能保持秩序化"的标准化管理。

# 5.2　整顿的行动方案

整顿的范围广、内容多，6S 推行人员需要制定详尽的行动方案，为整顿工作的开展指明方向。

## 5.2.1　整顿的步骤

依据多年的咨询经验，笔者总结了有效进行整顿的流程。整顿的流程如图 5-4 所示。

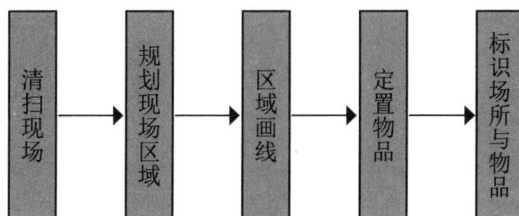

清扫现场 → 规划现场区域 → 区域画线 → 定置物品 → 标识场所与物品

图 5-4　整理的流程

### 1. 清扫现场

整顿之前动员全体员工对整个现场进行大扫除，以在干净整洁的基础上进行后面的整顿工作。清扫要按照清扫的步骤和方法去执行。

### 2. 规划现场区域

整顿先要对现场进行基本的规划，避免出现整顿后还要返工的情况。现场区域的划分如图 5-5 所示。

| 原材料放置区 | 毛坯 | 半成品料 | 成品 | 检验区 |
|---|---|---|---|---|
| | 作　业　区 | | | |
| | 毛坯 | 半成品料 | 成品 | |
| 搬运工具放置区 | 工具架 | | 不合格品放置区 | |

图 5-5　现场区域的划分

从图 5-5 可以看出，各类物品按照使用顺序安排放置区域，可以有效减少作业人员取用物品的时间，实现人与物的最佳结合状态。

1）现场区域规划流程

作业现场的流程规划，是指对原料投入到成品产出这一制作过程中，各种要素的排布顺序进行科学、合理的安排，从而实现高效生产的一种规划手段。现场区域规划流程如下：

➤ 根据工艺流程走向划定作业区和检验区，确定作业台和机器设备位置。

➤ 根据机台位置和作业顺序确定相关物料和工具的放置区域。

➤ 检验人与物是否达到最佳结合状态，对区域规划进行微调，划出通道。

➤ 最终确定区域规划方案，绘制平面图（见图 5-5）。

通过作业流程规划可以使 6S 推行一开始就处于正确的状态。现场布局的基本形式如表 5-4 所示。

表 5-4 　 现场布局的基本形式

| 形式 | 布局图 | 说明 |
|---|---|---|
| 一字形 | | 设备按直线配置，扩大时只需要增加列数即可，回收材料和垃圾可用皮带传送 |
| S 形 | | 当需要从侧面装卸工具与物料时，使用 S 形布局对于有组装与焊接工序的生产线比较有效 |
| T 形 | | 是 L 形的变形，因空间原因，中央以物料主线为主，两端引入物料。此局常用于多零件的产品组装 |
| U 形 | | 也叫巡回式布局，物料与人的作业路线一致，目的是加强责任心和提高作业效率 |
| O 形 | | 坐式作业，中央空间用于维护并可以集中工装夹具 |

2）现场区域规划要求

现场区域规划要求如表 5-5 所示。

表 5-5　现场区域规划要求

| 区域 | 区域的基本功能 | 基本要求 |
|---|---|---|
| 通道 | 主要用于物品搬运、员工走动、干部巡线等 | 宽敞、明亮、畅通 |
| 作业区 | 作业员加工产品的场所 | 不拥挤、作业台设计符合人机工程学 |
| 原料区 | 原材料的放置区域 | 配置基本的存放器皿、考虑周转率和拿取方便 |
| 半成品区 | 半成品的放置区域 | 配置基本的存放器皿、考虑周转率和拿取方便 |
| 成品区 | 成品的放置区域 | 配置基本的存放器皿、考虑周转率和拿取方便 |
| 检验区 | 品检员检验产品的场所 | 各类检验设备齐全 |
| 返修区 | 须返修的产品的放置区域 | 不占用过多空间 |
| 废品区 | 不合格产品的放置区域 | 靠近门口、墙角，不占用过多空间 |
| 易燃、易爆、污染物停放区 | 易燃、易爆、污染物等危险物品的放置区域 | 有防护设施等 |
| 工具卡、量具放置区 | 工具、卡具、量具的放置区域 | 配置基本的存放器皿、考虑拿取方便 |

### 3. 区域画线

现场区域画线是指对规划好的各区域、通道画线。通过画区域线可以对生产现场进行颜色管理，区分各区域，固定摆放位置，有效防止乱放物料和工具等现象的发生，保持现场整齐有序。现场喷漆画线前后对比如图 5-6 所示。

整顿前：设备拥挤，通道狭小昏暗　　　　整顿后：通道画线后通畅，设备排列整齐

图 5-6　现场喷漆画线前后对比

画线时应明确线条颜色及宽度。作业现场常用的线条规格如表 5-6 所示。

表 5-6 作业现场常用的线条规格

| 类型 | 宽度（mm） | 线形 | 颜色 | 画线方法 |
| --- | --- | --- | --- | --- |
| 主通道线 | 100 | 实线 | 黄色 | 地面上沿直线贴透明胶带，两行胶带之间距离为线宽，在胶带间隔区域涂上相应颜色的油漆，油漆干后去除胶带 |
| 辅助通道线 | 50 | 实线 | | |
| 作业区区域线 | 50 | 实线 | | |
| 检验区区域线 | 50 | 实线 | | |
| 原材料区域线 | 50 | 实线 | | |
| 半成品区域线 | 50 | 实线 | | |
| 成品区域线 | 50 | 实线 | | |
| 机台定位线 | 50 | 四角定位线 | | |
| 小物品定位线 | 50 | 四角定位线 | 白色 | |
| 垃圾桶 | 50 | 四角定位线 | | |
| 不合格品区域线 | 50 | 实线 | 红色 | |
| 危险化学品区域线 | 50 | 实线 | | |
| 废品区域线 | 50 | 实线 | | |
| 回风口区域线 | 10 | 实线 | | |
| 警戒线 | 50 | 虎纹线 | 黄、黑相间 | 先涂上黄色油漆，再间隔 50mm 贴上胶带，刷上黑色油漆 |
| 配电柜区域线 | 50 | 虎纹线 | | |
| 突出物标识线 | 50 | 虎纹线 | | |
| 坑道周围区域线 | 50 | 虎纹线 | | |
| 危险区域线 | 50 | 虎纹线 | | |

对于固定设备、设施的画线作业，应先规划好放置场所，然后画线。线条要呈正方形或长方形，不得使用不规则图形。固定设备、设施画线如图 5-7 所示。

设备区域画线效果图

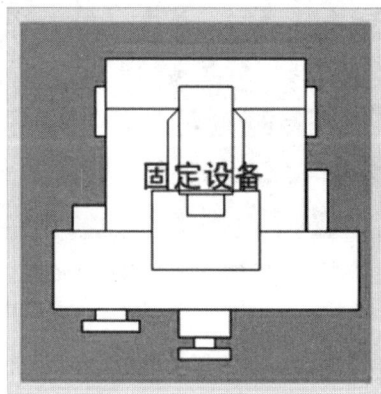

设备区域画线说明

图 5-7 固定设备、设施画线

现场各区域、固定设备、设施画线完成后，实施定置作业。

### 4. 定置物品

定置，是指画线确定现场设备、工具、材料、零件的位置，它包括三个必备条件，也就是三定原则。实施定置作业时要以此衡量定置是否合格，具体判断方法如下：

➢ 谁都可以迅速地知道物品的位置。

➢ 谁都可以迅速地拿取到物品。

➢ 谁都可以用完物品后迅速将其放回原位。

货架区物品定置如图 5-8 所示。

图 5-8 货架区物品定置

物品定置完成后并不意味着万事大吉了，6S 推行人员需要对所定置物品的使用情况进行必要的观察，主要针对公用的检测工具、搬运工具、文件等。由于这类工具使用频繁、使用地点变更、使用人员不同，很容易出现工具混用，放置不准确的问题，对于这些情况 6S 推行人员应及时进行纠正。推车区域的定置与优化如图 5-9 所示。

问题现象：虽已画线定置，但仍存在摆放无序、责任人不可追溯的情况

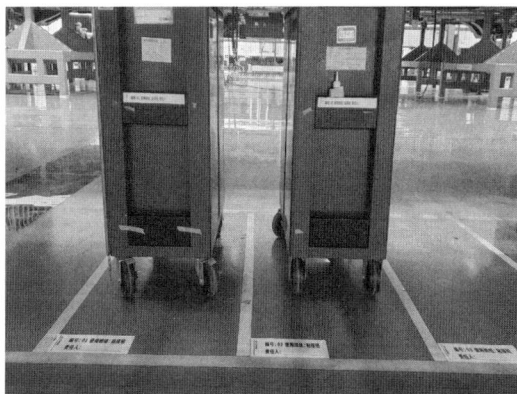

整顿后：推车编号，分配到各班组，规范责任区域

图 5-9 推车区域的定置与优化

### 5. 标识场所与物品

定置管理完成后，对所有场所和物品进行标识。原则上物品与放置场所唯一对应，物

品的标识与物品定置区域一致。安全标识与交通标识按照国家相关规定和标准执行。

6S 推行小组以班组为依托统计企业所有场所和物品，同时确定各类场所与物品的标识风格、样式。设计过程要遵循系统性、标准化和可执行性的原则。场所及设备标识如图 5-10 所示。

| 楼栋标识 | 作业区域标识 | 设备标识 |

图 5-10　场所及设备标识

根据现场情况，特别设计了一套标识系统，对各类管理对象进行规范标识，使物品状态清晰明确、管理流程一目了然、位置方向清楚准确。

### 5.2.2　整顿的责任人及分工

整顿是 6S 推行中较为关键的一个环节，且工作量大，整顿对象的专业性强，这就要求更加贴近现场的作业人员和基层管理人员直接参与。6S 推行小组应按车间、工序或班组组建整顿小组，并明确其相应的责任和分工，由谁执行、执行什么、何时执行都要事先弄明白。

#### 1. 以工序段为单位建立整顿团队

以车间的一个工序段为单位，组建整顿团队。人数为 3 ～ 10 人，若有条件可全员参与。整顿团队结构如图 5-11 所示。

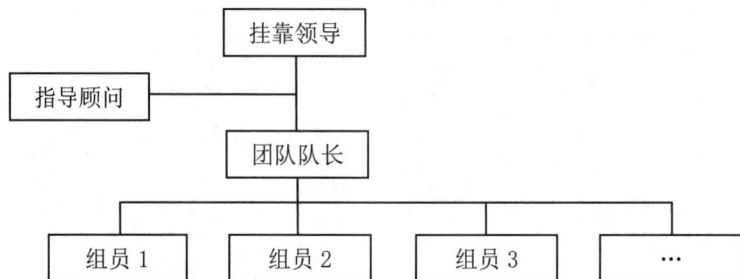

图 5-11　整顿团队结构

明确团队及团队成员在整顿活动中的责任。

（1）挂靠领导的选择与责任。依据整顿区域的重要性确定挂靠领导，重要区域由 6S 推行委员会成员担任，具体负责资源的协调和配给、整顿的宣传等。

（2）团队队长的选择与责任。一般由线长、班组长担任，负责整顿的任务分配、执行、日常管理和汇报工作。还要明确担任队长会给予的奖励。

（3）指导顾问的选择与责任。指导顾问可以是一个人，也可以是一支队伍。前期由 6S 推行小组成员担任，负责培训和指导整顿团队的工作。随着整顿活动范围的扩大，可考虑让整顿活动中的标杆团队担任指导顾问。

（4）组员的选择与责任。在不影响生产活动的前提下，组员一般为该工序段的全体员工，负责完成指导顾问和团队队长分配的整顿任务。

### 2. 巡视现场，确定整顿任务点

指导顾问负责确定本区域的任务，然后交由整顿团队执行。指导顾问巡视现场，团队队长陪同，发现现场需要整顿的区域与物品，定点摄影并逐项详细描述问题。巡视结束后就这些问题给出整顿对策，形成一份整顿任务清单，交由团队队长将任务分解至每个组员。某区域现场问题整顿单如表 5-7 所示。

表 5-7　某区域现场问题整顿单（示例）

| 序号 | 位置及物品 | 问题描述 | 处理方式 | 责任人 | 完成时限 |
|---|---|---|---|---|---|
| 1 | 设备及通道 | 通道标识不明显或没有 | 所有区域按原有线画黄线 | | |
| | | | 墙边再画黄线 | | |
| | | | 主通道及人行通道留 70 ～ 80cm 宽 | | |
| 2 | 动力箱 | 无标识，不知道按钮的含义 | 定位 | | |
| | | | 设置可视化标识 | | |
| 3 | 可用零件放置区 | 零件随便散落在地面上，现场比较凌乱 | 设置物料架，三层横向，放置轴及小配件；一格纵向，放置竖杆 | | |
| | | | 悬挂"零件放置区"标识牌 | | |
| | | | 零件摆放整齐 | | |
| | | | 小工具归类放置 | | |
| 4 | 楼梯部分 | 无任何标识 | 用虎纹线缠住扶手 | | |
| | | | 张贴标识牌，内容为"禁止攀爬，最大承重 ××kg，非专业人员禁止入内" | | |
| 5 | 设备二层横杆 | 缺少危险警示标识 | 两条横杆用虎纹线缠住 | | |
| 6 | 每台设备换线位 | 用布围起来，悬挂歪斜；在机器旁边有安全隐患 | 去掉布围，改用胶片封住 | | |
| | | | 按照架子尺寸，定置软胶皮 | | |
| 7 | 墙壁上的开关（看到 2 个） | 不知其控制区域 | 设立"电闸控制范围"标识牌 | | |
| 8 | 灭火器 | 放在柱子边上，不明显可见 | 设立灭火器标识牌 | | |
| 9 | 个人物品柜（3 个柜子） | 个人物品随处放置 | 全部收入物品柜 | | |
| | | | 物品柜前面画黄线 | | |

| 序号 | 位置及物品 | 问题描述 | 处理方式 | 责任人 | 完成时限 |
|---|---|---|---|---|---|
| 9 | 个人物品柜（3个柜子） | 物品柜柜门开闭不一 | 设立"个人物品区"标识牌 | | |
| | | | 每个小柜子设立定位标牌，内文为柜子编号及使用者姓名 | | |
| 10 | 机修配件 | 各类配件混杂地散落在地面上，占了很大面积，不知是否可继续使用 | 分类摆放好 | | |
| | | | 设立"机修配件区"标识牌 | | |
| 11 | 办公区 | 车间看板未得到有效使用 | 与其他车间一样统一规划看板 | | |
| 12 | 原料区位置（3个） | 墙面破损 | 把撞坏的石灰板裁掉 | | |
| | | 占了很大面积，不明用途 | 画线，挂"原料区"标识牌 | | |
| | | | 设置空纸管，便于归置原料 | | |
| | | | 原料码放整齐 | | |
| 13 | 清洁用品区 | 随意放置，看起来极为混乱，不够整洁 | 画线，挂"清洁工具"标识牌 | | |
| | | | 用铁钩子或架子将清洁工具整理好 | | |
| | | | 清洁工具统一放置，用后归于原位 | | |
| 14 | 各工位布头清理袋 | 未定位 | 四角定位 | | |
| | | 不整洁 | 做好彻底清洁 | | |

**3. 任务的导入**

落实了整顿责任人及分工后，指导顾问需要召开一个简短的培训会，明确4个方面的内容：

➢ 明确本次整顿的目的及目标。

➢ 明确本次整顿活动的进程安排。

➢ 明确整顿的方法、要点。

➢ 明确整顿活动中所需资源及资源获取方式。

任务导入完成后，指导顾问进驻现场进行整顿活动的相关检查和指导工作。

### 5.2.3　整顿活动的检查与指导

整顿活动由6S推行小组组长统筹安排，包括召开每日整顿活动项目会议，实施进度监督，协调问题及进行异常处理。

**1. 现场指导和处理问题**

各团队的指导顾问现场指导和检查整顿活动的实施情况，发现问题及时处理，做得好的要现场表扬。此外团队队长要做现场动员，激发团队整顿的热情。全员参与整顿场景如图5-12所示。

检查之余，指导顾问通过定点摄影留存问题点出色的整顿效果，一方面用于标准书的制作，另一方面用于6S推行的宣传。

清扫　　　　　　　　通道画线　　　　　　　通道标识喷漆

工具形迹摆放　　　　　　贴标签　　　　　做赞美操，鼓励团队士气

图 5-12  全员参与整顿场景

### 2. 做好阶段性任务追踪

指导顾问每日或定期检查整顿团队的推进任务。阶段性检查分为两种方式：一种是现场追踪，由顾问带队深入现场追踪任务完成情况以及完成效果，并给予评价和指导；另一种是由整顿团队按时上报完成情况，由整顿团队的队长提交整顿任务改善表，具体如表5-8所示。

表 5-8  整顿任务改善表

| 整顿区域 | 落车区 | 责任人 | ××× |
|---|---|---|---|
| 任务 | 小工装定置管理 | 完成时限 | 2021.5.6 |
| 改善前 | | 改善后 | |
|  | |  | |
| 问题描述：止轮器、端部防护栏等未进行定置管理 | | 改善后：端部护栏转移至高层货架存放。在靠墙区域设置止轮器放置区并定置 | |
| 改善效果 | | | |

指导顾问每周汇总一次，召开会议就执行效果和进度进行点评，并确定下一阶段的工作重心。当某个团队的整顿任务结束后要及时进行评价和奖惩。

# 5.3  整顿的工具与策略

整顿的工具与策略包括定置管理、看板管理、油漆作战、先进先出管理、颜色管理、标识管理等。

## 5.3.1  定置管理

定置管理是 6S 管理的关键内容之一。所有推行 6S 管理的组织成员都应熟练掌握这一方法。

### 1. 概述

定置是将物品固定在某一位置。定置管理是通过研究人、物、场所三者之间的关系，使之达到最佳结合状态的一种管理方法。

### 2. 适用场合

➢ 固定现场各类工具、搬运车辆、设备的位置时。

➢ 区分不同加工材料，固定料架、存储器皿的位置时。

➢ 固定办公设备、设施、私人用品时。

➢ 固定其他设备、设施的位置时。

### 3. 步骤

为了保证定置一次成功，以及有效进行定置管理，6S 推行人员应严格按照定置管理步骤执行，尽力做好每一个环节的工作。定置管理步骤如表 5-9 所示。

表 5-9  定置管理步骤

| 定置管理步骤 | 步骤说明 |
|---|---|
| | 详细研究生产现场现有的加工方法、机器设备和工艺流程，以确定各类设备、工具、设施的合理位置 |
| 工艺流程研究 | 利用工业工程的方法，分析人物结合、物流和搬运、现场信息流、工艺路线和方法等，提出改善方法 |
| 人、物、场状态分析 | 对现场所有场地和物品进行定置，并通过调整物品来改善场所中人与物、人与场所、物与场所之间的关系。具体包括车间定置图，各作业区定置图，仓库、资料室、工具室、计量室、办公室等定置图以及特殊要求定置图 |
| 定置平面图绘制 | 按照定置图，定置现场的物品、机械设备、工具，步骤如下：<br>a. 清除与生产无关的物品，如废弃物、报废的机械设备<br>b. 按定置图分类、调整和定位生产现场物品<br>c. 放置标识牌，做到牌、物、图相符，设专人管理 |
| 定置实施 | |
| 定置检查 | 定置后验收检查。检查不合格者不予通过，须重新定置，直到合格为止。检查的基本指标是定置率，计算公式如下：<br>定置率 = 实际定置物品件数（种数）÷ 定置图规定的定置物品件数（种数）× 100%。 |

定置管理须长期坚持以形成习惯。

### 4. 示例

这里，我们列举一些定置的效果图，并设计了定置线的画法，以帮助大家更好地理解和掌握定置管理。定置效果图如图 5-13 所示。

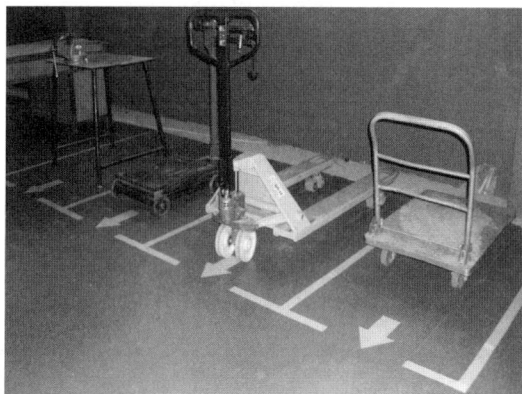

搬运工具定置　　　　　　　　　　　　　　物料盒定置

图 5-13　定置效果图（搬运工具）

定置物品时需要考虑定置线的形状、宽度，以及与物品之间的距离。物品定置线图例如图 5-14 所示。

具体采用何种方式，6S 推行小组可以依据实际情况区分和应用。

### 5. 定置的注意点

笔者总结了物品定置中几个值得注意的点，这些注意点经常被现场整顿负责人忽略，而它们又恰恰十分重要。

#### 1）固定好物品与定置区

所定置的物品应处于长期固定状态，不会被经常调整。如果物品经常更换位置，那么现场作业人员会无法找到所需要的物品，现场又会重新陷入混乱。

#### 2）分析物品的空间利用

定置物品必须考虑空间利用率。这样做，一方面，可以节省空间，放置更多不同类型的物品；另一方面，可以更加方便物品的取用与归还。货架区空间利用率优化场景如图 5-15 所示。

空间放置的样式还有很多种，如墙面悬挂、倾斜放置、组合放置等。

#### 3）考虑动作经济原则

动作经济，即物品定置要考虑放置物品时身体的动作，包括行走、搬运、拿取、抬举等动作，使身体尽量减少不必要的动作。现场人、物、场所结合的状态有 3 种，如表 5-10 所示。

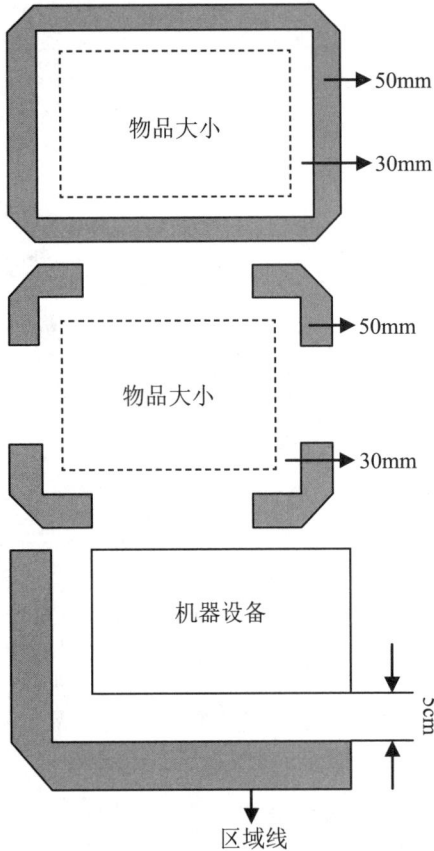

**密封实线**
1. 颜色：黄色、白色、红色
2. 线宽：不大于 50mm
3. 与物品距离：30 ～ 40mm
4. 适用范围：通道线、物品区域、机台、小物品、垃圾桶等

**四角定位线**
1. 颜色：黄色、白色
2. 线宽：不大于 50mm
3. 与物品距离：30 ～ 40mm
4. 适用范围：机台、小物品、垃圾桶等

**半密封实线**
1. 颜色：黄色、白色
2. 线宽：不大于 50mm
3. 与设备距离：大于 100mm
4. 适用范围：设备、机台等

图 5-14　物品定置线图例

整顿前：各种物料托盘定置区狭小，致使物料摆放拥挤、混乱

整顿后：重新布局物料托盘区，空间利用率提高，物料拿取方便

图 5-15　货架区空间利用率优化场景

表 5-10　现场人、物、场所结合的状态

| 类型 | 说明 |
|---|---|
| A 状态 | 人与物处于能够立即结合并发挥效能的状态。例如，操作者使用的各种工具摆放地点合理、固定，操作者需要时能立即拿到 |

| 类型 | 说明 |
|---|---|
| B 状态 | 人与物处于寻找状态或尚不能很好发挥效能的状态。例如，半成品堆放不合理，加工时每次都需要弯腰拿，既影响工作，又提高了劳动强度 |
| C 状态 | 人与物没有联系的状态，因为这时物品与生产无关，不需要人与该物结合。例如，生产现场中已报废的机械设备、工具 |

开展定置管理的要点，就是消除 C 状态，改进 B 状态，使之都成为 A 状态，并长期保持下去。动作经济（作业台面定位）如图 5-16 所示。

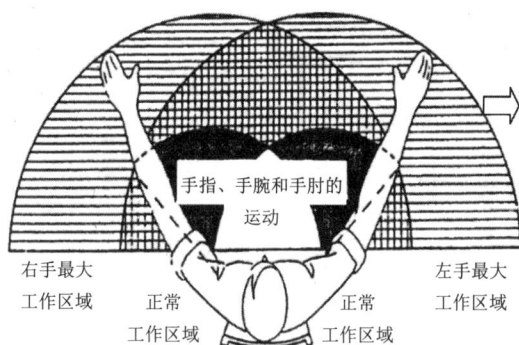

图 5-16　动作经济（作业台面定位）

4）特别关注安全问题

安全是另一个需要考虑的因素，包括设备安全、物料安全、产品安全、人身安全等。如果没有考虑安全问题就进行定置，会为作业带来极大的危害。地沟作业区定置场景如图 5-17 所示。

整顿前：地沟作业区虽然用虎纹线定置，但与墙体之间无安全通道

整顿后：在墙体与地沟之间设置一条通道，区分靠墙工装区与地沟作业区

图 5-17　地沟作业区定置场景

### 5.3.2 看板管理

在推行 6S 活动过程中，有效运用看板管理能进一步推动 6S 活动的开展，提高 6S 活动效率。

#### 1. 概述

所谓管理看板，是指将有关的数据、信息通过各种形式（如现况板、电子显示屏、标语等）表示出来，以便及时掌握现状情况和必要信息，从而快速制定并实施相应的对策。一般管理看板可以分为公司管理看板、部门车间管理看板、班组管理看板 3 类。

#### 2. 适用场合

➤ 展现生产作业人员配置状况，以保证作业顺畅时。

➤ 展现作业目标、进度，以保证生产计划按时完成时。

➤ 展现品质状况，以提高品质意识，降低不合格品率时。

➤ 展现物料管理、供应状况，以保证准时供料、零浪费时。

➤ 展现其他各领域信息，以实现自主化管理目的时。

#### 3. 看板类型

经过多年的咨询，我们总结了国内企业常用的 8 个领域的看板。企业常用看板类型如表 5-11 所示。

表 5-11 企业常用看板类型

| 序号 | 项目 | 内容 | 序号 | 项目 | 内容 |
|---|---|---|---|---|---|
| 1 | 工序管理 | 交货期管理看板<br>工作安排管理看板<br>负荷管理看板 | 5 | 设备管理 | 动力配置图看板<br>设备操作管理看板<br>设备保全、点检管理看板 |
| 2 | 作业管理 | 考勤管理看板<br>人员配置看板<br>工具管理看板<br>目标、进度看板<br>员工技能看板 | 6 | 事务管理 | 人员去向看板<br>车辆使用管理看板<br>班会管理看板 |
| 3 | 品质管理 | 品质方针看板<br>品质状况看板<br>异常处理看板<br>不良品揭示看板 | 7 | 士气管理 | 改善活动推进看板<br>6S 成就展览看板<br>企业文化看板 |
| 4 | 物料管理 | 物料存量看板<br>物料出入库管理看板 | 8 | 后勤、安全管理 | 宿舍制度管理看版<br>安全管理看板 |

注：企业依据所属行业范畴，以及实际情况减少或增加看板类型。

#### 4. 看板示例

为了让车间信息得到更有效、更准确的传递和流通，同时让车间环境得到美化，可在各车间里设置车间看板。内容包括 6S 知识介绍、本车间的 6S 推行进展说明、作业标准书、人员技能矩阵、产能统计等，所有车间信息集中在车间看板处进行公示。某企业车间管理看板场景如图 5-18 所示。

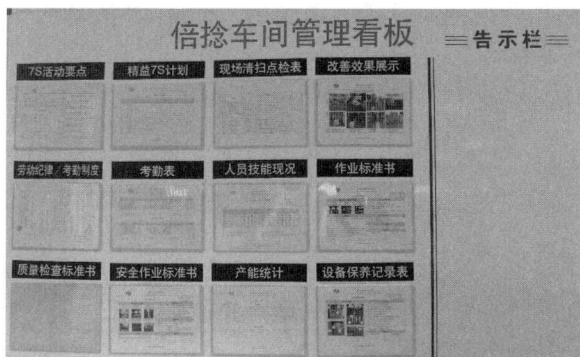

图 5-18　某企业车间管理看板场景

#### 5. 看板的制作和管理

看板用于清楚地传递现场各种信息，因此，在内容、形式、材质上都需要考虑清楚，合理设计。

➢ 看板设计原则：遵循统一调研、统一设计、统一风格这 3 个原则。

➢ 看板内容：要求文字表达完整、简洁、具体；图文兼用，活跃版面；尽量多用图表形象化地说明问题。

➢ 看板形式：要求版面大方，条理清晰；分栏要整齐、美观，比例协调；外框用有机玻璃或透明胶套定形。

➢ 看板材质：根据所需传递的信息内容、适用场合以及信息表达效果选择材质。常用的看板材质有 PVC 板、电子板等。

#### 6. 看板的使用和管理

看板完成设计后，将看板放置于现场合适的位置，确保现场人员一眼就能够看到。

此外，6S 推行人员应指导整顿团队建立看板管理台账，便于看到看板管理的历程。企业看板管理记录如表 5-12 所示。

表 5-12　企业看板管理记录

| 序号 | 名称 | 管理编号 |
|:---:|:---:|:---:|
| 1 | 6S 宣传看板 | LH-BN-KB-01 |
| 2 | 班组管理看板 | LH-BN-KB-02 |
| 3 | 机台生产管理看板 | LH-BN-KB-03 |
| 4 | 作业指导书看板 | LH-BN-KB-04 |
| 5 | 车间宣传看板 | LH-BN-KB-05 |
| 7 | 设备点检基准看板 | LH-BN-KB-06 |

管理编号由企业名、车间名、看板缩写字母（KB）、序号组成。

### 7. 注意事项

利用看板可以提高作业效率，排除安全隐患，推进 6S 活动的开展。但需要注意以下事项。

1）做好看板的维护工作

做好看板的维护工作，以保证所传递的信息及时、新颖，能时刻受到现场人员的关注。维护好看板，具体需要做好以下 4 项工作：

➤ 安排维护和管理看板的责任人。

➤ 根据需要，定期更新看板的内容。

➤ 定期清洁和保养看板。

➤ 看板损坏后，应及时更换。

2）避免看板风波

企业实行看板管理后，如果看板的内容不准确，现场作业人员无法适应，这种反应被称为看板风波。现场常见的引起看板风波的主要原因如下：

➤ 看板的形状、寓意不佳。

➤ 看板内容表达错误或陈旧。

➤ 看板上漏掉了重要内容。

正是由于看板管理过程会出现以上情况，因此，负责看板管理的人要在工作中逐步改善，将看板管理工作做得更好。

### 5.3.3  油漆作战

油漆作战也被称为"画线""喷漆战"。

#### 1. 概述

油漆作战是根据作业区、通道、休息室、仓库等场所的不同功能，刷上不同颜色的油漆，对现场进行颜色管理的一种可视化手段。

#### 2. 场合

➤ 缓解作业人员视觉疲劳，进行地面刷漆时。

➤ 建立通道，确保物流畅通时。

➤ 现场一般设备、设施、工位、工具定位时。

➤ 作业区域，人员操作区域，原材料、成品、半成品区进行区分时。

➤ 对危险设备、设施、区域进行警戒、提示，以消除安全隐患时。

#### 3. 实施步骤

油漆作战的展开应该按照步骤进行，避免出现返工的情况。油漆作战实施步骤如表 5-13 所示。

表 5-13　油漆作战实施步骤

| 刷漆步骤图 | 步骤说明 |
|---|---|
| 清洁刷漆场所 | 作业前清理地面，铲去旧漆，保持地面、设备和设施干净 |
| 调漆 | 按比例调漆，搅拌均匀，半小时后才能使用。 |
| 刷漆 | 大面积刷漆，采用滚刷法；补漆、小面积刷漆或要求较高的刷漆作业，采用板刷法。作业过程中，要经常搅拌油漆，防止沉淀 |
| 隔栏区标示 | 刷漆作业结束，用围栏隔开，标示"油漆未干"等提示性说明。油漆未干，严禁踩踏，禁止叉车、电动车等通行 |
| 检查使用效果 | 刷漆 12 小时后，检查可否使用 |

油漆作战中，不同的颜色代表着不同的意思，选择正确、合适的颜色对 6S 管理至关重要。

### 4. 示例

在油漆作战开始前准备好相关的材料，如油漆、胶带、尺子等。作业现场喷漆场景如图 5-19 所示。

**作业通道喷漆：**
1. 主通道线是车间内主要的通道，用 100mm 的黄线进行标示
2. 辅助通道线用 50mm 的黄线标示
3. 通道地面采用绿色油漆

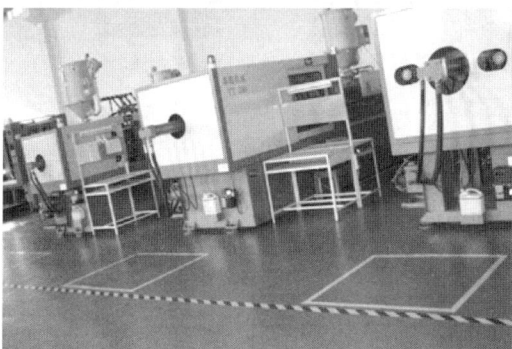

**作业区喷漆：**
1. 作业设备区喷涂虎纹线，线宽 50mm，警示非操作人员禁止入内
2. 作业员操作区喷涂黄色油漆，线宽 50mm，作业员操作设备时，须站在该区域内

图 5-19　作业现场喷漆场景

针对现场的通道、设备和设施进行油漆作战时，应先充分整理和清扫现场，并对地面进行平整；此外，通道画边缘线时，采用直线过道，避免转弯。

### 5. 要点

在 6S 推行中，地面是喷漆作战的重点，笔者总结了一些常见的通道画线要点，如图 5-20 所示。

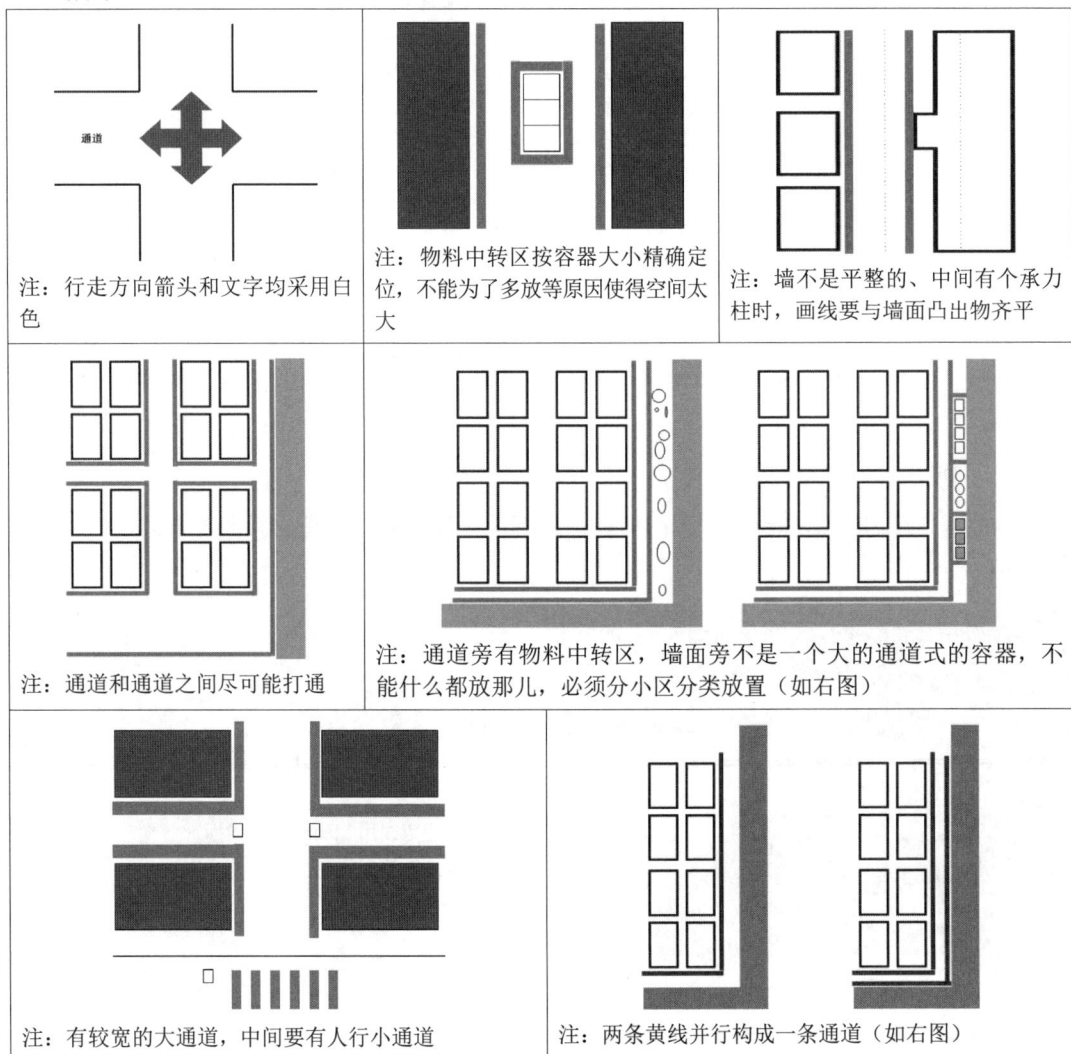

| | | |
|---|---|---|
| 注：行走方向箭头和文字均采用白色 | 注：物料中转区按容器大小精确定位，不能为了多放等原因使得空间太大 | 注：墙不是平整的、中间有个承力柱时，画线要与墙面凸出物齐平 |
| 注：通道和通道之间尽可能打通 | 注：通道旁有物料中转区，墙面旁不是一个大的通道式的容器，不能什么都放那儿，必须分小区分类放置（如右图） | |
| 注：有较宽的大通道，中间要有人行小通道 | 注：两条黄线并行构成一条通道（如右图） | |

图 5-20 通道画线要点

油漆作战是采用可视化手段实现看得见的管理的方式，因而需要赋予不同颜色不同的含义，而且线条的规格也要明确。

#### 5.3.4 先进先出管理

物料整顿不只是把物料摆放整齐，还要做到物料先进先出，以提高库存周转率。库存管理常常利用目视化达成这一目的。

### 1. 概述

物料先进先出是指发放物料要按照物料入库的顺序进行，先入库的物料先发放，防止物料变质、积压。物料叠放造成的浪费如图 5-21 所示。

## 2. 适用场合

➤ 存放和使用具有保质期限的物料时。

➤ 存放和使用贵重物料时。

➤ 存放已经开封的物料时。

➤ 优先供应生产所需的物料时。

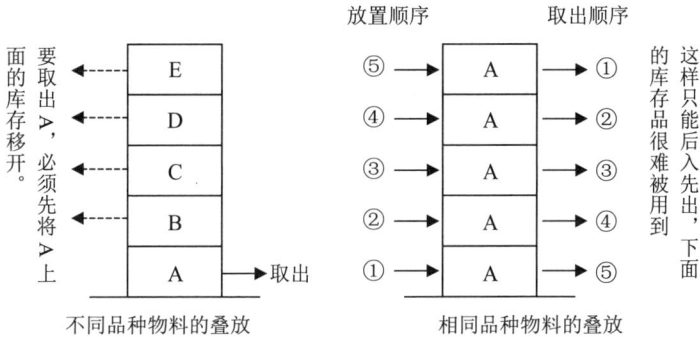

图 5-21　物料叠放造成的浪费

## 3. 先进先出的方法

使用先进先出装置、颜色管理、看板管理是物料先进先出管理的常用方法。

1）使用先进先出装置

物料先进先出装置是采用倾斜式滚轮物料架，将一端设为放入侧，另一端设为取出侧，使先存放的物料先取用的一种物料存放方式，如图 5-22 所示。

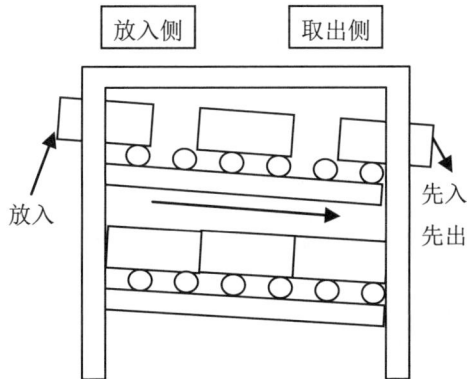

图 5-22　物料先进先出装置

设置物料先进先出装置要注意以下几点：

➤ 采用滚轮设计，便于物料盒在架上滑动。

➤ 料架稍微向取出侧倾斜，既方便看清里面的物品，又便于物料盒滑动。

➤ 只可从取出侧取出物品，禁止从放入侧取出物品。

2）用颜色标识实现先进先出

物料先进先出颜色管理指制作物料存放颜色标识，粘贴在物料上，用不同的颜色代表物料存放的时间，使物料存放时间一目了然，保证先存放的物品先取用。物料先进先出颜色标识如图 5-23 所示。

示例：

表示三季度第二个月

说明：
1. 标签由两个半圆组合而成
2. 上半圆表示季度：第一季度绿色，第二季度红色，第三季度黄色，第四季度蓝色
3. 下半圆表示月份：该季度第一个月白色，第二个月灰色，第三个月黑色
4. 在季度色区域填写阿拉伯数字，表示入库日期

图 5-23　物料先进先出颜色标识

颜色标识应粘贴于物料架或物料外包装上。物料入库时粘贴颜色标识，若发生丢失应当及时补贴；摆放时，保持颜色标识朝向通道或搬运人员方向，便于辨别；出库时，严格按照颜色标识先进先出。

### 4. 示例

物料先进先出装置适用于传送体积较小、零碎的物料和备品备件，可依据作业实际情况配置可移动式物料架和固定式物料架。物料先进先出装置如图 5-24 所示。

可移动式先进先出装置　　　　　　　　　固定式先进先出装置

图 5-24　物料先进先出装置

一般可移动式物料先进先出装置，放置于作业现场并进行定置。由专人负责向正在作业的人员投送物料。当现场不需要时，或其他生产线有需求时，可推行至该区域。总之，其具有灵活的特点。

固定式先进先出装置不可随意移动，领料或投料都需要到该处办理手续。

物料先进先出看板用看板的形式展示领料进程以及领料方式。对物料进出进行管理，可以提高物料使用效率，降低物料管理的差错率。

### 5. 注意事项

物料先进先出管理常见于仓库管理，推行人员在推进仓库 6S 管理时，应考虑和设计物料的先进先出系统。这里笔者总结了一些物料先进先出的注意事项。

> 物料管理实现三定后，方可实施先进先出管理。

> 物料先进先出看板必须置于显眼的地方，物料管理人员和领料人一眼就可以看到。

> 及时更新物料筐的标识及先进先出看板信息。

> 对物料先进先出管理展开必要的培训。

#### 5.3.5　颜色管理

### 1. 概述

颜色管理就是利用形象直观、色彩适宜的各种视觉感知信息来组织现场生产活动，达到提高劳动生产率目的的一种管理手法，也是一种利用人的视觉进行"可视化"管理的科学方法。

### 2. 适用场合

> 营造良好的厂区环境、作业环境时。

> 辅助现场作业，提高作业效率时。

> 准确区分物料状态时。

> 美化各类设备、设施时。

> 区分各类标识时。

> 准确识别不同管道时。

> 警示危险物时。

### 3. 确定各种颜色的含义

采用可视化手段实现看得见的管理，就需要赋予不同颜色不同的含义。一些颜色所代表的含义必须符合国家标准、行业标准；另一些则是约定成俗或是自己设计的。

1）颜色标准说明（见表 5-14）

表 5-14　颜色标准说明

| 颜色 | 标准 | 说明 |
| --- | --- | --- |
| 厂区主体颜色 | 约定成俗或自行设计 | • 依据已有的约定成俗的颜色风格定义<br>• 能够反映出企业理念和文化 |
| 看板颜色、操作标识颜色等 | 企业标准 | • 企业依据自身文化定位<br>• 依据实际作业需求确定各种类颜色的含义 |
| 安全标识、交通标识、消防设备、设施、器具颜色等 | 国家标准 | 严格按照国家规定的相关标准执行 |
| 地面颜色、通道颜色、作业区域颜色、设备颜色、管道颜色、现场楼梯扶手颜色等 | 行业标准 | 依据成熟的行业标定义颜色含义 |

2）颜色含义说明

明确不同颜色代表的含义，有助于 6S 推行小组高标准展开整顿活动。笔者总结了一些常见的颜色并予以说明，如表 5-15 所示。

表 5-15　颜色含义说明

| 颜色 | | 管道颜色 | 区域 | 容器 | 设备、设施 | 仪表、仪器、油壶 | 作业操作 |
|---|---|---|---|---|---|---|---|
| 红色 | | 水蒸汽管、消防水管 | 不良品区、消防设备放置区 | 不良品托盘 | 危险设备、阀门、警示灯、旋转方向箭头 | 危险界线标识 | 操作禁止牌 |
| 橙色 | | 工业碱液管 | | | | | |
| 黄色 | | 液化石油管、柴油管 | 通道线、定置线 | | 现场安全护栏、地沟盖板 | 警戒线标识 | |
| 斑马线 | | | | | 危险设备平台、突出物设备护栏、电动机罩 | | |
| 绿色 | | 自来水管、冷却水管、纯水管 | 生产线地面 | 合格品托盘 | 大型设备 | 安全界线标识 | 操作台 |
| 蓝色 | | 氧气管 | | 物料框、货架 | 办公物品定置线 | | 点检牌、维修牌 |
| 紫色 | | 工业酸液管 | | | | | |
| 黑色 | | 生活污水管、工业废水管 | | | | | |
| 白色 | | 压缩空气管 | | | | | |
| 灰色 | | 高温水管、蒸汽管、空气管 | | | 电动机、泵机 | | |
| 棕色 | | 氮气管、可燃气体管 | | | | | |
| 银色 | | 二氧化碳管 | | | | | |
| 粉红 | | 氢气管 | | | | | |

黄色、绿色和红色是整顿活动中最常用的 3 种颜色。明白这 3 种颜色的使用场景对整顿乃至整个 6S 推行活动都具有积极的意义。

**4. 示例**

1）管道颜色管理

管道是使用颜色种类最多的设备，笔者这里专门进行说明。管道流向标识如图 5-25 所示。

管道上应标明介质流向、管道名称、管道设计参数，两个方向都可以流动时，同时标两个相反的箭头。管道常规标识依据管道外径会不一样，具体对照如表 5-16 所示。

图 5-25　管道流向标识

表 5-16　常规标识与管道外径对照

单位：mm

| 管道类型 | A 类 | B 类 | C 类 | D 类 |
|---|---|---|---|---|
| 管道外径 | 59 以下 | 60 ~ 159 | 160 ~ 250 | 250 ~ 500 |
| 标识宽 × 长 | 40 × 200 | 60 × 300 | 100 × 600 | 150 × 800 |
| 文字高度 | 35 | 40 | 70 | 70 |
| 流向箭头色环宽度 | 30 | 50 | 100 | 100 |
| 字体 | 加粗 | | | |

管道的颜色管理考虑以下几个要点：

➢ 流向标识用箭头表示管道内流体的流向，文字标识标明管道内流体的名称。

➢ 管道刷漆防腐，颜色应与管道内介质相对应。

➢ 不锈钢管或管道外包覆保温层，在管道外涂上色环。

➢ 高温、高压管道介质流向标识建议与保温外护颜色一致，常温管道建议喷漆。

➢ 管道弯头、穿墙处及管道密集、难以辨别的部位，必须刷色环、标示介质名称及介质流向，穿墙处应设置管道套管。

➢ 在低于 1.8m 的管道上应标示防撞线，防撞线为黄色、黑色相间的斑马线。

2）设备颜色管理

我们选取了一些设备颜色管理中较为典型的场景展示给大家，如表 5-17 所示。

表 5-17　设备颜色管理场景

| 锅炉捞渣机 | 颜色含义及作用 |
|---|---|
| ① | 主设备灰色，电机蓝色<br>1. 测温点与测震点检测：蓝色实心圆标示测振点，红色空心圆标示测温点<br>2. 设备平台立面标记：喷涂虎纹线，提醒注意，避免碰撞<br>3. 设备点检脚印：黄色。不同脚印颜色代表不同专业人员的站位 |
| **润滑油箱** | **颜色含义及作用** |
| ② | <br>1. 点检牌正面红色，背面蓝色，直径 8.5cm，顶部打孔<br>2. 点检牌中的"2"为点检牌号<br>3. 设置挂钩，便于点检时翻牌 |
| **注塑机** | **颜色含义及作用** |
| ③ <br>警示灯 | |

通过上述示例，我们看到可以通过作业方法、作业标准、设备运行状态、设备点检等实施颜色管理，进而实现作业可视化、标准化、便捷化和精确化。

## 5. 注意点

在 6S 推行中，通过颜色管理，对物品（设备、材料、品质、工具、文件等）的数量或特性值的极限进行可视化描述，以便不借助工具即可实施有效的管理。进行颜色管理时应注意以下要点：

➢ 各种管理状态、管理方法明确，赋予颜色含义才能达到"一目了然"。

➢ 颜色的种类、含义应容易明白、易于遵守，以便员工完全理解、接受和执行。

> ➢ 物品或物品状态的颜色含义是唯一的。

### 5.3.6　标识管理

做好现场的标识管理工作，一方面可为提高现场管理效率奠定基础，另一方面有助于长期维持 6S 活动成果。

#### 1．概述

标识系统是指用标识牌对企业的管理对象进行系统标示，使物品状态清晰明确、管理流程一目了然、位置方向清楚准确。

#### 2．适用场合

> ➢ 迅速快捷地传递信息时。
>
> ➢ 规范各类管理对象的标识时。
>
> ➢ 清晰指明物品状态时。
>
> ➢ 使流程能让任何人一看就明白时。

#### 3．标识内容与设计

标识系统包括厂区标识系统、办公室标识系统、车间标识系统、设备标识系统、工具标识系统、物料标识系统，如表 5-18 所示。

表 5-18　标识系统

| 厂区标识系统 | |
| --- | --- |
| 工厂名称标识 | 厂区道路标识 |
| 厂房标识 | 市政井盖标识 |
| 车间正门标识 | 厂区车位标识 |
| 各类车间标识 | 车间注意事项标识 |
| 办公室标识系统 | |
| 办公楼标识 | 办公文具标识 |
| 办公室门牌标识 | 台历位置标识 |
| 步行方向标识 | 电话位置标识 |
| 上下楼标识 | 水杯位置标识 |
| 门把手标识 | 灯具开关标识 |
| 文件柜标识 | 办公电器标识 |
| 文件标识 | 花草标识 |
| 文件柜内物品标识 | 空调风口标识 |
| 抽屉内物品标识 | 岗位牌标识 |
| 办公室用纸标识 | 卫生间标识 |

| 车间标识系统 | |
|---|---|
| 通道标识 | 通道限高标识 |
| 作业区标识 | 楼梯出口标识 |
| 开门线标识 | 安全出口标识 |
| 工位标识 | 危险品标识 |
| 工具箱标识 | 电器盒标识 |
| 洁具箱标识 | 开关标识 |
| 电气控制开关标识 | 电器警示灯标识 |
| 设备标识 | |
| 设备名称标识 | 自动控制与计算器界限标识 |
| 设备状态标识 | 扳手型阀门标识 |
| 电气控制箱标识 | 通风口标识 |
| 旋转体标识 | 设备维护标识 |
| 电力安全警示标识 | 设备点检标识 |
| 电气控制柜防护标识 | 供油标识 |
| 流量界限标识 | 零件更换标识 |
| 工具标识系统 | |
| 工具用途标识 | 吊具标识 |
| 裁剪尺寸标识 | 防尘物标识 |
| 班组公用工具形迹标识 | 垃圾回收标识 |
| 物料标识系统 | |
| 限高标识 | 不同状态标识 |
| 保管柜标识 | 物料现状标识 |
| 物料信息标识 | 仓库区域标识 |

　　区域的划分并不明确时，车间仓库在摆放产品、工具时较为随意，若能设计一套标识系统并投入使用，可以让现场看起来次序分明。

　　6S 推行人员应根据现场情况，设计一套标识系统。常见的车间、仓库标识如表 5-19 所示。

表 5-19　常见的车间、仓库标识（部分）

| 序号 | 标识类型 | 部分示例 | 序号 | 标识类型 | 部分示例 |
|---|---|---|---|---|---|
| 1 | 布局标识 |  | 5 | 配件、工具标识 | 零件工具区　机修配件区 |
| 2 | 工作区标识 | 包装区　检验区 | 6 | 搬运工具标识 | 推车区 |
| 3 | 物料存放区标识 | 纬纱存放区　辅料暂存区 | 7 | 禁止类标识 | 非设备维修员 禁止攀爬 |
| 4 | 责任区标识 | 剑杆车间责任牌　区域责任牌 | 8 | 消防区标识 | 灭火器 |

熟练掌握标识管理系统，能够呈现谁都能看明白的现场。

**4. 示例**

标识系统须与管理现场、管理流程相结合，6S 推行人员应积极推动全员参与标识系统的建立。笔者这里提供一些标识管理的场景，以帮助大家直观地了解标识的使用。

1）设备电机温度仪表箱整顿前后对比（见图 5-26）

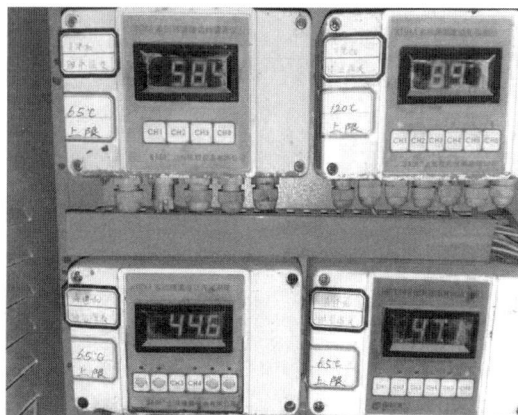

整顿前：只有主机和分表名称标识　　　　　　整顿后：仪表箱增加分表的温度上限

图 5-26　设备电机温度仪表箱整顿前后对比

整顿后作业人员能迅速判断温度仪表箱温度是否超过上限，不再依靠记忆和记录表来确认。要保证仪表箱标识无破损、无油污。

2）管理流程标识化

将各类管理流程导入标识管理之中，例如，注油管理、螺丝紧固、设备维修、库存安全量等，可以有效改善管理流程，提升作业效率和作业安全。管理流程标识化场景如图5-27所示。

油壶上限标识　　　　　　　　　　　螺丝校对线标识

图 5-27　管理流程标识化场景

设置油壶上限线，当油壶中的油量达到此线时，作业人员及时更换新的油壶，避免溢油。

螺丝校对后，用一条垂直油漆线画过螺丝螺母，作为以后螺丝校对的标准线。

# 第6章
# 6S 推行 3：清扫活动指南

清扫工作的价值在于彻底去除现场、机械设备、设施、工具的污垢，有预见性地发现异常的发生源，实现全员自主保养。

## 6.1　清扫的内涵

清扫就是使现场呈现没有垃圾、没有污脏的状态，虽然已经整理、整顿过，要的东西马上就能取到，但是被取出的东西要保持能被正常使用的状态才行。而保持这样的状态就是清扫的第一目的，尤其是目前广泛强调要制造高品质、高附加值产品，更不容许有垃圾或灰尘的污染，影响产品质量。

### 6.1.1　清扫的定义

清扫是清除不需要的物品，消除工作现场各处的脏污，使设备保养良好，保持工作现场干净整洁，无垃圾、无灰尘。

#### 1. 清扫的目的

➢ 维持整理、整顿的成果。

➢ 保持工作环境整洁、干净，防止环境污染。

➢ 稳定设备环境质量，提高产品或服务质量，达到零故障、零损耗。

➢ 保持良好的工作情绪。

#### 2. 清扫的作用

➢ 使任何人都能判断正常和异常状况，能够降低使用和管理难度。

➢ 点检位置与要求明确，易于操作。

➢ 有助于实施养护工作。

➤ 提高设备性能。

➤ 有良好的运行管理机制，能够预防事故发生。

### 3. 清扫的必要性

为什么说清扫是必要的呢？我们可以想象一个工厂长期疏于清扫，将变成什么样子。

➤ 地板上全是油污、垃圾，人容易滑倒，作业人员的心情也会受影响。

➤ 工作人员在污浊的空气里工作，容易生病，影响作业效率。

➤ 油污、污浊阻塞设备及油路，从而引发故障。

➤ 地面堆放杂物，工作人员看不清过道，容易发生碰撞危险。

➤ 不干净的作业台、现场，容易产生不合格品。

➤ 脏乱的现场会给客户留下不良印象。

➤ 办公桌凌乱不堪，查找东西耗时，且影响人的心情。

➤ 办公文件、档案满是灰尘。

不进行清扫就会带来上述问题，在实际工作中可能会更严重，可见清扫工作是必要而紧迫的。

## 6.1.2 清扫的范围和内容

开展清扫活动必须明确清扫对象，以保证有目的地进行清扫，而不至于浪费时间。一般清扫范围分为工作场所、物品放置场所和物品。

（1）工作场所即企业所有的员工工作场所，包括办公区、作业区、工位等。

（2）物品放置场所可能有垃圾、油渍、粉尘、泥土、加工废料等东西，是清扫的主要对象之一。

（3）物品包括各类设备、设施、包装等，这些物品容易在工作中产生油渍、灰尘等污染。其中设备是清扫的重点，清扫对象如表 6-1 所示。

表 6-1 清扫对象

| 对象 | 对象说明 | 要求 |
|---|---|---|
| 工作场所 | • 地面、门窗、墙壁、天花板、柱子<br>• 桌子、椅子、灯具等<br>• 公示榜<br>• 厂区及道路 | 1. 例行扫除<br>日常卫生清扫和保养<br>2. 根除脏污源<br>调查脏污来源，确认脏污与灰尘对生产质量的影响，并彻底根除<br>3. 清理废物<br>将不需要的物品当作废品处理 |
| 物品放置场所 | • 不同类型的仓库<br>• 生产线配置场地<br>• 原材料、半成品放置场地<br>• 生产设备放置场地<br>• 工具、仪器放置场地<br>• 文件、资料放置场地<br>• 办公设备、设施放置场地<br>• 宣传栏、信息板放置场地 | |

| 对象 | 对象说明 | 要求 |
|---|---|---|
| 物品 | • 机器<br>• 各类作业设备<br>• 工装夹具、工具、仪器、刀具、模具<br>• 拖车等搬运工具<br>• 照明设备、设施<br>• 办公设备、设施<br>• 作业台、货架 | 1. 例行扫除<br>日常卫生清扫和保养<br>2. 根除脏污源<br>调查脏污来源，确认脏污与灰尘对生产质量的影响，并彻底根除<br>3. 清理废物<br>将不需要的物品当作废品处理 |

清扫内容也可以依据其他方式划分，如以空间划分，就包括地板、作业区、通道、墙壁、天花板、门窗等。总之，清扫的范围包括企业所有场所和物品，遗漏任何一样都不是完整的。

### 6.1.3　清扫的标准：杜绝污染再次发生

开展清扫活动时，应针对清扫对象建立清扫基准，以提高效率，消除安全隐患，杜绝污染再次发生。

**1. 明确设立清扫基准的前提**

清扫基准的设立和使用一般要满足 3 个前提：

➤ 一目了然。清扫基准谁都可以看得到，并且可以按要求执行。

➤ 边清扫边点检。清扫的同时进行检查，需要针对清扫对象建立点检基准，以及时处理污染，确保污染为零。

➤ 周期性。清扫基准要固定、科学化，确保可以反复使用，不会因人员等变动而改变。

**2. 明确建立清扫基准的"五定"**

1）定点：明确点检部位和规范

定点是指对点检部位、点检项目和内容进行规范，以指导点检工作准确进行。以图文相结合的方式，用数字编号在图上标明点检位置、项目，再在旁边配以文字，具体说明各点检项目的内容，让点检人员直观地了解点检的具体部位。这种可视化的管理手段，可以为点检工作提供参照和指导，以规范点检工作。

2）定法：确定行之有效的点检方法

进行点检作业时，应当根据清扫项目特点进行，例如，按从外到内、由远及近的顺序，设计一条路径短、清扫方便的点检路径，并可以在清扫项目周围标明点检人员的站立位置。

3）定标：建立通用的点检标准

确定点检结果的判断基准，可以规范点检程序，为点检作业提供执行标准。这也是清扫标准的核心内容。

4）定时：明确可行的点检周期

确定点检周期，能够确保点检工作持续进行，以保证点检工作的效果。清扫时间一般包括每日班前、班后几分钟打扫；每周、每月按照清扫标准进行彻底清扫；生产过程中及时清理产生的垃圾、碎屑等。

5）定人：用合适的人员实施点检

规范点检程序，还应当对点检人员进行规范。点检可以由专人进行点检，也可以由作业人员亲自进行点检，不论哪种，都要先确认清扫基准。

### 3. 明确清扫要做什么

表 6-2 介绍了清扫要做什么，做的标准有哪些。

表6-2　清扫工作的标准

| 做什么 | 做的标准说明 |
| --- | --- |
| 清扫的检查教育 | • 学习功能、结构等<br>• 掌握机械各部分的知识 |
| 清扫的检查方法 | • 设备 6S 是自主保全第一阶段的活动<br>• 使用"核对确认表"进行检查<br>• 从设备内部着手清扫、检查，可以发现许多问题<br>• 检查基本问题，设备各个部位都应该进行清扫、检查，防止设备磨损 |
| 对问题的分析研究 | • 为什么这个部位很重要<br>• 为什么忽视了而未管<br>• 从原理和机制上考虑如果这样下去可能会发生什么问题，会有什么影响<br>• 为什么未能早发现，如何才能做到及早发现<br>• 为何成了这个样子 |

### 4. 确定清扫基准

要针对现场各区域建立清扫基准、设备点检基准。其中设备点检基准有文字版和图文版，6S 推行人员依据清扫对象选择合适的版本。笔者总结了现场几种常用的清扫基准，供大家参考。

（1）车间现场清扫基准如表 6-3 所示。

（2）设备清扫基准书如表 6-4 所示。

（3）设备保养标准书如表 6-5 所示。

清扫基准应制作成标准文件，纳入文档管理系统。此外，清扫基准最好以可视化的方式展现出来。

表 6-3　车间现场清扫基准

| 清扫周期 | 序号 | 清扫位置 | 清扫基准 | 清扫日期 |
|---|---|---|---|---|
| | | | | 1 2 3 4 5 6 7 8 9 10 11 12 13 14 15 16 17 18 19 20 21 22 23 24 25 26 27 28 29 30 31 |
| 随时清扫 | 1 | 楼道 | 楼梯、窗户无积尘、痰迹，无临时存放物 | |
| | 2 | 通道 | 标线清晰，无垃圾、积尘，无临时存放物 | |
| 交班清扫 | 3 | 设备 | 表面无积尘、无积油，物料、空管定置摆放 | |
| | 4 | | 运行表单填写数据准确、易识别 | |
| | 5 | 物料区 | 物料摆放整齐，无混放或错放，不压线越线 | |
| 每月清扫 | 6 | 办公区 | 物品摆放整齐、无灰尘、材料及垃圾 | |
| | 7 | 消防区域 | 区域内无杂物或生产用物品堆放 | |
| | 8 | 饮水机 | 定置摆放，无污迹、余水接收盒无积垢 | |
| 半年度清扫 | 9 | 车间看板 | 整洁、无乱写乱画、信息更新及时 | |
| | 10 | 搬运工具 | 使用状态良好、无破损、污迹等 | |

续表

| 清扫周期 | 序号 | 清扫位置 | 清扫基准 | 清扫日期 1 | 2 | 3 | 4 | 5 | 6 | 7 | 8 | 9 | 10 | 11 | 12 | 13 | 14 | 15 | 16 | 17 | 18 | 19 | 20 | 21 | 22 | 23 | 24 | 25 | 26 | 27 | 28 | 29 | 30 | 31 |
|---|---|---|---|---|---|---|---|---|---|---|---|---|---|---|---|---|---|---|---|---|---|---|---|---|---|---|---|---|---|---|---|---|---|---|
| 交班随时清扫 | 11 | 清扫工具 | 工具划区定位，垃圾和包装材料统一归置 | | | | | | | | | | | | | | | | | | | | | | | | | | | | | | | | |
| | 12 | 机修房 | 物品分类摆放，标识清晰无损，无多余物 | | | | | | | | | | | | | | | | | | | | | | | | | | | | | | | | |
| | 13 | 洗用间 | 无污水、积油、垃圾、物品摆放整齐 | | | | | | | | | | | | | | | | | | | | | | | | | | | | | | | | |
| | 14 | 个人物品区 | 统一分类摆放，无积水、垃圾、不随意悬挂 | | | | | | | | | | | | | | | | | | | | | | | | | | | | | | | | |
| 每月清扫 | 15 | 标识牌 | 整齐，无污渍，模糊或破损 | | | | | | | | | | | | | | | | | | | | | | | | | | | | | | | | |
| | 16 | 墙面 | 无灰尘、涂鸦、脚印、墙角无蜘蛛网 | | | | | | | | | | | | | | | | | | | | | | | | | | | | | | | | |
| | 17 | 窗户 | 玻璃无污迹、窗台上无杂物，窗帘收挂整齐 | | | | | | | | | | | | | | | | | | | | | | | | | | | | | | | | |
| | 18 | 消防设施 | 定期检查有效性，必要时更换 | | | | | | | | | | | | | | | | | | | | | | | | | | | | | | | | |
| 半年度清扫 | 19 | 电路 | 标识清晰，表面无污损，安装牢固、安全 | | | | | | | | | | | | | | | | | | | | | | | | | | | | | | | | |
| | 20 | 设备部件 | 功能完善，无破损或带伤运行状况 | | | | | | | | | | | | | | | | | | | | | | | | | | | | | | | | |

表 6-4　倍捻车间络丝机清扫基准书

| 清扫周期 | 序号 | 清扫项目 | 清扫工具 | 清扫基准 | 清扫日期 | | | | | | | | | | |
|---|---|---|---|---|---|---|---|---|---|---|---|---|---|---|---|
| | | | | | 1 | 2 | 3 | 4 | 5 | 6 | 7 | … | 29 | 30 | 31 |
| 随时清扫 | 1 | 纱库周围 | 毛扫 | 无积花、回丝 | | | | | | | | | | | |
| | 2 | 管纱小车板面 | 毛扫 | 无积花、回丝 | | | | | | | | | | | |
| | 3 | 输送带两侧的铁板 | 毛扫 | 无积花 | | | | | | | | | | | |
| | 4 | 输送带回花、回丝 | 毛扫、手 | 无积花、回丝 | | | | | | | | | | | |
| | 5 | 停开的机台 | 布、水 | 全面清洗干净 | | | | | | | | | | | |
| | 6 | 络纱导板 | 手套 | 无积花 | | | | | | | | | | | |
| | 7 | 筒子架底板面 | 毛扫 | 无积花 | | | | | | | | | | | |
| 交班清扫 | 8 | 机后清纱器气管周围 | 毛扫、竹签 | 无挂花、绕花 | | | | | | | | | | | |
| | 9 | 流动风机及轨道 | 竹签 | 无积花、回丝 | | | | | | | | | | | |
| | 10 | 细纱果纱锭脚 | 毛扫、竹签 | 无积花、回丝 | | | | | | | | | | | |
| | 11 | 机底、机后 | 扫把 | 无积花、整点清理 | | | | | | | | | | | |
| | 12 | 机头、吸风箱 | 纱扫、手 | 无积花 | | | | | | | | | | | |
| 每月清扫 | 13 | 机脚 | 钩刀、竹签 | 无积花、回丝 | | | | | | | | | | | |
| | 14 | 气管 | 手 | 随时做、无挂花 | | | | | | | | | | | |
| | 15 | 地面 | 扫把 | 保持干净 | | | | | | | | | | | |
| | 16 | 所有机台 | 先用气管，后用竹签 | 无积花、回丝 | | | | | | | | | | | |
| 半年度清扫 | 17 | 主电机上叶轮 | 纱扫、手 | 无回丝 | | | | | | | | | | | |
| | 18 | 吸风叶轮 | 纱扫、手 | 无回丝 | | | | | | | | | | | |
| | 19 | 吸吹风机 | 纱扫、手 | 无积花 | | | | | | | | | | | |

续表

| 清扫周期 | | 序号 | 清扫项目 | 清扫工具 | 清扫基准 | 清扫日期 | | | | | | | | | | |
|---|---|---|---|---|---|---|---|---|---|---|---|---|---|---|---|---|
| | | | | | | 1 | 2 | 3 | 4 | 5 | 6 | 7 | ... | 29 | 30 | 31 |
| 交班清扫 | 随时清扫 | 20 | 剪刀 | 加润滑剂 | 滑动正常 | | | | | | | | | | | |
| | | 21 | 机尾过滤器 | 放水 | 滑动正常 | | | | | | | | | | | |
| | | 22 | 支臂心轴 | 加油 | 滑动正常 | | | | | | | | | | | |
| | | 23 | 捻结器、退捻器 | 气管 | 保持清洁，无油污 | | | | | | | | | | | |
| | | 24 | 捻结腔、腔盖及压簧 | 气管 | 保持清洁，无油污 | | | | | | | | | | | |
| | | 25 | 所有电器设备 | 纱扫、手 | 无飞花 | | | | | | | | | | | |
| 每月清扫 | | 26 | 电清探头 | 纱扫、手 | 内部无飞花 | | | | | | | | | | | |
| | | 27 | 槽口和刀片 | 纱扫、手 | 检查完好 | | | | | | | | | | | |
| | | 28 | 张力架 | 湿布、手 | 活塞滑动自如 | | | | | | | | | | | |
| | | 29 | 所有单锭 | 压缩空气 | 干净，无污染 | | | | | | | | | | | |
| | | 30 | 光栅盘槽筒皮带张力 | 用手调整 | 张力适当 | | | | | | | | | | | |
| 半年度清扫 | | 31 | 连杆、分气阀、凸轮组 | 简单清洁，更换 | 运作正常 | | | | | | | | | | | |
| | | 32 | 单锭链条 | 清洁，加机油 | 松紧适宜，润滑自如 | | | | | | | | | | | |
| | | 33 | 所有组件 | 纱扫、湿布、手 | 无飞花，无机油 | | | | | | | | | | | |
| | | 34 | 所有电机 | 汽油清洗、加机油 | 电机运转正常 | | | | | | | | | | | |
| | | 35 | 机尾过滤器 | 洗衣粉水 | 干净，无杂质 | | | | | | | | | | | |

表 6-5  设备保养基准书

| 1. 设备名称：倍捻机 | | 2. 保养基准 |
|---|---|---|
|  |  | 1）机尾卫生：无灰尘，无油污，无废丝等杂物<br>2）线路安全：确保线路安全，各电器开关使用完好<br>3）电机运转：内部轴承无异响、振动，机表温度不超过 85℃<br>4）机头卫生：油盘无大量油污，机架无废丝<br>5）机架稳定：螺栓、螺帽无松动<br>6）齿轮运转：齿轮间隙 2～3 毫米，转动铜套齿轮轴承运转正常<br>7）传动轴：内部十字块无大磨损，外部安全护罩无缺少<br>8）龙带：张力正常，无油污撕伤，且运行状况平稳<br>9）张紧轮：内部轴承无损坏，外部胶轮无破损<br>10）锭子：转动无异响振动，锭管无发热缺油，无废丝缠绕<br>11）摩擦辊罗拉轴承：无废丝缠绕，轴承运转正常 |
| | | **3. 变更记录** |
| | | 变更项目及内容　　　变更人及日期 |
| | | |
| 制表 | 审核 | 批准 |

# 6.2  清扫的行动方案

6S 推行小组应明确企业、车间和仓库的清扫行动方案，有针对性地指导各部门开展清扫工作。

## 6.2.1  清扫的步骤

经过整理、整顿活动后，须开展清扫活动，清除垃圾、灰尘和油污，使生产作业现场整洁干净。清扫的步骤如图 6-1 所示。

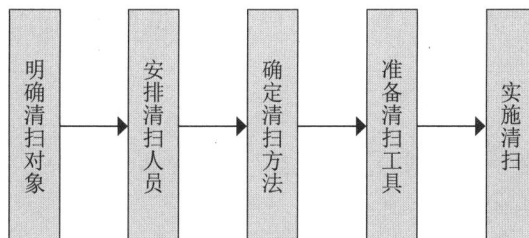

明确清扫对象 → 安排清扫人员 → 确定清扫方法 → 准备清扫工具 → 实施清扫

图 6-1  清扫的步骤

### 1. 明确清扫对象

清扫的对象是指清扫活动的实施对象，主要包括生产现场的空间、机台、物品、污染源等。

### 2. 安排清扫人员

生产现场的清扫活动可以实行区域责任制。区域责任制是指将生产现场分为若干区域，安排各区域的清扫人员，实行各区域责任到人的制度。实行区域责任制，可以激励各区域做好监督、自查工作，确保各区域内的清扫活动有序进行，创造干净、舒适的工作环境。

### 3. 确定清扫方法

清扫工作内涵丰富，不仅要将看到的污渍、脏污清扫掉，而且还要能感知到存在的一些问题，及早将问题处理掉。清扫对象不同，清扫的方法也不一样。具体来说，针对各清扫对象可采取的清扫方法及注意要点如下。

1）光亮战

光亮战，也被称为干净清扫，需要每日进行，主要用抹布、拖布、扫把进行清扫、擦拭。

2）检查渗透于清扫

清扫活动和检查相结合，以进一步深化清扫活动，尽早发现清扫中的问题，防患于未然。

3）及时维护

顾名思义，即对清扫检查中发现的问题，立即进行整改、维修，必要时进行改善，避免问题再次发生。

4）掌握看、听、嗅、摸点检要领

清扫中要掌握以下看、听、嗅、摸的要领：

➤ 看。用眼睛仔细观察，观察是否有缺陷、脏污，如设备漏油、变形、磨损、生锈、发霉、偏移、倾斜等。

➤ 听。用耳朵听设备设施是否有杂音等。

➤ 嗅。鼻子分辨异味等。

➤ 摸。用手触摸是否有灰尘或温度异常、振动异常等。

5）按照清扫基准逐项清扫和检查

清扫活动要严格按照清扫基准规定的时间、内容和要求进行，确保清扫项目无遗漏、清扫效果良好。

### 4. 准备清扫工具

不同的清扫方法需要使用不同的清扫工具，如表6-6所示。

准备清扫工具时应当注意以下几点。

➤ 各类工具的数量应当满足各区域清扫的要求，不宜过多或过少。

➤ 清扫工具应统一摆放。

表 6-6   清扫工具

| 清扫方法 | 使用工具 |
| --- | --- |
| 擦去灰尘 | 干抹布、湿抹布 |
| 清扫地面 | 扫把、拖把、垃圾篓 |
| 清除油渍、锈斑等脏污 | 抹布、砂纸、清洁剂、去污粉等 |
| 重新刷漆 | 油漆、刷子 |

### 5. 实施清扫

准备工作完成之后，就可以实施清扫了。需要注意的是，清扫活动要有既定的清扫路线和清扫点检位，以确保清扫安全且没有遗漏的地方。设备点检路线场景如图 6-2 所示。

图 6-2   设备点检路线场景

## 6.2.2   清扫的责任人及分工

清扫活动并非哪个部门、哪个班组或哪个人的事情，而是全员齐参与的事。现场人员要自己动手清扫，把各自区域内所有看得见或隐藏的垃圾、灰尘全部清除掉，从而营造一个整洁的工作环境。

### 1. 清扫区域划分

清扫区域划分主要针对公共区域。公共区域包括通道、走廊、作业区域、物料放置场所等，对这些区域进行清扫前必须确定责任人并明确分工，否则人们会认为不是自己的责任而不去清扫。公共区域清扫应首先划分区域，然后分配给相关责任人。冲床车间清扫分区图如图 6-3 所示。

清扫区域的划分应依据现场的实际区域进行，并标注较明显的附着物，如设备等。

### 2. 制作区域责任表

6S 推行人员对区域进行分区后，制作具体的区域责任表。冲床车间清扫责任表如表 6-7 所示。

清扫责任表应能够让人一眼就看出清扫区域和完成时间等内容；同时清扫责任表还应体现管理闭环，即责任人完成清扫工作后，进行自我确认。

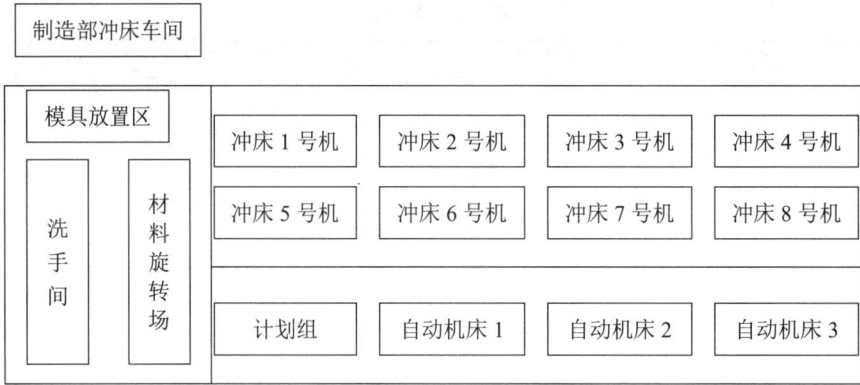

图 6-3　冲床车间清扫分区图

表 6-7　冲床车间清扫责任

| 区域 | 责任人 | 执行确认（5 月） | | | | | | | | | | |
|---|---|---|---|---|---|---|---|---|---|---|---|---|
| | | 1 | 2 | 3 | 4 | 5 | 6 | 7 | 8 | 9 | 10 | … |
| 模具放置区 | A 班 | | | | | | | | | | | |
| 洗手间 | B 班 | | | | | | | | | | | |
| 材料旋转场 | C 班 | | | | | | | | | | | |
| 冲床 1、2 号机 | D 班 | | | | | | | | | | | |
| 冲床 3、4 号机 | E 班 | | | | | | | | | | | |
| 说明：完成后打“√” | | | | | | | | | | | | |

### 3. 制作责任看板

制作责任看板，有助于实现自主管理，提升全员 6S 管理意识。某企业生产部清扫责任看板如图 6-4 所示。

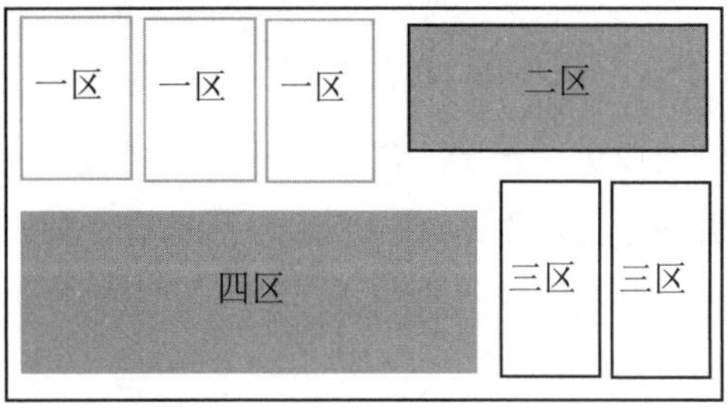


| 部门：生产部 | 主管：××× | |
|---|---|---|
| 责任区域 | 责任人 | 清扫频率 |
| 一区 | ××× | 班次：______<br>□每日　□定期时间______ |
| 二区 | ××× | 班次：______<br>□每日　□定期时间______ |
| 三区 | ××× | 班次：______<br>□每日　□定期时间______ |
| 四区 | ××× | 班次：______<br>□每日　□定期时间______ |

图 6-4　某企业生产部清扫责任看板

清扫的责任及分工应建立在现有的区域划分基础上，以保证清扫的可行性。总之，通过规范、可视化等手段可以促进清扫活动的完成和质量提升。

### 4. 设备清扫由专人负责

设备专人负责制是指为生产现场的每一台机器设备都确定一名责任人，由责任人负责该机器设备的清洁、保养和维护工作。同时，在机器设备的标识牌上注明责任人的姓名和联系方式，便于发生问题时及时找到责任人进行解决。

设备专人负责制确保了每台机器都有专门的责任人进行保养和维护，从而保障了机器设备的正常运行和生产活动的正常开展。

实施清扫一方面可以打造干净明亮的工作环境，保持良好的工作氛围；另一方面可以减少脏污对产品品质的影响，提高设备性能。

### 6.2.3　备齐得心应手的清扫工具

清扫中应有得心应手的清扫工具，以确保清扫的效果。准备清扫工具，应满足以下几个要求。

### 1. 适用：工具使用得心应手

所准备的工具必须是针对清扫对象的，并且必须是合适的，可用于清扫活动，在使用中得心应手。同时清扫工具也必须完好无损，破损的工具既不符合整顿的要求，亦不能进行彻底的清扫。

在清扫活动中，6S 推行人员应积极鼓励现场人员开发清扫工具，以适应不同的清扫环境和对象。清扫工具开发如表 6-8 所示。

表 6-8　清扫工具开发（示例）

| 工具开发人 | 工具图片 | 工具说明 |
| --- | --- | --- |
| ×××  | | 开发小组：×××<br>工具名称：长柄夹<br>清扫区域：机器下方、死角<br>功能说明：用于机器下方死角不易清理的地方，把垃圾夹起<br>制作日期：2021/3/5 |
| 使用前 | 使用中 | 使用后 |
| | | |
| 机器下方的垃圾够不着 | 使用长柄夹夹起 | 隐藏的垃圾被清扫干净 |

"工欲善其事，必先利其器。"这些看似很普通的清扫工具，却在 6S 推行中起着很大的作用。

### 2. 适量：工具的数量符合需求

6S 推行人员应依据清扫区域、对象准备充足而适量的清扫工具，用以清扫又多又琐碎的清扫对象。

（1）以车间、部门为单位确定清扫工具数量。此类工具应按单位至少准备两套，如拖布等。

（2）以班组为单位确定清扫工具数量。此类工具应面向班组作业内容，以及班组作业区域，需要至少准备一套工具，如班组作业设备作业时所产生的废料等。

（3）以个人操作内容来确定清扫工具数量。此类工具应面向作业员独立操作的设备、作业台，以及他们的周围。确保清扫工具人手一套，以便随时清扫。

在此基础上，6S 推行人员可以根据实际情况进行补充。

### 3. 适时：随时取用，用完归位

清扫工具应符合整顿的要求，用时随时拿取，用后快速准确放归原位。清扫工具定置如图 6-5 所示。

图 6-5　清扫工具定置

对清扫工具进行定置，一般选择悬挂的方式，并有清晰的标识，方便清扫人员拿取、使用和归位。悬挂放置可以节约空间，改善清扫工具及场所的卫生状况。

### 6.2.4　清扫活动的检查与指导

6S 推行人员要定期检查各区域清扫成果。

（1）检查频率。依据 6S 推行时间段明确检查频率。初期每天都应检查，中后期按周、月进行检查。

（2）检查原则。一域一查：每个区域都要检查一次。一机一表：每台设备都要有一张检查表。

（3）固定检查路线。每个区域都要有固定的检查路线，以提高检查效率。

（4）检查工具。检查工具有白手套、手电筒、照相机。白手套用来抹灰尘，手电筒用来照设备和物料箱的灰尘、油污，照相机用来拍实物照片。

（5）检查纪律。检查要细致和严谨，不放过任何一个问题。

检查过程中随时记录问题并指出问题所在。检查完成后及时总结和反馈。清扫活动现场巡查表如表 6-9 所示。

表 6-9　清扫活动现场巡查

| 观察区域 | | 观察日期 | | | |
|---|---|---|---|---|---|
| 观察人 1 | | 陪同人员 1 | | 联系方式 | |
| 观察人 2 | | 陪同人员 2 | | 联系方式 | |
| 观察人 3 | | 陪同人员 3 | | 联系方式 | |
| 问题属性序号 | 人：1. 工作服不整<br>机：2. 跑、冒、滴、漏<br>料：3. 堆放杂乱；4. 线上物料堆积；5. 污染<br>法：6. 看板脏污；7. 看板发生位移；8. 标识破损<br>环：9. 杂物；10. 垃圾；11. 湿度超标；12. 灰尘<br>测：13. 工器具脏污 | | | | |
| 序号 | 细化区域 | 问题描述 | | 问题属性 | 初步建议 |
| | | | | | |
| | | | | | |
| | | | | | |
| | | | | | |
| | | | | | |
| | | | | | |
| | | | | | |

注：请将问题的相应属性序号填于表格中。

# 6.3　清扫的工具与策略

清扫的工具与策略包括定点摄影、洗澡活动、5WHY 法和目视化管理，企业还可以在长期的 6S 活动中总结好的清扫策略。

## 6.3.1　定点摄影

定点摄影的意义在于让人们亲眼见证改善前后实实在在的效果。

**1. 概述**

定点摄影是在现场发现问题后，从某个固定的角度对现场摄影并备案，在完成改善后，再次从同一角度摄影，与之前的对比，以跟进和解决问题的一种方法。

**2. 适用场合**

➢ 各部门整理初期，急需看到改善效果时。

➢ 开展 6S 活动，作为 6S 推行工具时。

➢ 记录各部门 6S 各阶段活动的成果时。

**3. 实施步骤**

定点摄影一般分为 4 个阶段，具体如下。

1）选取拍摄角度

选取合适角度对问题点进行拍照，并详细记录拍照的位置和时间，所拍照片取名为"照片组 1"。拍照时应注意下列问题：

➢ 改善前后两次拍照要站在同一位置。

➢ 拍摄时的方向、角度要一致。

➢ 拍摄时焦距要相同。

➢ 尽量采用彩色照片，更加清楚、真实。

➢ 照片上要标注日期。

也就是说，前后两张照片的不同点只是用来反映改善效果的。为了便于对两张照片比较，可以将照片贴在宣传栏里展示，并做相应的文字描述。定点摄影角度如图 6-6 所示。

注：用同一相机在同一高度、同一地点、同一方向对同一对象进行拍摄

**图 6-6　定点摄影角度**

2）初次拍摄照片公布

将"照片组 1"公布，同时标明问题点的所在部门、负责人姓名、违反了哪些 6S 规定和拍照时间等，并敦促问题点的责任部门和责任人进行整改。

3）二次取像

在问题点得到改善后，根据记录的取像位置，在同一位置进行二次取像，同时详细记录二次取像的位置和时间。二次取像的照片取名为"照片组 2"。

4）公布改善前后照片

将"照片组 1"和"照片组 2"的照片一一对应在公布栏进行对比展示，同时表彰问题点改善得力的班组和个人。

定点摄影通过两次在同一位置对同一场景进行拍照，用照片的形式展示改善效果，既简单直观，又有说服力。

4. 示例

定点摄影通过前后两次现场情况的照片比照和不同部门的横向比较，促使各部门整改，有效改善生产现场的脏乱差现象。定点摄影示例如图 6-7 所示。

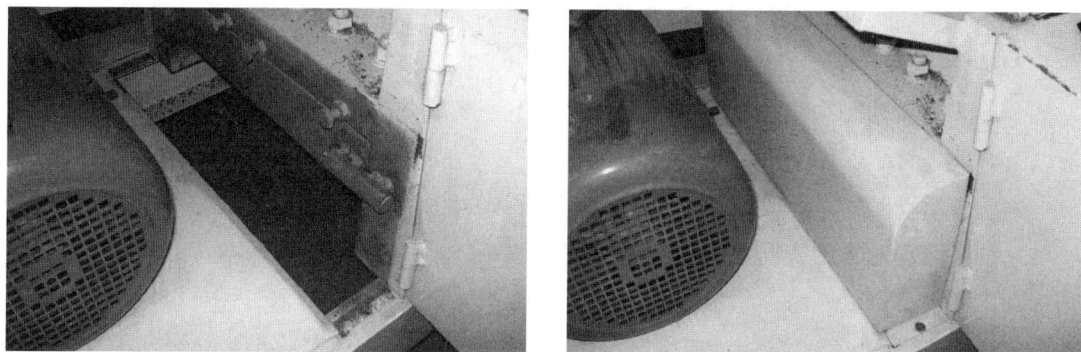

清扫前：设备盖板生锈脱落　　　　　　清扫后：配置盖板，重新刷漆

图 6-7　发电机设备清扫前后

5. 注意事项

在 6S 推行中，采用定点摄影可以极大地推进 6S 活动的开展。定点摄影时应注意以下事项：

➤ 定点摄影应在 6S 活动开展初期就进行，以直观的方式，督促作业人员不断进行改善。

➤ 定点摄影应伴随整个 6S 推进过程。凡涉及效果对比、成果展示的都离不开定点摄影。

➤ 定点摄影应由固定且专业的人员执行，2 ～ 3 名，以保证摄影的专业性。

### 6.3.2　洗澡活动

开展洗澡活动可使混乱的生产作业现场迅速发生巨大转变，为推行 6S 活动造势，同时为整理的深化奠定基础。

1. 概述

在清扫阶段初期，组织全体员工对混乱的生产作业现场进行大扫除和清理，对年久失修的墙壁、门窗、地板和天花板进行维修和翻新，对油污严重、锈迹斑斑的机械设备表面进行清洗，对卫生死角进行清扫，使整个生产作业现场焕然一新，恢复原来的新"面貌"，故称之为"洗澡活动"。

2. 适用场合

➤ 现场设备、设施、车辆、工具轻微凹陷、表面油脱落时。

➤ 现场设备、设施、车辆、工具长期存在油污、锈迹时。

➢ 现场设备、设施、车辆、工具长时间运转导致固件松动、脱落时。

### 3. 实施步骤

对生产作业现场开展洗澡活动，须按一定的程序进行。洗澡活动步骤如下所述。

1）确定洗澡活动时机

通常，洗澡活动在 6S 推行初期进行，被视为"清扫"的得力工具，推荐在以下几个时间段开展：

➢ 6S 推行宣传活动阶段。推行人员身体力行，以提高员工的积极性。

➢ 6S 推行的清扫阶段。通过洗澡活动，改善环境，为后续工作奠定基础。

➢ 6S 推行的专项活动阶段。6S 专项活动开展时，洗澡活动可以配合改善现场环境。

2）确定洗澡活动计划

开展洗澡活动必须按执行计划，避免清扫不彻底或效果不佳等现象。洗澡活动计划包括以下 7 个方面：

➢ 洗澡活动时间。一般在生产空闲时间进行，尽量避开生产作业繁忙期。

➢ 洗澡活动对象。依据价值、使用频率确定。

➢ 参与人员。以班组为单位，成立清扫小组。

➢ 区域 / 任务分工。划分责任区域，指定专人负责。

➢ 工具。依据洗澡活动的对象，选择合适的清扫、修缮工具。

➢ 指导。明确洗澡活动的指导人，一般为 6S 督导员。

➢ 检查。明确检查项目，以便对洗澡活动效果进行评价。

3）明确洗澡活动方法

为了让人们更清晰地了解洗澡活动的对象、常见问题、处理方法等，以更好地运用这一工具，笔者将本人在咨询过程中经常遇到的问题进行总结，以供大家参考，如表 6-10 所示。

表 6-10　洗澡活动常见问题

| 对象 | 常见问题 | 处理方法 |
| --- | --- | --- |
| 地面 | 地面存在油污 | 专项清理 |
|  | 地面死角灰尘积累 | 及时清扫、清洗，开展寻宝活动 |
|  | 出现纸屑、散落的零件 | 马上清理，划分责任区域 |
| 设备 | 设备上累积油污 | 定期清理 |
|  | 设备上有灰尘 | 班后清除 |
|  | 设备表面受到腐蚀 | 组织专家进行修补 |
| 门窗 | 玻璃上灰尘堆积 | 彻底清洗 |
|  | 门体布满污渍 | 组织人员清理 |
|  | 油漆剥落 | 通知后勤修缮 |
| 异味 | 现场经常有各种异味 | 定时通风，设置排风设施 |

### 4. 示例

设备洗澡活动前后对比如图 6-8 所示。

洗澡活动前：机械设备盖板缺失，积满灰尘　　　　　　洗澡活动后：机械设备焕然一新

图 6-8 设备洗澡活动前后比较

### 5. 注意事项

现场设备、设施、工具、车辆是否运行良好关系到产品质量、作业安全及作业效率。在进行洗澡活动时，应注意以下内容。

1）重点关注设备的洗澡活动

对设备展开洗澡活动是重点工作内容，应按以下要求处理：

➤ 对设备进行洗澡活动时，要对容易发生漏气、漏水等部位仔细检查。

➤ 检查设备操作表面是否有污垢、磨损，或不该放置的异物。

➤ 对设备的旋转部分、连接部分、操作部分要重点检查，看是否有松动或磨损等隐患，同时在检查中还要确保员工的安全。

➤ 对设备进行洗澡活动时，不仅要清洗设备本身，其附属设备和设施也要经常清洗。

2）杜绝设备"污染源"

很多时候我们处理现有问题时只注重表面，导致问题一再发生。设备经常受到污染，我们不仅要清理，还要试图找到污染源，以杜绝此类情况再次发生。对于活动中发现的问题要及时处理，并做到以下几点：

➤ 对容易生锈的部位要予以保护，防止设备损坏。

➤ 老化或损坏的设备零件要及时更换。

➤ 增设必要的安全装置。

### 6.3.3 用 5WHY 法定位和消除污染源

在 6S 推行中，经常会遇到这样的情况：即使反复进行清扫，但过不了多久依然恢复原样。这时，可以考虑使用 5WHY 法找到问题发生的根源，并及时消除。

### 1. 概述

5WHY 分析法源于日本的丰田公司，是一种诊断性技术，通过连续提问 5 个为什么（why），识别和说明因果关系链，从而帮助人们找到问题的根源。笔者这里通过一个事例来帮助大家直观地了解 5WHY 法。

丰田生产方式创始人大野耐一先生在车间视察时，发现一台机器没有运转，他连续问了操作工人 5 个为什么，工人对问题进行了回答，最终找到了问题的根源所在。

问："机器为什么停了？"

答："因为超负荷运转，保险丝断了。"

问："为什么会超负荷？"

答："因为轴承润滑不充分。"

问："为什么润滑会不充分？"

答："因为润滑泵吸不上油。"

问："为什么吸不上油？"

答："因为油泵轴松动了。"

问："为什么会松动呢？"

答："因为有铁屑进入过滤器了。"

连续 5 个 "为什么"，让问题的根源暴露出来并可以得到迅速解决。

5WHY 法是一种简单而又实用的工具，经过训练任何人都可以掌握。

### 2. 污染源处理步骤

消除污染源应按照一定的步骤循序渐进。污染源消除步骤如表 6-11 所示。

表6-11 污染源消除步骤

| 步骤 | 责任单位 | 说明 |
|---|---|---|
| 确定污染源 | 班组 | 确定污染来自哪里，具体可通过 5WHY 法就现场污染问题进行分析，最终找到污染源 |
| 确定污染途径 | 班组 | 观察并通过 5WHY 法分析污染扩散的途径，例如，作业现场废屑满地都是，是什么原因造成的，都要分析清楚，这有助于消除污染以及控制污染源 |
| 制定对策并解决 | 班组 | 开展头脑风暴活动、改善提案活动，积极寻找对策，并实施改善措施 |

消除污染源应以班组为单位，这是因为班组是 6S 推行活动最终落脚点。班组通过消除污染源活动，可以极大地提升 6S 清扫效果。

### 3. 示例

笔者在咨询中经常发现工厂车间、作业设备周围废屑满地。现以某企业研磨车间为例说明如何定位和消除这一污染源。

问：为什么地面到处都是废屑？

答：是从研磨车间带来的。

问：为什么？

答：是研磨车间的拖车轱辘带来的。

问：为什么？

答：车间作业产生的废屑撒落到地面，被路过的拖车沾上，并带出来。

问：为什么废屑会撒落？

答：锉刀研磨物体时掉落在作业台周围。

通过不断发问，确认了废屑的传播途径以及来源。接下来就此进行改善，一是在传播途径上进行改善，二是在污染源上改进。研磨车间作业台废屑污染改进后的效果如图 6-9 所示。

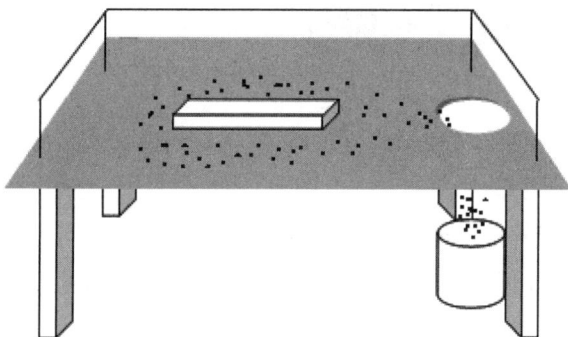

图 6-9  研磨车间作业台废屑污染改进后的效果

作业台四周用透明的挡板围起来，并在侧面开孔，作业产生的废屑通过该孔进入废屑箱。6S 推行人员还可借助目视化管理控制污染源。

### 6.3.4  借助目视化管理控制污染源

目视化管理是通过视觉促使人的意识发生变化的一种管理方法，在现场管理中不借助工具即可实施有效管理。例如，交通用的红绿灯，红灯停，绿灯行，用以控制无序通行和交通隐患。通过目视化，问题点和浪费现象更容易暴露出来，以便消除各类隐患和浪费。

#### 1. 适用场合

需要指出的是，目视化只是控制污染源的方法之一。用目视化控制污染源主要适用于以下两个场景：

➢ 物料、废料、垃圾的放置与回收。

➢ 禁止类、标识类的场所、设备和行为。

借助目视化管理消除污染源，我们还需要明白目视化管理的两个原则：一是视觉化，用标识和色彩进行管理；二是透明化，将需要看到的被遮掩的地方显露出来。笔者这里提供几种用视觉化处理污染源的方法。

#### 2. 使用方法

1）用颜色与标识管理设备污染源

设备保养时需要按照点检标准和方法去实施，将这些标准和方法目视化，可以提高点检人员操作的准确性。设备注油目视化管理场景如图 6-10 所示。

注油卡　注油卡　注油卡　注油卡

1. 标示内容：序号、油类、注油周期
2. 底色区分：每日检查为橙色，每周检查为绿色，每月检查为蓝色，每半年检查为紫色
3. 目的：给设备运动部位定期、准确注油，以减少磨损，防止设备劣化，达到延长设备寿命的目的

图6-10　设备注油目视化管理

点检人员依据注油卡的颜色注油，可以有效防止机油过量溢出或忘记注油给设备带来损伤等问题。

**2）用标识法管理废弃物污染源**

作业中废弃物是造成污染的一个重要源头，我们时常可以看到废弃物随意丢放的情况。对于废弃物应依据种类，进行隔离放置，一则避免好坏混装，二则符合分类处理的原则。废弃物隔离放置如图 6-11 所示。

图6-11　废弃物隔离放置

不同规格型号的废弃物要分类放置，防止混放，同时建议对废品区的物品要及时进行处理，以免成为新的污染源。

**3. 用警示线、警示标识控制污染源**

现场有许多容易产生污染的地方和行为，如吸烟、设备设施孔道被堵等。对于这类污染现象，应用警示线、警示标识提醒现场人员注意。电子间通风孔防阻塞线如图6-12所示。

此外，6S 推行人员还可以在现场悬挂或张贴禁止类标识，如"禁止吸烟""禁止丢弃垃圾"等，以杜绝因人的不良行为而导致的污染。

图 6-12　电子间通风孔防阻塞线

### 4. 将物料三定以消除污染源

在作业过程中，有一些物品使用后暂时不用，可能会随意被堆积或丢弃。这些物品使用后应及时分类回收。手套回收三定管理场景如图 6-13 所示。

注：3 个回收箱依次为：线手套回收箱、防静电手套回收箱、棉手套回收箱。

图 6-13　手套回收三定管理场景

手套回收箱分类并抬高定置，有助于周围地面清扫和卫生维持；用图文标示，确保作业人员按指引将手套归放到相应的箱子中。

消除污染源是清扫活动的一个重要的目的，6S 推行人员应鼓励全员参与，从整理、整顿和清扫全方位实施。

# 第7章
# 6S 推行 4：清洁活动指南

就清洁的本质而言，它旨在通过建立一个避免多余物品、不必返还、避免污染的机制，长期维持 3S 工作成果。

## 7.1　清洁的内涵

开展整理、整顿和清扫（3S）活动后，还需要开展清洁活动，以维持 3S 工作成果，使工作现场的环境保持最佳状态。

### 7.1.1　清洁的定义

清洁是维护整理、整顿和清扫的工作成果，将其标准化、持久化和制度化的过程，也可称为规范化。

1.清洁的内涵

做好清洁工作，需要理解清洁的内涵。首先要认清清洁不是把某地、某物打扫干净，打扫干净只是清扫。其次要有追根溯源的精神，例如，我们天天工作后整理桌面的凌乱文件，是否想过为什么会凌乱，为什么要不断整理？如果抱有这样的怀疑精神，就接近清洁的内涵了。清洁的内涵究竟是什么？我们来看一个例子。

疑问：为什么每天工作后要整理桌面办公文件呢？

答：因为有太多的垃圾文件。

疑问：为什么会产生这么多垃圾文件？

答：因为为了保证报告能通过，多准备几份预案。

当我们搞清楚为什么会产生很多垃圾文件，并就此采取措施进行规避，那么，桌面就整洁了，就不需要整理了。

由此可以看出，清洁的内涵就是不需要整理也整洁；不需要整顿也井然有序；不需要清扫也干净。

### 2. 清洁的目的

➤ 维持之前 3S 的成果，使 6S 活动成为惯例和制度。

➤ 为标准化奠定基础。

➤ 形成企业文化，提升企业形象。

### 3. 清洁的作用

➤ 维持作用。维持整理、整顿和清扫后取得的良好成绩，并使之成为全员必须严格遵守的固定制度，以维持安全的工作环境。

➤ 改善作用。持续改善已取得的成绩，达到更好的效果。

➤ 美化作用。美化工作场所。

➤ 宣传作用。创造明朗、整洁的工作现场，增加客户好感。

开展清洁活动时，不能简单地将清扫干净当作清洁活动。清洁不但要求将生产现场清扫干净，还要求保持现场没有多余的物品，且物品摆放整齐，标识清楚，即保持之前 3S 活动的工作成果。

### 7.1.2　清洁的范围和内容

清洁的范围包括整理、整顿和清扫检查。清洁的内容十分广泛，广义上包括现场的所有对象。清洁范围说明如表 7-1 所示。

表 7-1　清洁范围说明

| 范围 | | 内容 | 方法 |
|---|---|---|---|
| 3S | 生产区 | • 地面上的杂物、无用的包装袋等<br>• 机台上过期的作业指导书、操作流程等<br>• 现场不再使用的机器设备<br>• 工具箱、工具架上不再使用的工具<br>• 物料放置区不再使用的废料、废品等<br>• 未按照行迹管理要求放置的工夹具和零件<br>• 现场的油漆等（无必要重新刷漆）<br>• 通道不畅通，空间利用不充分 | 3S 程度确认表<br>3S 检查表<br>寻宝活动<br>3U 法<br>3S 管理规范 |
| | 仓库 | • 过期的库存品、不良物料<br>• 损坏的搬运工具和设备<br>• 账、卡、物不一致的物品<br>• 需要定位、标识的各类物品<br>• 混乱的行走通道、各个储存区域 | |
| | 办公区 | • 地面上的杂物、墙面上的过期张贴物<br>• 办公桌上与工作无关的私人物品<br>• 办公桌、文件柜中过期的文件、图表等<br>• 办公区需要定置标识的物品、文件 | |
| | 公共区域 | • 废弃的标示牌、枯萎的花草树木<br>• 各类模糊的标识牌、区域线等<br>• 消防设施和安全设施失效、不完备<br>• 需要维持的公共卫生和需要保护的公共设施 | |
| | 人员 | • 工作服整洁，劳保用品佩戴齐全<br>• 仪容仪表整洁 | |

清洁的对象应全面。有些企业在开展清洁活动的过程中，对象仅限于生产现场的各类材料、机械设备等实物，而忽略了员工着装及精神的"清洁"，这是很片面的。实际上，这些也属于清洁的对象。

### 7.1.3　清洁的标准：实现 3S 预防

工具的摆放乱了，马上摆放整齐；地板脏了，马上擦干净。这是清洁的基本要求。但在实际工作中大家会发现用不了多久工具就又乱了，地板又脏了，不得不再次整理、整顿。如何改变这种状态？这就需要做好 3S 预防，这是清洁的关键。清洁前后对比如图 7-1 所示。

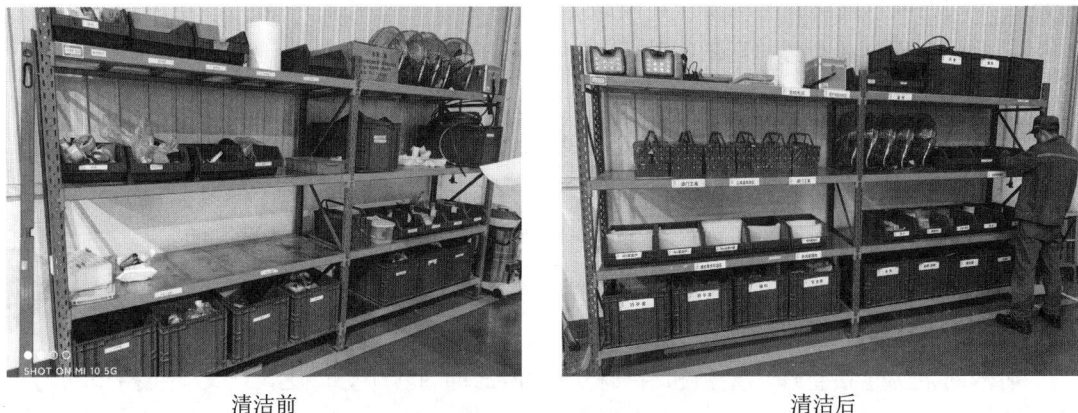

清洁前　　　　　　　　　　　　　　　清洁后

图 7-1　清洁前后对比

清洁前，货架区虽做了 3S 管理，但能看出部分标签缺失、易损，且左侧二层货架上物品放置凌乱。清洁后，工具及物料分类统一放置，零散的物料配置物料筐，避免呈散乱的状态；标签壳使用透明塑料板制作，右侧开口，标签使用纸质材料制作，使用时插入标签壳。

3S 预防与实现清洁的标准如图 7-2 所示。

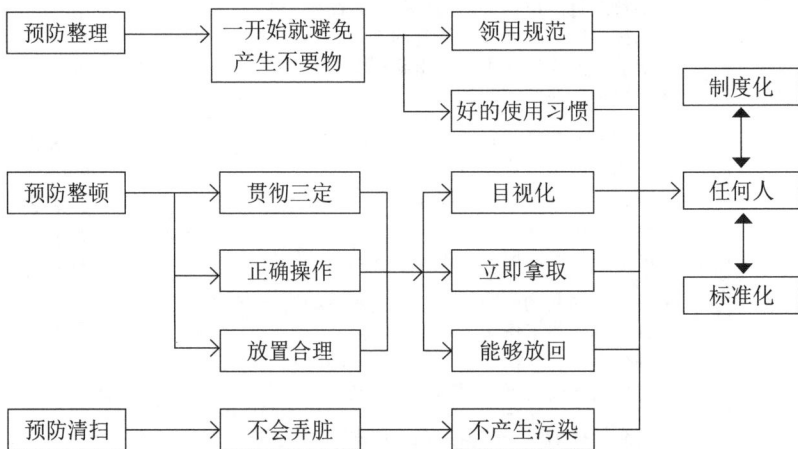

图 7-2　3S 预防与实现清洁的标准

全员参与整理、整顿和清扫，并输出相关标准和制度，使任何人通过标准化、制度化、目视化做好 3S 预防，实现现场清洁。

**1. 预防整理**

预防整理，是指主动处理不需要物品，即由事后整理变为提前预防性整理。如果每天工作结束后整理，那么会花费大量时间清理地面的废料、办公桌文件，虽然现场变得清洁了，却耗费了时间和人工。

因而，员工不如考虑一开始就避免产生这些不需要的物品，保证手中的物品都是必要的。

（1）建立物品领用规范。为避免出现不需要的东西，要建立在必要的时间、使用必要数量的物品的规范。

（2）养成良好的使用习惯。员工养成良好的使用习惯，避免产生不用的物品，如操作不当产生大量的无用文件等。

6S 推行人员或整顿团队可以自查整理、整顿、清扫达到了何种程度，并进行相应的调整和改善。整理程度检查表如表 7-2 所示。

表 7-2  整理程度检查

| 项次 | 查检项目 | 得分（分） | 检查状况 |
| --- | --- | --- | --- |
| 1 | 通道状况 | 0 | 堆放了很多物品，且脏乱 |
| | | 1 | 虽能通行，但要避开，推车不能通行 |
| | | 2 | 摆放的物品超出通道 |
| | | 3 | 摆放的物品超出通道，但有警示牌 |
| | | 4 | 很畅通，且整洁 |
| 2 | 工作场所的设备、材料 | 0 | 一个月以上不用的物品杂乱放着 |
| | | 1 | 角落放置不必要的东西 |
| | | 2 | 有半个月以后要用的物品，且摆放凌乱 |
| | | 3 | 放置有一周内要用的物品，且整理好 |
| | | 4 | 放置有 3 日内要使用的物品，且整理好 |
| 3 | 工作台（办公桌）上、下及抽屉 | 0 | 不使用的物品杂乱放置 |
| | | 1 | 放置有半个月才用一次的物品 |
| | | 2 | 放置有一周内要用的物品，但过量 |
| | | 3 | 放置有当日要使用的物品，但杂乱 |
| | | 4 | 桌面及抽屉内均无多余物品，且摆放整齐 |
| 4 | 料架状况 | 0 | 杂乱存放不使用的物品 |
| | | 1 | 料架破旧，缺乏整理 |
| | | 2 | 摆放不使用的物品，且不整齐 |
| | | 3 | 料架上的物品整齐摆放 |
| | | 4 | 摆放近日要用的物品，很整齐 |

续表

| 项次 | 查检项目 | 得分（分） | 检查状况 |
|---|---|---|---|
| 5 | 仓库 | 0 | 塞满物品，人不易行走 |
| | | 1 | 物品杂乱摆放 |
| | | 2 | 有定位规定，但未严格执行 |
| | | 3 | 有定位且处于管理状态，但进出不方便 |
| | | 4 | 任何人均可轻易查找到物品，且退还方便 |
| 合计 | | | |

**2. 预防整顿**

预防整顿，指现场井然有序、不杂乱，即保持所有的物品都不杂乱。有时，虽然对工具进行了定置，但工具用毕丢得到处都是，不但需要花费时间重新整顿，而且还影响其他人使用。类似这样的整顿宁可不要，人们应该学会预防整顿。

1）用眼睛进行整顿

贯彻三定（定品、定位、定量），确保任何人都能一眼看清楚有什么物品、在哪里、有多少。

2）养成好的工作习惯

树立返还意识，养成将物品按照三定原则摆放的习惯，避免造成边工作、边使物品杂乱的局面。

3）"吊起来""装进去""不使用"

它们是物品管理的三种方式，它们能最大限度地帮助人们在工作中完成物品的整顿。

（1）吊起来。吊起来指将工具用橡皮筋或固定装置吊在使用点上方，使用完手一离开就完成了整顿。

（2）装进去。物品的移动和操作都有既定的流程，因而可将工具、测量仪器纳入作业流程中，人们在该作业流程的操作和检查中，也完成了工具、测量仪器的检查，而不必单独对其进行检查。

（3）不使用。通过改良减少工具的使用频率，或不使用工具，就不用对工具进行整顿了。例如，用蝶形螺丝替代普通的螺丝，可避免紧螺丝时使用扳手。

整顿程度检查表如表 7-3 所示。

表 7-3　整顿程度检查

| 序号 | 查检项目 | 得分（分） | 检查状况 |
|---|---|---|---|
| 1 | 设备<br>机器<br>仪器 | 0 | 破损不堪，不能使用，杂乱放置 |
| | | 1 | 废弃设备、仪器等集中堆放，未定期清理 |
| | | 2 | 能使用但脏乱 |
| | | 3 | 能使用，有保养，但不整齐 |
| | | 4 | 摆放整齐、干净，处于最佳状态 |
| 2 | 工具 | 0 | 不能用的工具乱放 |
| | | 1 | 勉强可用的工具多 |
| | | 2 | 均为可用工具，但缺乏保养 |
| | | 3 | 工具有保养，且定位放置 |
| | | 4 | 工具采用目视化管理 |
| 3 | 零件 | 0 | 不良品与良品杂乱放在一起 |
| | | 1 | 不良品虽未及时处理，但有区分及有标识 |
| | | 2 | 只有良品，但保管方法不好 |
| | | 3 | 保管有定位标识 |
| | | 4 | 保管有定位、有图示，任何人均很清楚 |
| 4 | 图纸<br>作业指导书 | 0 | 过期的与正在使用的杂乱放在一块 |
| | | 1 | 不是最新的，且随意摆放 |
| | | 2 | 是最新的，但随意摆放 |
| | | 3 | 有文件夹保管，但无次序 |
| | | 4 | 有目录、次序且整齐，任何人都能很快查阅到 |
| 5 | 文件<br>档案 | 0 | 零乱放置，使用时没法找 |
| | | 1 | 虽显零乱，但可以找得着 |
| | | 2 | 文件被定位，集中保管 |
| | | 3 | 用计算机处理，且容易检索 |
| | | 4 | 定位明确，使用目视化管理，任何人都可随时使用 |
| 合计 | | | |

### 3. 预防清扫

预防清扫就是不会弄脏的清扫。例如，给设备加油时，不会产生油污；拖车搬材料时，不会将废料从一个地方带到另一个地方等。事实上，预防清扫也就是要杜绝污染源，而不是等到被污染了，才进行清扫。

清扫程度检查如表 7-4 所示。

表 7-4  清扫程度检查

| 序号 | 查检项目 | 得分（分） | 检查状况 |
|---|---|---|---|
| 1 | 通道 | 0 | 有烟蒂、纸屑、铁屑等杂物 |
| | | 1 | 虽无脏物，但地面不平整 |
| | | 2 | 有水渍、灰尘，不干净 |
| | | 3 | 早上清扫过 |
| | | 4 | 使用拖把擦拭干净并定期打蜡，很光亮 |
| 2 | 工作场所 | 0 | 有烟蒂、纸屑、铁屑等杂物 |
| | | 1 | 虽无脏物，但地面不平整 |
| | | 2 | 有水渍、灰尘，不干净 |
| | | 3 | 零件、材料、包装材料保存不妥，掉落在地上 |
| | | 4 | 使用拖把擦拭干净并定期打蜡，很光亮 |
| 3 | 办公桌工作台 | 0 | 文件、工具、零件很脏乱 |
| | | 1 | 桌面、工作台面布满灰尘 |
| | | 2 | 桌面、工作台面虽干净，但破损未修理 |
| | | 3 | 桌面、工作台面干净、整齐 |
| | | 4 | 除桌面外，椅子及四周均干净明亮 |
| 4 | 窗和墙天花板 | 0 | 破烂，没有修理 |
| | | 1 | 破烂，但仅有简单的应急处理 |
| | | 2 | 乱贴挂不必要的东西 |
| | | 3 | 基本干净，无污物、灰尘 |
| | | 4 | 干净、明亮，一尘不染 |
| 5 | 设备工具仪器 | 0 | 有生锈现象 |
| | | 1 | 虽无生锈，但有油垢 |
| | | 2 | 有轻微灰尘 |
| | | 3 | 保持干净 |
| | | 4 | 制定了使用中防止不干净措施，并随时清理 |
| 合计 | | | |

厘清清洁的标准对接下来的清洁活动至关重要，它可以为清洁活动提供理论上和执行上的支持。

# 7.2 清洁的行动方案

清洁行动的具体方案要依据整理、整顿、清扫 3 个阶段的执行现状来确定，但其实施流程是不变的。

## 7.2.1 清洁的流程

清洁在执行过程中，要先制定实施流程。清洁的流程如图 7-3 所示。

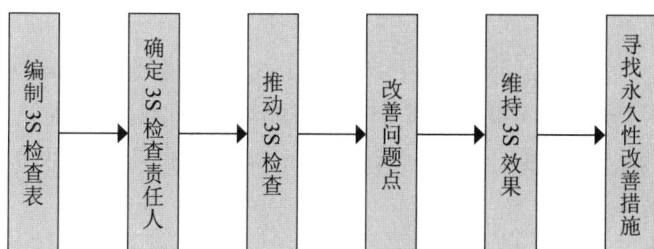

编制 3S 检查表 → 确定 3S 检查责任人 → 推动 3S 检查 → 改善问题点 → 维持 3S 效果 → 寻找永久性改善措施

图 7-3 清洁的流程

### 1. 编制 3S 检查表

3S 检查表应依据各现场不同情况制作，从综合角度检查 3S 的实施情况。通过专项和综合检查，充分完善清洁阶段的管理工作。

检查表除依据各现场情况制作之外，还应考虑制作的步骤，以保证检查表的全面性和可执行性。检查表制作步骤如表 7-5 所示。

表 7-5 检查表制作步骤

| 步骤 | 责任人 | 内容说明 |
| --- | --- | --- |
| 列出所需检查项目 | 6S 巡查小组<br>6S 推行小组 | 6S 推行小组结合 6S 巡查小组的相关巡查数据，逐项确定检查项目 |
| 整理各现场检查项目 | 6S 推行小组 | 1. 将确定的项目分门别类<br>2. 对不充分的项目进行修正和补充<br>3. 重新分类整理检查项目 |
| 确定检查项目 | 6S 推行小组 | 1. 确认检查项目及描述是否符合现场实际情况<br>2. 对检查项目进行最终确认，15 ～ 20 项 |
| 赋予检查项目分值 | 6S 推行小组 | 1. 给出每个检查项目的评分分值范围<br>2. 讨论分值的合理性<br>3. 整理评分标准，将分值赋予各个检查项目 |
| 针对检查表进行培训 | 6S 推行小组<br>部门负责人<br>6S 推行骨干 | 1. 制作检查表，并向各部门下发<br>2. 就检查表项目、评分标准以及检查方法进行说明 |

### 2. 确定 3S 检查责任人

一般每个车间由两名责任人检查。在定期检查的过程中要进行检查排班,明确责任人的检查区域、检查时间。

### 3. 推动 3S 检查

3S 检查是清洁的第一步,通过检查 3S 的执行效果,进而决定维持或实施必要的改善。3S 检查由 6S 推行小组负责,初期检查频率为每周一查,后期采用不定期抽查和员工自检(提交 3S 自检记录)的方式。

6S 推行小组以清洁检查表作为检查依据。此外,3S 执行人员有义务配合 6S 检查人员进行检查和整改,同时,对自身的 3S 进行检查确认。

### 4. 改善问题点

在 3S 检查中,一旦发现问题点,应立即发出 6S 问题点改善通知书,督促责任单位就问题点进行整改问题点,其间推行小组给予必要的帮助和指导。同时,开展寻宝活动,发动全体员工参与改善,对整理、整顿、清扫工作中有待改进的地方及时提出改善意见,促进 3S 活动效果的提升。

6S 推行小组在问题点改善通知书下发一周后,进行第二次检查,确认责任单位的改善状况,如果没有达标,要求其做到符合标准为止。

### 5. 维持 3S 效果

维持 3S 效果,是清洁活动的本质内容。本步骤主要对 3S 活动取得的成果进行维护。

1)组织学习总结

学习总结是所有活动、工作改善和提升的法宝。6S 推行小组应建立班组、部门级别的学习小组。通过学习、总结,共同分享经验和信息,并将其运用于实际工作之中,提升 3S 管理的效果。

2)表彰奖励

表彰奖励能激发员工的积极性。6S 推行小组颁发 3S 流动红旗,以示对 3S 维持表现优异单位的表彰。3S 流动红旗可分为多个奖项,如整理优秀单位、清扫优秀单位、寻宝活动优秀单位等,总之,要对某个方面有突出贡献的员工进行表彰。

3)用空闲时段进行 3S

企业中经常听到有人说工作忙、没精力搞整理,这种想法是错误的。首先,3S 活动不能停止,一旦停止则会前功尽弃,若以后从头再来,会更耗精力;其次,3S 不需要大块的时间段,几分钟就可以做很多事情。例如,在走动时,发现地面脏了,立即擦拭干净;听到机器螺丝异常,立即紧固。总之,只要平时多留意,完全可以随时做 3S。养成这种小改善的习惯,最终效果甚至要比专门花时间推行 3S 更好。

### 6. 寻找永久性改善措施

3S 检查、问题点改善、效果维持,最终目的都是为了实现清洁。如果能够找到永久性改善措施,不需要整理、整顿、清扫就可以实现清洁的目的。

混粉机预防清扫效果如图 7-4 所示。

改善前：混粉时粉不容易倒入，在混粉机的边缘有余粉

改善后：在混粉机上安装一个胶皮刷子，在螺杆每次旋转的过程中将螺杆上方存留的细粉清理干净，从而避免有余粉

图 7-4　混粉机预防清扫效果

寻找永久性改善措施可通过以下两个举措来实现：

➢ 开展改善提案活动。6S 推行小组动员全体员工就 3S 改善提出意见。从众人的智慧中往往更容易得到答案或启发。

➢ 组织改善小组活动。改善小组活动解决的问题具有较强的专业性，因而需要骨干人员参与，并运用一定的分析工具，如 5W1H、头脑风暴法等，以发现问题的根源，并提出解决对策。

### 7.2.2　清洁的责任人及分工

在 6S 推行中，每个人都是清洁的对象，每个人都有责任做好清洁。从管理的角度，清洁责任人可分为检查者和执行者。

3S 检查是清洁管理的一个重要环节，离不开检查人员的参与。检查人员包括专职检查者和辅助检查者。

1）专职检查者及其分工

专职检查者即 6S 推行人员，精通 6S 各类知识和实际操作，负责企业所有 3S 的检查和评估，其权力来自企业的管理制度和正式任命。

2）辅助检查者

辅助检查者主要来自 6S 执行部门，具体指部门管理者。在 6S 推行中，部门管理者须协助推行人员在本部推行 6S，兼有指导、督导、汇报的职能。

3S 执行者包括辅助检查者和全体员工。执行者有义务配合 6S 检查者进行检查和整改，同时，对自身的 3S 进行检查确认。

### 7.2.3 清洁活动的检查与督导

运用检查表，保证改善活动不断深入。检查表共有4种，其中3种用于3S各阶段，对各阶段实施情况进行检查；另一种用于清洁管理，从综合角度检查3S的实施情况。通过专项和综合检查，可以充分完善清洁阶段的管理工作。

#### 1. 整理工作的检查

对整理工作的检查主要表现在对非必需品的检查上。整理工作的检查内容如表7-6所示。

表7-6　整理工作的检查内容

| 项目 | 内容 | 确认 | | 对策 |
| --- | --- | --- | --- | --- |
| | | 是 | 否 | |
| 作业台的检查 | 是否有没用的椅子以及作业台等反复在现场出现 | | | |
| | 是否有私人物品以及杂物等藏在台垫或抽屉里面 | | | |
| | 是否有当天不用的设备、材料、夹具堆放在台面上 | | | |
| | 是否材料使用完毕包装还放在台面上 | | | |
| 货架的检查 | 是否到处都是货架，厂房几乎变成临时仓库 | | | |
| | 是否货架的大小与摆放的场所大小不太适应，与所摆放之物不太相适应 | | | |
| | 是否没用的设备、货物以及材料等都堆放在货架上 | | | |
| 设备的检查 | 是否不使用的设备还堆放在现场 | | | |
| | 是否还在勉强使用过老、过时的设备 | | | |
| | 是否设备残旧、破损，有人使用却无人维护 | | | |
| 公共场所的检查 | 是否用空间堆放杂物 | | | |
| | 是否消防通道已经堵塞 | | | |
| | 是否换气、排水、照明以及调温等设施不全 | | | |
| | 是否混放食品与洗涤用品 | | | |

#### 2. 整顿工作的检查

对整顿工作的检查主要表现在对物品放置方法的检查上。整顿工作检查内容如表7-7所示。

表7-7　整顿工作检查内容

| 项目 | 内容 | 确认 | | 对策 |
| --- | --- | --- | --- | --- |
| | | 是 | 否 | |
| 作业台的检查 | 物料在作业台面的摆放是否不够规范 | | | |
| | 作业台以及椅子是否没有标识，搞不清楚到底属于哪个部门，由谁来管理 | | | |
| | 作业台以及椅子尺寸大是否小不一、高矮不一、颜色不一 | | | |

| 项目 | 内容 | 确认 | | 对策 |
|---|---|---|---|---|
| | | 是 | 否 | |
| 货架的检查 | 是否货架物品堆放太高，不容易取拿 | | | |
| | 是否物品没有分类就堆放在一起，很难取放 | | | |
| | 是否没有按照"重低轻高"进行摆放 | | | |
| 设备的检查 | 是否员工使用设备方法不对 | | | |
| | 是否设备定置不合理，不便使用 | | | |
| | 是否由于没有定期进行设备的保养以及校正工作，使设备的精度有偏差 | | | |
| | 是否没有必要的安全保护装置 | | | |
| 公共场所的检查 | 是否没有标示场所或者区域 | | | |
| | 是否没有整体规划图 | | | |
| | 是否逃生路线不够明确 | | | |
| | 是否布局不够合理 | | | |

### 3. 对清扫工作的检查

清扫工作的检查主要表现在对垃圾、灰尘、油污等的检查上。清扫工作检查内容如表 7-8 所示。

表 7-8　清扫工作检查内容

| 项目 | 内容 | 确认 | | 对策 |
|---|---|---|---|---|
| | | 是 | 否 | |
| 作业台的检查 | 是否到处都是灰尘以及垃圾 | | | |
| | 是否设备以及工具坏掉、掉漆，甚至残缺不全 | | | |
| | 是否有物料的残渣以及碎屑存在 | | | |
| | 是否在门墙上乱写、乱贴、乱画 | | | |
| | 是否作业台表面干净，但抽屉里面不干净 | | | |
| | 是否由于许久没有清洗垫布，使垫布发黑 | | | |
| 货架的检查 | 是否货架上物品及包装都在，不易清扫 | | | |
| | 是否只对货物进行清扫而没有清扫货架 | | | |
| | 是否由于许久没有清扫确认物品，使物品发生变质 | | | |
| 设备的检查 | 是否有灰尘以及垃圾 | | | |
| | 是否有生锈或者褪色之处 | | | |
| | 是否有滴水、漏气或者渗油等 | | | |
| | 是否导线老化、破损 | | | |
| | 是否标识脱落、水污，无法辨别认清 | | | |

| 项目 | 内容 | 确认 | | 对策 |
|---|---|---|---|---|
| | | 是 | 否 | |
| 公共场所的检查 | 是否玻璃碎了，不能遮风挡雨 | | | |
| | 是否采光不好，使视线不清晰 | | | |
| | 是否没有定期进行消毒灯清洁工作 | | | |
| | 是否地面污水横流，墙壁发黑 | | | |

检查完整理、整顿、清扫后，要及时填写检查表，做出最后的统计。

### 4. 清洁检查表

在整理、整顿、清扫阶段的单项检查是经常性的，目的是通过日常检查发现问题，实地指导，快速实现 6S 目的，重改善轻考核。清洁检查要检查 3S 推行的总体效果，要看成果如何、3S 维持水平如何。清洁检查如表 7-9 所示。

表 7-9　清洁检查

| 序号 | 检查项目 | 得分（分） | 状况 |
|---|---|---|---|
| 1 | 作业区和通道 | 0 | 没有划分区域 |
| | | 1 | 有划分区域，但不完整、不流畅 |
| | | 2 | 画线基本符合要求 |
| | | 3 | 画线清楚，地面有清扫 |
| | | 4 | 通道及作业区通畅 |
| 2 | 地面 | 0 | 有油或水 |
| | | 1 | 有油渍或水渍，使地面显得不干净 |
| | | 2 | 地面不是很平 |
| | | 3 | 经常清理，没有脏物 |
| | | 4 | 地面干净，感觉舒服 |
| 3 | 洗手台、厕所 | 0 | 容器或设备脏乱 |
| | | 1 | 破损未修补 |
| | | 2 | 有清理，但还有异味 |
| | | 3 | 经常清理 |
| | | 4 | 干净整洁，且加以装饰，感觉舒服 |
| 4 | 办公桌、工作台、椅子 | 0 | 很脏乱 |
| | | 1 | 偶尔清理 |
| | | 2 | 虽经常清理，但还是显得很脏乱 |
| | | 3 | 自己感觉很好 |
| | | 4 | 任何人都会觉得很舒服 |

续表

| 序号 | 检查项目 | 得分（分） | 状况 |
|------|----------|-----------|------|
| 5 | 储物室 | 0 | 阴暗潮湿 |
|    |          | 1 | 虽阴湿，但有通风 |
|    |          | 2 | 照明不足 |
|    |          | 3 | 照明适度，通风好，感觉清爽 |
|    |          | 4 | 整整齐齐、干干净净，感觉舒服 |
| 合计 | | | |

在开展整理、整顿和清扫活动的检查中，为维护其成果，还须推行 3S 的制度化和标准化。

# 7.3　清洁的工具与策略

清洁的工具与策略包括寻宝活动、形迹管理、标准化和不合理状态的消除。

## 7.3.1　寻宝活动

这里所说的"宝"是指不需要的物品、污渍、垃圾等，通过活动把这些东西找出来并处理掉，进而营造整洁明亮的现场。

### 1. 概述

寻宝活动，指在开展 3S 活动后期，找出前期工作中未被及时发现的无用物品，或暂时被作业人员藏在某个角落的其他物品的活动。

### 2. 适用场合

➢ 清除多余物品，提高生产现场空间使用率时。

➢ 消除卫生死角，彻底让生产现场变整洁时。

➢ 清除作业人员个人作业区域多余物品，让作业台整洁有序时。

### 3. 实施步骤

开展寻宝活动，应指导作业人员按步骤进行，而不是盲目地寻找。

1）确定寻找对象

需要指出的是，并不是每个项目都是"宝"，要符合以下条件：

➢ 重要性。指所寻之宝被清除后能够实现标准化作业，缩短作业时间，提高工作效率，改善工作环境，消除安全隐患。

➢ 难点。指不易纠正，执行起来较难，多次纠正后仍会再犯的问题。

➢ 长期存在。指长期存在的问题，但未被发现，如闲置设备占用空间、生产线等待、卫生死角等。

2）宣传寻宝活动

向员工宣传寻宝活动的意义以及实施规范，并介绍如何开展寻宝活动。利用大量图片展示寻宝活动的效果，员工受到的冲击会更大，抵触情绪会大大降低。

3）确定寻宝活动周期

寻宝活动通常以1个月为一个阶段性周期。在开展寻宝活动时，应充分利用空闲时段，即使在工作繁忙时，也不应彻底放弃寻宝活动。

4）制定寻宝活动方案

制定寻宝活动方案，是活动持续进行下去的唯一保证。6S推行小组负责该方案的制定。寻宝活动方案如表7-10所示。

表7-10 寻宝活动方案

| 部门/班组： | | | 日期：_____年___月___日 | |
|---|---|---|---|---|
| 对象 | 重点问题 | 处理方法 | 处理期限 | 责任人 |
| 工作台 | 是否存在不使用的工具 | 清除不使用工具 | | |
| | 工具摆放是否整齐有序 | 摆放定置、有序 | | |
| | 工作台下方是否堆放杂物 | 清理杂物 | | |
| | 私人物品是否定位放置 | 定置物品 | | |
| 现场物料存放 | 物料存放时是否定位 | 定位存放 | | |
| | 物料放置是否整齐 | 摆放整齐 | | |
| | 是否存在无用物料 | 清除无用物料 | | |
| 通道 | 通道上是否堆积物料 | 清除障碍 | | |
| | 通道拐角处是否有杂物 | 清理杂物 | | |
| | 通道上是否有设备 | 转移设备 | | |
| 机器设备 | 是否存在闲置设备 | 使用或转移 | | |
| | 设备上是否放置不用物品 | 清除 | | |
| 墙面及地面 | 墙面上是否悬挂无用物品 | 清理 | | |
| | 地面上物品摆放是否整齐 | 整齐摆放 | | |
| 部门主管审核： | 生产副总签字： | | | |

5）实施寻宝活动

寻宝活动以个人为单位，每个人至少要找到两件"宝物"，由班组长每周汇总一次，然后于第二周进行改善。个人寻宝活动汇报如表7-11所示。

表 7-11　个人寻宝活动汇报

| 部门＿＿＿＿＿＿　　　　　班组＿＿＿＿＿＿　　　　汇报人＿＿＿＿＿＿　　　　日期 |  |  |  |
|---|---|---|---|
| 序号 | 名称 | 位置 | 数量 |
| 1 | 空调网脏污 | 铸造车间 | 2 |
| 2 | 机器底部有厚厚的灰尘 | 1 号机台 | 1 |
| 3 | 油壶底部有油渍 | 油泵机 | 1 |

6）处理"宝物"

如果是需要丢弃的物品，班组长与班组成员要一起进行处理，并填写废品处理统计表，如表 7-12 所示。

表 7-12　废品处理统计

| 部门＿＿＿＿＿＿　　　　　　　　　　　　　　　　　　　　　日期：＿＿＿＿年＿＿月＿＿日 |  |  |  |  |  |  |  |
|---|---|---|---|---|---|---|---|
| 序号 | 物品名称 | 型号 | 数量 | 处理方式 | 部门意见 | 委员会意见 | 备注 |
|  |  |  |  |  |  |  |  |
|  |  |  |  |  |  |  |  |
|  |  |  |  |  |  |  |  |
| 判定人： | | 审核人： | | | 批准人： | | |

寻宝活动中收集到的"物品"依据整理活动中不要物处理程序处理。

7）寻宝活动成果总结

在寻宝活动末期，各部门应把活动的成果以文件形式上报给 6S 推行委员会，委员会对成果进行评价，总结活动成果和经验，对效果突出的进行展示，以增强员工对寻宝活动的信心。

4.示例

寻宝活动展示如表 7-13 所示。

表 7-13　寻宝活动展示

| 寻宝活动 | 改善前 | 改善后 | 要点 |
|---|---|---|---|
| 设备线的处理 | <br>管线在地面上 | <br>管线绑扎提起 | 将管线提起，一是为了防止作业人员被绊倒受伤，二是为了不堆积垃圾 |

续表

| 寻宝活动 | 改善前 | 改善后 | 要点 |
|---|---|---|---|
| 电线与气管 | 桌子下堆积较多杂物 | 将桌子下杂物清理干净 | 对桌子下物品进行整理，让现场干净整洁，不留死角 |

**5. 注意事项**

为了使寻宝活动安全、有序地开展，我们在活动中还需要注意以下事项：

➤ 寻宝活动要在短期内发现问题，所以要对活动时间做出限制，以便及时地执行后续管理活动。

➤ 提前确定不要物处理流程，明确相关部门的职权。

➤ 提前规划活动区域，确定部门及个人的责任区域，保证活动有序开展。

➤ 在找到不要物时，做到对物不对人，尽量不追究责任。

➤ 确立奖励机制和办法，以提高员工参与活动的积极性。

➤ 注意安全，找到危险的不要物后，在处理前要对其进行防护；在活动过程中员工也要保护自身安全。

➤6S 推行小组评选出寻宝最多的员工，进行表彰并适当奖励。

寻宝活动通常以 1 个月为一个阶段性周期。在开展寻宝活动中，如工作繁忙，应充分利用空闲时段。开展寻宝活动不但能够保持现场干净、整洁，而且能充分调动员工参与 6S 活动的积极性。

**7.3.2　形迹管理：归还及时，拿取方便**

作业现场经常会使用大量的工具，不加以适当的规划和管理，就会使工具显得凌乱不堪。实施工具形迹管理可以有效解决这一问题。

**1. 概述**

为了方便工具用时拿取和用后归位，可以采取形迹管理的方式，在工具的放置位置画出工具的形状。

**2. 目的**

➤ 看。现场工具一目了然。

➤ 取。现场工具方便取用。

➤ 归位。现场工具使用后容易归位。

### 3. 工具的摆放遵循三级分类法

采用形迹管理工具时，应考虑放置方式。工具的放置通常采用三级分类法。三级分类法如表 7-14 所示。

表 7-14　三级分类法

| 分类 | 分类依据 | 存放方法 |
|---|---|---|
| 一级分类 | 按照工具类别分类 | 将各机台所需的工具分别归类到各机台的工具架上 |
| 二级分类 | 按照使用频率分类 | 将各工具架上的工具按照使用频率进行分类，使用频率最高的工具摆放在与作业台齐高的架层上，使用频率最低的工具摆放在工具架底层 |
| 三级分类 | 按照作业顺序分类 | 将工具架上每层工具都按照作业顺序从左至右依次摆放，作业员在完成一个动作后将工具放回工具架时就可以顺手拿起旁边的工具进行下一个动作 |

采用三级分类法确定各类工具放置位置后，依据工具形状画线或刻槽，张贴标识。

充分并合理利用工具柜内、工具架上的空间，可以节省作业人员拿取物品时间，降低动作幅度。例如，将使用频率高的工具置于底部，作业人员需要经常弯腰才能拿到物品，十分低效。在定置物品时，我们可以参考 ABC 保管法。ABC 保管法如图 7-5 所示。

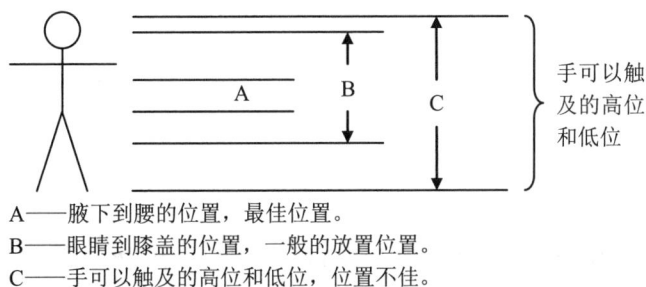

A——腋下到腰的位置，最佳位置。
B——眼睛到膝盖的位置，一般的放置位置。
C——手可以触及的高位和低位，位置不佳。

图 7-5　ABC 保管法

总之，经常使用的工具要放在肩部和腰部之间，不经常使用的工具放在架子上层或底层。

### 4. 工具放置要遵循三定原则

工具的摆放要一目了然，无论是谁都可以看明白，随时拿取，方便归还。要实现这些目的需要满足以下 3 个要求：

➢ 工具分区定位，界线明显。

➢ 工具名称、型号标示清楚。

➢ 工具标识清晰，明确工具类别及责任人。

此外，工具应当摆放在便于班组人员都方便取用的地方，不能迁就一方而忽略其他使用人员。

### 5. 工具形迹管理常见形式

笔者在这里总结工具形迹管理的几种常见形式。

1）轮廓形迹定置

依据动作经济原则布置工具，按工具的形状画线，工具间距离约为 6 厘米。

工具轮廓形迹定置效果如图 7-6 所示。

图 7-6　工具轮廓形迹定置效果

轮廓形迹定置适用于形状规则的、扁平类的工具，如扳手、钳子等。形状不规则的工具可以使用平行线定置、嵌入定置或立面悬挂。

2）嵌入定置

常用的立体工具可以使用嵌入定置法，其优点是不宜发生移动。依据工具的形状在工具板上开槽，较长的工具可设置卡槽。工具嵌入定置效果如图 7-7 所示。

图 7-7　工具嵌入定置效果

工具放置遵循由小到大、由短到长、由轻到重、从左到右的原则，工具间隔不小于 3 厘米。

3）平行线形迹定置

依据工具的三级分类法放置工具，同类工具由大到小纵向放置，以最大宽度画线定置。工具平行线形迹定置效果如图 7-8 所示。

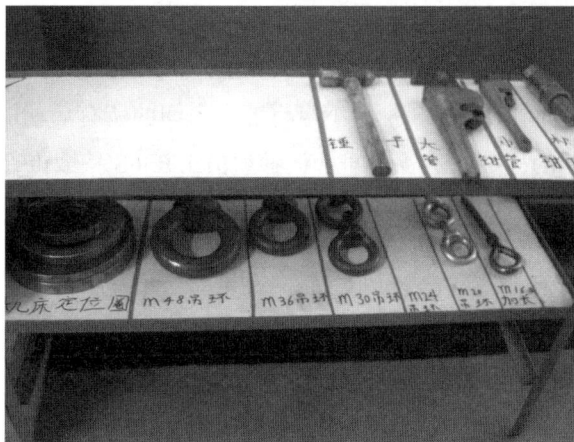

图 7-8　工具平行线形迹定置效果

平行线定置适用于形状不规则的、零散的、种类多的工具。

4）立面布局与定置

工具的放置一般分为平面布局和立面布局，上面笔者介绍的是平面布局的方法。下面介绍立面布局。立面布局的优点是节省空间，可以放置更多的工具。工具立面形迹定置效果如图 7-9 所示。

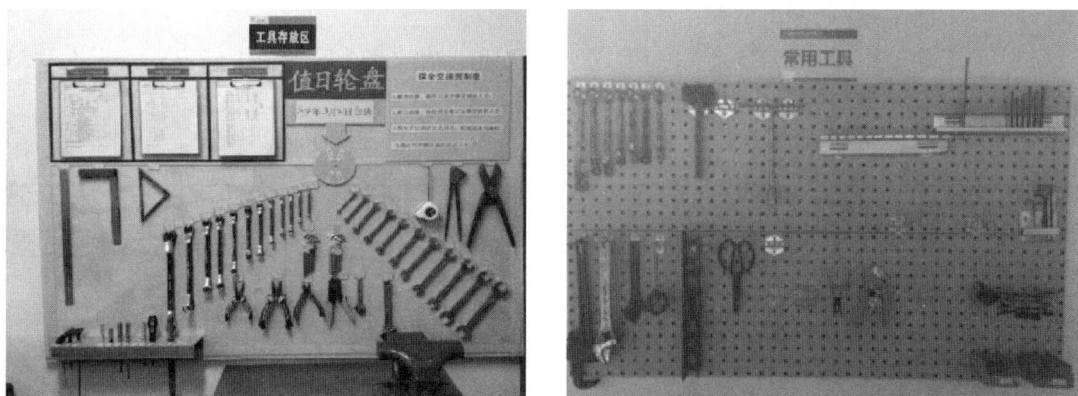

图 7-9　工具立面形迹定置效果

悬挂工具的立面高度一般不高于人的肩膀，工具悬挂要分类、分区。工具悬挂还应符合以下要求：

➢ 相似且数量多的常用工具放置于立面的中间或左侧。

➢ 数量少、不规则的工具悬挂于四周，常用工具悬挂于左上方或左下方。

➢ 相同种类、不同规格的工具按大小依次排列并做好标识，防止误拿。

➢ 螺丝刀、钻头类工具可以设置孔洞放置，以节省空间。

很多现场人员抱怨工具在整顿后没有效果，很大一部分原因在于，把工具整齐排列当作整顿，没有遵循整顿的三定原则。整顿中整齐排列必不可少，但随着工具的频繁使用，归还时就会出现随意乱丢的现象。即便再次整理好，一天下来又会出现混乱的局面。这样的"整顿"自然不会有效果。

### 7.3.3　定标准，定制度

6S 活动开展一段时间以后，6S 推行小组将各个车间的所有活动的内容、标识、操作、放置和安全等形成统一的标准，供各车间管理者和员工在 6S 持续推行中作为参考。

#### 1. 编制 6S 标准书

6S 标准书编制与执行流程如图 7-10 所示。

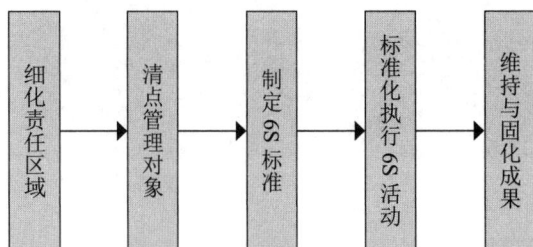

图 7-10　6S 标准书编制与执行流程

1）细化责任区域

将车间所有责任区域细化成可执行的单元，以便制作覆盖全域的 6S 标准书。责任区域是指将整个车间及外围细分后的小单元，包括门外绿化带及通道、车间通道、工具摆放区域、清洁工具区、成品摆放区等。

所有的责任区域组合在一起，应等同于自己所管辖的整个区域，不能出现"无人管辖区"。车间责任区域细化统计清单如表 7-15 所示。

表 7-15　车间责任区域细化统计清单

| 责任车间 | | 车间主管 | | | 联系电话 | |
|---|---|---|---|---|---|---|
| 序号 | 责任区域 | | 责任人 | 职务 | 联系电话 | |
| 1 | 门口通道及周围绿化带 | | | | | |
| 2 | 车间通道 | | | | | |
| 3 | 办公区域 | | | | | |
| 4 | 机台区域 | | | | | |
| 5 | 成品摆放区 | | | | | |
| 6 | 工具摆放区 | | | | | |
| 7 | 私人物品摆放区 | | | | | |

车间主管将细分后的责任区域填入"车间责任区域细化统计清单"中，并核实有无遗漏。

2）清点管理对象

明确管理对象，并将其分解为二级对象以进一步细化执行标准。管理对象指责任区域内所有需要管理的对象，包括地面、设备、工具架、墙面、窗户等。二级对象是对管理对象进一步细分后得到的，如工具架上的扳手、锤子、油壶等。

3）制定 6S 标准

在这个阶段，要针对每个二级对象，制定 6S 标准。这一步骤需要 6S 推行小组成员充分下沉到车间，逐项确立二级对象的 6S 标准。这个阶段需要进行管理对象、二级对象区分的训练和实践，其间需要对管理对象及二级对象拍照。除机台设备外，二级对象一般保持在 6 项以内。

在不断训练和实践中，6S 标准也逐渐清晰化、明朗化，标准绝不是坐在办公室里制定出来的。6S 标准书如表 7-16 所示。

表 7-16 6S 标准书（示例）

| NO. | 1 | 管理对象 | 络丝机 | 二级对象 | 6S 标准 |
|---|---|---|---|---|---|
| | | | | 1.1 络丝机控制设备 | 设备表面清洁与保养到位，无污损和锈迹<br>机台的按钮及显示器完好无破损，机台原始信息清晰<br>设备内部整洁，无掉落的零部件，没有过多油污痕迹 |
| | 图 1.1 图 1.2 | | | 1.2 机台表面 | 机台表面及可清扫区域清扫干净、无积尘、断丝、油污<br>机台表面无乱贴乱画现象<br>机台表面没有明显的锈迹、刮痕 |
| | | | | 1.3 半成品 | 机台上的半成品按要求摆放且摆放整齐<br>半成品及时更换（杜绝断丝后机器继续运行的情况） |
| | 图 1.3 图 1.4 | | | 1.4 半成品固定轴(经轴) | 半成品固定轴完好无破损<br>该区域清洁保养到位，无明显灰尘和油污痕迹 |
| | | | | 1.5 原料 | 原料整齐摆放在规定区域（分为两层，摆放架上一层、地上一层）<br>两个原料之间的间隔平均，现场看起来整齐、美观<br>原料无损坏，最多允许两个原料叠放在一起 |
| | 图 1.5 图 1.6 | | | 1.6 原料摆放架 | 原料摆放架清扫干净，表面无油污、断丝、积垢、锈迹等<br>原料摆放架表面平整且无破损 |
| | | | | 1.7 龙带 | 龙带保养到位，无带伤作业情况（杜绝龙带破损且机器继续运转的情况）<br>确保机器在工作状态中，龙带的运行速度稳定 |
| | | | | 1.8 机身地面 | 机身地面及可清扫区域干净整洁，无垃圾、油污及其他物品摆放<br>区域标线（黄线）完整、清晰，无污损或模糊 |

4）标准化执行 6S 活动

制定 6S 标准以后，6S 推行小组在各车间推广执行，小组成员要到各车间、班组进行指导，将标准执行到位。

5）维持与固化成果

6S 推行小组定期检查按照标准作业指导书执行的情况。此外，标准作业指导书一旦审批执行后，不得在有效期限内更改。

**2. 标准作业指导书（SOP）的制作**

标准作业指导书将某一作业工序的标准操作细节、注意事项和关联工具以文字或图文的形式描述出来，用来指导和规范作业过程。

1）标准作业指导书的作用

➢ 避免因"大家都知道，很简单"而忽视问题和进行不标准作业。

➢ 让新员工一看就知道怎么做。

➢ 让每个动作要求清晰无误，不含糊。

➢ 让每个人在突发情况下知道该怎么做。

2）标准作业指导书的制作原则

遵循防呆原则，确保操作流程、操作动作、工具使用都不会出错。

3）标准作业指导书制作思路和方法

制作标准作业指导书要有一定的逻辑，一般从 4 个方面入手。

（1）标准作业指导书制作的基本思考模式。明确制作标准作业指导书的思考逻辑，即做什么、怎么做、怎样做才标准、发生异常怎么办。标准作业指导书制作的基本思考模式如表 7-17 所示。

表 7-17　标准作业指导书制作的基本思考模式

| 思考逻辑 | 责任单位 | 说明 |
|---|---|---|
| 做什么 | 6S 推行小组 / 车间 | 整个作业需要哪几个环节？<br>如 A、B、C、D、E… |
| | | 某个环节（A、B、C、D、E…）中要做哪些事情？ |
| 怎么做 | 6S 推行小组 / 车间 | 上面这些事情，具体如何做？借助什么工具做？ |
| 怎样做才标准 | 6S 推行小组 / 车间 | 正常情况下，要达到什么标准？<br>须为正确动作，不能为避免以后不好做，就故意放宽标准 |
| 发生异常怎么办 | 6S 推行小组 / 车间 | 如果不正常，该怎么处理？用什么方法处理？是否需要上报？ |
| 注意事项 | 6S 推行小组 / 车间 | "注意事项"部分应为基本作业流程说明的补充。<br>具体说明整个环节中需要特别注意的问题、车间里禁止做的事情，如禁止打闹、禁止将水杯放在作业台上等 |

（2）记录操作细节。借助辅助记录表，汇总作业标准内容，确保不遗漏。6S 推行人员

观察作业员操作的每一个动作，并详细记录，必要时使用摄像机，然后将记录下来的内容进行分析。辅助记录表如表 7-18 所示。

表 7-18　辅助记录

| 责任区 | | | | 工序 | |
|---|---|---|---|---|---|
| 控制环节 | No. | 管控细节说明（做什么？怎么做？达到什么标准？） | | 辅助工具 | 应急处理 |
| | | | | | |
| | | | | | |
| | | | | | |
| | | | | | |

（3）展示典型记录。6S 推行人员从辅助记录表中选取一批典型记录，进行展示和分析，说明优点及需要改进的地方。开料工序操作记录如图 7-11 所示。

该记录中需要注意的事项总结得比较全面，但这种描述仍然有些笼统，可以再细化一下。

（4）根据实例，说明标准作业指导书完善方法，分析操作细节，以完善标准作业指导书。笔者以图 7-11 所展示的开料工序操作细节为例进行说明。

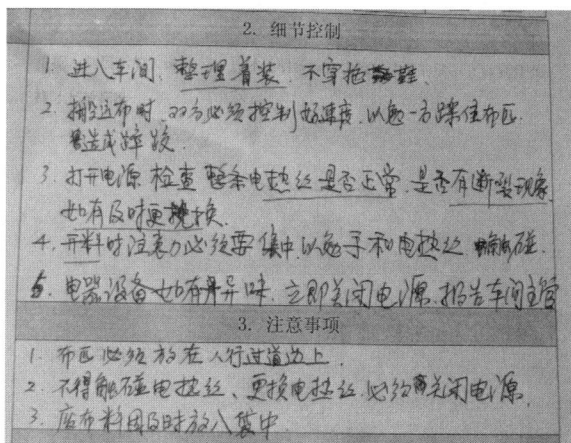

图 7-11　开料工序操作记录

（a）搬运布匹时，双方必须控制好速度，以免一方踩住布匹，造成摔跤。

➢ 如何控制好速度？

➢ 为什么会出现"一方踩住布匹"的情况？是不是没有整理好便抬起来了？如何彻底避免这个问题出现？

（b）打开电源，检查整条电热丝是否正常，是否有断裂现象。若有，及时更换。

➢ 电热丝正常状态是什么样子的？

➤ 展示断裂的情况，最好有照片。

➤ 更换步骤是怎样的？由操作工负责更换，还是通知某人来更换？

（c）开料时，注意力必须集中，以免手和电热丝触碰。要思考以下问题：

➤ 手应放在什么位置（测量或估算距离），才能既保证料开得好，又安全？

➤ 除了这一点，开料时还有什么环节？怎么对齐？两个人如何配合？

通过分析，可以看出对操作细节的要求更加清晰明了，可操作性也更强。记录操作细节至少需要经过两到三次修正，才能基本保证操作细节的准确性和可执行性。

工序操作细节完善后，要对实物进行拍照，以制作图文并茂的标准作业指导书。拍照时将关键环节的作业图全部拍摄下来，多拍摄几张，择优选用。所拍摄照片应满足3方面的要求：一是照片要清晰，角度要合适；二是展现的作业动作要标准，卡位要准确；三是至少有6张以上具有代表性的照片。

材料准备齐全后设计标准作业指导书的格式，填写相关内容。经审批通过后，培训员工按标准作业指导书操作。标准作业指导书（示例）如表7-19所示。

标准作业指导书制作和定置完成后，相应的作业单位培训员工如何操作，合格后方可上岗。

### 3. 标准作业指导书的改善对策

适合已有标准作业指导书，但仍有部分作业人员无法按照标准作业指导书要求进行操作时。6S推行人员及企业生产部门应参考该改善对策。标准作业指导书的改善对策如图7-12所示。

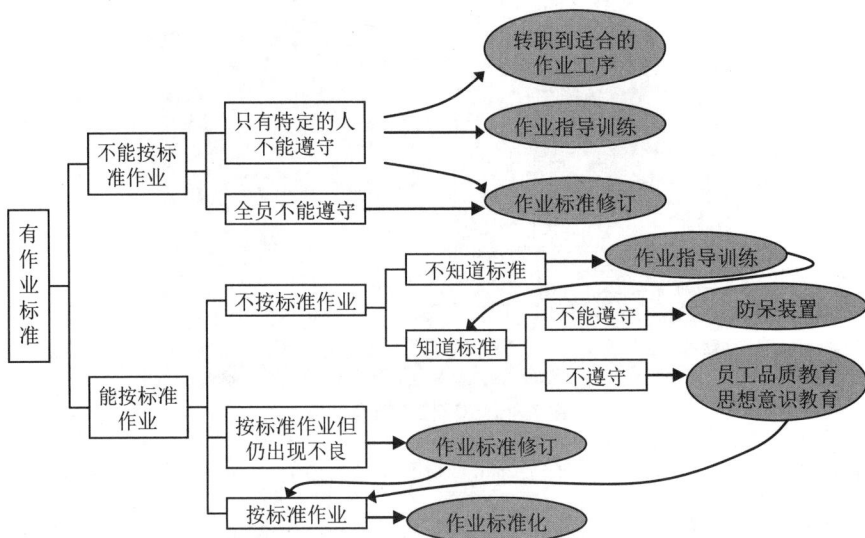

图7-12 标准作业指导书的改善对策

在6S推行的清洁阶段，除制定标准之外，还应制定相应的制度规范，保障6S顺利推行和效果维持。

表 7-19　标准作业指导书（示例）

## 1. 倍捻车间员工操作流程示意图

入生产区前　检查设备情况 → 巡回操作　检查、换筒 → 异常处理　及时、有效

## 2. 基本操作步骤

1) 进入生产区前，检查设备是否运作正常。
2) 挡车巡回时，检查导丝轮等情况，保证捻度达到标准。
3) 实施巡回操作，随时避免捉出疵品，即毛丝、操黄、花纹不匀、张力不准、错支、错批号等质量问题。
4) 结头控制在 3～6mm 范围内，确保不脱节、无回丝带入、无大结头。
5) 严格按规定换筒、落筒，不得私自进行

## 3. 结头操作

1) 先易后难：先接容易的头，后接难接的头。
2) 先急后缓：先接影响质量的头，后接一般的头。
3) 先近后远：按巡回方向顺序接，由近到远。

## 4. 换筒操作

1) 抬起自停探杆和导纱钩，摘去锭翼，将之挂在超喂罗拉盖上的销钉上。将空筒管从锭罐中取出，并筒。
2) 找出纱头插入锭罐，注意纱线退绕方向。
注：S 捻时，纱的退绕方向是顺时针方向；
Z 捻时，纱的退绕方向是逆时针方向。
3) 将纱线穿过锭翼端眼，把纱头靠近空心管，借气流引出纱线头。
4) 右手拿住引出的纱线，抬起踩踏板，将纱线引入导纱钩。绕过偏导罗拉，松开锭子刹车板；引出纱线加捻，将纱线绕过超喂罗拉，再刹住锭子。
5) 左手找机上筒头纱打结；然后，启动锭子，放下筒子托架，拉直纱线，最后放下自停探杆，并将探杆压到运动的纱线上

## 5. 注意事项

1) 锭子内缠有废丝时，可拆下纱罐，除去废丝，或检查落纱针工作是否正常。
2) 锭子内轴承不良或锭子平衡差引起振动时，请修机工处理

## 6. 变更记录

| 变更项目及内容 | 变更人及日期 |
| --- | --- |
|  |  |
|  |  |

| 制表 | 审核 | 批准 |
| --- | --- | --- |

### 7.3.4 3U-MEMO：消除不合理、不经济、不平衡

责任人应仔细观察自己的工作现场，培养敏锐的洞察力，做好改善的日记。

**1. 概述**

3U 即不合理（unreasonableness）、不均匀（unevenness）、不经济（uselessness）的 3 个首字母缩写，使其显现出来并加以改善就是"3U-MEMO"。

**2. 适用场合**

➤ 将结果当作改善提案提出时。

➤ 作为某项提案的附件，进行演示时。

➤ 用于 6S 推行组织制度等的改善活动时。

➤ 用于生产现场小的改善活动时。

➤ 作为 6S 技术信息收集之用时。

**3. 实施步骤**

3U-MEMO 的实施依赖 3U-MEMO 表。依据 3U-MEMO 填写步骤，依次执行即可。3U-MEMO 表填写步骤如表 7-20 所示。

表 7-20  3U-MEMO 表填写步骤及说明

填写步骤：

3U-MEMO

编号 ①
② ③
④
⑤ ⑥ □ 不合理 / □ 不均匀 ⑦ / □ 不经济（浪费）
⑧ ⑨ ⑩ ⑪ ⑬ ⑫ ⑭ ⑮ ⑯ ⑰

说明：

①填写编号
②填写单位
③填写姓名
④填写作业内容
⑤填写要点
⑥填写工程名称
⑦勾选 3U 中的一项
⑧填写发生问题的原因
⑨定性或定量描述问题点
⑩画出问题点部位
⑪写出解决方案（实施时间）
⑫定量或定性描述解决问题的方案
⑬画出简易模型
⑭填写改善要点
⑮成果描述
⑯填写金额
⑰描述提案关系

　　3U-MEMO 检查表中的 3U，针对作业人员、机械设备和材料展开，即表 7-21 中的第7 步。3U-MEMO 检查表如表 7-21 所示。

表 7-21　3U-MEMO 检查表

| 性质 | 作业人员 | 机械设备 | 材料 |
|---|---|---|---|
| 不合理 | • 作业人员是否不够<br>• 人员调配是否妥当<br>• 工作能否更舒服<br>• 工作方法是否勉强 | • 机械的能力是否良好<br>• 机械的精度是否良好<br>• 计测器精度是否良好 | • 材质强度是否足够<br>• 是否难以加工<br>• 交货期是否勉强 |
| 不经济 | • 是否有等待现象<br>• 作业空闲是否过长<br>• 是否有不必要移动<br>• 作业程序是否良好<br>• 人员配置是否适当 | • 机械转动是否良好<br>• 钻模是否被妥善运用<br>• 是否浪费机加工能力<br>• 机械是否自动化<br>• 机械转速是否合适 | • 废弃物能否加以利用<br>• 材料剩余是否过多<br>• 修正的程度是否过高 |
| 不均匀 | • 忙与闲是否不均<br>• 工作量是否不均<br>• 个人差异是否过大<br>• 动作的衔接是否顺利 | • 工程的负荷是否均衡<br>• 是否有等待时间<br>• 生产线是否平衡 | • 材质是否不均<br>• 材料能否充分供应<br>• 尺寸、精度的误差是否在允许的范围内 |

## 4. 示例

　　某制鞋厂生产线截断机物料架改善 3U-MEMO 检查表如表 7-22 所示。

表 7-22　截断机物料架改善 3U-MEMO 检查

| 编号：×××××    |||||
|---|---|---|---|---|
| 单位 | 皮料切割组 || 姓名 | 王南 |
| 作业内容 | QCOT ||||
| 要点 | 物料架结构、位置改变 || 工程名称 | 截断机物料架改善 |
| 建议类别 | □不合理　□不均匀　■不经济（浪费、无效） ||||
| 问题发生原因（图示）：<br> | 问题描述：<br>（1）物料架占地面积大，空间利用率低。<br>（2）作业人员须将物料拿下置于截断机伸缩台面上进行裁剪，然后放回物料架，出现不必要的移动和空闲时间 ||||

| 改善后效果图 / 想象图： | 问题解决时间：<br>2021.6.1—2021.6.5<br>（1）解决方案描述。<br>（2）改变物料架结构，使物料保持在上方。<br>（3）物料架底部支脚改为可活动的滑轮，方便移动。<br>（4）物料架定位于截断机后部，物料直接从设备后部供料，便于作业 |
|---|---|
| | |

| 改善要点：<br>动作经济，节约拿取、走动的时间 | 成果<br>改善前：取、放物料 1 分钟<br>改善后：零时间<br>金额 ×× 元 | 提案单： | |
|---|---|---|---|
| | | 编号：×××× | |
| | | 评估：<u>2</u> 级 | |
| | | 说明： | |

### 5. 注意事项

在使用 3U-MEMO 一段时间后，人们很容易陷入心理疲惫期，备忘录被束之高阁，或者勉强记录而疏于改善。其实，3U-MEMO 的使用人员应谨记以下两点。

1）持之以恒

如果人们每天都去现场，每天有新的发现，每天做好 3U-MEMO，毋庸置疑，长期坚持下来，人们将观察到许多改善点。而进行这些改善就意味着将收获无数可喜的成果。

2）3U-MEMO 只是记录短时发现

备忘录上记录了问题点、人们对问题根源的分析和改善策略，但它仅仅是一种观察和短暂思考，不能确认它是否可行，更不会只是因为有了它而带来明显改善。

因此，记录之后更重要的是验证思路的可行性，协调资源进行有效的改善。

# 第8章
# 6S 推行 5：素养培育指南

素养，就是人们遵守规则，养成自然而然地做事的习惯。这对 6S 推行至关重要。漫不经心、不修边幅的人，如何指望他能够认同并做好 6S 呢？在素养的养成上，除教育以外，还需要有奖惩措施，直到形成习惯为止。

## 8.1 素养的内涵

整理、整顿、清扫、清洁是素养的基础，完成了前面的活动素养基本上也就形成了。

### 8.1.1 素养的定义

所谓素养就是能够遵守既定规则。清理不用的物品，用完工具放回原位，按标准完成设备清扫就是遵守规则。若企业人人都能遵守规则，将是一件很了不起的事。

**1. 培养素养的目的**

培养素养的目的如下：

➢ 人人遵守规章制度。

➢ 不用强求，人人能够自然而然地遵守规则。

➢ 推动全员积极、主动地贯彻整理、整顿、清扫制度。

**2. 素养的作用**

素养的作用如下：

➢ 促进人人养成维护现场环境的习惯。

➢ 提升人们的效率意识、成本意识、品质意识和安全意识。

➢ 提升前面的 4 个 S。

➢ 使员工按标准作业。

➢ 创造和谐的团队工作氛围。

➢ 提高全员文明程度、礼貌水准。

### 8.1.2　素养的范围和内容

培养素养的对象是人。遵守 3S 规则，素养也就基本上做到了，但在实际管理中，人们需要遵守的规则远不止于此。如遵守时间、见面问好、遵守礼仪规范等，既包括企业外的，也包括企业内的，还有社会习俗等。笔者在这里做一个简要的归类，如表 8-1 所示。

表 8-1　素养的范围和内容（示例）

| 范围 | 内容 | 目的 |
|---|---|---|
| 国家法律法规 | • 宪法<br>• 交通法律法规<br>• 劳动法 | 能够自觉遵守 |
| 企业制度 | • 员工手册<br>• 行业规则、标准<br>• 生产、质量、行政等部门管理制度<br>• 安全生产管理制度 | 熟悉相关制度，认同企业文化 |
| 3S（整理、整顿、清扫）规则 | • 不要物处理<br>• 工器具拿取与归还、物料放置、成品放置、作业规范、设备点检标准、设备清扫标准书等各类标准书的使用<br>• 各类看板、标识的使用<br>• 先进先出、红牌作战、清扫工具的使用<br>• 异常程序控制 | 能看、能懂、能遵照执行 |
| 常识 | • 团队议事<br>• 守时<br>• 礼仪规范<br>• 待人接物 | 能尊重他人，提升自身形象，提升企业形象 |

### 8.1.3　素养的标准：以 3S 为基础

6S 推行委员会及小组应就素养的标准进行界定，否则容易导致素养标准过于宽泛，抓不住提升素养活动的核心。素养应以 3S 为基础，形成可执行的素养标准。

#### 1. 素养应以 3S 为基础

整理、整顿、清扫是展开素养教育的基础。素养教育与 3S 的关系如图 8-1 所示。

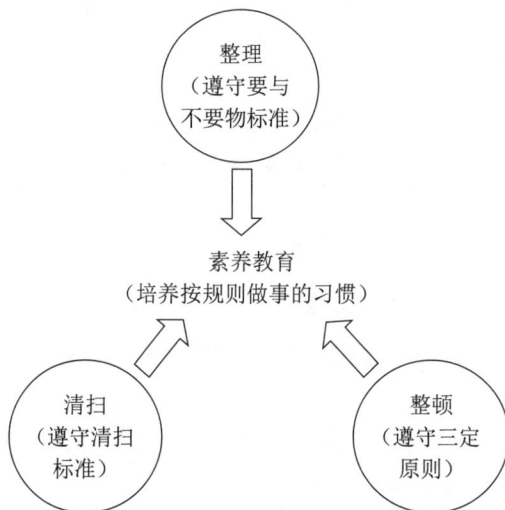

整理
（遵守要与不要物标准）

素养教育
（培养按规则做事的习惯）

清扫
（遵守清扫标准）

整顿
（遵守三定原则）

图 8-1　素养教育与 3S 的关系

1）整理与素养的关系

整理即丢弃不需要的物品，但哪些是不需要的物品，不是由人们随意判断的，为此要制定"不要物"标准。按照这个标准严格执行，就是素养的体现。

2）整顿与素养的关系

整顿是通过三定使物品拿取、归位准确和方便。员工在工作中严格按三定要求管理物品，可以促进工作的次序化和工作效率的提高，这也是素养的体现。

3）清扫与素养的关系

清扫对象是什么、如何清扫、清扫效果如何等，需要以清扫标准为依据。如果不能按清扫标准执行，那么清扫是很难做得彻底的。严格执行清扫标准，并养成良好的清扫习惯，是判断员工素养高低的准则之一。

### 2. 形成可执行的素养标准

素养的概念是较为抽象的，它描述的是一种状态。6S 推行人员应总结规律，形成一些可执行的素养标准和促成习惯养成的办法，以帮助企业提升全员素养。素养标准（示例）如表 8-2 所示。

表 8-2　素养标准（示例）

| 范围 | 内容 | 标准 | 习惯养成方法 |
|---|---|---|---|
| 国家法律法规 | 交通法规 | • 红灯停、绿灯行，不闯红灯<br>• 按交通规则行驶<br>• 车停在停车位上，不乱停车 | 交通法规教育、考试 |
| 企业制度 | 员工手册 | • 按时出勤<br>• 不迟到，不早退<br>• 穿着工装，佩戴工牌<br>• 互相帮助<br>• 完成目标 | • 企业文化认同<br>• 行政督导 |
| 企业制度 | • 行业规则以及标准生产、质量、行政等部门管理制度<br>• 安全生产管理制度 | • 胜任岗位技能，接受挑战<br>• 熟悉本岗位的各类行业标准，如 ISO 标准等<br>• 高的计划达成率<br>• 高的行政效率<br>• 动火作业规范 | • 创建企业文化<br>• 员工参与制度建设<br>• 严格执行制度 |
| 3S 规则 | 不要物处理 | • 领用规范，不浪费<br>• 养成随时整理的习惯<br>• 个人垃圾及时清理 | 6S 指导 |
| 3S 规则 | 工器具拿取与归还 | • 30 秒内找到所需之物<br>• 使用后擦拭干净并放回原位<br>• 标签损坏及时更换 | • 6S 巡查<br>• 早晚会教育 |
| 3S 规则 | 物料放置与成品放置 | • 能够将不同物料放置在各自标示区域内<br>• 区分良品与不良品，并放置于各自区域内 | 拿取归位 |

| 范围 | 内容 | 标准 | 习惯养成方法 |
|---|---|---|---|
| 3S 规则 | 作业规范 | • 在现场通道内行走,不抢道、不乱跑,遵守通行规则<br>• 不在虎纹线区行走或站立<br>• 在定置的作业区域内作业<br>• 依照作业指导书作业<br>• 遵守拖车使用规范<br>• 按规定搬运物料 | • 现场巡查与指导<br>• 早晚会教育<br>• 培训<br>• 优秀班组评比 |
| | 设备点检标准 | • 熟悉各项点检内容及原理<br>• 按照点检路线实施点检<br>• 逐一点检设备各部位,无遗漏<br>• 点检记录清晰准确<br>• 设备螺丝松动及时紧固<br>• 设备点检发现异常能够修复或及时上报 | • 专项培训<br>• 示范指导<br>• 实操演练 |
| | 区域与设备清扫 | • 能够完成每日 6S 清扫<br>• 作业后现场垃圾随时清扫<br>• 交接班设备操作台清扫干净<br>• 操作台旁垃圾筐及时清理<br>• 发现问题,并用合理化建议消除污染源 | • 6S 巡查<br>• 寻宝活动<br>• 优秀班组和个人评比<br>• 改善提案活动 |
| | 设备作业指导书及看板 | • 熟悉设备结构及运行原理<br>• 能够进行简单维修<br>• 按照设备作业指导书和看板操作 | • 岗位培训<br>• 看板培训 |
| | 各类看板 | • 能够注意到看板<br>• 能够熟悉看板内容<br>• 能够按照看板内容作业和执行<br>• 看板没有灰尘 | 专项培训 |
| | 各类标识 | • 看到禁止性标识,能做到令行禁止<br>• 熟练依照区域标识找到现场<br>• 能够按照设备运行状态悬挂维修、停止、作业标识<br>• 依照仪器仪表标识,调节设备<br>• 熟悉安全标识的含义<br>• 行走时、作业时能够注意到安全标识并规避 | • 培训与指导<br>• 班组学习 |
| | 先进先出 | • 遵守物料管理规定<br>• 遵守物料先进先出管理规定 | • 6S 巡查<br>• 车间培训与学习 |
| | 红牌作战 | • 不抵触红牌<br>• 能够改善红牌指出的问题 | • 改善提案活动 |
| | 清扫工具 | • 积极开发清扫工具<br>• 工具使用后擦拭干净,放置于固定位置<br>• 工具报废后,不乱丢弃,集中处理 | • 6S 巡查<br>• 班组 6S 活动 |
| | 异常程序控制 | • 能够承担责任<br>• 熟悉异常程序控制<br>• 按照异常程序控制规范执行 | • 培训<br>• 实战演练 |

续表

| 范围 | 内容 | 标准 | 习惯养成方法 |
|---|---|---|---|
| 3S 规则 | 安全 | • 遵守操作规范<br>• 不跨工种作业<br>• 现场通道内，不并排行走<br>• 穿戴劳保用品，不在现场随意放置劳保品<br>• 作业中戴安全帽<br>• 穿戴特种作业装备<br>• 熟悉最近的消防器材位置<br>• 熟悉消防知识，会使用灭火装置 | • 班组管理<br>• 岗前检查<br>• 安全巡查 |
| 常识 | 团队议事 | • 用语文明<br>• 积极建言<br>• 准时参加<br>• 会上讨论，会后不说<br>• 不拉帮结派 | • 团队培训<br>• 团建活动 |
| | 守时 | • 出勤、参会准时<br>• 会客、见面准时 | • 培训<br>• 惩戒 |
| | 礼仪规范 | • 仪容仪表整洁干净<br>• 行为举止得体<br>• 就餐排队，出车间排队，出入电梯排队，出入会场排队<br>• 公共场所、工作场所不大声喧哗 | • 礼仪规范培训<br>• 宣传及礼仪规范看板<br>• 行政督导 |
| | 待人接物 | • 尊重他人<br>• 礼貌待人<br>• 举止优雅<br>• 爱惜物品 | • 企业文化培训<br>• 标语展示，文化宣传看板 |
| | 爱护环境 | • 不乱丢垃圾<br>• 主动拾起见到的垃圾 | • 环境宣传<br>• 卫生大扫除<br>• 卫生检查 |

　　素养的标准可以由各部门按本部门的业务确定，然后由 6S 推行人员统一筛选分析，合并同类，保留差异。素养标准切忌求大求全、毕其功于一役，因为养成习惯是一个长期的过程。

# 8.2　培养素养的行动方案

## 8.2.1　培养素养的步骤

培养素养的步骤如图 8-2 所示。

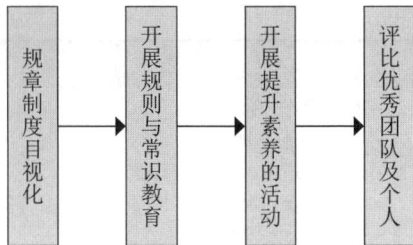

图 8-2　培养素养的步骤

### 1. 目视化规章制度

对于企业制定的各种规章制度，以及 6S 推行中制定的制度，还有员工行为准则等，可选取关键内容、条例制作成图表、展板、标语和卡片等形式丰富的宣传和学习材料。员工一眼就看到，一看就明白，由眼及心，自动自发地遵守。

仓库管理制度展板如图 8-3 所示。

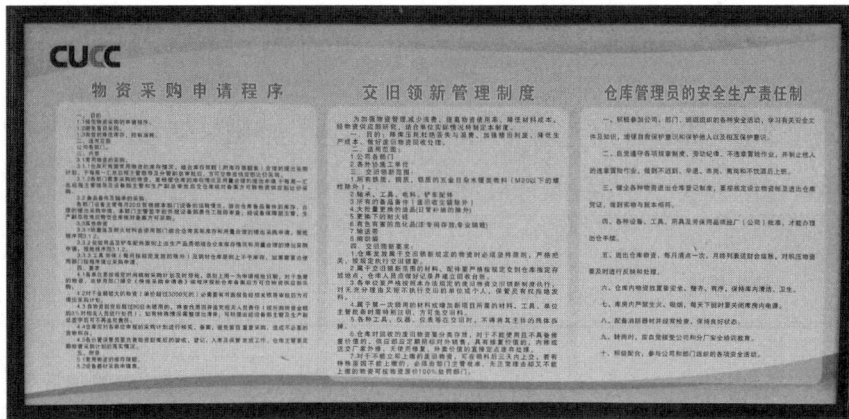

图 8-3　仓库管理制度展板

清晰的流程配以简要操作步骤，员工可以迅速掌握操作规范，且经过多次目视学习后，能够牢牢记住，即使新人也可以快速学习和掌握。

### 2. 展开规则与常识教育

素养教育包括两大块内容，分别是制度教育和常识教育。要定期组织员工学习规章制度和开展常识教育。

要消除员工对制度的恐惧心理，让大家明白制度的约束是双向的，它一方面是对企业的约束，另一方面是对员工的约束。

通过学习规章制度，员工更加敬畏规则。在企业中，任何人都要遵守制度，没有例外。

通过学习制度，新员工可以快速融入企业，老员工更加认同企业价值观，明确自己所在的企业是一家什么样的企业。

通过学习制度，员工的各项能力，包括岗位技能、组织能力、协作能力等能够得到快速提升。

常识教育则要循循善诱，通过大量实例和场景教育，潜移默化地影响员工的心智模式和行为，促使其做出改变。

制度学习可以以部门、车间、班组为单位，每月或半年举行一次。对于重要的制度，学习之后组织员工写培训感想，探讨自己对制度和价值观的理解和看法，对于优秀的要予以奖励。

### 3. 开展提升素养的活动

开展一系列提升员工素养的活动，让员工亲身参与进来，可以提升员工对规则的认同感，以及在规则之下的执行力度。除 6S 优秀团队评比、6S 改善提案活动之外，笔者还总结了一些提升素养的活动。

（1）优秀素养事例展示。6S 推行人员深入现场发掘一些优秀素养的事例，拍照保存。在 6S 宣传栏上予以展示。现场物品搬运行为展示如图 8-4 所示。

正确行为：地板架使用拖车搬运　　　错误行为：用手搬运地板架，存在搬运浪费和安全隐患

图 8-4　现场物品搬运行为展示

通过这样的宣传，人们可以一目了然地知道正确的搬运方式，以及错误的搬运方式和危害。

（2）6S 大脚印活动。早晚会上，班组长邀请 6S 推行表现优秀的员工站在大脚印上发表感言，以鼓舞团队士气和分享经验。

（3）知识竞赛。就某一制度、6S 活动主题，组织各部门开展知识竞赛，提升员工参与制度建设的热情。

（4）技能比武大赛。以车间为单位举行技能比武大赛，积极营造全员技能大比拼的氛围。

（5）开展文明月活动。确定一些不同的主题，如"早安活动""感谢活动""清洁身体活动"，全方位提升员工精神风貌。

（6）赋能培训。各部门、各车间选拔优秀员工参加赋能培训，以使其熟悉周边工作流程，提高协作能力和解决问题的能力。

每一项活动都应制定相应的制度，其中特别要明确奖励规则。

### 4. 评比优秀团队及个人

6S 推行活动或其他提升素养活动要评出优秀团队和个人。这样做的目的，一方面奖励先进，鞭策后进；另一方面树立标杆，让其他团队参照学习。

在 6S 推行活动中，要维持两周一标杆频率，评比出 6S 推行优秀团队，还要评出优秀标兵，同时也要评出最后一名，做重点指导。要对这些人员所在单位的主管、部门经理或车间主任实施奖惩。

通过制度和操作常识教育、实践活动和评优活动等，可以极大地促进员工养成遵守既定规则的习惯。

### 8.2.2　素养培养与责任人

谁将接受素养教育、又由谁执行素养培养，这些内容须在素养教育实施之前就考虑周全。

6S 推行是全员性的，需要靠每个人努力实施。如果一个员工或领导干部不遵守规则，就会造成周围的人也不遵守规则的局面，那么素养活动就无法持续开展了。上至高层领导，下至普通员工，都应纳入素养培养中。

#### 1. 领导干部以身作则

领导干部应在素养培养活动中以身作则，发挥模范带头作用。具体要做到以下几点：

➢ 严格遵守 6S 推行相关制度和规范，并积极落实到日常工作中。

➢ 保持开放的心态，接受来自下属的监督，接受 6S 推行组织的建议和指导。

➢ 勇于承担错误和责任。知不足而后改的态度，能够让自己改善工作，并给员工树立好的榜样。

为了保证领导干部起带头作用，6S 推行委员会要加强监督和奖惩力度。

#### 2. 培养素养的责任人

素养培养由谁来执行？通常在 6S 推行中将责任人分为 3 类：6S 推行委员会、管理人员和员工。

1）6S 推行委员会的教育培训责任

6S 推行委员会是推行 6S 主要负责机构，自然也担负素养教育的责任。那么，6S 推行委员会承担怎样的责任呢？

➢ 负责制订素养教育监督、指导计划。

➢ 负责制定员工日常行为规范。

➢ 负责监督素养教育计划执行情况。

➢ 负责监督各类素养规范执行情况。

➢ 负责员工素养评估、检查和改善工作。

需要指出的是，6S 推行委员会要想履行监督责任，应有来自高层的授权，以减少工作阻力。

2）各类管理人员的教育培训责任

管理人员包括总经理办公室、生产等各部门以及更低层级的组织，如车间和班组的管理人员。各类管理人员教育培训责任如下：

➢ 负责参与本部门教育培训计划的制订，并提出参考意见。

➢ 负责监督本部门教育培训计划执行情况。

> 负责参与本部门员工素养评估、检查和改善工作。

> 负责本部门素养活动的开展。

3）员工

在素养培养中，员工本人也应负有相应的责任，例如，对于日常行为、交际礼仪等无须过多监督，就能主动遵守和做到。员工素养提升表如表 8-3 所示。

表 8-3　员工素养提升（示例）

| 素养提升 | 组别 | | 姓名 | | 文件编号 | |
|---|---|---|---|---|---|---|
| 年度目标 | | | 月度目标 | | | |
| 达成状况（自评） | | | 达成原因 | | 未达成原因 | |
| 同事确认 | 上级确认 | | | | | |
| | | | | | | |
| 主管确认 | 6S 推行委员会确认 | | | | | |
| | | | | | | |
| 同事评价： | | | 上级评价： | | | |
| 主管评价： | | | 6S 推行委员会评价： | | | |

素养提升表每月月底由员工先自行填写，然后由同事、上级、部门主管、6S 推行委员会进行评价确认，最后传回员工手中。该表不用于考核和评分，旨在发现员工在工作中的优点和不足，并鼓励其积极改善。

### 8.2.3　素养提升活动的检查与考核

经过整理、整顿、清扫、清洁等一系列活动后，员工对 6S 工作已形成一定的认知和理解。要想彻底使员工养成良好的习惯，全面提升素养，还需要规范素养管理。

#### 1. 建立员工素养模型

在 6S 推行中对素养的考核与检查由 6S 推行人员负责，后期可以逐步移交给车间、行政部。为了便于检查和考核，应建立相应的员工素养模型。素养模型既要反映员工的基本素养，又要促进员工素养提升。员工素养模型如表 8-4 所示。

表 8-4　员工素养模型

| 项目 | 素养水平 | 分数（分） |
|---|---|---|
| 作业技能 | 0. 无法按操作标准作业<br>1. 能够按照操作标准作业<br>2. 能够按照操作标准作业，且知道为什么这样做<br>3. 能够按照操作标准作业，知道原理，且在作业中能够发现改善点，并实现改善或上报 | |
| 作业行为 | 1. 不按规定穿戴劳保用品，不遵守 3S 与安全规范<br>2. 需要提醒，按规定穿戴劳保用品，遵守 3S 与安全规范<br>3. 不需要提醒，按规定穿戴劳保用品，遵守 3S 与安全规范<br>4. 互帮互助，班组形成良好的作业习惯 | |

| 项目 | 素养水平 | 分数（分） |
|---|---|---|
| 日常行为规范 | 1. 在工作场合，大声喧哗，外表邋遢<br>2. 在工作场合，不大声喧哗，仪容仪表整洁干净<br>3. 在不同场合，言语、行为、仪容仪表得体<br>4. 认同企业文化，能够自觉维护企业形象 | |
| 团队合作 | 0. 在工作中或 6S 推行中我行我素，不与他人沟通<br>1. 愿意与他人合作，与团队中其他成员分享信息和知识<br>2. 愿意帮助团队中其他成员解决问题，或主动向他人寻求帮助<br>3. 愿意服从和接受企业安排的传帮带活动 | |
| 学习能力 | 0. 在专业上停滞不前，工作中或 6S 活动中不注意向其他人学习<br>1. 在工作中或 6S 活动中，愿意并善于向其他同事学习<br>2. 执行自己不太熟悉的任务时，如 6S 管理，通过学习获得必备的工作知识或技能，尽快适应新的工作要求<br>3. 深入了解当前最新的知识和技能，如 6S 管理，并努力适应和掌握 | |

**2. 考核与指导**

在推行 6S 期间，6S 推行人员或督导人员每日巡视现场，检查和纠正不规范的作业行为。长期的、不间断的巡查能够强化员工的行为意识。

6S 推行后期或结束后，依据员工素养模型评价员工素养水平，并纳入当月的绩效考核之中。

# 8.3　培养素养的工具与策略

有些企业在推行过前 4S 活动后，仍然还停留在表面的打扫地面、擦拭设备、整理资料等工作上。要想使前 4S 工作真正深入员工的意识和习惯中，还须通过提升素养活动来实现。

## 8.3.1　晨会制

晨会又称早会，是生产企业常用而又特殊的一种会议方式。

**1. 概述**

晨会制，是指在早班前约 10 分钟，召集全体生产作业人员进行信息交流、工作安排和相互问候，以达到鼓舞士气、明确工作任务的目的。

**2. 适用范围**

➤ 期望全体员工都养成遵守规章制度的良好习惯时。

➤ 期望建立班组文化，有利于团队建设时。

➤ 期望培养全体员工文明礼貌的行为时。

➤ 期望全体员工树立良好的精神面貌时。

➤ 事先进行工作安排，以提高工作布置效率时。

➢ 锻炼干部的表达、沟通能力，提高其管理水平时。

### 3. 晨会的设计与推广

企业应设计有自己特色的晨会，不同的企业文化，晨会的形式和内容也是不同的。6S 推行委员会应借助 6S 活动，重新审视和设计各部门的晨会。晨会的设计和推广如表 8-5 所示。

表 8-5　晨会的设计和推广（示例）

| 序号 | 推行环节 | 日期 | 操作说明 | 成果提交 |
|---|---|---|---|---|
| 1 | 填写日工作时间表 | 9 月 10 日 | 1. 填写日工作时间表，养成在相应的时间内做相应的事的习惯<br>2. 必须安排每日 10 分钟早会、10 分钟 6S 活动<br>3. 主管必须每日填写该表格，养成时间观念 | — |
| 2 | 确定内部晨会启动时间 | 9 月 10 日 | 1. 考虑交接班的情况，确定本部门的晨会时间<br>2. 一车间、二车间和成品仓库在 12 日正式启动内部晨会<br>3. 晨会安排在早上比较合适 | — |
| 3 | 设计晨会流程 | 9 月 11 日 | 在 6S 推行小组提供的"每日晨会流程"的基础上，确定本部门晨会的流程 | 每日晨会流程 |
| 4 | 设计晨会口号 | 9 月 11 日 | 设计一个比较合适的晨会口号 | 提交晨会口号 |
| 5 | 启动晨会 | 9 月 12 日 | 一车间、二车间和成品仓库作为第一批启动晨会的车间 | — |
| 6 | 修改与完善晨会制度 | 9 月 12 日后 | 1. 一车间、二车间和成品仓库的车间主管每日将晨会中的问题进行汇总，并提出改善方案<br>2. 对于自认为不能解决的问题，车间主管可将问题反馈给 6S 推行小组，由 6S 推行小组成员提供辅导 | 晨会总结与改善意见 |
| 7 | 全面推广晨会制度 | — | 一车间、二车间和成品仓库的晨会制度成熟以后，工厂其他车间全面推广并启动晨会制度 | — |

晨会的设计和推广要速战速决，先选择一两个车间试点，然后全面推广。在晨会的设计过程中，着重考虑晨会的流程。晨会流程设计如表 8-6 所示。

表 8-6　晨会流程设计（示例）

| 序号 | 流程步骤 | 说明 |
|---|---|---|
| 1 | 晨会前准备 | 1. 在晨会之前厘清晨会召开的流程<br>2. 准备好在晨会上将要说明的主题及相关材料 |
| 2 | 企业精神和事迹传达 | 1. 以一个生动的、在企业内或车间内发生的故事作为晨会的开头，这样能调动员工的兴趣<br>2. 将企业精神、企业最新的制度、企业未来发展目标等信息及时传达给员工，让员工在企业中有参与感 |
| 3 | 本部门需要表扬的事情 | 对于本部门内需要表扬的事情要单独提出来表扬 |
| 4 | 可以进行哪些改善活动 | 对于当下存在的问题进行说明，并鼓励员工积极改善 |
| 5 | 本日工作任务分配和协调 | 简单介绍一天的工作任务分工，让员工做好准备，对员工提出的问题进行协调 |

续表

| 序号 | 流程步骤 | 说明 |
|---|---|---|
| 6 | 重点工作技能和方法说明 | 在晨会上对一些重点的工作技能和方法进行介绍与指导，了解员工技能掌握状态，向员工提供辅导，这对员工来说也是一种有效的激励 |
| 7 | 喊口号，做代表性动作 | 在晨会结束后，喊出每天晨会的口号或做代表性动作，起到激励、振奋大家精神的作用 |

### 4. 示例

晨会的应用包括三个方面，即公司月晨会、部门周晨会、班组日晨会，如表8-7所示。

表 8-7 晨会（示例）

| 晨会 | 公司月晨会 | 部门周晨会 | 班组日晨会 |
|---|---|---|---|
| 时间 | 每月第一天<br>早班前 10 分钟 | 每周一<br>早班前 10 分钟 | 每周二至周日<br>（每月第一天除外）<br>早班前 10 分钟 |
| 地点 | 公司内空地上 | 各部门指定地点 | 班组前 |
| 主持人 | 公司高层领导 | 部门主管 | 班组长 |
| 晨会内容 | 1. 总结公司上月 6S 推行情况和生产情况<br>2. 介绍公司本月 6S 推行重点和生产计划<br>3. 表彰上月先进部门，批评落后部门<br>4. 全体员工齐声喊公司 6S 口号 | 1. 总结部门上周 6S 推行情况和生产情况<br>2. 介绍部门本周 6S 推行重点和生产计划<br>3. 表彰上周先进班组，批评落后班组<br>4. 部门员工齐喊公司 6S 口号 | 1. 点名<br>2. 总结班组前一日工作情况，指出不足<br>3. 传达当日生产任务和上级指示<br>4. 邀请表现突出的员工站到"6S 大脚印"上介绍经验和做法<br>5. 班组人员齐喊公司 6S 口号 |
| 注意事项 | 1. 全体员工准时到场<br>2. 统一穿工作服，佩戴胸卡<br>3. 精神饱满，列队整齐 | 1. 与会人员准时到场<br>2. 统一穿工作服，佩戴胸卡<br>3. 精神饱满，列队整齐 | 1. 班组人员准时到场<br>2. 统一穿工服，佩戴胸卡<br>3. 整齐排成两列横队 |
| 备注 | 各部门负责检查本部门员工的出勤情况，并上报人事部 | 各班组负责检查本班组的出勤情况，并上报给部门主管 | 点名情况计入考勤 |

### 5. 注意事项

晨会的主持者通常为本单位主要负责人，负责提前准备并主持召开第二天晨会。召开晨会时需要注意以下事项：

➤ 严格控制时间。晨会要控制好时间，议题简明扼要，直奔主题。时间过长，无法起到激励的作用。

➤ 全员出勤。所在单位的人员必须全体出席晨会，以保证整个团队的士气得到提升。

➤ 以激励为主，批评为辅。主持人应充分认识到，晨会目的之一是激励作业人员有个好的开始。如果批评过多，则容易导致作业人员在工作中萎靡不振。

晨会接近尾声是答疑和记录环节。答疑即确认员工是否准确理解指令，以确保指令传达到位。记录指在晨会结束后进行记录，以保存会议成果。

### 8.3.2　仪容仪表

6S 活动打造了清爽的工作环境，相应的个体也应积极保持良好的形象与之匹配。得体的言行和积极的精神风貌代表着个体形象和企业形象，能够给同事、上级、下级、客户、社会大众留下良好的印象。

#### 1. 注重日常仪容仪表的整理

每个人每天都应审视自己的仪容仪表，以确保自己处于最佳状态，让自己心情愉悦地投入当天的工作中。不论从哪个角度来看，得体的仪容仪表都会提升个人绩效。

6S 推行人员应将仪容仪表也纳入清洁检查表中，以促使员工养成整理仪容仪表的习惯。

#### 2. 遵守工作中的着装、仪表规范

统一着装、佩戴工卡，特殊作业严格按要求着装等，是很多企业对员工的要求。事实上，这也是清洁的要求。作业人员着装如图 8-5 所示。

作业人员穿着工装，佩戴工牌（标准）　　　　作业人员身穿便装（不标准）

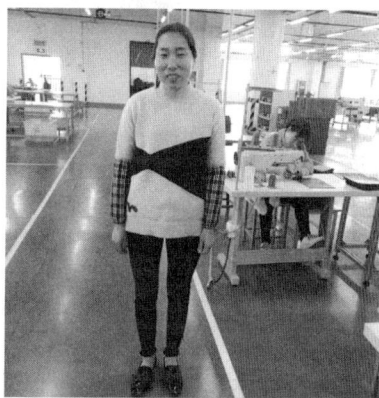

图 8-5　作业人员着装（示例）

统一工装使整个队伍看起来整齐划一，精神饱满，给人以锐意进取、团结一心的印象。此外，统一的着装、标准的仪表，也是工作内容的要求。例如，食品制造车间、无尘车间等，对着装、仪表的整洁度有极高的要求。如果不能按要求保证个人卫生及着装，会影响产品的质量。

#### 3. 确定员工日常行为礼仪规范

没有规矩，不成方圆。素养培养中要对员工都认同的行为礼仪规范进行总结，制定人人都认可的规则，然后共同遵守。

6S 推行人员组织行政部门编制常用礼仪规范与制度。完成后，应立即推广执行。其中着装规范、仪容仪表要求以目视化方式呈现出来，便于员工与之对照，调整自己。

### 8.3.3　6S 大脚印

6S 大脚印由日本的 6S 发展而来，是现场管理的一种工具。

## 1. 概述

在海尔，班组的工作现场有一幅 60 平方厘米图案，红框、白底，印一双绿色大脚印，站在上面，能够看到一幅写有"整理、整顿、清扫、清洁、素养、安全"的醒目标牌，这个脚印被称为"6S 大脚印"，如图 8-6 所示。

图 8-6　6S 大脚印

## 2. 适用场合

➢ 持续激励基层员工，使其每日都保持高昂士气时。

➢ 管理层出于某些原因，需要树立标杆时。

➢ 鞭策后进，改善下属业务能力时。

➢ 让优秀员工的经验得到传递和分享时。

## 3. 实施步骤

6S 大脚印在海尔取得了很好的效果，鼓舞了员工的士气。在 6S 推行中，我们也可以借鉴海尔的 6S 大脚印法。开展 6S 大脚印活动，应遵循步骤进行。6S 大脚印推行步骤如表 8-8 所示。

表 8-8　6S 大脚印推行步骤

| 步骤 | 责任人 | 要点说明 |
|---|---|---|
| 推行组织确定 | 6S 推行委员会 | ① 6S 大脚印组织人员，由 6S 推行委员会指派<br>② 在 6S 推行委员会内部挑选负责人<br>③ 在 6S 推行小组内选拔具体的执行人员<br>④ 明确 6S 大脚印组织的责任分工 |
| 6S 大脚印宣传 | 6S 推行委员会 | 企业领导在晨会上向全体员工介绍海尔 6S 大脚印及其取得的效果，并宣布在企业实行 6S 大脚印法 |
| 6S 大脚印图案设计 | 6S 推行委员会 | 6S 大脚印推行组织设计 6S 大脚印的图案，统一给每个班组绘制 |
| 6S 大脚印试点和推广 | 6S 推行委员会 | 6S 大脚印可以先在优秀班组进行试点，6S 大脚印推行组织就推行期间出现的问题给予纠正和指导，试点班组运用熟练后向全厂推广 |

6S 大脚印通过表彰优秀、鞭策后进，起到激励作用，使员工更加热衷于 6S 推行。

### 4.应用

在海尔，如果有谁未能做到 6S 中的任何一项内容，在班会上，就要站到这两个脚印上，进行自我反省，班组长说明情况并教育批评。即使会议结束，站在 6S 大脚印上的员工如果没有得到班组长的允许是不可以离开的。这是海尔羞耻文化的一种体现。

但随着海尔规模不断扩张，这种负激励受到了来自海外团队的抵触。经过反思，海尔改变了策略，每日当班表现优秀的员工要站在脚印上介绍自己的先进经验，把好的工作方法同大家分享，同时保留了反省的功能。6S 大脚印由负激励逐渐转向正、负激励相结合，这对提升员工素养有极大的帮助。

海尔集团美国南卡工厂的 6S 班前会上，管理人员对员工说："按照 6S 的要求，我们每天要对现场进行清理。有人做得比较出色，今天我们要把她请出来，希望大家能够按照她的方式，严格处理自己的工作现场。"

一位女工走出队列，站到 6S 大脚印上说："今天站到这个地方我非常激动。我注意保持安全、卫生、高质量，在这方面我尽了最大的努力。对我的表扬是工厂对我的工作的认可，我非常高兴。在今后的日子里我会继续努力，为海尔贡献我的力量。"

这是海尔 6S 大脚印法在实践中的具体应用。与之遥相呼应的是"大野耐一圈"。

前丰田汽车公司社长、丰田生产方式创始人大野耐一为了使公司各级员工全部参与到消除浪费的活动中，他拿粉笔在地上画了个圆圈，然后让管理者站在其中，训练他识别某个工作区域所存在的浪费现象。这就是"大野耐一圈"。员工长期进行大野耐一圈的练习会增强问题意识和发现问题的能力。

曾任北美地区丰田汽车制造公司总裁的箕浦照幸是直接向大野耐一学习丰田生产方式的人，他就经历过"大野耐一圈"训练。第一天训练时，大野耐一要求他在工厂的地板上画一个圆圈，并告诉他"站在那个圆圈里，观看操作流程并自行思考"。训练时，大野耐一甚至没有提示他要观看什么。一个上午过去了，箕浦照幸感到烦躁了，因为他看到的仅仅是一些重复的简单工作；一个下午过去了，他看到的仍然是那些重复的简单工作。这时他终于忍耐不住，向大野耐一抱怨："我的督导在做什么？难道我的学习就是这样的吗？您这是训练还是显示权威？"

大野耐一并没有丝毫生气，而是问道："你在那里看到了什么，以及对那个生产流程有没有什么想法？"然而，箕浦照幸无法回答大野耐一的问题。

大野耐一向箕浦照幸解释他无法回答的问题，并用图表的形式，将整个流程图展现在箕浦照幸的面前，让他更清楚、直观地认识到问题的所在。直到此时，箕浦照幸终于明白了：现场是所有信息的来源。要想成为一个合格的管理人员，就必须了解现场，因为现场是最重要的地方。

该方法强调现场的重要性，鼓励员工到现场观察并发现浪费现象，进而找到浪费的原因。员工在圈内的观察时间有的几十分钟，有的长达几小时，直到他找到浪费的现象。

随着活动的进行，可发现的问题越来越隐蔽，观察的时间随之增加，活动的开展也会愈加困难。当然这也是值得的，一旦经过长时间的、多次的练习，掌握观察的技巧后，找到问题就会很容易。

圆圈的位置要视野开阔，既能观察到全貌，又能仔细观察到局部。

大野耐一圈对提升员工素养有积极的作用。员工通过不断的练习，发现并努力解决浪费现象，本身就是对自身发现问题、解决问题能力的培养，这有助于员工养成良好的工作素养。

6S 大脚印与大野耐一圈之间既有传承也有创新，无论是哪种方式，只要应用得当，便都能够提升员工的素养。

### 5. 注意事项

6S 大脚印法被许多企业所应用，有的效果出色，有的则效果平平。这需要企业在推行 6S 大脚印时，一方面要牢记 6S 大脚印是为了分享经验和激励员工，而不是为了其他目的；另一方面要充分下沉，6S 大脚印所有内容要围绕员工的实际工作而展开。

### 8.3.4 红线制度

制度的执行力度对 6S 推行非常重要。6S 推行中经常会遇到方方面面的问题，最突出的问题就是不配合、不服从、不重视。一些人从心理上拒绝改变，认为增加了工作量，原来做得也挺好，没必要推行 6S；一些人把推行人员交代的任务放在一边，或是阳奉阴违；一些人则敷衍了事，觉得影响了主要工作，认为 6S 活动是一阵风，打扫打扫卫生就过去了。这类人中既有普通员工，也不乏企业高层领导。不解决这类人的问题，6S 推行是很困难的。

这个时候就要坚守制度红线，该奖励的奖励，该惩罚的惩罚，让所有人尊重规则、遵守规则，同时树立 6S 推行组织的权威。

### 1. 规则之下没有例外

有句名言："对于一个上班迟到的人来说，你如果不惩处他，那么工厂里其他所有人也就都有了迟到的理由。"这句话告诉我们，一旦有一次例外发生，便会有接二连三的例外，于是例外就会成为惯例，提升员工的素养也就成了奢望。

### 2. 处罚要及时

在 6S 推行中，对于没有完成任务的领导和员工，要在第一时间予以处罚。处罚不及时，不如不处罚。员工犯错时会产生一个"羞愧心的"窗口期，时间一久这个窗口就关闭了。拖几天再处罚，会让被处罚的人觉得这件事情已经过去了，而这时再处罚，他反而觉得多此一举，此时，抗拒的心理要大于羞愧的心理，强行处罚必定会引发冲突。

### 3. 处罚要有理有据

实施处罚前要审慎评估，确定是否符合处罚依据。在处罚员工时要告知其因何受罚，处罚的依据是什么，避免出现员工质疑时，管理者回答模糊不清的情况，这样将会使 6S 推行小组出现信任危机，对后续的推行活动带来难以估量的影响。

### 4. 规避法不责众

人们在"法不责众"的信条之下，认为管理者一定会向他们妥协，"法不责众"成了一块盾牌。遇到这种情况时，6S 推行人员不应陷入与众人的纠缠之中，而要问责部门的一把手，因为在 6S 推行伊始，他们已经立下军令状，且也有相应的 6S 推行奖惩制度，6S 推行小组只需要传递压力，让其处理部门内的冲突。

6S 推行人员依照奖惩制度，对遵守制度、严于律己的员工进行褒奖；对违反制度、消极懈怠的员工进行惩罚。要做到赏罚分明、一视同仁，这样规则才能够彻底落实。

### 8.3.5　现场督导

针对员工的素养培育，现场督导是一种很好的方式。

#### 1. 概述

现场督导是指在现场进行督察与指导。6S 推行人员在现场巡视，寻找违反规则的作业行为，并予以指导，直至被指导对象改正自己的行为，并明白这样做的原因。

#### 2. 适用场合

➢ 提高员工对 6S 的认识，使其明白推行 6S 的意义时。

➢ 配合 6S 推进，以便能够快速取得成果时。

➢ 期望 6S 活动持久推行，而不致中断时。

➢ 提高员工素养，培养他们遵守规则的习惯时。

#### 3. 实施方法

指导要眼见为实，推行人员一味宣传这样做好或不好，但员工看不到，效果就会大打折扣。实施素养培养要把握好工作指导。工作指导是在工作中进行辅助、演示的一种教育手段，它可以让员工直观地看到某个操作的优点和缺点。

1）把握指导的时机

6S 推行小组在向员工发出新的指导时，应在前一天就完成当天的 6S 推行项目的准备，必要时可在晚会上做指导。如果第二天才在晨会上进行准备及作业指导，往往会造成 6S 工作的延误。因而，要做好以下的工作：

➢ 与有关人员进行商议，如班组长。

➢ 事前研究 6S 推行项目的步骤、方法与结果。

➢ 将事项或数据、资料以看板方式展现。

➢ 听取员工的意见，必要时加以采纳。

2）把握指导要点

6S 推行人员在推行 6S 时，要依据 6S 推行计划分解任务，且任务必须合理分配至每一个人。通过这样的方法，员工能了解 6S 推行的具体内容，而不是仅仅停留在概念和口头上。向员工做指导时的要点如下：

➤ 指导应该在现场，而非在办公室里。

➤ 指导应针对不同对象，作业内容、部门不同，6S 教育内容也不同。

➤ 对员工而言，6S 推行初期，会面临各种问题、难点，因而对每个推行步骤都要进行详尽适当的帮助与指导。

➤ 对何时为止、做多少等目标期限（如红牌作战期限）做出确切指导。

➤ 依据 6S 各阶段标准中的要点做出指导，如清扫的标准。

3）用正确的方法指出员工错误

员工在长期的 6S 推行中，难免会出现错误的行为，如桌面不能保持整洁，该丢弃的物品没有丢弃等。此时，6S 推行小组就要指出、提醒员工的这种不当行为。错误指正规范如表 8-9 所示。

表 8-9　错误指正规范

| 流程 | 内容说明 | 备注 |
|---|---|---|
| 阐明规范目的 | 1. 阐述规范目的。与当事人充分说明制定和遵守规范的目的<br>2. 用事实说话。告诉当事人错误发生的详细情况<br>3. 针对具体违反规范的事项，说明其危害及后果 | |
| 指出工作要求 | 1. 协助当事人确定在工作中应遵守哪些规范<br>2. 指导当事人制定工作检查标准，以便进行自检<br>3. 与当事人的沟通完成后，要求当事人立即按要求执行 | |
| 确认遵守现状 | 1. 确认并详细记录所有违规事项的相关内容<br>2. 分析员工为什么不能遵守既定规范<br>3. 总结原因，找出永久性应对策略 | |
| 指导 | 1. 就违反规范的个体，应在沟通后，确定原因和对策<br>2. 指导和监督其重新开展工作 | |
| 检查执行情况 | 1. 检查之前违规员工遵守规范的情况<br>2. 评估员工普遍遵守规范的情况<br>3. 就检查中发现的问题，总结原因，拿出对策 | |
| 再次教育 | 1. 对各类规范进行整理，将普遍无法遵守的规范挑出来<br>2. 总结员工为什么无法遵守这些规范，提出对策<br>3. 召集相关人员，再次围绕规范的目的进行教育 | |

指正员工所犯错误是为了让员工遵守规范，避免再犯。因而，6S 推行人员在指出员工错误的时候要注意方法，可以用严厉批评、提醒、第三方转达等方法；同时深层次分析造成员工不遵守规范的原因，采取对策，从根本上解决问题。

**4. 注意事项**

除利用现场指导教育员工之外，还应做好员工个人成长记录，关注员工的长期发展轨迹，让员工在 6S 管理能力上持续获得提升。这项工作由 6S 推行人员来完成。员工成长记录如表 8-10 所示。

表 8-10　员工成长记录

| 姓名 | 目标 | 成长记录 | | |
|---|---|---|---|---|
| | | 2021.6.30 | 2021.7.31 | 2021.10.30 |
| | 能够对下级进行 6S 指导 | 对所负责区域 6S 进行基本的维护 | 6S 指导能够达到标准的一半以上 | 基本可以胜任对下级的 6S 指导 |
| | 能够维持自己区域的 6S | 很好地完成工具整理工作 | 很好地完成零部件的整理、整顿 | 可以随时拿取和归还工具 |
| | 工作能够按 6S 规范进行 | 用完的物品可以放归原位 | 能够进行自我检查 | 能够每天坚持自我检查 |
| | 工作能够按 6S 规范进行 | 凡事都能事先准备好 | 事后须提醒才进行 6S 维护 | 能够做到事后进行 6S 维护 |

　　企业应视员工素养培养为一个长期的过程，要把推行 6S 与员工的成长结合起来，这样员工的素养会慢慢得到提升，并成为 6S 推行的贡献者。

# 第9章
# 6S 推行 6：安全预防指南

安全是企业永恒的话题。做不好安全管理的企业是无法成就卓越的。6S 推行人员应配合企业安全部门积极完善安全管理工作。

## 9.1 安全的内涵

6S 安全管理以预防为主，杜绝安全事故；事故发生前要准备好应急预案；事故发生后要有改善方案，杜绝事故再次发生。

### 9.1.1 安全的定义

安全是指企业在运营中，清除安全隐患，预防安全事故，保障员工的人身安全，保证生产的连续性，减少安全事故造成的各类损失，并逐步形成企业安全文化。安全管理落实模型如图 9-1 所示。

**1. 安全管理的目的**

➢ 保障作业人员的人身安全。

➢ 保证生产安全，保障生产正常运行。

➢ 降低安全事故带来的损失。

**2. 安全管理的作用**

➢ 为作业人员营造安全、健康的工作环境。

➢ 保障设备、设施安全。

➢ 提高人员消防安全意识和消防技能。

➢ 消除隐藏的不安全因素。

➢ 管理到位，赢得客户信任。

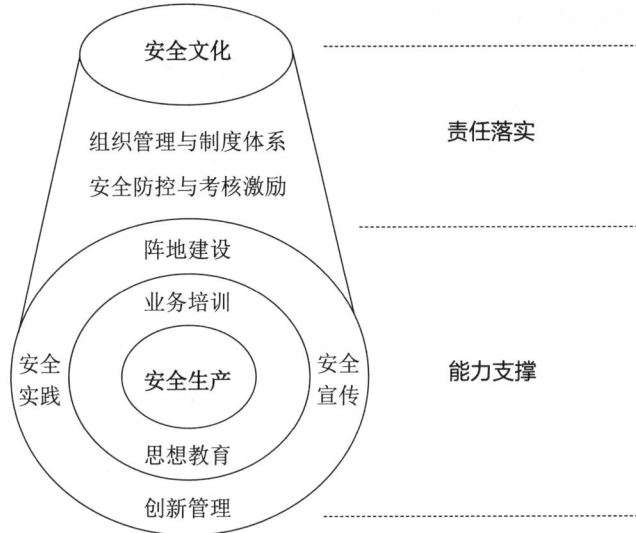

图 9-1　安全管理落实模型

### 9.1.2　安全管理的范围和内容

确定安全管理的范围和内容要先明确企业的安全管理方针，以指明企业的安全管理要达到怎样的目标，同时用以指导安全工作的开展。

安全管理包括人的安全、物的安全和生产安全三方面的内容。人的安全是指在生产作业过程中保证作业人员的安全、健康；物的安全是指保证生产现场各类设施设备和物品的安全；生产安全是指生产过程的安全。安全管理的对象和内容如表 9-1 所示。

表 9-1　安全管理的对象和内容

| 对象 | 具体内容列举 |
| --- | --- |
| 人的安全 | ·工作服合身，袖口、裤脚扎紧，衣扣扣好<br>·工作服没有沾上油污或打湿的现象<br>·不穿拖鞋或容易打滑的鞋进入工作现场<br>·按要求穿戴安全帽、工作手套、安全鞋<br>·使用研磨机等时戴上护目镜<br>·在有粉尘情况下作业，要使用防护口罩<br>·特殊作业环境按照要求穿戴防静电服、防酸工作服、阻燃工作服等<br>·保护用具发生不良状况时，立即向负责人汇报处理 |
| 物的安全 | ·物品摆放不可超出规定的摆放区域<br>·物品码放整齐，堆放时不得超出限高线，避免倾倒<br>·材料、工具等竖立在靠墙或柱旁时，要采取防止其倒下的措施<br>·易燃、易爆、有毒品等危险物品严格按要求放在指定区域，同时标示清楚<br>·工具等放在工装夹具架上时，要放置稳妥，防止掉下来<br>·定期做好机器设备的点检和维护工作 |
| 生产安全 | ·严格按照操作规范进行作业，不违规操作<br>·在机器开动时不与人交谈<br>·停电时务必切断电源开关<br>·共同作业时要有固定的沟通信号<br>·机器设备不能超负荷运转，不使用失灵、运转异常的设备<br>·载送机等由专人进行操作的设备，其他人员不得操作<br>·保持生产环境明亮、整洁，不妨碍作业 |

### 9.1.3 安全管理的标准：预防为主

安全管理标准的构建应围绕健全的安全管理组织、完善的安全管理制度、现场安全 3S 管理、安全教育、安全素养进行。安全管理的标准如表 9-2 所示。

表 9-2 安全管理的标准

| 谁 | 做什么 | 标准说明 |
|---|---|---|
| 安全人员、作业人员 | 安全巡回检查 | • 一天一次巡回检查安全状况<br>• 端正思想，在行为和态度上起到模范作用<br>• 不假装看不见不安全行为，要及时加以指导（劝告）和处理 |
| 全员 | 安全教育训练 | • 每周至少进行一次以上的现场危险预报活动<br>• 将特别需要严格遵守的事项教会下级<br>• 按安全作业标准（操作标准）操作<br>• 劳动保护用具都能按规定要求正确使用<br>• 按培训的要求内容执行并确认执行良好<br>• 进行职业健康教育 |
| 安全人员 | 发生异常和灾害的应对措施 | • 努力及早发现异常情况<br>• 规定异常处理措施标准<br>• 将异常处理方法传授给员工<br>• 将非常情况下的停止方法传授给员工<br>• 规定非常情况下的躲避标准<br>• 将发生灾害时的紧急处理（急救措施）方法传授给员工<br>• 有事故、灾害的原因分析以及对策的实施计划<br>• 记录并保存异常事故、灾害情况 |
| 6S 推行小组 | 基于 3S 的现场安全管理 | • 现场、设备干净整洁，无灰尘<br>• 指导建立安全标识系统<br>• 安全隐患的识别与改善<br>• 指导完善设备的安全防护与标识<br>• 指导完成照明及电气设备的安全管理<br>• 指导完成消防设备、设施的定置、标识和清扫 |
| 安全管理委员会、6S 推行小组 | 安全管理文件 | • 编制安全管理制度<br>• 编制安全标准书<br>• 完成安全标准书的目视化管理 |
| 6S 推行小组 | 安全素养 | • 提升员工安全素养<br>• 提升员工现场发现和改善安全隐患的能力<br>• 培养员工自觉遵守安全管理制度的能力 |

制定安全管理标准是实现安全预防的重要举措。

# 9.2 安全预防活动方案

要想进行现场安全管理，应确定安全预防活动方案。

### 9.2.1　安全管理的步骤

企业的安全活动应按部就班地进行，切忌盲目或无头绪地管理。其中，厘清安全管理流程就尤为重要。

#### 1. 建立安全管理组织

建立高效的安全管理组织，明确各岗位成员职责，有利于提高安全管理水平。安全管理组织的结构如图 9-2 所示。

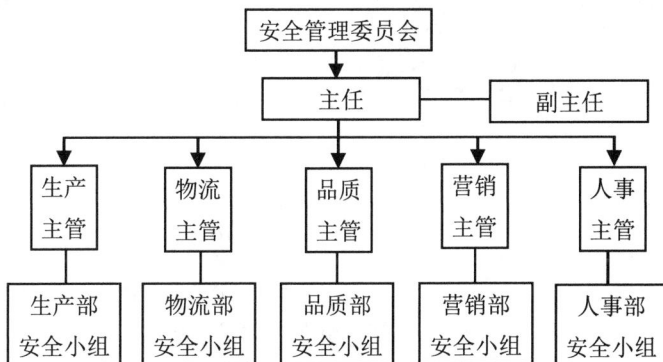

图 9-2　安全管理组织的结构

成立安全管理组织后，还要明确各岗位的职责。

#### 2. 制定安全管理制度

6S 推行委员会与安全管理委员会一起制定安全管理制度，6S 推行小组编制各类安全标准书。制定安全管理制度，能够最大限度地约束企业、员工进行安全作业。安全管理制度的种类如图 9-3 所示。

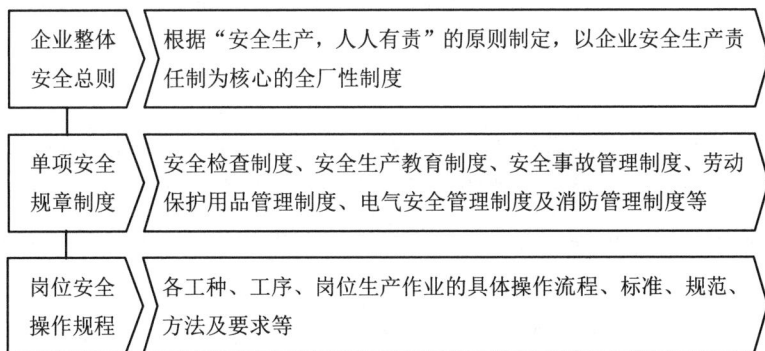

| | |
|---|---|
| 企业整体安全总则 | 根据"安全生产，人人有责"的原则制定，以企业安全生产责任制为核心的全厂性制度 |
| 单项安全规章制度 | 安全检查制度、安全生产教育制度、安全事故管理制度、劳动保护用品管理制度、电气安全管理制度及消防管理制度等 |
| 岗位安全操作规程 | 各工种、工序、岗位生产作业的具体操作流程、标准、规范、方法及要求等 |

图 9-3　安全管理制度的种类

#### 3. 实施安全 3S 管理

针对设备、设施、人员采取必要的安全防护措施，包括可视化、环境保护等措施，以及加固隔离等手段，总之要确保设备、设施、产品、人员的绝对安全。

喷气车间作业区域改善前后如图 9-4 所示。

改善前：
1. 高压设备没有任何安全警示，容易造成安全事故
2. 设备门敞开着，容易造成安全事故
3. 电线随意摆放，有漏电风险或可能绊倒人
4. 没有安全防护网，无关人员靠近会造成安全事故，也可能影响机器的正常运转

改善后：
1. 在设备上做好安全警示标识，标注设备为高压或高温设备，提醒注意人身安全
2. 设置设备安全隔离栏（涂上虎纹线），避免无关人员靠近设备造成安全事故
3. 整理地面裸露的电线，做好安全防护措施与标识

图 9-4　喷气车间作业区域改善前后

安全无小事，6S 推行人员要仔细排查现场，发现和识别危险源，积极加以改善。

### 4. 消防安全可视化

作业现场另一个安全问题就是消防安全。现场消防安全工作分为 3 个部分：消防平面图配备、消防器材定置和消防安全标识设置。

1）消防平面图配备

消防平面图通常采用 PC 板印制，安装在作业现场的显眼位置或楼道、楼梯间等处。消防平面图最主要的目的在于发生事故时，指导现场人员能采取应急措施和进行紧急疏散。消防平面图如图 9-5 所示。

2）消防器材定置

常用的消防设施设备包括各种灭火器、消火栓、消防桶、消防锹、自动报警系统、自动灭火装置等，各类消防器材的配置应当符合《中华人民共和国消防条例》和《建筑设计防火规范》的相关规定和标准。各类消防器材，需要进行定置，实现任何时候都能够快速取用。消防器材定置如图 9-6 所示。

容易发生火灾的危险区域，应当设立"禁止烟火""禁止吸烟""禁止放易燃物""禁止带火种""禁止燃放鞭炮""禁止用水灭火"等安全标识。

3）消防安全标识设置

漏电、触电、线路老化是引发安全事故的重大原因，推行人员应关注用电安全，做好现场电气设备安全标识和规范操作指引。电气箱标识如图 9-7 所示。

此外，还应对人的作业环境进行设计，包括防尘、防噪、防静电，以及照明、温度、小气候等设计，要符合相关国际、国家以及行业标准。

## 火警疏散示意图及消防设备分布图

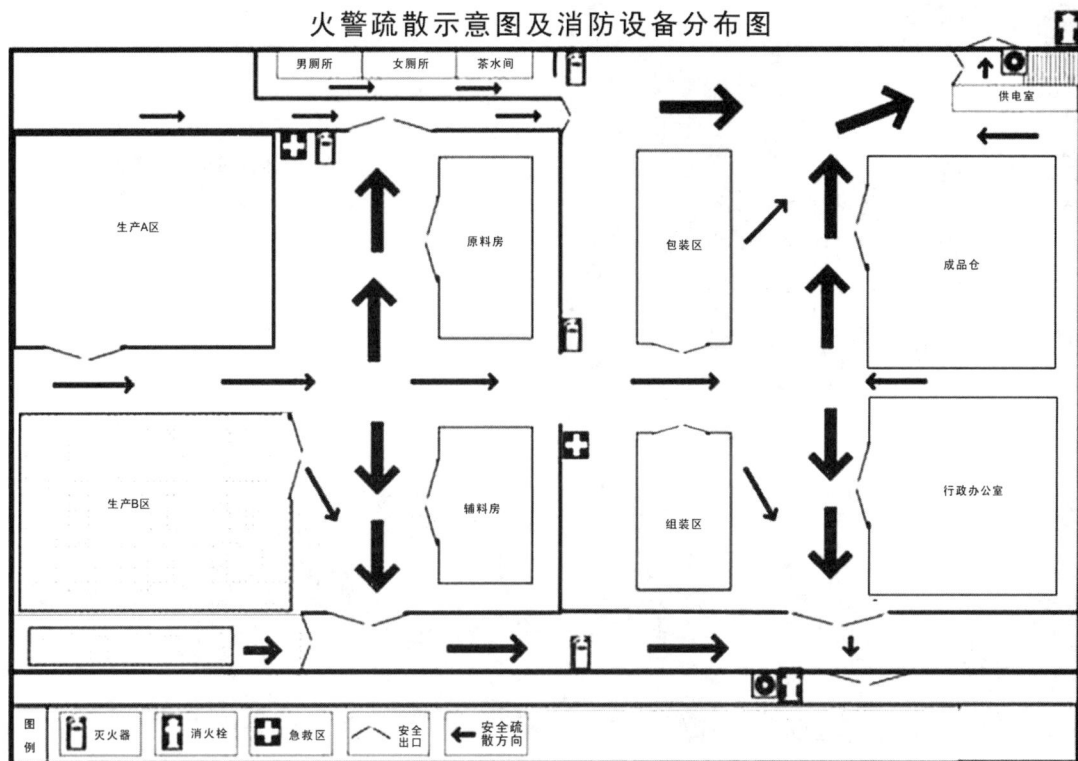

注：1. 作业现场平面图结构：包括作业现场各生产单位的名称、具体位置等。

2. 消防疏散路线：消防平面图上应当用箭头标示不同位置的消防疏散路线，以便在发生危险时迅速指导人员进行撤离。

3. 紧急出口（逃生出口）方位：包括作业现场的所有紧急出口的位置，便于现场人员在危急时刻选择最近的出口进行疏散。

4. 各类消防设施具体位置：包括作业现场所有的消防设施、设备的具体位置，用图示在平面图上标明，便于现场人员迅速取用消防器材对险情进行初步排除。

5. 单向门的开关方向：用斜线标示紧急出口、疏散通道的单向门及开关方向，避免紧急状况下反向开门，造成拥堵的情况。

6. 平面图所示楼层及观看者所在位置：便于人员在紧急状况下，寻求最近的疏散路线。

图 9-5　消防平面图

1. 消火栓。箱内水枪、水带配置齐全；箱玻璃上有厂内火警电话；箱门锁应贴封条，并有封闭日期；箱内若有火警按钮的，应正常可用；箱面上应有编号。

2. 灭火器。箱内存放位置应用黄黑相间防阻塞线划区，前面无杂物堆放，线条宽 100mm，间距 100mm，倾斜角度 45°；灭火器箱内存放压力达标的足够数量的灭火器；标识牌垂直悬挂，标明灭火器材的种类和配置地点的编号。

3. 灭火器、消火栓要求干净、整洁、完好、无破损，无不必要张贴物。

图 9-6　消防器材定置

室外消火栓：
1. 消火栓完好、无破损，器件齐全，无泄漏。
2. 消防标识牌垂直安装，标明配置地点的编号。
3. 地上消火栓干净、整洁、完好、无破损，无不必要张贴物。

图 9-6　消防器材定置（续）

在注塑机等机器电源控制箱上张贴相应的安全提示牌和安全标识，以确保用电安全

注塑机的配电箱内的开关都贴上标识，防止误操作

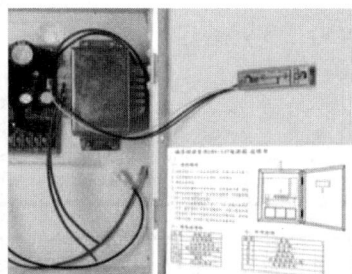

在电源箱箱门内侧或附近张贴电源箱使用管理规定，规范用电操作

图 9-7　电气箱标识

### 5. 开展专项安全教育

要选择合适的培训流程，全力做好企业安全教育。开展安全教育的方法主要有 4 种，分别为上岗资格培训、三级安全教育、日常安全教育、岗位练兵活动教育，具体如表 9-3 所示。

表 9-3　开展安全教育的方法

| 方法 | 说明 |
| --- | --- |
| 上岗资格培训 | 对高层领导、安全管理人员、车间安全主任及特殊作业人员进行上岗安全培训，经考试并取得上岗资格证后方可上岗 |
| 三级安全教育 | 以制度化的形式，通过三级安全教育对新进员工分别进行企业级安全教育、车间级安全教育和班组级安全教育 |
| 日常安全教育 | 规定每月开展 3 次，每次 1 小时的班组安全活动和日常专项安全学习，有针对性地组织安全教育 |
| 岗位练兵活动教育 | 定期开展各岗位安全技术比武、安全事故排除演练活动，使员工在活动中受到安全教育，同时提升安全技能 |

企业三级安全教育制度如表 9-4 所示。

表 9-4　××企业三级安全教育制度

| ××企业三级安全教育制度 |
|---|
| 　　三级安全教育是安全生产教育的重要方面。为加强本企业新进人员的安全教育工作，确保安全生产，特制定以下条款。<br>　　第一条　凡新进人员和调换工种人员，必须进行三级安全教育（企业级安全教育、车间级安全教育和班组级安全教育），经考核合格后方可上岗作业。<br>　　第二条　三级安全教育的主要对象是新进大中专毕业生、新进合同制工人、学徒工、临时工、培训人员、实习人员以及调换工种人员等。<br>　　第三条　各级安全教育的重点<br>　　（1）企业级安全教育着重进行思想和纪律教育。<br>　　（2）部门级安全教育着重进行安全技术基础知识教育。<br>　　（3）班组级安全教育着重进行现场安全操作教育。<br>　　第四条　各级安全教育的内容<br>　　1. 企业级安全教育内容<br>　　（1）安全生产责任制；<br>　　（2）有关安全生产的法规；<br>　　（3）安全生产规章制度和劳动纪律；<br>　　（4）安全工作规程制度和典型事故案例剖析；<br>　　（5）治安和防火知识。<br>　　2. 部门级安全教育内容<br>　　（1）部门概况和生产特点、设备情况；<br>　　（2）安全技术基础知识（包括安全技术、安全用具、防火和灭火技术、急救知识等）；<br>　　（3）部门安全生产和组织制度（部门安全组织形式、部门安全生产主要制度）。<br>　　3. 班组级安全教育内容<br>　　（1）班组生产特点、工作条件、设备情况、人员分工等；<br>　　（2）本工种应遵守的安全工作规程和岗位责任；<br>　　（3）各岗位实际安全操作示范和要求；<br>　　（4）各岗位危险性说明。<br>　　第五条　三级安全教育的时间要求<br>　　（1）企业级安全教育不少于 10 天；<br>　　（2）部门级安全教育不少于 8 天；<br>　　（3）班组级安全教育不少于 6 天。<br>　　第六条　新进人员和调换工种人员经过三级安全教育并掌握培训内容后，由有关部门和人员填写三级安全教育卡。<br>　　第七条　三级安全教育由本企业安全教育负责人具体安排实施并建档。各级安全主要责任者对制度的贯彻执行担负全责，各部门和单位应积极配合，对违反本制度而发生事故者，追究有关责任。<br>　　第八条　为落实本制度，确保三级安全教育的实施效果，三级安全教育的人员经企业安监部抽查考核合格，办完三级安全教育卡后，方可上岗作业；三级安全教育卡一式四份，安监部、人事部、所属部门和班组各一份。<br>　　第九条　本制度解释权归安全管理委员会所有。 |

三级安全教育卡如表 9-5 所示。

表 9-5　三级安全教育卡

| 姓名 | | 性别 | | 年龄 | | 文化程度 | |
|---|---|---|---|---|---|---|---|
| 部门 | | 体检情况 | | 工种 | | 进厂日期 | |

续表

| 三级教育 | 企业级教育内容 | | 车间级教育内容 | | 班组级教育内容 | |
|---|---|---|---|---|---|---|
| | 教育起止日期 | | 教育起止日期 | | 教育起止日期 | |
| | 考试成绩 | | 考试成绩 | | 考试成绩 | |
| | 主考人（签字） | | 主考人（签字） | | 主考人（签字） | |
| 师徒合同号 | | 师傅签名 | | 部门主管 | | |
| 考试合格证号 | | 发放日期 | | 主办人 | | |
| 个人态度 | | 安全部部门意见 | | | | |
| 准上岗人意见 | | 领导意见（签字） | | | | |
| 备注 | | | | | | |

### 9.2.2　安全管理的责任人及分工

企业的法人是第一安全责任人，有义务也有权力组织好企业的安全生产。在安全问题上，安全管理委员会要负责具体的安全管理工作，必要时积极授权。总之，要做到防范到位、监管到位。

#### 1. 明确安全管理委员会成员职责

要明确安全管理委员的责任。安全管理委员会成员职责如表9-6所示。

表9-6　安全管理委员会成员职责

| 岗位 | 职责 |
|---|---|
| 安全管理委员会主任 | • 安全管理委员会主任是企业安全管理的总指挥和第一责任人。<br>• 总体协调和组织开展企业的安全工作。<br>• 全面负责企业的安全管理工作。<br>• 检查和督促企业的安全工作。<br>• 制定和执行安全管理制度 |
| 安全管理委员会副主任 | • 全面负责安全技术的组织及检查防范工作。<br>• 修订完善安全隐患检查和管理制度。<br>• 协助主任落实安全防范工作 |
| 各安全小组组长 | • 定期组织安全检查工作，落实各项安全防范措施。<br>• 做好本部门员工的安全技术和意识教育。<br>• 发生事故后，积极抢救伤者并立即上报，参与事故调查和分析。<br>• 定期组织本部门员工进行应急演练 |

企业安全管理工作涉及面广，单靠安全部门是无法实现安全生产的。因此，企业应逐层落实安全生产责任制。安全管理组织要建立安全沟通机制，并对跨部门安全管理进行积极干预，以消除部门壁垒，落实安全目标和方针。

#### 2. 逐层落实安全生产责任制

安全生产责任制是根据我国安全生产方针"安全第一，预防为主"和安全生产法规建立的各级领导、职能部门、工程技术人员、岗位操作人员在生产作业过程中对安全生产层层负责的制度。建立安全生产责任制的方法如表 9-7 所示。

表 9-7　建立安全生产责任制的方法

| 方法 | 说明 |
|---|---|
| 根据职能建立 | 根据各层次、各部门相应的职能，建立安全生产责任制，使各层次、各部门的安全生产责任明确、全面且条理化，体现"分级管理，分线负责"的原则 |
| 以体系要素或活动界定 | 根据各层次、各部门相关人员所涉及的安全体系要素或活动，界定其安全生产职责，明确各人员应该做什么、什么时间做、怎样做、做到什么程度 |

根据各层次、各部门相应的职能，建立安全生产责任制度。为进一步完善安全生产责任制，有些企业还制定了企业员工责任制管理程序。

企业全方位开展安全工作，力求做到大事故不发生，小事故不断减少。为了更好地进行安全工作，企业还应建立健全企业安全生产目标责任考核激励与约束机制，将安全管理纳入对各部门领导和员工的绩效考核，坚持每月安全生产控制指标与业务指标同时考核。企业安全责任部门、人事部门负责安全控制指标实施情况的跟踪和监督。

### 9.2.3　安全预防的检查与指导

做好安全预防检查可以排查潜在安全隐患，提升安全管理水平。安全预防的检查不是某个领导、某个部门的事情。各部门既要做好本部门的安全管理检查，又要在安全管理委员会的牵头下与其他部门联动。

#### 1. 班组检查

（1）班前穿戴检查。在工作前组长检查作业人员是否按规定穿戴工装、安全帽等作业所需的劳保用品，穿戴规范才准进入现场作业。

（2）班前设备、安全工具检查。在工作前检查设备是否紧固，所需安全工具是否备齐，是否安装到位。

（3）交接班检查。检查交接班记录是否完整，是否有异常点。

#### 2. 室外临时作业安全管理

检查作业是否报备安全管理委员会，作业装备是否齐全，是否设置安全提示牌、警戒线、遮挡墙、围栏等。准备妥当方可开始作业。

#### 3. 日常巡检。

作业人员严格按照巡检路线对设备运转情况进行检查并详细记录。巡检过程中发现异常应及时上报。

#### 4.6S 安全巡查

深入现场调查，识别危险源，通过定点摄影将危险源记录在案，作为安全改善点。发现正在实施改善的应予以指导，确保符合 6S 推行的标准。

#### 5. 车间作业巡查

车间主管人员每日巡查现场，督察现场作业人员的操作规范、6S 成果维持和执行状况。

发现问题或得到问题反馈应当场给出对策，重大问题给出临时对策，避免生产线停顿。事后找出问题的根因及合理对策。

记录不规范作业行为和不按 6S 各类标准执行的情况，月底纳入员工的绩效考核中。

### 6. 安全大检查

安全管理委员会定期对各部门、食堂、宿舍展开安全大检查，发现是否存在安全隐患，是否违反安全管理制度，并就检查结果予以通报。

### 7. 消防检查

安全员依据国家、行业、企业消防管理制度对现场安全通道、各类消防设备和设施进行检查。

安全员依据 3S 规范对现场安全通道、安全标识、消防设备、消防设施进行检查。

### 8. 照明及电气检查

电气部门定期对电线通信线缆、设备电源、照明设备、高压线架、变压器等进行安全检查。确认各类设备是否安全；确认各类安全标识、开关名称标识、按钮标识是否完备；确认检查记录是否完善，清理电源箱灰尘。

### 9. 防汛检查

雨季，安全员应每日收听天气预报，提前做好防汛准备。检查防汛管理制度是否落实；检查厂区、仓库外围是否有排水渠，门口是否存在雨水倒灌的情形；检查排水沟渠是否通畅，是否有盖板、标识等。

### 10. 环境监测

安环部门做好粉尘、化学品监控。确认现场是否安装相关警报装置，是否运作正常，并与各部门保持联动。

通过各单位的检查与联动，企业最终要形成一张安全预防的大网，防止安全事故发生。

# 9.3　安全预防工具与策略

安全管理是生产企业重要的管理内容，我们建议企业采用危险预知训练（KYT）活动、安全标识系统和防呆（错）法，打好安全管理的基础。

### 9.3.1　防错

防错管理意味着"第一次就把事情做好"。

### 1. 概述

防错管理指的是任何用来消除人为错误的管理方法。采用防错管理，即使作业或操作中稍不注意，也不会发生重大错误，就算是"呆人"也可以把事情做得很好。

## 2. 适用场合

➢ 防止作业人员因疏漏或遗忘而发生作业失误。

➢ 削减返工次数，消除由于返工所致的时间和资源浪费。

➢ 提高质量水平，减少因检查而造成的浪费。

## 3. 实施方法

作业现场完全实现防错管理，关键在于找到人和物的不安全状态，并运用防错原理进行改善。这里我们将介绍如何通过防错原理防止和消除错误。防错原理运用如表 9-8 所示。

表 9-8　防错原理运用

| 原理 | 说明 | 举例 | 正确 | 会发生的错误 | 防错措施 | 说明 |
|---|---|---|---|---|---|---|
| 1. 断根原理 | 将会造成错误的原因从根本上排除 | 在右手桥上安装汽车刹车钢丝夹 | 钢丝夹 说明：正确的安装方法应向左 | 说明：在操作中，可能会发生向右安装的错误 | 说明：桥体右侧加装阻拦装置，防止向右安装 | 依据形状不对称实现；也可以依据排除法来实现 |
| 2. 自动原理 | 以各种光学、电学、力学、机构学、化学等原理来限制某些动作的执行或不执行，以避免错误发生 | 焊机运动次数控制 | 上下运动 脚踏开关 说明：上下踩踏开关 6 次，完成一个作业单元，即完成 6 个焊点 | 作业人员会踩踏开关多于或少于 6 次，导致焊点过多或过少 | 上下运动 说明：加上限制开关，焊头上下运动 6 次，闪光灯亮一下，表示 6 个焊点全部完成 | 符合自动原理的还有通过重量、光线、时间、声音、温度、压力、电流、方向等自动实现的 |
| 3. 保险原理 | 借用 2 个以上的动作必需共同或依序执行才能完成工作 | 使用热压机压蓄电池盒主体 | 热压机 热压机按钮 把蓄电池盒主体放入热压机，然后抽出左手，用右手按下按钮 | 经常发生作业员将蓄电池盒主体放入热压机后，直接用右手按下按钮的情况，十分危险 | 热压机设置两个按钮，只有同时按下，热压机才会工作，杜绝了手被伤到的可能性 | 可让设备的前一动作未完成，后一动作无法进行，或者一个动作完成，另一个动作也随之停止 |
| 4. 相符原理 | 即用检核是否相符合的动作，来防止错误的发生 | 螺丝紧固 | 设备运行中螺丝需要紧固，防止松动 | 作业人员出于某些原因，会忘记或无法察觉到螺丝松动，使得松动的螺丝没有立即被紧固 | 螺丝拧紧后，在螺钉与螺母上画上对齐标记，螺丝松动可一眼看出错位 | 可利用形状、符号相符法 |

此外，还有以下几个防错原理：

➤ 顺序原理。避免工作的顺序或流程前后倒置，可依编号顺序排列，减少或避免错误发生。

➤ 隔离原理。以分隔不同区域的方式，来达到保护目的，不让危险或错误的现象发生。

➤ 警告原理。生产线、设备状况不良或有危险时，触发警报，通过自动或手动停止设备来达到保护的目的。

➤ 层别原理。为避免将不同的工作做错，设法将其区别出来，如管道的颜色管理。

需要指出的是，在现场管理中防错原理经常交叉使用。

### 4. 应用

某制鞋企业为降低和消除生产作业中的安全事故，决定开展安全防错活动月，并下发了改善提案活动文件。过胶机组积极响应号召，过胶机组组长利用生产空暇时间，开展安全防错活动。过胶机组防错步骤及内容如表9-9所示。

表9-9　过胶机组防错步骤及内容

| 步骤 | 内容说明 | 过胶机改良前后 | 防错运用 |
|---|---|---|---|
| 1. 开展KYT活动 | 过胶机组通过讨论发现以下危险因素：<br>①过胶机作业面、两侧虽然贴有禁止触摸的标识，但依然会有人触碰高温滚轮而被烫伤<br>②员工操作不当造成品质异常和机器故障 | <br>过胶机改良前 | 发现人的不安全行为、物的不安全状态 |
| 2. 响应对策 | （1）过胶机组提出改善对策：<br>①过胶机作业面、两侧加装高温挡板<br>②设备旁加装警报装置，警报响起，作业员按下停止按钮<br>（2）过胶机组将改善对策上报车间和安全部门。改善对策通过后，申请经费着手改善 | <br>过胶机改良后 | 加装防错装置，阻止错误发生 |

续表

| 步骤 | 内容说明 | 过胶机改良前后 | 防错运用 |
|---|---|---|---|
| 3. 思考是否有从一开始就可杜绝错误的措施 | 过胶机滚轮虽然加装警报停止装置，但依然会发生员工操作不当的问题。过胶机组提出对策：<br>安装自动化装置，出现作业异常，机器自动停止作业，无须手动按下停止按钮 | <br>过胶机彻底改造后 | 消除作业员精力不集中导致的一切问题 |

### 5. 注意事项

需要注意的是，所有防错装置的设计都应坚持以下工作规则（见表 9-10），从而确保防错装置真正得到有效应用。

表 9-10　防错装置的工作规则

| 防错思路 | 目标 | 方法 | 评价 |
|---|---|---|---|
| 消除 | 消除可能的失误 | 产品及制造过程重新设计，加入防错装置 | 最好 |
| 替代 | 用更可靠的过程替代目的过程以降低失误 | 用机器人技术或自动化生产技术 | 较好 |
| 简化 | 使作业更容易完成 | 合并生产步骤，实施改善 | 较好 |
| 检测 | 缺陷流入下一工序前进行检测并剔除 | 用计算机软件，在操作失误时予以警告 | 较好 |
| 减少 | 将失误影响降至最低 | 用保险丝进行过载保护 | 好 |

此外，还要对整个防错系统加以认证，主要包括以下两项工作：

（1）确认防错系统运转正常。在实际生产中，对防错装置必须进行定期的维护与认证。

（2）确认人的因素在受控状态下。即确保 3 个方面都处于受控状态：一是记录具有可追溯性；二是操作人员经过防错培训；三是认证的流程可靠。

#### 9.3.2　危险预知训练

危险预知训练（KYT），即 K——危险（Kiken）、Y——预知（Yochi）、T——训练（Training）。

### 1. 概述

KYT 是指针对生产特点和作业全过程，以危险因素为对象，以作业班组为团队开展的一项安全教育和训练活动，它是一种群众性的"自主管理"活动，目的是控制作业过程中的危险，预测和预防可能出现的事故。

KYT 活动对企业安全管理有着重要意义。1 起事故，前后有着必然的因果关系。著名的"海因法则"指出：1 起重大的安全事故背后有 29 个轻微事故，每个轻微事故背后有 300 个事故苗头，每个苗头背后有 1000 个事故隐患。"海因法则"模型如图 9-8 所示。

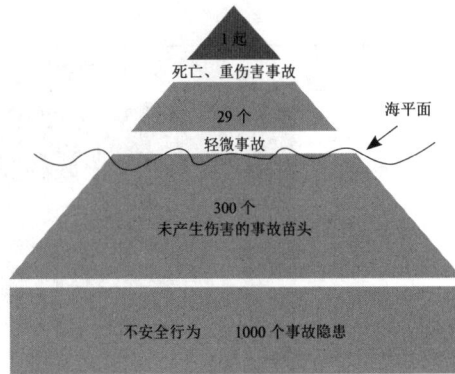

图 9-8　"海因法则"模型

如果人们只重视重大的或看得见的事故，那么大量的不安全行为和不安全状态，如同海平面下巨大的冰山，随时可能引发更多的重大事故。因而，只有控制和消除人的不安全行为、物的不安全状态，才能最终有效地减少和杜绝事故。

### 2. 适用场合

➢ 消除员工作业安全隐患时。

➢ 消除火灾等安全隐患时。

➢ 消除设备安全隐患时。

➢ 消除产品安全隐患时。

### 3. 实施步骤

KYT 的实施方法比较简单，按步骤一丝不苟地执行，很快就会熟练掌握并产生良好的效果。KYT 的实施步骤如表 9-11 所示。

表 9-11　KYT 的实施步骤

| 步骤 | KYT 要点 | KYT 活动实施步骤说明 |
|---|---|---|
| 1R：把握现状 | 观察到底哪些是潜在的危险因素 | • 组成 KYT 小组，一般 5 ～ 7 人，准备纸笔记录<br>• 叫大家举手发言，每人至少提一条意见<br>• 分析哪些因素比较危险，会出现什么事故<br>• 假定将来可能出现的危险及可能的事故，经讨论后确定 5 个项目<br>• 不要提太多意见，太多的话一次解决起来很困难 |
| 2R：找出本质 | 分析并找出主要的危险因素，不遗漏任何危险 | • 每人提出 1 ～ 2 个认为最危险的项目，并在项目前画 "□"<br>• 将问题聚焦化，最后形成大家一致认为最危险的项目，合并为 1 ～ 2 个项目并画 "○"<br>• 对危险项目进行描述，表述为 "由于……原因导致发生……的危险"，全部写出后，小组长高读两遍，然后激情昂扬地带领组员读两遍 |
| 3R：确定对策 | 制定可实施的具体对策 | • 对最危险的项目，每人提出 1 ～ 2 条具体可行的对策<br>• 把对策合并为 1 ～ 2 条可行性最强的 |
| 4R：设定目标 | 抱定 "下定决心去做" 的决心 | • 根据对策，每人设一个目标计划（我怎么办）<br>• 按照项目所带标记，优先实施最危险的项目，设定小组行动目标，并写下来<br>• 小组长用手指着目标大喊："……成功、成功"，带领小组成员喊两遍 |

初次开展 KYT 活动时，应小范围进行，然后逐渐在整个生产现场扩展。当员工能够熟练掌握 KYT 活动后，建立 KYT 表，依据 KYT 表引导和规范 KYT 活动，这可以让此项活动变为全员参与的活动。×××组/线员工 KYT 表如表 9-12 所示。

表 9-12　×××组/线员工 KYT 表

| ×××组/线员工危险预知训练（KYT）表 | | 工程部 | 车间主任 | 车间安全员 |
|---|---|---|---|---|
| | | | | |
| 危险类型（KYT 小组讨论 1R 结果） | 图示： | | | |
| 组员 | 危险描述（2R） | 危险类型 | 对策措施（3R） | 责任确认（签字） | 审核确认（签字） |
| | | | | | |
| | | | | | |
| 一致对策 | | | 共同确认？是（√）否（　） | | |

### 4. 应用

KYT 被生产企业广泛地应用于消除事故隐患。某企业印刷组/线员工 KYT 表如表 9-13 所示。

表 9-13　某企业印刷组/线员工 KYT 表

| 印刷组/线员工危险预知训练（KYT）表 | | 工程部 | 车间主任 | 车间安全员 |
|---|---|---|---|---|
| | | ×× | 李×× | 赵×× |
| 危险类型（KYT 小组讨论 1R 结果）<br><br>①中毒<br>②晕倒撞伤<br>③烫伤<br>④被夹<br>⑤头疼 | | | | |
| 组员 | 危险描述（2R） | 危险类型 | 对策措施（3R） | 责任确认（签字） | 审核确认（签字） |
| 赵× | 由于忘记戴口罩导致晕倒撞伤 | ② | 每班作业前，班组长检查是否佩戴防护口罩 | 赵× | 周× |

续表

| 组员 | 危险描述（2R） | 危险类型 | 对策措施（3R） | 责任确认(签字) | 审核确认(签字) |
|------|------|------|------|------|------|
| 李 × | 由于忘记戴口罩导致危害气体吸入肺部 | ① | 作业现场旁设置"戴口罩"标识 | 李 × | 吴 × |
| 张 × | 由于未配发口罩导致危害气体中毒 | ① | 建立员工作业安全保障制度 | 张 × | 郑 × |
| 罗 × | 由于口罩不匹配导致危害气体中毒 | ① | 规范采购标准 | 罗 × | 王 × |
| 杨 × | 由于不习惯戴口罩导致受危害气体侵害，经常头疼 | ⑤ | 采取强制和必要的惩罚措施 | 杨 × | 孙 × |
| 一致对策 | 作业现场旁设置"戴口罩"标识；每班作业前，班组长检查是否佩戴防护口罩 | | | 共同确认？ 是（√）否（） | |

### 5. 注意事项

为了更好地在员工中间开展 KYT 活动，管理者需要关注和做好以下事项：

➤ KYT 需要依靠集体的力量。只有发挥集体智慧，相互启发，才能找到隐患，并制定最佳的对策。

➤ 以团队为单位开展 KYT 活动。最好以班组或作业小组为单元，并指定一名负责人。

➤ 讨论要充分开放。负责人宣布参与条件、纪律，保证每个人都能畅所欲言而不被干扰。

➤ 相同项目的危险因素识别，结果不求一致，把焦点和精力放在 1R 上。

➤ 以直观的方式展现作业内容，如漫画、照片等，以利于员工判断。

➤ 严格按商定的对策执行，不允许有例外，哪怕是微不足道的事，都要及时纠正。只有抱着这种态度，才能消除人的不安全行为和物的不安全状态。

### 9.3.3 安全标识系统

安全标识系统有助于生产企业安全作业，它以目视化的方式将需要注意的内容展现出来，指示作业人员做出正确的行为。

### 1. 概述

作业现场常见的安全标识主要有禁止、警示、提示、防护和消防五大类，它们构成了现场安全标识系统。

（1）禁止类安全标识。禁止类安全标识是对存在的安全隐患、需要绝对禁止的各种作业行为进行目视化管理。

（2）警示类安全标识。警示类安全标识旨在提醒现场人员注意危险源，从而进行规避和防御。

（3）提示类安全标识。提示类安全标识用于提示现场人员注意相关危险物品以及特殊物品的保管注意事项，避免因误用造成危险。

（4）防护类安全标识。防护类安全标识常用在必须穿戴保护用品的地方，提示作业人员使用保护类用具，防止发生意外伤及人身安全。

（5）消防类安全标识。消防类安全标识用于消防安全管理工作，是国家规定的安全标准。

### 2. 使用场合

➢ 作业现场有禁止操作的事项时。

➢ 作业现场存在和放置危险品时。

➢ 作业现场可能有操作引发的安全事故时。

➢ 现场需要保证消防安全时。

### 3. 安全标识设计方法

安全标识系统应在国家、行业相关标准的基础上进行设计，设计要遵循简明、易懂、醒目的原则。

1）安全标识的颜色分类

安全标识的颜色主要由白色、黄色、黑色、蓝色组成。安全标识颜色组成，如表 9-14 所示。

表 9-14　安全标识颜色组成

| 颜色 | 使用说明 | 使用范围 |
| --- | --- | --- |
| 红色 | 为凸显红色，底色一般为白色 | 用于有关防火、停止、禁止、高度危险的场所，例如，防火标识，防火警示标识，灭火标识，消火栓、灭火器、灭火桶、火灾报警器、紧急停止押扣开关、停止信号旗、禁止标识，禁止警示标识 |
| 红黄色 | 为凸显红黄色，底色一般为黑色 | 用于可能引起伤害、有危险性的部位，例如，危险标识、危险警示标识，以及开关箱的内面、机械安全盖的内面、露出齿轮的侧面、仪表面板的危险区域、管制塔等警示标识 |
| 黄色/斑马线 | 为凸显黄色，底色一般为黑色或黄黑色斑马线 | 用于标示有冲撞、坠落、摔倒等危险的部位，例如，注意标识、警示标识，瓦斯标识，地面凸起物、凹坑边缘、楼梯台阶边缘、电线防护具、路障、有害物质容器等警示标识 |
| 绿色 | 为凸显绿色，底色一般为白色 | 用于标示没有危险的物品，以及与防止危险有关的部位，或进行中的部位，例如，紧急出入口、安全旗、急救箱、保护具箱等位置标识，方向标识或警示标识 |
| 蓝色 | 为凸显蓝色，底色一般为白色 | 用于除责任者之外，不允许其他人随意操作的部位，例如，修理中或停机部位标识，以及开关箱 |
| 白色 | 一般作为红、黄、绿、蓝等颜色的底色 | 用于通路、方向指示，以及有必要整顿、清洁的场所标识，例如，通路区域线、方向线、废品容器等标识 |
| 黑色 | 一般作为红、黄、绿、蓝等颜色的底色 | 用于禁止性标识 |

2）安全标识的规范

明确安全标识图文的含义、尺寸大小，可以清晰地向现场人员传递出它们所承载的信息。安全标识系统设计规范如表 9-15 所示。

表 9-15 安全标识系统设计规范

| | 现场效果 | 尺寸 | 说明 |
|---|---|---|---|
| 禁止类 | 禁止冲洗 | 内径 $d_1$ 外径 $d_2$ 45° | 1. 图案为圆形、红色<br>2. 斜杠与水平线夹角为 45°<br>3. 内径 $d_1=0.800d_2$<br>4. 外径 $d_2=0.025L$（$L$ 为观察距离）<br>5. 斜杠及外围圆圈宽为 $0.080d_2$ |
| 警示类 | 有电危险 | 内边长 $d_1$ 外边长 $d_2$ | 1. 图案为黄底、黑色正三角形边框（或白底、红色正三角形边框）<br>2. 内边长 $d_1==0.800d_2$<br>3. 外边长 $d_2=0.025L$（$L$ 为观察距离） |
| 提示类 | | 图片 $d_1$ $d_2$ | 1. 图案是对角为直角的菱形<br>2. $d_1=d_2$ |
| 防护类 | 必须戴防护耳器 | — | 图案为圆形、蓝底、白色图案 |
| 消防类 | | — | 1. 消防设施标识为红底、白色图案<br>2. 逃生设施标识为绿底、白色图案 |

### 4.安全标识的应用

安全标识被广泛应用于厂区、现场的各个场景。安全标识依据安全预防需求，可以单个使用，也可以组合使用。安全标识展板分为两类，一类全部是安全标识，另一类既有安全标识，也有危险告知说明。

1）厂房门口安全标识集成展板管理

安全标识要设置于作业现场，可以张贴或悬挂在作业人员作业开始前就能够注意到的地方，如大门口、设备旁、通道横梁上等地方。安全标识组合要以作业安全规范、安全管理制度为依据。进入厂房前安全标识集成展板如图 9-9 所示。

安全标识集成设计效果　　　　　　　　　　　　安全标识展板张贴位置

图 9-9　进入厂房前安全标识集成展板

张贴于墙面的安全标识展板，底边的高度不低于 1.5 米，不高于人的肩膀。材质可以是 PC 板，也可以是亚克力板。

2）作业现场安全标识集成展板管理

作业现场放置安全标识集成展板可以有效提示作业人员做好安全防护，提高警惕，避免安全事故发生。作业现场安全标识集成展板如图 9-10 所示。

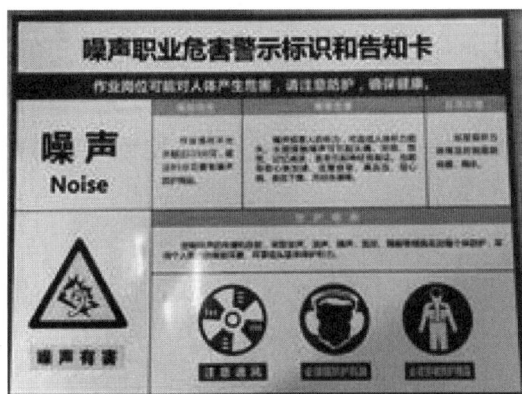

安全标识集成设计效果　　　　　　　　　　　　安全标识集成展板悬挂位置

图 9-10　作业现场安全标识集成展板

此类展板除了有安全标识，还有对作业环境、作业防护、作业要求的告知，现场作业人员一眼就可以看到，明白需要遵守的规则。作业现场的展板一般悬挂过头顶，以避免影响交通。

安全标识集成展板的平面与视线夹角应接近 90°，观察者位于最大观察距离时，最小夹角不低于 75°，如图 9-11 所示。

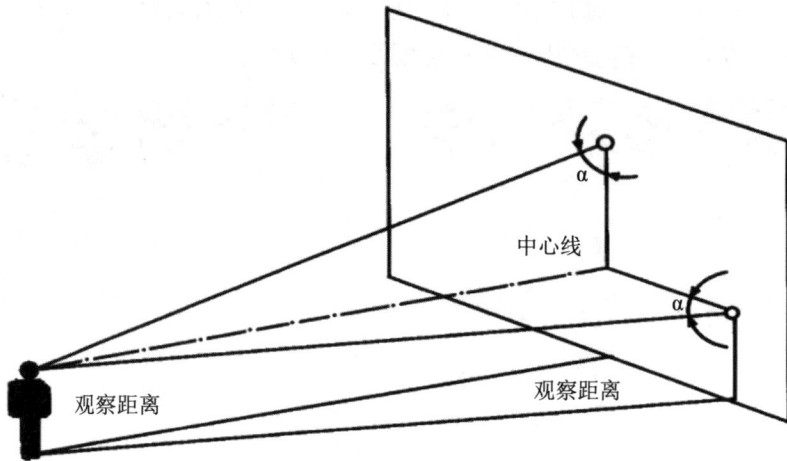

图 9-11 安全标识集成展板的位置说明

安全标识集成展板的设计应简单明了，突出重点。版面复杂、标识数量过多，就达不到一目了然的效果了。

5. 注意事项

安全标识制作完成后，在现场使用时，应注意以下一些事项：

➤ 警示标识的正面或附近不得有妨碍作业人员视读的障碍物。

➤ 警示标识设在醒目的地方，以保证现场人员能容易地看到并有足够的时间来注意它所表示的内容。

➤ 安全标识的大小、位置要醒目，确保作业人员一眼就可以看到并做出反应。

➤ 作业现场所有的隐蔽式消防设备存放地点，都应当配置相应的消防设施标识。

➤ 作业场所的紧急出口、疏散通道、楼梯间、光电感应自动门或 360° 旋转门旁，应设置"紧急出口"标识与疏散通道方向标识。

➤ 疏散通道、紧急出口处设置有单向门时，应当标明门的开关方向。

➤ 需要击碎玻璃才能拿到消防器材的地方，必须配置"击碎板面"标识，并安装在显眼位置。

➤ 容易误按的警报开关、按钮等，以及非常用的消防标识，应当配以文字说明。

# 第 10 章
# 推行实战：6S 全面推行指南

生产企业的作业流程长，生产空间转换多，只有每个部门的人员都投入 6S 推行工作中，才能打造一个流畅的、员工和客户都满意的生产和管理现场。

# 10.1　办公室 6S 推行

办公室推行 6S，应在企业 6S 推行小组的支持和指导下，针对办公室工作特点开展 6S 活动。

## 10.1.1　办公室 6S 推行计划

制订办公室 6S 推行计划，能明确办公室 6S 推行内容、责任人、进度、重点，方便全面统筹和推动办公室 6S 活动。办公室 6S 推行计划如表 10-1 所示。

表 10-1　办公室 6S 推行计划

| 6S 项目 | 内容 | 责任人 | 8月 | | | | 9月 | | | |
|---|---|---|---|---|---|---|---|---|---|---|
| | | | 1 | 2 | 3 | 4 | 1 | 2 | 3 | 4 |
| 整理 | 制定要与不要物标准 | | ▬ | | | | | | | |
| | 办公用品整理 | | | ▬ | | | | | | |
| | 办公桌整理 | | | ▬ | | | | | | |
| | 文件柜整理 | | | ▬ | | | | | | |
| | 资料报表、记录整理 | | | | | ▬ | | | | |
| 整顿 | 部门挂（贴）标识牌 | | | | | ▬ | | | | |
| | 办公桌椅定置、画线 | | | | | ▬▬ | | | | |
| | 设备定置、贴标识牌 | | | | | | ▬▬ | | | |

| 6S项目 | 内容 | 责任人 | 8月 | | | | 9月 | | | |
|---|---|---|---|---|---|---|---|---|---|---|
| | | | 1 | 2 | 3 | 4 | 1 | 2 | 3 | 4 |
| 整顿 | 办公桌面画线 | | | | | | | ▬ | | |
| | 会议室设施定置 | | | | | ▬ | | | | |
| | 生活设施定置、标识 | | | | | | ▬ | | | |
| | 文件标识、画斜线 | | | | | ▬ | | | | |
| | 文件柜贴标识牌 | | | | | | ▬ | | | |
| | 各类开关标识 | | | | | | ▬ | | | |
| 清扫 | 划分清扫责任区域 | | | | | ▬ | | | | |
| | 划分清扫对象 | | | | | ▬ | | | | |
| | 制作清扫责任表（看板） | | | | | ▬ | | | | |
| | 召开会议说明并公示责任表 | | | | | ▬ | | | | |
| | 进行清扫检查 | | | | | ▬ | | | | |
| 清洁 | 公共区域、个人区域3S检查 | | | | | | ▬ | | | |
| | 开展寻宝活动 | | | | | | | | ▬ | |
| | 组织开展3S竞赛 | | | | | | | | | ▬ |
| | 展示3S成果 | | | | | | | | | ▬ |
| 素养 | 制定办公室行为规范、礼貌用语等规范文件 | | | | | | ▬ | | | |
| | 张贴6S标语 | | | | | | ▬ | | | |
| | 开展办公室文明月活动 | | | | | | | ▬▬▬ | | |
| | 组织开展办公室素养评比活动 | | | | | | | | | ▬ |
| 安全 | 制定办公室安全管理制度 | | | | | | ▬ | | | |
| | 宣讲安全教育 | | | | | | ▬ | | | |
| | 开展安全防范活动 | | | | | | | | | ▬ |
| | 检查办公室安全隐患 | | | | | | | | | ▬ |

### 10.1.2　办公室 3S 管理

办公室相对生产现场而言较为封闭，且设施布局及人员固定，推行 3S 管理比较容易，也很快就能见到成效。办公室 3S 管理对象如表 10-2 所示。

#### 1. 办公室整理

办公室整理可以改善工作环境，提高工作效率。办公室整理内容如表 10-3 所示。

#### 2. 办公室文件整理

文件是办公室整理重点，每天的工作都会产生工作记录、各类报表、计划、合同等，最后文件会越积越多，办公效率也会越来越低。堆满文件的办公桌如图 10-1 所示。

表 10-2　办公室 3S 管理对象

| 办公室 3S 管理对象 | 办公室 3S 管理对象 |
|---|---|
| 1. 玻璃门迹线目视标识 | 10. 悬挂窗帘定置 |
| 2. 办公楼层布局标识 | 11. 开关标识 |
| 3. 办公楼层目视标识 | 12. 文件夹标识 |
| 4. 办公区域对视门牌 | 13. 文件柜管理卡 |
| 5. 办公区域侧视门牌 | 14. 文件柜叠放物标识 |
| 6. 办公区域悬挂吊牌 | 15. 柜内物品定置 |
| 7. 推拉门门把手标识 | 16. 推柜外目视标识 |
| 8. 岗位座位牌标识 | 17. 抽屉内形迹化管理 |
| 9. 固定资产管理标签 | 18. 办公桌及办公物品定置 |

表 10-3　办公室整理内容

| 6S 项目 | 内容 | 说明 |
|---|---|---|
| 办公环境 | 会客厅、会议室 | • 墙壁、地面、桌面各类装饰，如有损坏应及时丢弃并更换<br>• 接待、会议用品，如纸杯、茶点等应在会后及时处理 |
| | 办公区 | • 办公桌面的文件按整理基准，及时丢弃，保持桌面整洁<br>• 陈旧的装饰品、枯死的盆栽、无用的网线等及时丢弃 |
| | 卫生间 | • 破损、使用时间长的清洁用品、清扫工具及时丢弃<br>• 破损的设备、设施及时更换 |
| 文件资料 | 文档、记录 | • 分类保存，确定管理期限并建立索引目录，以便于查找<br>• 每月按索引确认有无过期的文档记录，如有，及时清除 |
| | 合同、协议 | • 依据类别分类，并将合同到期日期、保管和保存年限录入计算机<br>• 年底时，按标识索引确认有无过期合同，如超保存年限，及时处理 |
| | 标语 | • 办公室中无用的标语及时替换<br>• 办公室中破损、褪色的标语及时替换 |
| 办公设备 | 电话、计算机、打印机等 | • 无法维修的，及时替换，避免影响工作<br>• 定期保养、维护，延长使用寿命<br>• 对性能严重下降的，应估价变卖 |
| 办公设施 | 桌椅、书架 | • 破损的桌椅，及时扔掉或变卖，避免影响形象<br>• 书架中过期的书籍、报刊定期处理，避免堆积 |

文件如此放置，试想：工作效率会高吗？

图 10-1　堆满文件的办公桌

及时整理文件和办公用品，有助于高效工作。文件整理是制定文件废弃标准，明确文件保管、保存的期限，将超过期限的文件及时处理掉的过程。

1）制定文件废弃标准

文件资料都有使用期限。有的文件用完就可以扔掉，如临时会议记录；有的文件要保管一段时间之后废弃，如工作日报表；有的文件需要保存一定期限之后才能废弃，如合同、报表等。文件废弃的标准如表 10-4 所示。

表 10-4　文件废弃的标准

| 类别 | 废弃标准 | 范例 |
|---|---|---|
| 一类 | 使用完后立即废弃 | 会议通知、一般性的参考文件等 |
| 二类 | 保管一段时间后废弃 | 作业指导书、技术资料等 |
| 三类 | 过保管、保存期后废弃 | 可追溯的品质记录文件、特殊财务文件等 |

文件管理人员依据文件废弃标准，确定常用文件的保管和保存期限、废弃处理方法。常见文件保管和保存期限如表 10-5 所示。

表 10-5　常见文件保管和保存期限

| 部门 | 文件类型 | 保管年限 | 保存年限 | 特殊保管要求 |
|---|---|---|---|---|
| 生产部 | 生产报表、考勤 | 1 年 | 2 年 | |
| | 规章制度类 | 2 年 | 5 年 | |
| | 其他文件 | 1 年 | 2 年 | |
| 技术部 | 作业指导书、文献、技术报告、技术图纸 | 2 年 | 5 年 | 加密 |
| | 其他文件 | 1 年 | 2 年 | |
| 品质部 | 程序文件、供应商资料、客户资料、来料检查、出货检查、审查相关文件 | 2 年 | 5 年 | 加密 |
| | 其他文件 | 1 年 | 2 年 | |
| 市场部 | 调查报告、行业动向信息、客户相关订单 | 2 年 | 5 年 | |
| | 其他文件 | 1 年 | 2 年 | |

随着时间的推移，文件的生命周期也会发生改变。在这种情况下，文件整理标准的前提发生了变化，就要根据新的情况重新制定文件保管和保存期限。

2）区分要与不要文件

制定了文件废弃标准和文件保管规范后，应对办公室所有文件资料进行区分，分清要与不要文件。整理的对象区分如表 10-6 所示。

6S 推行初期，可将整理对象记录到该表中进行区分，以强化对要与不要文件的判断力。在熟悉之后，只须定期（建议每月一次）查阅文件入档时间和保管期限，便可区分要与不要文件。

表 10-6　整理的对象区分

| 对象 ＼ 期限 | 随时丢弃 | 3 个月以内 | 3～6 个月 | 6～12 个月 | 1～2 年 | 2 年以上 |
|---|---|---|---|---|---|---|
| 工作报表 | | | | | × | |
| 考勤表 | | × | | | | |
| 客户档案 | | | | | | × |
| 合同 | | | | | | × |
| 会议记录 | | | | | × | |
| 图纸 | | | | | | × |
| 草稿 | × | | | | | |
| 说明 | 超过保管期限的整理对象，在对应的保管期限栏内画"×"，表示超过保管期，可以丢弃 | | | | | |

3）处理过期的文件

过期文件要及时进行处理，以免造成不必要的保管带来的浪费。对于过期文件有两种处理方式：

➤ 一般文件处理。一般文件可以当作废纸进行变卖处理。

➤ 涉密文件处理。涉密文件应特别处理，以免泄露机密。

通过对办公室文件进行区分，处理不需要文件，减少过期文件带来的空间浪费，可实现办公室空间的有效利用。

**3. 办公室楼层及位置目视化**

办公室楼层及其位置目视化可方便来访人员进行事务联络。三楼办公室平面布局图如图 10-2 所示。

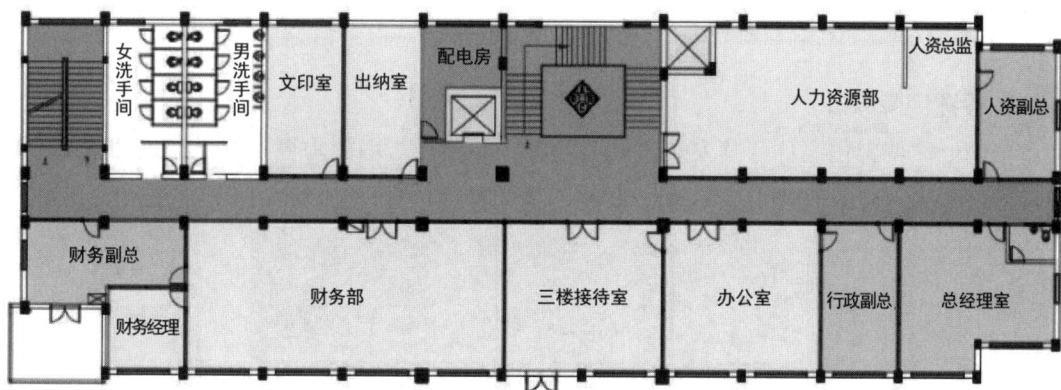

图 10-2　三楼办公室平面布局

办公室的平面布局图，包含办公室的各房间、房门、会议室等的位置。办公楼层的布局图可置于展示架上，展示架置于办公楼大门口处。办公楼层布局展示场景如图 10-3 所示。

办公楼层展示架每天都要清扫，保持整洁干净。

#### 4. 设置楼层索引牌

在每层楼的楼梯口或电梯口设置楼层索引牌，并设置楼梯上下指示标识。楼梯第一级和最末级应设置防踏空线或提醒标识。楼层索引牌如图 10-4 所示。

图 10-3 办公楼层布局展示场景

图 10-4 楼层索引牌

#### 5. 设置门牌标识

门牌上注明部门名称，其安装方式有两种：一种是与墙面垂直，便于在远处就能一眼辨认部门名称，如图 10-5 所示；另一种是与墙面平行，直接安装在门上或门框上。

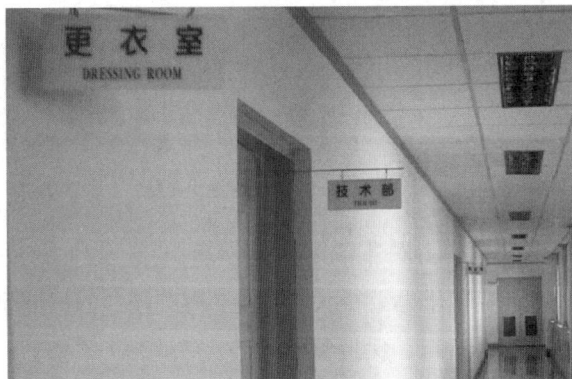

图 10-5 门牌标识

### 6. 设置办公室物品定置图

办公室物品定置图可以清晰展示办公室所有要的物品，清扫时对照办公室物品定置图就可以知道哪些是要保留的，哪些是不要的。此外还可以清晰展示物品的位置，方便日常清洁活动。办公室物品定置图如图 10-6 所示。

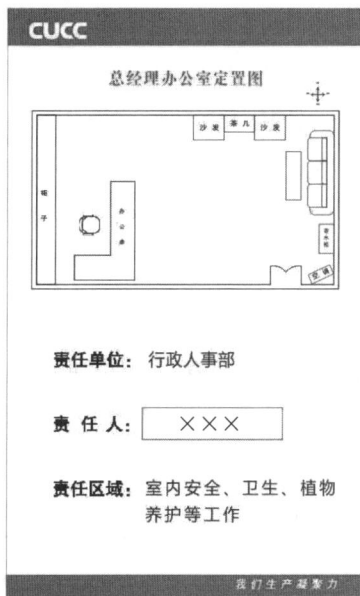

图 10-6　办公室物品定置

### 7. 办公文件整顿

文件整理只是将不需要的文件处理掉，使办公桌、文件柜整洁干净。对于文件而言，其最大的价值在于使用，因而使用率就成了评价的标准。如何衡量使用率呢？就是文件可以拿取或归位的方便程度。文件整顿的步骤如图 10-7 所示。

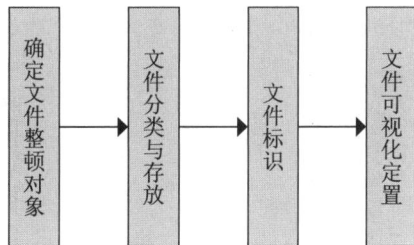

图 10-7　文件整顿的步骤

1）确定文件整顿对象

由于文件资料的类别和内容不同，不同部门需要整顿的对象也是不同的。文件整顿的对象如表 10-7 所示。

在确定文件整顿对象的同时，根据文件的类别、性质、内容等进行分类，并制作索引目录。

表 10-7　文件整顿的对象（部分）

| 部门 | 文件类别 | 典型文件 |
|---|---|---|
| 生产部 | 运作程序 | 程序文件、相关的制度、6S 推行手册、质量手册 |
| | 生产情报 | 产能评估、订单预测书、生产计划、生产报告 |
| | 指示性文件 | 作业指导书、生产流程图、变更指示书、操作技能书 |
| | 工具类 | 保养说明书、管理台账、记录表格 |
| | 勤务管理 | 考勤表、培训履历、相关记录表格 |
| 品质部 | 相关制度 | 品质手册、6S 推行手册、品质管理制度 |
| | 品质情报 | 检验报告、检验表格、不合格报告、不合格表格 |
| | 指示性文件 | 品质检验指导手册、品质检验程序图 |
| | 工具类 | 实验仪器购买清单、实验仪器领用记录 |
| 物流部 | 运作程序 | 仓库管理制度、收发货管理条例、6S 推行手册 |
| | 库管情报 | 采购计划、库存信息表格、收发货登记表 |
| | 指示性文件 | 搬运作业指导书、收发货作业程序、不合格品处理程序 |
| | 工具类 | 装载工具说明书、搬运设备保养指导手册 |

2）文件分类与存放

保管文件，首先要将文件存档。将分好类的文件存档，需要选择合适的文件夹。合适的文件夹便于文件的存放、取用和保管。可有规律地选择使用不同颜色的文件夹，切忌用五花八门的文件夹。

3）文件标识

标识的对象包括文件夹和文件柜。有效的标识可以让使用者一目了然地知道所需文件的位置。文件夹侧面标识牌（标签）如图 10-8 所示。

说明：文件夹标识的常用方法是在文件夹侧面插入或张贴标识牌（标签），注明文件夹内文件的名称、编号和所属部门等信息。

图 10-8　文件夹侧面标识牌

在文件夹侧面标签上标明文件的二级分类名称，可让人一看就知道文件夹内所放文件的类别，方便快速查找。

4）文件可视化定置

文件可视化定置是指在文件夹的侧面标签上画上一条斜线或一个长三角形。这种方法的好处在于，取用文件夹后放回时，依据文件夹侧面标签上的斜线高度或三角形的宽度，一眼就能辨认出该文件夹的位置，既保证了文件夹放在固定位置，又缩短了放回文件夹的时间。排列和整顿的前后对比如图 10-9 所示。

说明：文件柜内文件盒整齐排列

说明：在文件盒整齐排列的基础上，画上长三角形，既方便拿取，又方便阅读后归位

图 10-9　排列和整顿的前后对比

整顿就是要展现整洁、干净的现场，且要长期保持住。

### 8. 办公设施和设备的整顿

办公设备包括计算机、电话等，办公设施有办公桌椅、办公用品等。办公设施和设备定置是指合理规划这些物品放置区域，并画线标示这些区域。需要指出的是，办公设施的定置在必要时应进行标示。

1）办公桌椅定置

在办公区域对办公桌椅画线定位，可以保证办公桌椅摆放整齐、有序和美观。办公桌定置如图 10-10 所示。

图 10-10　办公桌定置

桌椅定位线一般采用四角定位线，线宽不超过 5cm，办公室地面多为浅色，定位线一般采用蓝色，以突出定位线，如图 10-11 所示。

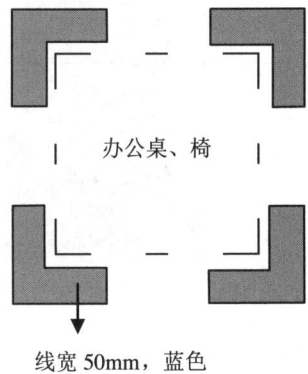

图 10-11　办公室的桌椅定位线

办公室的桌椅通过定置固定了放置场地，避免了位移、摆放不齐的情况，有助于营造整洁的工作现场。

2）办公桌面物品定置

办公桌面物品有两种：一种是方形物品，采用四角定位线进行定置；另一种是圆形物品，采用比圆形物品底面积稍大的环状标识线进行定置。办公桌面物品定置如图 10-12所示。

图 10-12 办公桌面物品定置

桌面物品种类及标识执行统一标准，实行标识定位。桌面允许长期放置的物品包括桌面文件柜、文件夹（盒）、电话、文具盒（笔筒）、便签、显示器（有电脑桌的，显示器应放在电脑桌上）、水杯。办公桌摆放整齐，行成排，竖成列。平时工作学习时可以有其他物品，但长时间离开时（一小时以上）要将杂物清理掉，桌面水杯放在桌子右上角。

对办公桌面上的物品进行定置，能够有效维持桌面整洁、干净，同时使用时可以轻松找到。

3）文件筐定置和标识

文件筐应定置摆放，筐内只放文件夹。文件筐应分类标识，可按照"待办理""已办理""工作计划""处理中""临时文件"等进行分类，标识应与实际的文件项对应。文件框定置与标识如图 10-13 所示。

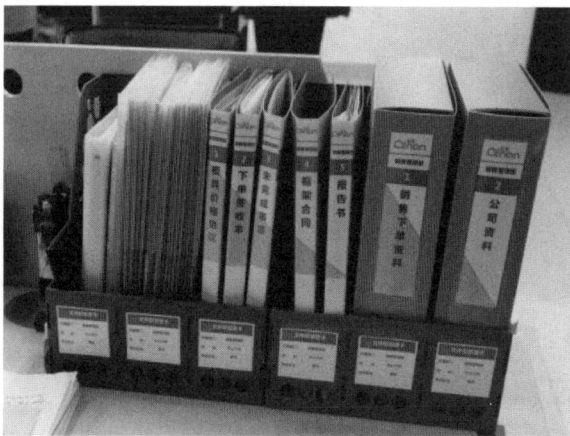

图 10-13 文件框定置与标识

4）办公抽屉标识

抽屉柜统一放置于工作台下指定位置。抽屉内的物品要按整理的原则进行处理，清除不用或不要物，留下必需品。物品摆放应按照办公用品置在上层，个人用品放置在下层原则。办公室抽屉第一层为办公用品，第二层为书籍资料，第三层为私人物品；班组抽屉第一层为个人工具，第二层为书籍资料，第三层为私人物品。办公抽屉标识与定置如图 10-14 所示。

抽屉标识

抽屉内物品定置

图 10-14　办公抽屉标识与定置

抽屉内所有物品应分区、分类放置并进行相应标识，包括责任人。标识贴于抽屉左上角，办公用品定置摆放，采用形迹化管理。

5）其他办公设备用品定置与标识

打印机、饮水机、垃圾桶、衣架、安全帽、报刊栏等办公用品及生活物品均要定置摆放并明确责任人，打印机、饮水机要有使用说明。办公设备定置如图 10-15 所示。

图 10-15　办公设备定置

### 9. 办公室清扫管理

办公室的清扫和清洁重在建立规范，督促人们养成主动维持良好的环境卫生的习惯，同时辅以可视化等手段，让执行变得更容易。

1）用看板规范清扫责任及分工

清扫责任及分工最好以可视化的形式显现出来，以确保每个人都可以看得到，从而实现员工自主管理。办公室清扫责任表如表 10-8 所示。

表 10-8 办公室清扫责任

| 责任区 | 责任人 | 值日检查内容 | 确认 |
|---|---|---|---|
| 私人区 | ××× | 办公桌面是否整洁且有清爽之感 | |
| 公用设备区 | ××× | 打印机等是否保养、清污过 | |
| 办公区 | ××× | 地面是否干净、无垃圾，办公桌椅是否整齐放置 | |
| 会议室区 | ××× | 桌椅是否摆放整齐，植物是否浇过水 | |
| 休息区 | ××× | 休息室是否干净整洁、物品放置有序 | |
| 卫生间 | ××× | 卫生间是否整洁、无异味 | |
| 文件柜及其他 | ××× | 文件柜内是否保持干净，柜内物品是否摆放整齐 | |
| 注：1. 责任区由责任人每天进行维护。<br>　　2. 清扫下班前 15 分钟开始。<br>　　3. 其他包括柜、门窗、玻璃等。 | | | |

清扫责任表应置于公共走廊或公共区域，以确保所有人都能看到，清扫责任表中责任区域与责任人应定期更换。

2）建立清扫基准

办公室如何清扫、达到什么样的状态算合格等，都要明确，因而建立办公室清扫基准就显得尤为重要了。办公室清扫基准一览表如表 10-9 所示。

表 10-9 办公室清扫基准一览表（部分）

| 区域 | 清扫基准 | 清扫行动 | 责任人（更替） | 执行确认（每周） | | | | |
|---|---|---|---|---|---|---|---|---|
| | | | | 1 | 2 | 3 | 4 | 5 |
| 会议室 | • 会议桌上无垃圾、灰尘<br>• 会议设备、设施无灰尘<br>• 桌椅摆放整齐<br>• 地面无垃圾<br>• 垃圾篓里无垃圾 | • 每天早晨进行打扫<br>• 会议结束后清理 | | | | | | |
| 办公区 | • 人员精神饱满<br>• 着装整齐<br>• 办公桌井井有条，无杂物<br>• 办公桌椅及周围无灰尘、垃圾<br>• 办公桌椅摆放整齐 | • 相互问候<br>• 一月检查一次<br>• 每天打扫<br>• 随时保持清洁 | | | | | | |
| 说明：清扫完成后打"√" | | | | | | | | |

清扫基准表应张贴在办公区的宣传栏中，责任人按要求完成清扫活动后，在相应的时间列内进行确认。

### 10.1.3 办公室清洁管理

办公室的清洁就是要让 3S 成为员工的习惯，让员工自然地执行和维护 3S。

1. 每天 5/10 分钟清洁活动

办公室的清洁，可通过每天 5 分钟或 10 分钟清洁活动来实施，活动内容如表 10-10 所示。

表 10-10　办公室每天 5/10 分钟清洁活动

| 活动 | | 活动内容 |
| --- | --- | --- |
| 5 分钟清洁活动 | 1 | 检查自己的着装和清洁度 |
| | 2 | 检查是否有物品掉在地上，将掉在地上的物品都捡起来，如笔、文件等 |
| | 3 | 整理和彻底清洁桌面 |
| | 4 | 检查存放的文件，将它们放回应该放置的位置 |
| | 5 | 扔掉不需要的物品，包括抽屉里、桌面上的私人物品 |
| | 6 | 检查档案柜、书架及其他家具等，将放得凌乱的物品放到正确的位置上 |
| 10 分钟清洁活动 | 1 | 实施上述 5 分钟 6S 活动 |
| | 2 | 用干抹布擦干净电脑、复印机、传真机及其他办公设备 |
| | 3 | 固定可能脱落的标签、标识 |
| | 4 | 清洁地面 |
| | 5 | 倒掉垃圾篓内的垃圾 |
| | 6 | 下班前检查电源开关、门窗、空调等是否已关上 |

每天 5/10 分钟清洁活动，不仅有助于人们养成良好的清扫习惯，而且还可以使工作环境得以改善和维持。

2. 办公室清洁检查

办公室的文件整理、整顿以及清扫执行得如何、效果怎么样，需要督察人员进行检查和评估。办公室清洁检查表如表 10-11 所示。

表 10-11　办公室清洁检查

| 序号 | 检查 | 等级 | 评分（分） | 条件说明 |
| --- | --- | --- | --- | --- |
| 1 | 地面卫生 | 一级（差） | 0 | 有垃圾、废纸以及其他杂物 |
| | | 二级（较差） | 1 | 虽无脏物，但地面破损未维护 |
| | | 三级（及格） | 2 | 地面有水渍、灰尘等，不太干净 |
| | | 四级（良好） | 3 | 随时清扫，地面干净 |
| | | 五级（最佳） | 4 | 地面干净、整洁、光亮 |
| 2 | 桌面物品 | 一级（差） | 0 | 很脏乱，充斥大量无用的东西 |
| | | 二级（较差） | 1 | 半个月才用一次的物品也有 |
| | | 三级（及格） | 2 | 有一周内要用的物品，但过量 |
| | | 四级（良好） | 3 | 都是当日使用的物品，但摆放杂乱 |
| | | 五级（最佳） | 4 | 桌面上均为当日用物品且够用，摆放整齐 |

| 序号 | 检查 | 等级 | 评分（分） | 条件说明 |
|---|---|---|---|---|
| 3 | 办公设备 | 一级（差） | 0 | 有不能使用的办公设备 |
| | | 二级（较差） | 1 | 有勉强可用的办公设备 |
| | | 三级（及格） | 2 | 均为可用办公设备，但缺乏保养，寻找时有麻烦 |
| | | 四级（良好） | 3 | 办公设备保养过，有固定的放置位置 |
| | | 五级（最佳） | 4 | 办公设备定置管理科学，标识清晰，随时可取用 |
| 4 | 文件资料 | 一级（差） | 0 | 摆放零乱，使用时无法找到 |
| | | 二级（较差） | 1 | 虽显零乱，但花费时间可以找得着 |
| | | 三级（及格） | 2 | 重要文件被集中定置保管 |
| | | 四级（良好） | 3 | 索引目录完整且容易检索 |
| | | 五级（最佳） | 4 | 明确定置，使用目视化管理，任何人能随时查阅 |
| 5 | 洗手台/厕所 | 一级（差） | 0 | 容器或设施脏乱，垃圾未清理 |
| | | 二级（较差） | 1 | 有破损处未修补，垃圾未清理 |
| | | 三级（及格） | 2 | 垃圾清理过，但还有异味 |
| | | 四级（良好） | 3 | 经常清洁，无异味 |
| | | 五级（最佳） | 4 | 干净明亮，有装饰，感觉舒服 |

需要注意的是，设置办公室清洁检查表，应征求和倾听员工的意见，收集更多的来自一线的信息，或者解释员工提出的疑问。总之，要尽可能地达成共识，这样才能保证评价的合理性。

### 10.1.4　办公室安全管理

办公室要注意用电安全，可通过现场目视化的方式保障用电安全。此外，财务、公章、保密文件的安全存放也是办公室安全管理的重要内容。

#### 1. 用电安全管理

常用的开关、电器要设置标识，提醒办公室人员注意。办公室用电安全目视化效果如图 10-16 所示。

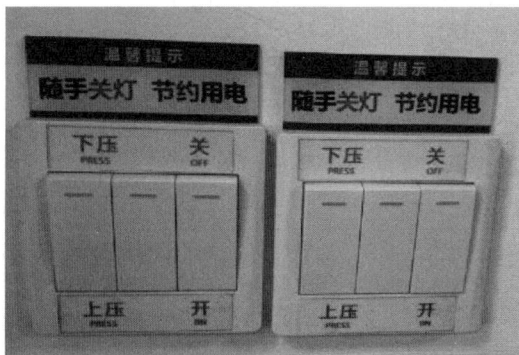

开关标识　　　　空调出风口红飘带

图 10-16　办公室用电安全目视化效果

每天最后走的人要关闭开关、空调、饮水机,定期清洗空调。办公楼的开水间张贴警示标识。

### 2. 办公室安全规范制定

制定办公室公章管理、保密等制度,确保办公室人员遵守这些制度。6S 推行人员指导办公人员制定各类安全制度。办公室安全管理制度构成如图 10-17 所示。

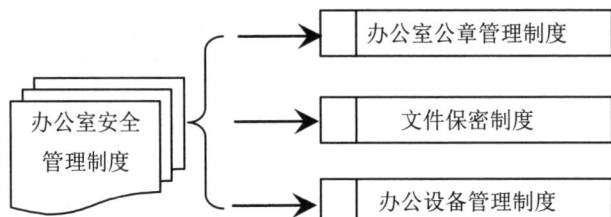

图 10-17　办公室安全管理制度构成

## 10.1.5　办公室素养管理

办公室素养就是员工能够主动遵守办公室各类行为和礼仪规范。办公室 6S 推行小组应制定或补充这类规范,要求员工遵守。

### 1. 办公室仪容仪表、举止规范

办公室仪容仪表、举止规范如表 10-12 所示。

表 10-12　办公室仪容仪表、举止规范

| 项目 | | 内容 |
| --- | --- | --- |
| 仪容、仪表 | 仪容 | • 头发:洁净、整齐,无头屑<br>• 男士头发:前不覆额,侧不掩耳,后不及领<br>• 女士头发:头发不过肩,过肩要束起来<br>• 眼睛:清洁,明亮,有精神,不斜视<br>• 耳朵:内外干净<br>• 鼻子:鼻孔干净,鼻毛不外露<br>• 胡子:刮干净或修整齐,不留长胡子<br>• 嘴:牙齿整齐洁白,口中无异味<br>• 脖子:不戴华丽的项链或饰物<br>• 手:指甲整齐,不留长指甲 |
| | 仪表 | • 着装 TPO 原则:Time(时间)、Place(场合)、Object(对象)<br>• 着装要与自身的条件相适应,做到量体裁衣,扬长避短<br>• 男士着装全身不超过 3 种颜色 |
| 站姿 | 站立 | • 双目平视,表情自然,嘴微闭并嘴角微翘<br>• 肩膀稍向下沉,不耸肩<br>• 两臂自然下垂,挺胸收腹<br>• 两腿立直贴紧,脚跟靠拢,脚呈 60° |
| | 走姿 | • 抬头挺胸,目视前方,手掌心向内,以身体为中心前后摆动,伸直膝盖<br>• 男士步幅以一脚半距离为宜,女士步幅以一脚距离为宜<br>• 抬脚时,脚尖应正对前方,不偏斜<br>• 沿直线行走,两脚内侧应落在一条直线上<br>• 双臂以上身为轴前后摆动幅度 30°～35° |

续表

| 项目 | | 内容 |
|---|---|---|
| 坐姿 | 入座 | • 端庄、文雅、得体、大方<br>• 在他人之后入座，从座位左侧就座<br>• 落座不超过椅子的 2/3 处<br>• 女士着裙装落座时，用手将裙子稍向前拢一下 |
| | 离座 | • 离开座位时，身旁如有人在座，须向其示意，方可站起<br>• 职位低于对方时，应稍后离开<br>• 起身离座时，最好动作轻缓，无声无息<br>• 离开座椅时，先要采用基本的站姿，站定后，方可离开 |

## 2. 办公室礼仪规范

办公室礼仪规范如表 10-13 所示。

表 10-13　办公室礼仪规范

| 项目 | 内容 |
|---|---|
| 目光 | • 公务凝视区域：以两眼为底线、额中为顶角形成的三角区<br>• 社交凝视区域：以两眼为上线、唇心为下顶角所形成的倒三角区<br>• 目光运用中的忌讳：盯视、眯视 |
| 微笑 | • 放松面部肌肉，嘴角微微向上翘起，让嘴唇略呈弧形<br>• 微笑时，应当目光柔和发亮，双眼略为睁大<br>• 眉头自然舒展，眉毛微微向上扬起 |
| 介绍 | • 介绍时不可以单指指人，而应掌心朝上，拇指微微张开，指尖向上<br>• 介绍者应面向对方，介绍完毕后与对方握手问候 |
| 握手 | • 先问候再握手。伸出右手，手掌呈垂直状态，5 指并用，握手 3 秒左右<br>• 用力要适度，切忌手脏、手湿、手凉和用力过大<br>• 握手时赞扬对方 |
| 递、接名片 | 递：<br>• 要双手将名片递过去，以示尊重对方<br>• 将名片放置手掌中，用拇指夹住名片，其余四指托住名片反面，同时讲一些客气的话语<br>接：<br>• 双手捧接名片，点头致谢<br>• 认真地看看名片上所显示的内容 |
| 接电话 | • 铃声响 2 ～ 3 声后接听<br>• 与话筒保持适当距离，说话声大小适度<br>• 如因有急事或在接另一个电话而耽搁，应表示歉意<br>• 热情问候并报出公司或部门名称<br>• 确认对方单位与姓名，询问来电事项，并做必要的记录<br>• 简要确认来电事项<br>• 挂电话时，说声"再见"，对方挂后再挂<br>• 上班时在电话里不闲聊，不谈私事<br>• 遇到推销电话，立刻挂断 |

| 项目 | 内容 |
|------|------|
| 打电话 | • 准备好电话号码，琢磨说话内容、措辞和语气语调<br>• 给客户打电话，上午 9 点至 11 点、下午 2 点至 5 点为宜<br>• 电话接通后，先做自我介绍，然后简要说明打电话的目的和事项<br>• 记录对方谈话内容并予以确认<br>• 如果对方不在，而事情不重要或不保密时，可请代接电话者转告<br>• 挂电话时应礼貌地说声"再见"<br>• 一般通电话时间不超过 3 分钟 |
| 引领访客 | • 马路上。若走在马路的右边，左前方带路；若走在马路的左边，右前方带路<br>• 走廊上。走在访客侧前方两至三步。当访客走在走廊的正中央时，你要走在走廊上的一旁<br>• 楼梯上。先说一声"在 × 楼"，然后引领访客到楼上。上楼时让访客先走。上下楼梯时，不并排行走，而应当右侧上行，左侧下行<br>• 电梯内。要先主动按电梯的按钮，同时告诉访客目的地在第几层。如果访客不止一个人，应按着开启的按键，引领访客进入。离开电梯时，按着开启的按键，让访客先出 |

上述各种规范应严格要求员工执行，包括管理者自己。当人们的素养水平持续提升时，办公室 6S 推行效果也会越来越好。

### 10.1.6　办公室 6S 检查

办公室 6S 推行的进度如何、效果怎么样、员工的积极性如何，都要及时进行检查和确认。办公室 6S 检查表如表 10-14 所示。

表 10-14　办公室 6S 检查

| 办公室检查重点问题描述 | | | 解决思路 | | | |
|---|---|---|---|---|---|---|
| | | | | | | |
| | | | | | | |
| 如本人发出红牌<br>请在此给予记录 | | | | | | |
| | | | | | | |
| 项目 | | 6S 检查项标准要求（评分项） | 差 | 一般 | 较好 | 很好 |
| 上楼楼梯 | 1 | 楼梯扶手、窗户擦拭干净，无积尘，无污垢 | | | | |
| | 2 | 楼梯墙面、地面干净，无痰迹、无污水，无积垢 | | | | |
| | 3 | 楼梯角落无临时存放垃圾、清扫工具或其他生产用物品 | | | | |
| 清扫用具 | 4 | 清扫工具划区定位，标识明确，放置整齐有序 | | | | |
| | 5 | 垃圾箱、垃圾桶定点定位，标识明确，放置整齐有序 | | | | |
| | 6 | 垃圾或拆除的包装材料归位放置，无乱扔乱放现象 | | | | |
| 消防安全 | 7 | 消防警示线、警示标识牌完整、清晰，无污损 | | | | |
| | 8 | 消防器具、配件配置完整（消防水带、灭火器等） | | | | |

| 项目 | | 6S 检查项标准要求（评分项） | 差 | 一般 | 较好 | 很好 |
|---|---|---|---|---|---|---|
| 消防安全 | 9 | 消防柜内、消防通道内无堆放杂物或生产用物品 | | | | |
| | 10 | 应急灯安装完整，线路通畅，处于使用状态中 | | | | |
| | 11 | 安全通道标识灯使用状态良好，无裸线、破损或歪斜 | | | | |
| | 12 | 动力箱警示线清晰，状态标识明确，无污迹或破损 | | | | |
| 办公桌椅及周围 | 13 | 文件、资料整齐放置，不得散乱 | | | | |
| | 14 | 只放置每日最低限度用量的用品，非每日必需品不得存放在办公桌上 | | | | |
| | 15 | 抽屉内物品摆放整齐 | | | | |
| | 16 | 私人物品应分开、整齐地摆放 | | | | |
| | 17 | 办公桌椅保持干净，无污迹、灰尘 | | | | |
| | 18 | 人离开办公桌后，办公椅应推至桌下，且应紧挨办公桌 | | | | |
| | 19 | 椅背上不允许挂放衣服或其他物品 | | | | |
| | 20 | 除垃圾桶外不得放置任何物品 | | | | |
| | 21 | 地面保持干净，无垃圾、无污迹等 | | | | |
| | 22 | 垃圾桶内垃圾及时清理 | | | | |
| 文件柜、文件夹 | 23 | 应保持柜面干净、无灰尘 | | | | |
| | 24 | 柜外标识清晰准确，且全部贴在右上角 | | | | |
| | 25 | 柜内文件摆放整齐，且按类别摆放 | | | | |
| | 26 | 柜内没有摆放非必需品 | | | | |
| | 27 | 文件夹标识清晰，同部门文件夹外侧的标识统一 | | | | |
| | 28 | 文件夹内有文件索引目录 | | | | |
| | 29 | 同柜文件摆放实施定位化（画斜线） | | | | |
| 仪容 | 30 | 按规定穿工作服、佩戴工卡 | | | | |
| | 31 | 工作服扣子必须全部扣上 | | | | |
| | 32 | 工作态度良好 | | | | |
| | 33 | 不得在办公区（室）吸烟 | | | | |
| 办公设备、电源 | 34 | 应保持干净，无灰尘、无污迹 | | | | |
| | 35 | 电脑线应束起来，不得散乱 | | | | |
| | 36 | 电话应保持干净，电话线不散乱 | | | | |

| 项目 | | 6S 检查项标准要求（评分项） | 差 | 一般 | 较好 | 很好 |
|---|---|---|---|---|---|---|
| 办公设备、电源 | 37 | 休息日须关闭电源 | | | | |
| | 38 | 饮水机保持干净 | | | | |
| | 39 | 打印机墨盒粉充足，纸张收纳整齐 | | | | |
| 办公楼标识引导 | 40 | 办公楼标识清晰 | | | | |
| | 41 | 办公楼有最新平面布局图 | | | | |
| | 42 | 电梯间标识清晰 | | | | |
| | 43 | 楼层引导标识清晰 | | | | |
| | 44 | 各办公室门牌标识清晰 | | | | |
| | 45 | 会议室布置得当，整洁干净 | | | | |
| 宣传栏、报纸、报刊 | 46 | 宣传栏海报张贴整齐，无破损 | | | | |
| | 47 | 宣传栏内容定期更新 | | | | |
| | 48 | 报架上报纸、杂志摆放整齐 | | | | |
| | 49 | 报纸、杂志为最新一期 | | | | |
| 环境 | 50 | 盆景生机勃勃 | | | | |
| | 51 | 办公室整洁，无乱拉、乱挂、乱堆等现象 | | | | |
| | 52 | 办公桌摆放合理 | | | | |
| | 53 | 办公桌椅完成定置，并按定置线摆放 | | | | |
| | 54 | 办公区通道畅通，无堆积物 | | | | |
| | 55 | 办公区空气清新，无人用餐、吸烟 | | | | |
| | 56 | 办公区设有文化展示墙 | | | | |
| 灯光窗户 | 57 | 窗户无乱挂、乱放、乱贴现象，窗帘（贴膜）无破损 | | | | |
| | 58 | 窗玻璃较干净，无积尘、污迹或破损 | | | | |
| | 59 | 照明灯连线安全规范，无乱接乱拉现象 | | | | |
| | 60 | 灯具完好，无损坏残破的现象 | | | | |
| 印象分（10 分） | | 根据总体感觉酌情打分 | | | | |

注：计分标准：差 0 分，一般 0.5 分，较好 1 分，很好 1.5 分，连同印象分满分为 100 分。

　　办公室推行 6S 比较容易入手，内容也简单，但正因如此，导致了其极容易被人们忘记或忽略，使得推行 6S 前期的努力付之一炬。因而办公室应推选一名 6S 推行督导员，长期负责办公室 6S 活动的管理工作，同时向 6S 推行委员会与本部门管理者负责，从而维持办公室 6S 推行效果。

# 10.2　作业现场 6S 推行

作业现场是推行 6S 的重点场所，企业应力求打造一个零浪费、让客户和员工信任的作业现场。

## 10.2.1　作业现场 6S 推行计划

成立现场 6S 推行小组，依据 6S 推行的总计划，以及作业现场的实际情况，制订 6S 推行计划。作业现场 6S 推行计划表如表 10-15 所示。

表 10-15　作业现场 6S 推行计划

| 6S 项目 | 内容 | 责任人 | 8月 1 | 8月 2 | 8月 3 | 8月 4 | 9月 1 | 9月 2 | 9月 3 | 9月 4 |
|---|---|---|---|---|---|---|---|---|---|---|
| 整理 | 制定不要物标准 | | ■ | | | | | | | |
| | 工具、量具整理 | | | ■ | | | | | | |
| | 作业台面物品整理 | | | ■ | | | | | | |
| | 物料、零件整理 | | | ■ | | | | | | |
| | 设备、设施整理 | | | ■ | | | | | | |
| | 报表、图纸整理 | | ■ | | | | | | | |
| | 杂物、个人用品整理 | | ■ | | | | | | | |
| 整顿 | 区域规划 | | | | | ■ | | | | |
| | 绘制平面图 | | | | | | ■ | | | |
| | 准备油漆、PC 板等材料 | | | | | | ■ | | | |
| | 设备、设施定位 | | | | | | ■ | ■ | | |
| | 作业区画线 | | | | | ■ | | | | |
| | 通道画线 | | | | | ■ | | | | |
| | 工具定位 | | | | | | | ■ | | |
| | 物品、零件三定 | | | | | | ■ | | | |
| | 各类开关标识 | | | | | | ■ | | | |
| | 各类设备铭牌标识 | | | | | | | ■ | | |
| | 看板制作、悬挂 | | | | | | | ■ | | |
| | 作业实施可视化改善 | | | | | ■ | ■ | ■ | ■ | ■ |
| 清扫 | 划分清扫责任区域 | | | | ■ | | | | | |
| | 制作清扫检查表 | | | | ■ | | | | | |
| | 制定设备清扫基准 | | | | ■ | | | | | |
| | 设备清扫可视化改善 | | | | ■ | | | | | |
| | 清扫检查 | | | | | ■ | | | | |

| 6S项目 | 内容 | 责任人 | 8月 | | | | 9月 | | | |
|---|---|---|---|---|---|---|---|---|---|---|
| | | | 1 | 2 | 3 | 4 | 1 | 2 | 3 | 4 |
| 清洁 | 制作清洁检查表 | | | | | | ▬ | | | |
| | 3S 检查 | | | | | | | | ▬ | |
| | 开展寻宝活动 | | | | | | | | ▬ | |
| | 开展 3S 竞赛 | | | | | | | | | ▬ |
| | 展示 3S 成果 | | | | | | | | | ▬ |
| 素养 | 制定现场作业规范 | | | | | | ▬ | | | |
| | 现场张贴 6S 标语 | | | | | | ▬ | | | |
| | 现场开展文明生产活动 | | | | | | ▬ | | | |
| | 开展优秀班组评比活动 | | | | | | | ▬ | | |
| 安全 | 开展安全教育活动 | | | | | | | | | ▬ |
| | 建立安全事故响应机制 | ▬ | | | | | | | | |
| | 开展安全可视化改善 | | | | | | | ▬ | | |
| | 制定安全管理条例 | ▬ | | | | | | | | |
| | 安全设施、设备定置 | | | | | | | | ▬ | |
| | 设置安全标识系统 | | | | | | | | | ▬ |
| | 检查现场安全隐患 | | | | | | | ▬ | | |
| | 开展防错活动 | | | | | | | ▬ | | |

### 10.2.2　作业现场 3S 管理

作业现场 3S 管理应在 6S 推行小组的指导和监督下严格按计划进行。在推行过程中应避免与生产计划发生冲突，尽可能避开每日的生产繁忙期。

**1. 作业现场的整理**

作业现场开展整理活动，宜在 6S 推行小组的指导下进行。作业现场整理应先划分整理的责任区域，然后由责任人按照整理不要物标准以及不要物处理程序进行。

通常，作业现场的责任区域基本由该区域的作业班组、人员负责。作业现场要与不要物如表 10-16 所示。

**2. 作业现场的整顿**

作业现场的整顿按整顿的步骤依次推行，并应结合生产现场实际情况，保证整顿的顺利完成。作业现场管理对象如表 10-17 所示。

1）现场 3S 推行

6S 推行小组在现场先整理、清扫现场。针对主作业区、辅助作业区、主设备、辅助设备、工器具柜、搬运工具、作业信息一次性规划好放置场所、放置方法、标识方法，然后在三定原则下推进整顿工作。

表 10-16 作业现场要与不要物（常见）

| 要的 | 不要的 |
|---|---|
| 1. 正常的设备、机器或电气装置 | 1. 地板上的 |
| 2. 附属设备（滑台、工作台、料架） | A. 废纸、灰尘、杂物、烟蒂、油污 |
| 3. 台车、推车、堆高机 | B. 不再使用的设备、工夹具、模具 |
| 4. 正常使用中的工具 | C. 不再使用的办公用品、垃圾桶 |
| 5. 正常的工作椅、板凳 | D. 破垫板、纸箱、抹布、破篮筐 |
| 6. 尚有使用价值的消耗用品 | 2. 桌子或橱柜 |
| 7. 原材料、半成品、成品 | A. 破旧的书籍、报纸 |
| 8. 尚有利用价值的边角料 | B. 破椅垫 |
| 9. 垫板、塑胶框、防尘用品 | C. 老旧无用的报表、账本 |
| 10. 使用中的垃圾桶、垃圾袋 | D. 损坏的工具、余料、样品 |
| 11. 使用中的样品 | 3. 墙壁上的 |
| 12. 办公用品、文具 | A. 蜘蛛网 |
| 13. 使用中的清洁用品 | B. 过期海报、看报 |
| 14. 美化用的海报、看板 | C. 无用的提案箱、卡片箱、挂架 |
| 15. 6S 推行中的活动海报、看板 | D. 过时的月历、标语 |
| 16. 近期的书稿、杂志、报表 | 4. 挂着的 |
| 17. 干净的地面、墙面 | A. 工作台上过期的作业指导书 |
| 18. 新引进的设备、图纸 | B. 不再使用的配线配管、老吊扇 |
| 19. 其他（必要的私人用品） | C. 不能使用的温度计、标语 |

表 10-17 作业现场管理对象

| 作业现场整顿对象 | 作业现场整顿对象 |
|---|---|
| 1. 现场通道画线 | 12. 文件悬挂目视化标准 |
| 2. 墙面颜色 | 13. 工具箱标识 |
| 3. 作业区域画线 | 14. 危化品的存放管理标准 |
| 4. 车间主干道画线 | 15. 车间水杯放置与定置 |
| 5. 设备、设施、工具箱的定置、画线与标识 | 16. 推车、叉车存放与定置 |
| 6. 地面转角线画线 | 17. 车间开门线的绘制标准 |
| 7. 管道涂油漆、介质流向标识 | 18. 工厂建筑编号 |
| 8. 大门标识 | 19. 设备编号 |
| 9. 车间门口防撞装置 | 20. 车间导向标识 |
| 10. 车间柱子喷漆 | 21. 车间区域标识牌 |
| 11. 电器控制开关标识 | |

其中放置场所指生产线附近只能放置需要的物品，物品 100% 定置；放置方法指易于拿取，不超出规定范围，在 30 秒内能拿到所需物品；标识方法指放置场所和物品原则上一对一，表示方法全企业统一。这三者是整顿的要素。

整顿完成后还要再次对现场进行清扫，确保现场及设备、设施和工器具整洁干净。现场 3S 推行场景如表 10-18 所示。

对作业现场各区域进行画线，设备、工器具定置和标识完成后，对作业信息、作业方法、作业安全实施目视化管理。

表 10-18　现场 3S 推行场景

| 地点：某车间包装组 | |
|---|---|
| 　某车间包装组区域整顿，遵循先布局，再整理、清扫，后整顿的原则 | （一）<br>1. 流水线物料中转区画线<br>2. 台面保持干净，垃圾筐、凳子、物品按定置区域摆放<br>3. 台面无杂物 |
| | （二）<br>1. 热缩包装机整理与标识<br>2. 每天下班前对机器进行清扫、清洁、保养 |
| （六）<br>1. 工具箱定置与标识<br>2. 柜内工具形迹管理，无杂物 ｜（五）<br>1. 收件台整理与定置<br>2. 看板摆放及张贴保持干净、整洁，表单摆放整齐 ｜（四）<br>1. 液压拖车定置、标识<br>2. 用完后放置区域内，不得随意摆放 | （三）<br>1. 半成品区域定置<br>2. 半成品放置于规定区域，有限高<br>3. 摆放整齐，数量准确一致 |

2）作业区标识

6S 推行人员对各个区域进行标识。作业区标识如图 10-18 所示。

3）放置现场看板

6S 推行人员依据生产需求指导制作各类看板。

（1）生产线定员看板。生产线定员看板是用看板的形式展示生产线作业员数量和信息的一种可视化手段。它通过展示生产线定员信息，明确作业员的具体分工，使员工职责清晰，便于统一管理。生产线定员看板如图 10-19 所示。

管理人员可以通过生产线定员看板迅速了解该生产线的人员设置情况，以及各作业员的作业分工和主要职责，以便监控生产作业。

（2）生产品质看板。生产品质看板如图 10-20 所示。

生产品质看板主要包括生产信息、生产计划、质量动态等方面的信息。

➤ 生产信息。包括每个小时生产计划任务、完成情况、差错率、异常原因分析、改善对策等，以保证生产按计划完成，及时处理生产异常。

图 10-18 作业区标识

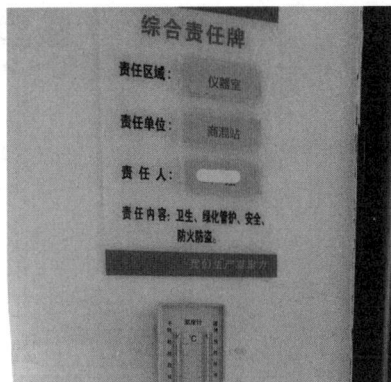

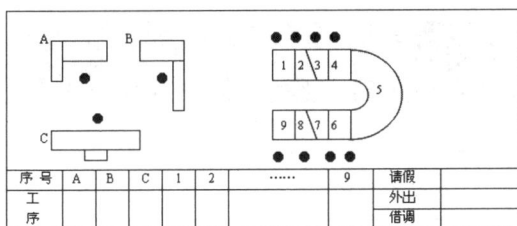

**生产线定员看板的内容**

生产线名称：明确作业员所在的生产线名称

作业员类型：分清哪些人员是主作业员，哪些人员是
辅助作业员

作业员照片：使员工与职能一一对应，便于管理

作业员姓名与职责：明确分工，职责清晰

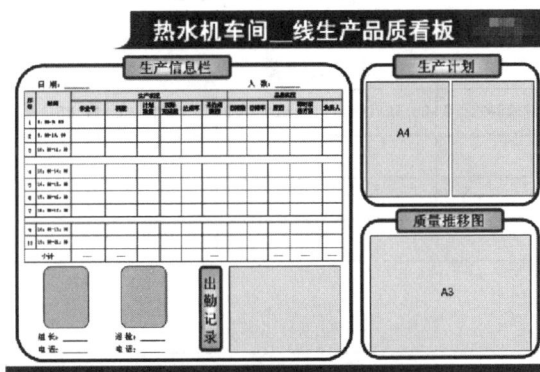

图 10-19 生产线定员看板

图 10-20 生产品质看板

➤生产计划。主要把生产计划信息有效和方便地传递给管理人员与操作员工，提前做好生产准备。

➤质量动态。主要收集每个小时品质问题、异常原因，统计每天的不良情况；通过趋势图直观表现，及时发现问题，并进行纠正或改善。

（3）班组园地看板。主要包括组织结构、安全生产、持续改善、通知通告 4 部分内容。班组园地看板如图 10-21 所示。

通过班组园地看板，可以实现对班组人员情况、安全状态、改善事宜等进行可视化管理。

（4）晨会日检讨看板。每天早上班组长、品质管理人员、工艺管理人员和作业人员在看板前检讨前日工作完成情况和当日工作的计划安排。晨会日检讨看板如图 10-22 所示。

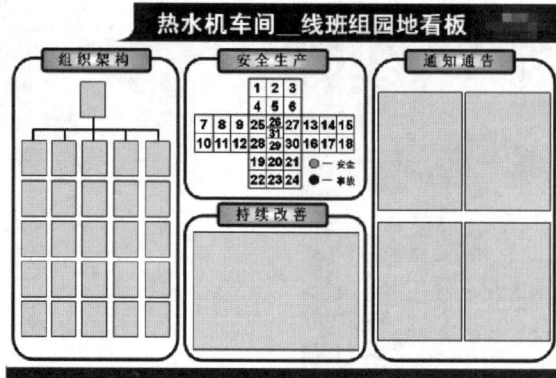

图 10-21　班组园地看板

图 10-22　晨会日检讨看板

　　看板上包括检讨质量问题、检讨物料的准备情况、检讨生产完成情况等。

　　（5）物流看板。物流看板包括物料分布图、物料配送的示意图、物料配送清单、配送信息集成等。物流看板如图 10-23 所示。

　　物流看板一方面可以让人清晰地知道物流运作情况，另一方面可通过看板对物料成套配送进行管理，保证物料正常配送供给。

　　（6）质量问题追踪看板。每周对生产线的品质状况进行统计分析，把线上出现的问题进行统计、分类、汇总和分析，并把每周的不合格率写于相应的周里，如此便可以看到每个不良点的改善趋势。质量问题追踪看板如图 10-24 所示。

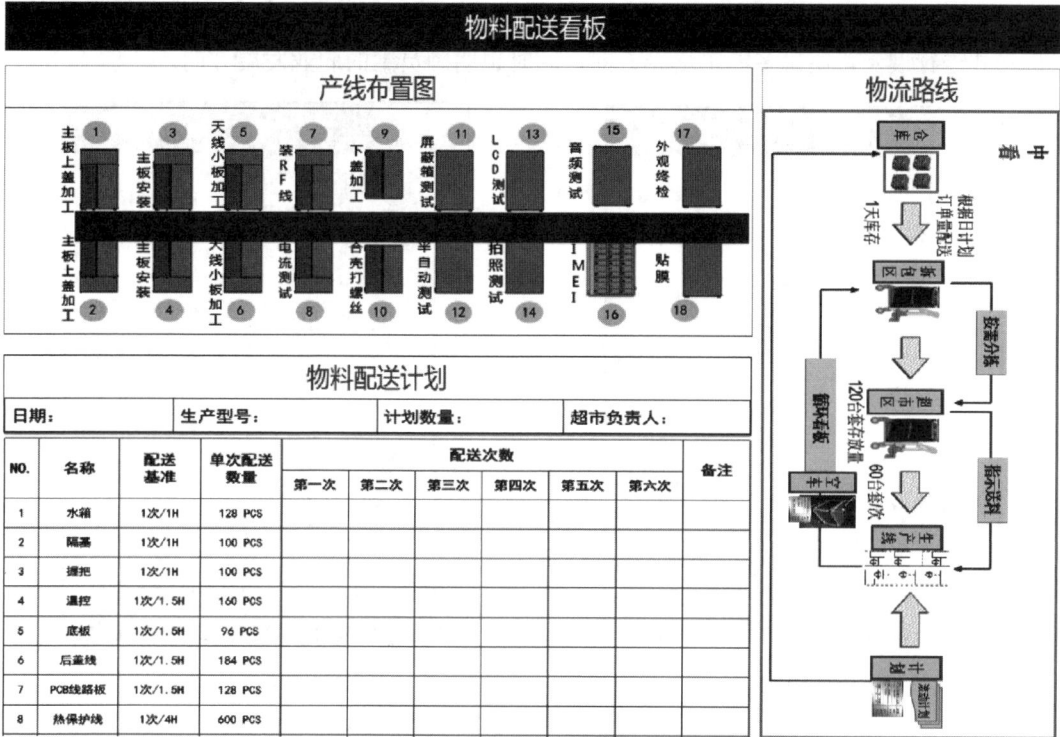

物料配送看板

产线布置图

主板上盖加工 主板安装 天线小板加工 装 RF 线 下盖加工 屏蔽箱测试 LCD 测试 音频测试 外观终检

主板上盖加工 主板安装 天线小板加工 电流测试 合壳打螺丝 半自动测试 拍照测试 IMEI 贴膜

物流路线

物料配送计划

| 日期： | | 生产型号： | | 计划数量： | | 超市负责人： | | | |
|---|---|---|---|---|---|---|---|---|---|
| NO. | 名称 | 配送基准 | 单次配送数量 | 配送次数 | | | | | 备注 |
| | | | | 第一次 | 第二次 | 第三次 | 第四次 | 第五次 | 第六次 |

| NO. | 名称 | 配送基准 | 单次配送数量 | 第一次 | 第二次 | 第三次 | 第四次 | 第五次 | 第六次 | 备注 |
|---|---|---|---|---|---|---|---|---|---|---|
| 1 | 水箱 | 1次/1H | 128 PCS | | | | | | | |
| 2 | 隔热 | 1次/1H | 100 PCS | | | | | | | |
| 3 | 握把 | 1次/1H | 100 PCS | | | | | | | |
| 4 | 温控 | 1次/1.5H | 160 PCS | | | | | | | |
| 5 | 底板 | 1次/1.5H | 96 PCS | | | | | | | |
| 6 | 后盖线 | 1次/1.5H | 184 PCS | | | | | | | |
| 7 | PCB线路板 | 1次/1.5H | 128 PCS | | | | | | | |
| 8 | 热保护线 | 1次/4H | 600 PCS | | | | | | | |

图 10-23　物流看板

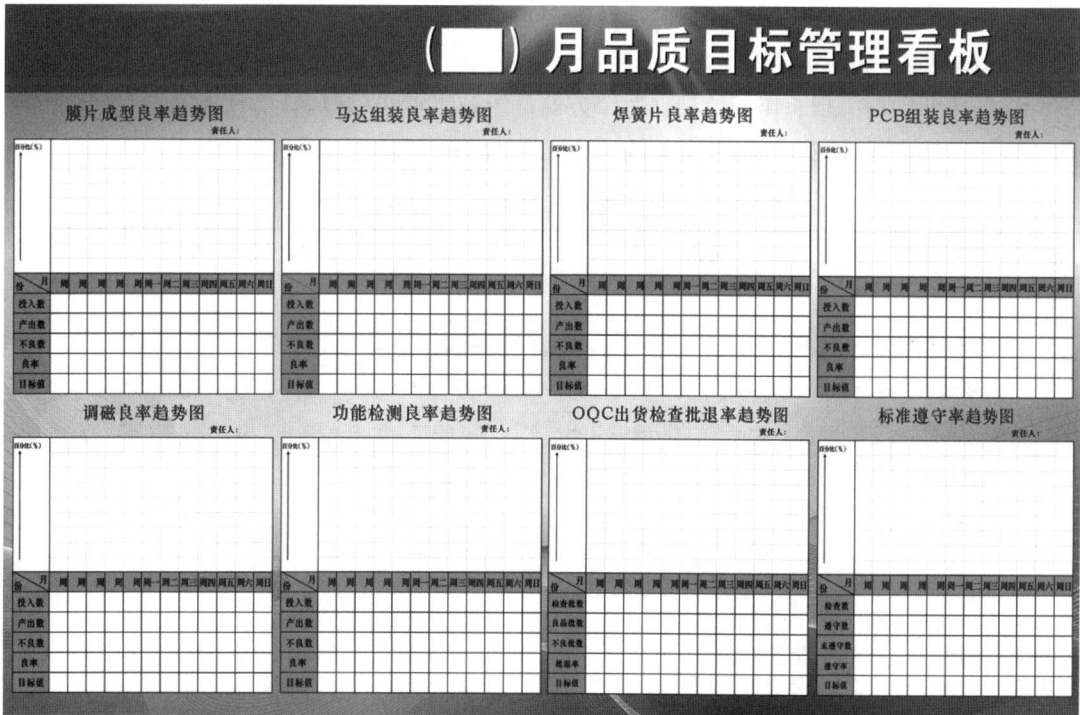

（　　）月品质目标管理看板

膜片成型良率趋势图　马达组装良率趋势图　焊簧片良率趋势图　PCB组装良率趋势图

调磁良率趋势图　功能检测良率趋势图　OQC出货检查批退率趋势图　标准遵守率趋势图

图 10-24　质量问题追踪看板

（7）员工技能与绩效考核管理看板。如图 10-25 所示，各车间把每个员工的技能通过看板形式进行展示，明确多能工培养方向，同时也明确员工的职业发展方向。

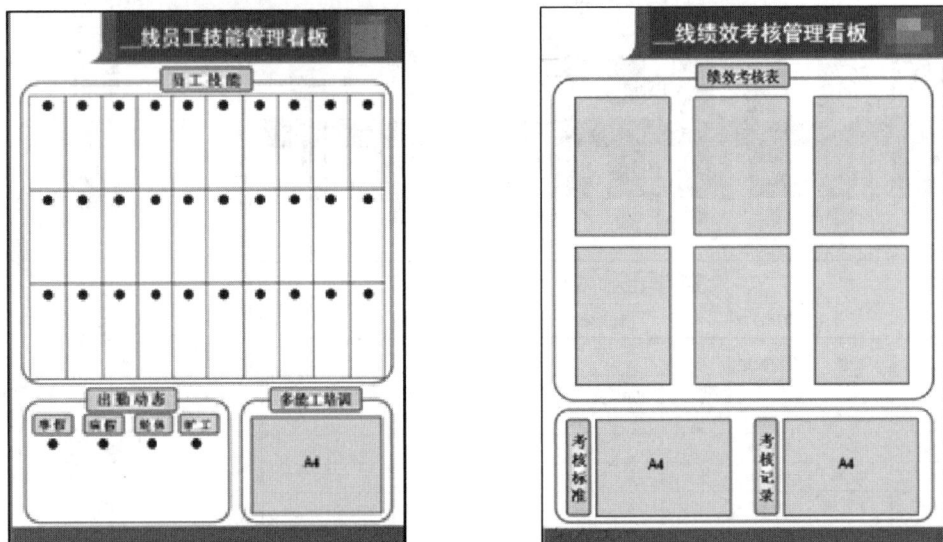

员工技能管理看板　　　　　　　　　　绩效考核管理看板

图 10-25　员工技能与绩效考核管理看板

其中，绩效考核管理看板是对员工每日的表现进行考核，评出不同的等级，并用葡萄图方式展示出来，令人一目了然，增强内部的竞争性。

### 3. 作业现场清扫

做好作业现场清扫工作，要把握两个方面：一是定责任（区域、责任人），二是定标准。作业现场清扫责任区域、标准及实施确认表如表 10-19 所示。

表 10-19　作业现场清扫责任区域、标准及实施确认

| 部门（车间） | | | 班组 | | | 6S 区域 | | | | |
|---|---|---|---|---|---|---|---|---|---|---|
| 责任人： | | | | | | | | | | |
| 现场清扫内容 | | | | 现场 6S 实施确认 | | | | | 责任者：　　区域号： | | | | |
| 区域 | 清扫部位 | 清扫周期 | 要点及标准 | 月　日至　月　日 | | | | | 月　日至　月　日 | | | | |
| | | | | 周一 | 周二 | 周三 | 周四 | 周五 | 周一 | 周二 | 周三 | 周四 | 周五 |
| 墙 | 表面玻璃 | 1 次 / 月 | 无灰尘、无油垢、无破损 | | | | | | | | | | |
| 地面 | 表面台下 | 2 次 / 天 | 无油垢、无脏污、无废物 | | | | | | | | | | |
| 现场物品 | 摆放状态 | 1 次 / 天 | 整齐（水平、垂直）、干净 | | | | | | | | | | |
| 看板 | 摆放状态 | 1 次 / 天 | 整齐（水平、垂直）、干净 | | | | | | | | | | |

| 区域 | 清扫部位 | 清扫周期 | 要点及标准 | 月 日至 月 日 | | | | | 月 日至 月 日 | | | | |
|------|---------|---------|-----------|------|------|------|------|------|------|------|------|------|------|
| | | | | 周一 | 周二 | 周三 | 周四 | 周五 | 周一 | 周二 | 周三 | 周四 | 周五 |
| 桌椅 | 摆放状态 | 1 次 / 天 | 整齐（水平、垂直）、干净 | | | | | | | | | | |
| 说明：说明：◎代表良好 ○代表中等 ▲代表及格 ※ 代表较差 | | | | | | | | | | | | | |

各清扫责任人员在执行所分配区域的清扫任务时，应依据该表进行自我确认，一则明确所属分工，二则对自己的工作做出检查和评价。

### 10.2.3 作业现场清洁管理

作业现场清洁管理就是要让 3S 活动成为员工的日常工作习惯，让员工自然而然地执行和维护 3S。

#### 1. 每天开展 5/10 分钟清洁活动

作业现场的清洁，可通过每天 5 分钟或 10 分钟清洁活动来进行，活动内容如表 10-20 所示。

表 10-20 作业现场每天 5/10 分钟清洁活动

| 活动 | | 活动内容 |
|------|---|---------|
| 5 分钟清洁活动 | 1 | 检查自己的着装、防护用品穿戴状况和清洁度 |
| | 2 | 检查作业台物品，将它们有序放置，将不要的物品清理掉 |
| | 3 | 检查作业台周围地面，清除垃圾、废弃物，将料架等设施整齐定置 |
| | 4 | 检查料架、器皿等是否在定置线内，如不是则归位 |
| | 5 | 检查操作设备、工具，并进行校准、紧固 |
| | 6 | 检查确认是否按照标准作业程序或操作注意事项进行作业 |
| 10 分钟清洁活动 | 1 | 实施上述 5 分钟 6S 活动的所有内容 |
| | 2 | 用干抹布擦干净本人的工具、作业台、料架等设施 |
| | 3 | 将不要物置于现场统一的不要物临时存放处 |
| | 4 | 检查并修复可能脱落的标签、标识 |
| | 5 | 检查并维修、更换损坏的工具、部件等 |
| | 6 | 工作结束后将个人工具以及公用工具归位 |

每日 5/10 分钟清洁活动，不仅有助于人们养成良好的清洁习惯，而且还可以使作业环境得到改善和维持。

#### 2. 作业现场清洁检查

作业现场整理、整顿以及清扫的执行效果怎么样，需要督察人员进行检查和评估。作业现场清洁检查表如表 10-21 所示。

表 10-21 作业现场清洁检查

| 序号 | 检查内容 | 等级 | 评分（分） | 条件说明 |
|---|---|---|---|---|
| 1 | 作业地面卫生 | 一级（差） | 0 | 有大量废屑及其他杂物 |
| | | 二级（较差） | 1 | 虽无脏物，但地面喷漆线条破损未维护 |
| | | 三级（及格） | 2 | 地面有少量废屑、杂物等，不太干净 |
| | | 四级（良好） | 3 | 随时清扫，保持地面干净 |
| | | 五级（最佳） | 4 | 地面干净、整洁、光亮，无任何废屑 |
| 2 | 作业台 | 一级（差） | 0 | 很杂乱、无序 |
| | | 二级（较差） | 1 | 偶尔清理 |
| | | 三级（及格） | 2 | 虽有清理，但还是显得很凌乱 |
| | | 四级（良好） | 3 | 自我感觉良好 |
| | | 五级（最佳） | 4 | 任何人都会觉得很舒适 |
| 3 | 工具、零件 | 一级（差） | 0 | 不知道工具、零件在哪里，使用时无法找到 |
| | | 二级（较差） | 1 | 花费时间可以找得着 |
| | | 三级（及格） | 2 | 摆放有序，自己可以找到 |
| | | 四级（良好） | 3 | 摆放有序，部分人可以找到 |
| | | 五级（最佳） | 4 | 采用形迹管理，任何人都能找到并归位 |
| 4 | 作业区域、通道 | 一级（差） | 0 | 没有划分 |
| | | 二级（较差） | 1 | 有划分，但不通畅 |
| | | 三级（及格） | 2 | 画线还算清晰，但现场没有标识 |
| | | 四级（良好） | 3 | 画线清晰，通道顺畅 |
| | | 五级（最佳） | 4 | 通道及作业区感觉舒畅，有标识 |
| 5 | 看板、可视化 | 一级（差） | 0 | 无看板 |
| | | 二级（较差） | 1 | 有少量看板，但更新滞后 |
| | | 三级（及格） | 2 | 设置了基本的看板 |
| | | 四级（良好） | 3 | 看板设置齐全 |
| | | 五级（最佳） | 4 | 看板感觉美观、清晰 |

需要注意的是，设置作业现场清洁检查表，应收集更多的来自一线的信息。总之要尽可能地符合现场实际状况，这样才能保证评价的合理性。

### 10.2.4 作业现场安全管理

作业现场安全管理以可视化和巡查管理为主。安全可视化可以将危险状态以及如何预防与处置直观地呈现出来，人们可以在第一时间规避或按要求处理；而巡查则是排除现场安全隐患。作业现场安全改善场景如图 10-26 所示。

通过现场检查，发现存在 5 项安全隐患。通过对作业现场的安全巡查和改善能够很好地打造零事故的作业场所。

问题现象：
没有明确设备与人员的活动范围，同行人员处于不安全状况

改善后：
1. 规划通道路线，避免抄近道引发烫伤事故
2. 设备与设备之间画通道线
3. 设备平台基座喷涂虎纹线，提醒人员不要靠近，避免被烫伤
4. 标明管道内介质流向
5. 悬挂"小心碰头"的标识

图 10-26　作业现场安全改善场景

### 1. 门开关形迹安全管理

伴随着人员进出频繁，这一侧的人常常无法看到另一侧的情形，突然开门会导致另一侧正准备开门的人遭受撞击，因此开关门时隐藏着一定的碰撞风险。沿着门的打开轨迹画线，可有效提示进出门人员开门的方向和位移。门开关轨迹画线如图 10-27 所示。

门开关轨迹线效果　　　　　　　　　门开关轨迹线设计方法

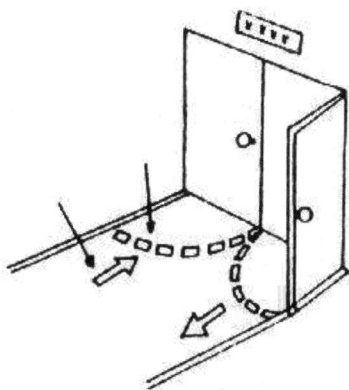

图 10-27　门开关轨迹画线

### 2. 现场安全防护可视化

通常作业现场的危险是因人的行走、攀爬引发的，因而应以人的行走轨迹为中心，发现周围环境可能给人带来的危险。例如，爬高时，存在踩空、跌落危险；行走时可能误入危险设备区域，引发化学或物理伤害；通行时可能碰到突出物，如横梁、盖板等。这些危险源都要进行定置和标识，提醒作业人员注意安全。安全隐患可视化效果如表 10-22 所示。

表 10-22　安全隐患可视化效果

| 危险源 | 现场 | 改善方案 |
|---|---|---|
| 楼梯、扶手、护栏 |  | 楼梯和围栏：<br>1. 楼梯扶手建议采用不锈钢，在楼梯第一级和最末级台阶边缘处以及人行通道高差 300mm 以上的边缘处应标注防止踏空线<br>2. 楼梯栏杆高度不低于 1050mm，并加设不低于 100mm 的护板<br>3. 平台有 300mm 高度落差时，应设置防绊线<br>4. 安全围栏刷黄色油漆，顶部刷虎纹线。设备围栏与设备本体一致，顶部刷虎纹线 |
| 地面盖板 |  | 盖板：<br>1. 厂房内沟道、孔洞、电缆隧道入口的盖板均为防滑盖板，并标注阻塞线<br>2. 厂房内外工作场所的井、坑、洞或沟道应覆以与地面平齐的、坚固的、有限位的盖板。盖板边缘应大于孔洞边缘 100mm，限位块与孔洞边缘距离不大于 25mm。地沟盖板四周画黄色警示线 |

### 3. 建立异常控制程序

异常控制程序是保障现场安全的重要举措之一。6S 推行人员指导编写异常控制程序并制作成看板，以可视化方式向员工展示。异常控制程序看板如图 10-28 所示。

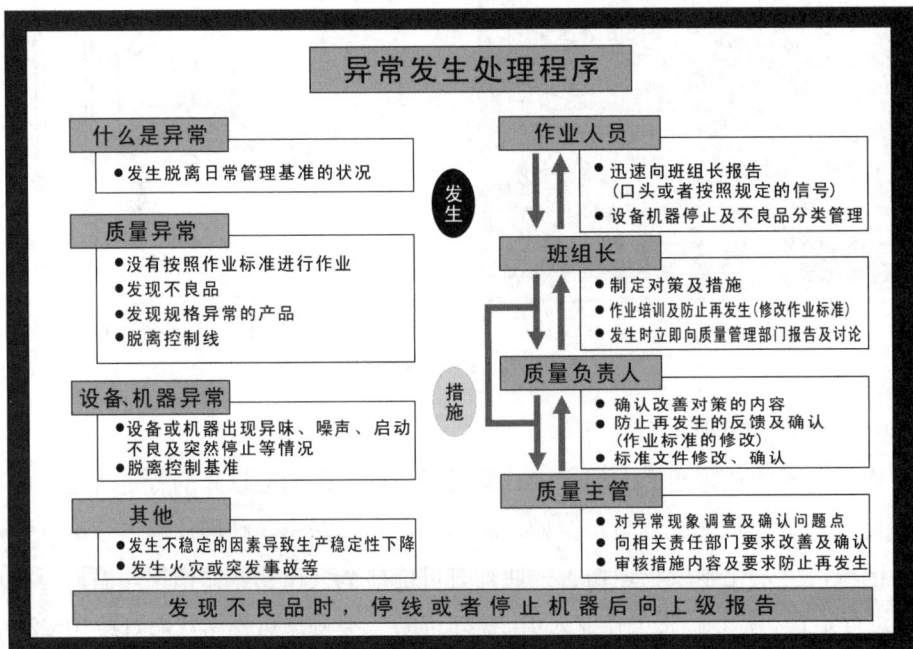

图 10-28　异常控制程序看板（示例）

员工可以一目了然地知晓异常发生后的处理程序，可以准确及时地处理异常，减少工序停工、不良品批量产生的浪费。

### 4. 编制安全作业标准书

危险系数大的岗位和工序必须编制安全作业标准书，用以指导作业人员安全作业。安全作业标准书如表 10-23 所示。

表 10-23 安全作业标准书（示例）

| 1. 倍捻车间安全作业流程——安全作业标准书 | 2. 操作步骤 |
|---|---|
| 入生产区前 检查着装、护具 → 进入操作台 确认设备正常 → 机器启动时 确认区域内安全 | 1）进入生产区时，着装整齐，不穿宽松衣服和佩戴装饰物，戴好个人防护用具。<br>2）进入操作台位后，应逐台查看机器运转情况，如有无机器零件异常、油污及废丝缠绕等情况，确认一切正常后，方可开车。<br>3）启动机器时，确认区域内无人操作，所有安全保护门关闭。<br>4）检查设备运转情况，换纱时稳拿轻放，以免砸伤人员或损坏机器。<br>5）机器运转时清洁使用工具，严禁用手清洁废纱和飞花。<br>6）设备发生异响、出现异味时，应立即报告值班长或车间主任进行处理 |
| 换纱时 稳拿轻放 → 清洁、处理异常时 借助工具 → 问题无法处理时 及时报告 | **3. 注意事项**<br>1）危险部位不得触摸，如运行中的传动轴、皮带及皮带轮、电控箱等。<br>2）装卸锭罐、处理缠纱时，必须待机器停稳后再进行。<br>3）任何物件不得放置于机台及设备电控箱上。<br>4）有"禁止启动""设备检修"等安全警示牌的机台，不允许进行任何操作。<br>5）废丝、纸箱、泡沫塑料等物品，必须及时清理并在指定地点整齐码放。<br>6）禁止在机器旁边打瞌睡、接打电话 |

| 4. 质量要求 | 5. 变更记录 | |
|---|---|---|
| 作业员需要定期清洁工作区域（地面、机器），防止机器上积累灰尘 | 变更项目及内容 | 变更人及日期 |
| | | |

| 制表 | | 审核 | | 批准 | |
|---|---|---|---|---|---|

### 5. 做好安全巡查

安全巡查主要指每日巡查，其巡查内容着重于生产操作、设备、物料、人员等的安全状况，具体如表 10-24 所示。

表 10-24　日常安全巡查的内容

| 一级分类 | 二级分类 | 巡查内容 |
|---|---|---|
| 班前巡查 | 人员 | • 作业员是否按规定穿戴好工作服、工作鞋帽、手套、口罩等防护用品、用具<br>• 工作服是否合身、整洁、无油渍<br>• 工作服是否扣好，衣裤角是否扎紧，鞋带是否系好<br>• 防毒面具等防护用具是否完好、有效 |
| | 机台 | • 作业台是否整洁、无杂物<br>• 设备是否已点检<br>• 工具、仪器是否状态良好，作业台周边管线是否完好<br>• 地面是否干净、无油污 |
| 班中巡查 | 标准作业 | • 作业员是否严格按照作业指导书进行作业<br>• 作业员是否按照设备操作标准进行操作<br>• 作业过程中产生的油污、碎屑等是否及时进行处理<br>• 设备发生故障时是否及时上报处理<br>• 停电时是否及时切断电源<br>• 设备检修时是否用标识牌进行告示 |
| | 安全预防 | • 现场物料、工具等的摆放是否超出界线<br>• 物品摆放是否安全，堆放时是否超出安全存量或限高线<br>• 设备的工装夹具、测量仪器是否按规定存放<br>• 现场安全装置是否被移动或破坏<br>• 电力配线、保险丝等是否正确使用 |
| | 消防 | • 作业现场的消防设施、设备是否齐备、有效<br>• 工作场所是否存在吸烟等不良现象<br>• 切割、焊接等是否在指定地点进行<br>• 消防器材放置处、紧急出口是否摆放了其他物品<br>• 消防器材是否便于取用 |
| 班后巡查 | 设备、机台、物料等 | • 停机前是否已检查设备运行状态<br>• 是否做好设备清扫工作<br>• 是否将使用过的工装夹具、仪器等进行归位<br>• 是否及时将成品进行入库处理<br>• 不良品、报废品、呆废料等是否按规定放置并及时清理<br>• 停机后是否关闭阀门，切断电源 |

做好生产现场安全管理，是降低事故发生率、实现安全生产的重要保障。作业人员应遵守安全操作规范，不断改善安全状况，从而杜绝安全事故发生。

### 10.2.5　作业现场素养管理

作业现场素养管理着重体现在对作业人员的工作行为及作业规范上。我们总结了作业人员一些必需的素养，如表 10-25 所示。

表 10-25　作业人员素养

| 项目 | 内容 |
|---|---|
| 仪容 | ・头发：洁净、整齐，无头屑<br>・男士头发：前不覆额，侧不掩耳，后不及领<br>・女士头发：头发不过肩，过肩要束起来<br>・眼睛：清洁，明亮，有精神，不斜视<br>・耳朵：内外干净<br>・鼻子：鼻孔干净，鼻毛不外露<br>・胡子：刮干净或修整齐，不留长胡子<br>・嘴：牙齿整齐洁白，口中无异味<br>・脖子：不戴华丽的项链或饰物<br>・手：指甲整齐，不留长指甲 |
| 着装佩戴 | ・按要求穿戴工作服、佩戴工牌<br>・按作业内容及要求穿戴防护服、鞋帽等<br>・着装整洁、干净，无破损和脏污 |
| 作业要求 | ・按时出勤、交接班，不迟到、不早退<br>・严格按标准作业指导书或工艺标准进行作业<br>・作业期间严禁喧哗、打闹、吃零食<br>・服从现场管理人员的管理和指导<br>・积极参与现场的各类改善活动<br>・能够按照相关工作流程开展工作 |

此外，有条件的企业还可以在进入作业现场的大门口放置着装标准等展板，提示员工遵照执行。作业现场人员素养展板如图 10-29 所示。

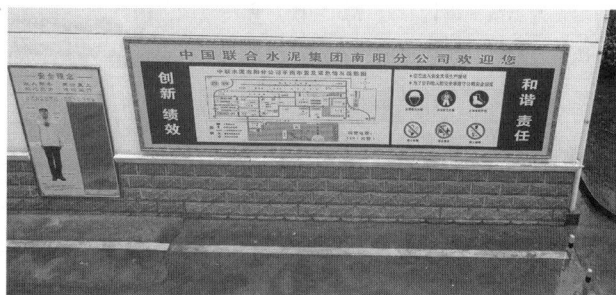

图 10-29　作业现场人员素养展板

笔者提供了作业现场人员素养的一些示例，供大家参考，企业可以依据自己的状况进行设计和改动。

### 10.2.6　作业现场 6S 检查

作业现场 6S 推行的进度如何、效果怎么样、员工的积极性如何，都要及时进行检查和确认。作业现场 6S 检查表如表 10-26 所示。

表 10-26  作业现场 6S 检查

| 本车间检查中重点问题描述 | | | 解决思路 | | | |
|---|---|---|---|---|---|---|
| | | | | | | |
| | | | | | | |
| 如本人发出红牌<br>请在此处记录 | | | | | | |
| | | | | | | |

| 项目 | | 6S 检查项标准要求（评分项） | 差 | 一般 | 较好 | 很好 |
|---|---|---|---|---|---|---|
| 上楼楼梯 | 1 | 楼梯扶手、窗户擦拭干净，无积尘，无污垢 | | | | |
| | 2 | 楼梯墙面、地面干净，无痰迹、无污水，无积垢 | | | | |
| | 3 | 楼梯角落无临时存放垃圾、清扫工具或其他生产用物品 | | | | |
| 清洁用具 | 4 | 清扫工具划区定位，标识明确，放置整齐有序 | | | | |
| | 5 | 垃圾箱、垃圾桶定点定位，标识明确，放置整齐有序 | | | | |
| | 6 | 垃圾或拆除的包装材料归位放置，无乱扔乱放现象 | | | | |
| 消防安全 | 7 | 消防警示线、警示标识牌完整、清晰，无污损 | | | | |
| | 8 | 消防器具、配件配置完整（消防水带、灭火器等） | | | | |
| | 9 | 消防柜内、消防通道内无堆放杂物或生产用物品 | | | | |
| | 10 | 应急灯安装完整，线路通畅，处于使用状态中 | | | | |
| | 11 | 安全通道标识灯使用状态良好，无裸线、破损或歪斜 | | | | |
| | 12 | 动力箱警示线清晰，状态标识明确，无污迹或破损 | | | | |
| 搬运工具 | 13 | 搬运工具专区放置，无临时乱放乱堆现象 | | | | |
| | 14 | 搬运工具在专区内摆放整齐有序，边角分明 | | | | |
| | 15 | 搬运工具使用状态良好，无破损、污迹等 | | | | |
| 主通道 | 16 | 主通道标线完整、清晰，无污损或模糊 | | | | |
| | 17 | 主通道保持畅通，无临时乱堆乱放现象 | | | | |
| | 18 | 主通道内路面清扫干净，无垃圾、积水或油污 | | | | |
| 车间看板 | 19 | 车间看板无损坏、无脱落，栏目设置完整 | | | | |
| | 20 | 各看板栏目内容填写与更新及时，无过时信息 | | | | |
| | 21 | 看板字迹工整，准确清晰，易于认读 | | | | |
| | 22 | 看板上无乱涂乱画现象，擦拭干净整洁 | | | | |
| 公告张贴 | 23 | 车间墙面干净整洁，无乱画、乱贴、乱写现象 | | | | |
| | 24 | 公告张贴定置，不在其他区域内张贴 | | | | |
| | 25 | 公告张贴（更新）及移除及时，无过时公告 | | | | |
| | 26 | 公告张贴整齐有序、完整，无乱涂画或污损 | | | | |

续表

| 项目 | | 6S 检查项标准要求（评分项） | 差 | 一般 | 较好 | 很好 |
|---|---|---|---|---|---|---|
| 区域标识 | 27 | 区域划分明确，区域线完整、清晰，无污损或模糊 | | | | |
| | 28 | 区域标识牌设置合理，张贴或悬挂完整，无破损 | | | | |
| | 29 | 禁止性区域标识完整，张贴整齐，无污损 | | | | |
| 物料摆放 | 30 | 物料和区域标识牌对应摆放，无混放或错放现象 | | | | |
| | 31 | 各区域物料摆放整齐、有序，边角分明，无压线越线 | | | | |
| | 32 | 各区域内作业垃圾或废包装料定置归位，无乱扔乱放 | | | | |
| 饮水机 | 33 | 饮水机、水桶等定置归位，在规定区域内整齐摆放 | | | | |
| | 34 | 饮水机擦拭干净，无污迹，余水接收盒干净，无积垢 | | | | |
| 辅助通道 | 35 | 辅助通道标线完整、清晰，无污损或模糊 | | | | |
| | 36 | 辅助通道保持畅通，无随意存放生产用品或工模具 | | | | |
| | 37 | 辅助通道内路面清扫干净，无垃圾、积水或油污 | | | | |
| 洗涤间 | 38 | 垃圾清理干净，无摆放各种临时物品或无用物件 | | | | |
| | 39 | 区域内物品摆放整齐有序，定位清晰 | | | | |
| | 40 | 地面、墙面干净、整洁，无污水、积油 | | | | |
| 个人物品区 | 41 | 个人物品分类摆放，整齐有序，标识明确 | | | | |
| | 42 | 个人物品区无堆放杂物、垃圾及生产用物品 | | | | |
| | 43 | 个人物品摆放整齐，无乱挂、乱堆等现象 | | | | |
| 灯光窗户 | 44 | 窗户无乱挂、乱放、乱贴现象，窗帘（贴膜）无破损 | | | | |
| | 45 | 窗玻璃干净，无积尘、污迹或破损 | | | | |
| | 46 | 照明灯连线安全规范，无乱接乱拉现象 | | | | |
| | 47 | 灯具完好，无损坏、残破 | | | | |
| 机台设备 | 48 | 机台产能报表、清扫点检表、保养单完整，无缺损 | | | | |
| | 49 | 机台表单填写数据准确，工整清晰，易于认读 | | | | |
| | 50 | 机台表面及清扫区域干净，无积尘、积油 | | | | |
| | 51 | 机台周围及通道无随意摆放物料、空管、工器具 | | | | |
| | 52 | 机台保养用油、工具、桶等定置放置 | | | | |
| | 53 | 机台中转用料、器具等定置摆放，装筐规范整齐 | | | | |
| | 54 | 设备部件功能完善，无缺损或带伤运行状况 | | | | |
| 作业人员 | 55 | 作业人员穿戴整齐，无穿拖鞋、赤身或内衣外穿现象 | | | | |
| | 56 | 作业人员安全防护措施到位，防护用品佩戴规范 | | | | |
| | 57 | 作业人员在车间内行走、作业、沟通及休息等行为得体 | | | | |
| 机修房 | 58 | 机修房无堆放多余物品或垃圾，保持物品有序 | | | | |
| | 59 | 机修架标识明确，各小区物料定位清晰 | | | | |
| | 60 | 机修架物品分类摆放整齐，科学规范 | | | | |
| 印象分（10 分） | | 根据总体感觉酌情打分 | | | | |

注：计分标准：差 0 分，一般 0.5 分，较好 1 分，很好 1.5 分，连同印象分满分为 100 分。

# 10.3　设备管理 6S 推行

设备 6S 管理，主要是通过标识、定置、可视化等手段，将设备信息和管理内容直观显现出来，以便于人们进行操作和管理。

## 10.3.1　设备 6S 推行计划

设备 6S 推行应制订详细的计划。推行小组进行实地考察，并与现场人员一起确定设备 6S 推行的最佳方案。设备 6S 推行计划表如表 10-27 所示。

表 10-27　设备 6S 推行计划

| 6S 项目 | 内容 | 责任人 | 8月 | | | | 9月 | | | |
|---|---|---|---|---|---|---|---|---|---|---|
| | | | 1 | 2 | 3 | 4 | 1 | 2 | 3 | 4 |
| 整理 | 制定不要设备标准 | | ▬ | | | | | | | |
| | 建立不要设备处理程序 | | ▬ | | | | | | | |
| | 及时处置不要设备 | | | ▬ | | | | | | |
| 整顿 | 设备推行 6S 材料准备 | | | ▬ | | | | | | |
| | 设备履历卡制作 | | | ▬ | | | | | | |
| | 机台定置 | | | ▬ | | | | | | |
| | 设备操作区定置 | | | | ▬ | | | | | |
| | 电气设备定置 | | | | ▬ | | | | | |
| | 搬运设备定置 | | | | ▬ | | | | | |
| | 机器标识 | | | | | ▬ | | | | |
| | 管道、线路标识 | | | | | ▬ | | | | |
| | 压力仪表界线标识 | | | | | ▬ | | | | |
| | 球阀状态标识 | | | | | ▬ | | | | |
| | 电气控制设备标识 | | | | | ▬ | | | | |
| | 设备履历卡粘贴 | | | | | ▬ | | | | |
| | 编制设备标准指导书 | | | | | ▬ | | | | |
| 清扫 | 建立健全清扫基准 | | | | ▬ | | | | | |
| | 开展洗澡活动 | | | | ▬ | | | | | |
| | 开展定点摄影活动 | | | | ▬ | | | | | |
| | 设备点检、保养 | | | | ▬ | | | | | |
| 清洁 | 制作设备清洁检查表 | | ▬ | | | | | | | |
| | 建立设备保养规范 | | ▬ | | | | | | | |
| | 开展寻宝活动 | | | ▬ | | | | | | |
| | 开展 3S 竞赛 | | | | | | | ▬ | | |
| | 展示 3S 成果 | | | | | | ▬ | | | |

| 6S项目 | 内容 | 责任人 | 8月 | | | | 9月 | | | |
|---|---|---|---|---|---|---|---|---|---|---|
| | | | 1 | 2 | 3 | 4 | 1 | 2 | 3 | 4 |
| 素养 | 培训员工设备操作规范 | | | | | | ▬ | | | |
| | 督查员工按规范操作设备 | | | | | | ▬ | | | |
| 安全 | 编写设备操作注意事项 | | | | | | ▬ | | | |
| | 设备周围绘制虎纹线 | | | | | | | ▬ | | |
| | 设备加装防护设施 | | | | | | | ▬ | | |
| | 开展防错活动 | | | | | | | | ▬ | |
| | 制作设备状态看板 | | | | | | | ▬ | | |
| | 设备点检、维修 | | | | | | | | ▬ | |

## 10.3.2 设备 3S 管理

设备进行整理、整顿和清扫（3S）可以更好地发挥人机效能。

### 1. 设备整理

对于设备整理来说，要做好以下两方面的工作：

（1）设备达到使用寿命或出现重大故障无法使用时，即废弃。设备的整理工作主要集中在设备的零部件，这类物品属于消耗品，应首先减少使用频率，然后对无法使用的及时处理。

（2）维护好设备环境。做到生产现场地面干净整洁，无积水、积灰、杂物，墙面无手印、脚印、油污；设备基座干净整洁，无油污、杂物，照明设施完好；确保设备外观完整，见本色；部件完好，无缺损、变形，位置无偏移；设备无跑冒滴漏现象，无缺陷，设备表面无积灰、油渍。

### 2. 设备整顿

设备整顿要做好设备的定置、标识等工作，确保作业人员在操作和保养设备时，能够准确识别和作业。设备整顿前后效果如图 10-30 所示。

整顿前：设备铭牌残缺，无法辨认上面的内容

整顿后：设备铭牌完整、清晰

图 10-30 设备整顿前后效果

设备更换铭牌后，整洁干净，性能型号清晰可见，便于作业人员保养。设备整顿对象如表 10-28 所示。

表 10-28  设备整顿对象

| 作业现场设备整顿对象 | 作业现场设备整顿对象 |
| --- | --- |
| 1. 设备润滑管理 | 7. 设备传动部位标识 |
| 2. 设备颜色管理与定置 | 8. 设备开关指引标识 |
| 3. 设备名称标识 | 9. 风扇通风口喷漆 |
| 4. 设备清扫周期管理 | 10. 设备通风状态标识 |
| 5. 电控箱按钮标识 | 11. 液位警示界线标识 |
| 6. 计量器具界限管理 | 12. 关键螺栓形迹管理 |

1）放置设备铭牌与设备责任牌

所有主、辅设备都应钉有制造厂铭牌及企业定做的设备标识牌。机组的控制装置，要有明显的标明用途的铭牌，以及标有编号、责任单位等的责任牌。

电气、热工设备标识牌使用塑料板或 PVC 材料，标识牌应标明设备名称、设备参数、责任单位等内容，标示牌尺寸应根据设备大小确定。设备铭牌与设备责任牌如图 10-31 所示。

图 10-31  设备铭牌与设备责任牌

设备责任人牌置于设备铭牌旁。

2）设备点检位定置

选取合适的位置设置设备点检位。点检位采用脚印图案，依据点检内容喷涂颜色，一般用比较醒目的黄色。设备点检位定置如图 10-32 所示。

脚印点检位若采用不锈钢蚀刻牌，可嵌入地面。

3）张贴电气控制箱按钮标识

对于电气控制箱、操作面板等，需要用中文标识电气控制箱中各按钮的功能，使操作人员能够了解各开关的名称及功能，减少操作错误。电气控制箱按钮标识如图 10-33 所示。

电气控制箱按钮标识使用黄底黑字或蓝底白字。

4）标识计量器界限

通过计量器具界限标识，任何人观察计量器的指针都能立刻判断设备的状态是否正常，有利于其发现异常并及时处理。计量器具界限标识如图 10-34 所示。

图 10-32　设备点检位定置

图 10-33　电气控制箱按钮标识

效果图

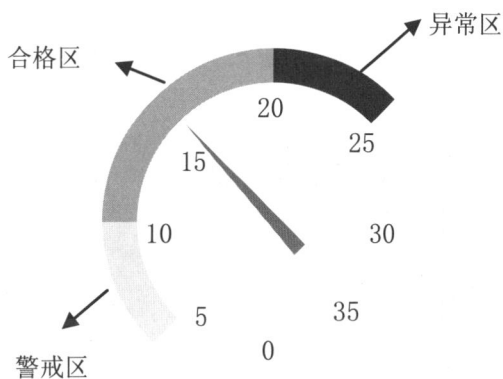

设计说明

图 10-34　计量器具界限标识

对于计量器具，应做到仪表指示正常，合格证粘贴牢固，编号正确，并在有效期内。仪表名称标识清晰、齐全、准确。液位计侧应用色带标明液位区间，绿色表示正常范围，黄色表示警告范围，红色表示异常范围。

5）设备传动部位与方向标识

旋转装置的罩子上涂上颜色，标明旋转方向、部件名等信息，可提高驱动装置维修的效率。可标识的设备包括 V 形皮带、链条、连接器的外罩及电机尾部。设备传动部位及方向标识如图 10-35 所示。

旋转体外壳（电机尾部）表面涂有黄色油漆，箭头颜色为红色。红色箭头涂在安全罩的前面或连接器罩的侧面。

图 10-35　设备传动部位及方向标识

6）设置设备开关指引标识

设备开关有两种类型：一种是轮式开关，另一种是球阀开关。轮式开关应刷成红色，阀体同管道颜色，手轮上应用白色标识开、关方向；球阀开关设置双箭头红色标识，箭头端标识"开"与"关"。设备开关指引标识如图 10-36 所示。

轮式开关

球阀开关

图 10-36　设备开关指引标识

平时要确保开关外观完整，手轮无缺损，阀门无渗漏、内漏等缺陷。

7）设备运行状态与点检标识

设备运行因作业需求会有多种状态，如开机、关机、运行中、维修中、点检中等。将这些状态以可视的标识牌展现出来，能够帮助作业人员快速识别出设备运行的状态，避免因不知道设备运行情况而进行错误的操作。设备运行状态标识如图 10-37 所示。

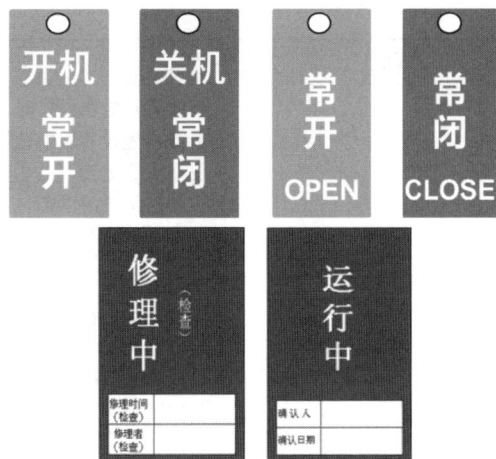

图 10-37　设备运行状态标识

设备操作责任人依据运行状态悬挂相应的标识牌，确保标识牌干净、无破损。设备 2S 推行完成后，进入清扫阶段，做好设备的保养工作。

### 3. 设备清扫

清扫设备可以有效延长设备使用寿命，降低设备故障率。设备清扫应从初级到高级逐渐推进。设备清扫推进阶段如图 10-38 所示。

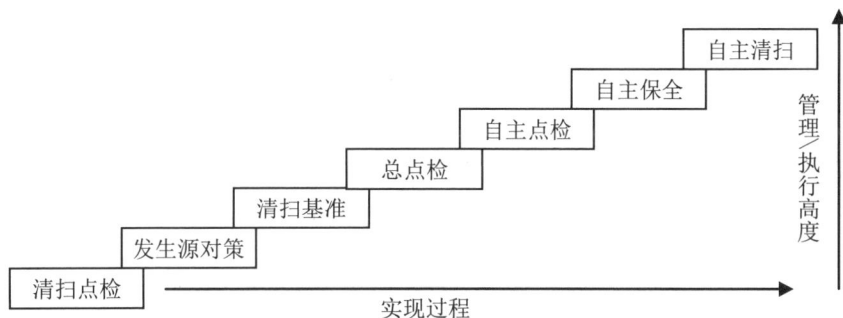

图 10-38　设备清扫推进阶段

设备清扫是从被动到主动的一个过程。在 6S 推行中，督导人员对作业人员进行必要的指导，最终实现不依赖外部人员，作业人员就能自主进行设备清扫工作。

1）清扫点检

做好设备的日常清扫点检，需要做好 3 方面工作，如表 10-29 所示。

表 10-29　设备的清扫点检

| 时段 | 工作说明 |
| --- | --- |
| 交接班 | • 检查润滑系统是否正常，各部位螺丝是否松动<br>• 检查不必要的物品是否放置于设备、传动部位或管线上<br>• 检查空转试车是否正常，传动部分是否有异状或异声<br>• 将尘埃、污物擦拭干净，清洁润滑滑动部分 |

| 时段 | 工作说明 |
|---|---|
| 工作中 | • 因故离开机器设备时，应请人照看或停机<br>• 不得超越设备性能范围开展工作<br>• 观察机器运转，是否有异常声音、振动、松动等情况<br>• 注意轴承或滑动部位有无发烫现象，油路系统是否畅通<br>• 发现不良情况，应立即报告 |
| 工作后 | • 停机取下工作物<br>• 检视机器设备各部位是否正常<br>• 清洁工具、仪器及其附件，并置于固定位置<br>• 将滑动面擦拭干净，并加注机油防锈<br>• 清扫污物、擦拭机器设备，打扫周围的环境卫生 |

设备清扫问题记录表如表 10-30 所示。

表 10-30　设备清扫问题记录

| 班组 / 车间： | | | | | 问题 | | | | |
|---|---|---|---|---|---|---|---|---|---|
| | | | | | 1. 缺陷　2. 发生源　3. 困难 | | | | |
| 序号 | 设备名称 | 管理编号 | 分类 | 发现部位 | 问题内容 | 发现日期 | 改善人 | 改善日期 | 预计工时 |
| 1 | 倒角设备 | W-1 | 缺陷 | 全身 | 掉漆 | 12/3/2 | 王一 | 12/3/5 | 0.5 日 |
| 2 | 风机 | DF-2 | 发生源 | 表面和氮气罐 | 掉漆、氮气管折死 | 12/3/3 | 李一 | 12/3/5 | 0.5 日 |
| 3 | … | | | | | | | | |

注：1. 发生源是指问题的源头。例如，作业台产生大量废屑，这些废屑被传至其他区域，这些区域尽管进行了清扫，但依然不能从根本上解决问题。其中作业台产生废屑就是发生源。

　　2. 困难是指难以清扫的部位，如设备较深的凹槽等。

设备清扫问题记录表可以使潜在缺点可视化，使设备点检更容易。在 6S 推行中，进行设备清扫点检时，应告诉员工按以上内容操作，以养成基本的清扫观念和习惯。

2）发生源对策

提出发生源对策相对于清扫点检，具有一定的难度，需要员工进行思考。这个时候，问题记录表就可以用上了，作业人员就记录的问题进行改善，同时建立发生源对策实施台账。发生源对策实施台账如表 10-31 所示。

表 10-31　发生源对策实施台账

| 班组 / 车间：<br>清扫对象：1 号风机 | | | 问题 | | | | |
|---|---|---|---|---|---|---|---|
| | | | 1. 缺陷　2. 发生源　3. 困难 | | | | |
| 序号 | 分类 | 发现部位 | 问题内容 | 影响 | 发现日期 | 改善人 | 改善日期 | 预计工时 |
| | 发生源 | 表面和氮气罐 | 掉漆、氮气管折死 | 氮气泄漏、堵塞 | 12/3/3 | 李工 | 12/3/5 | 0.5 日 |

续表

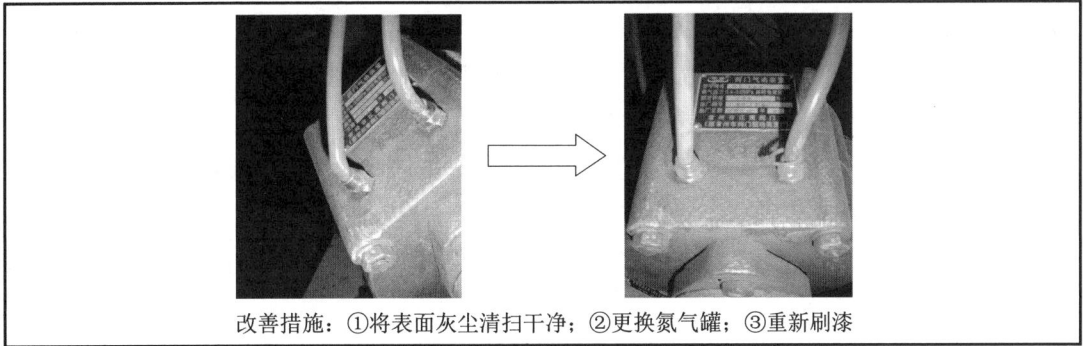

改善措施：①将表面灰尘清扫干净；②更换氮气罐；③重新刷漆

3）清扫基准

6S 推行人员应与作业人员一起建立设备清扫基准，以让设备清扫点检、改善有标准可依。设备清扫基准与计划表如表 10-32 所示。

表 10-32　设备清扫基准与计划

| 部门 | | 设备 | | 责任人 | | | | | | | | |
|---|---|---|---|---|---|---|---|---|---|---|---|---|
| 清扫项目 | 清扫部位 | 清扫基准 | 清扫方法 | 时间（周） | | | | | | | | |
| | | | | 1 | 2 | 3 | 4 | 5 | 6 | 7 | 8 | 9 … |
| 整机设备 | | 无灰尘、无污染、无异响、无脱漆 | 抹布、耳朵 | | | | | | | | | |
| 油位 | | 值在油压安全范围内，刻度清晰 | 肉眼、异常处理程序 | | | | | | | | | |
| 压力/温度仪 | | 值在正常范围内，表盘干净 | 肉眼、异常处理程序 | | | | | | | | | |
| 发动机电流表 | | 值在正常范围内，无损坏 | 肉眼、异常处理程序 | | | | | | | | | |
| 空气过滤器 | | 风口通畅、整洁，标识清晰 | 肉眼、工具 | | | | | | | | | |
| 说明 | 清扫无问题打"√"，有问题打"×"，并记录于设备清扫问题记录表 | | | | | | | | | | | |

4）总点检

总点检是以车间为单位对设备进行的点检，从全局控制角度，覆盖全部设备，且使得清扫活动符合既定目标。这需要制定设备点检制度和设备保养制度。

5）自主管理

自主管理包括自主点检、自主保全和自主清扫。生产企业拥有数量庞大、种类丰富的生产设备，如果仅依靠管理层推动设备清扫工作，工作量将非常大，也不可能将工作做好。因此还要推动员工自主进行设备清扫，具体可以采用标准化、可视化方式来管理。设备点检看板如图 10-39 所示。

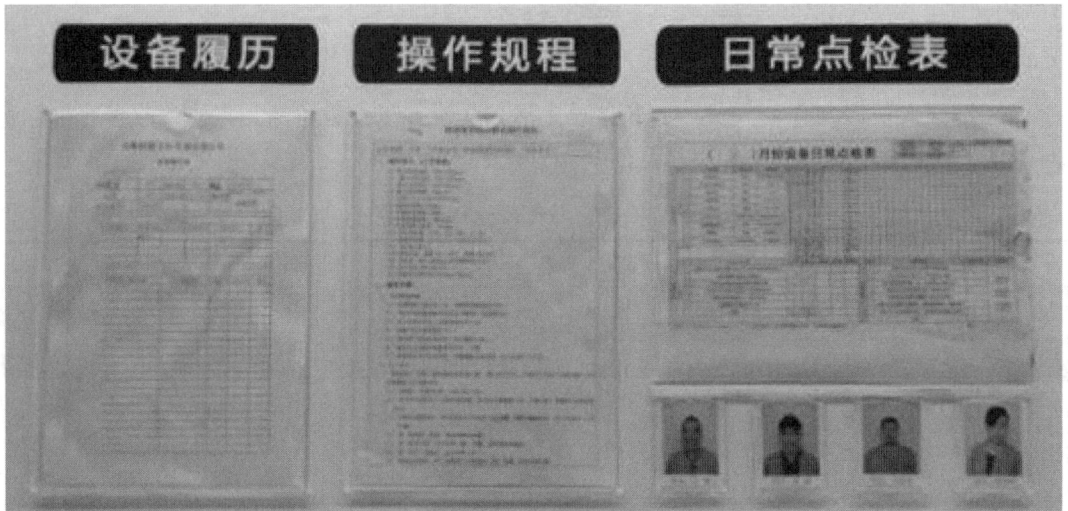

图 10-39　设备点检看板

除标准化和可视化之外，管理人员还应进行必要的指导和严格的监督，以保证作业人员将设备清扫工作做到位。

### 10.3.3　设备清洁管理

设备清洁就是要让 3S 成为作业人员的习惯，让他们自然而然地执行和维护设备 3S。

#### 1. 每天 5/10 分钟清洁活动

设备的清洁，可通过每天 5 分钟或 10 分钟清洁活动来实施，活动内容如表 10-33 所示。

表 10-33　设备每天 5/10 分钟清洁活动

| 活动 | | 活动内容 |
|---|---|---|
| 5 分钟清洁活动 | 1 | 检查设备表面是否有灰尘 |
| | 2 | 检查设备连接处是否有灰尘堆积 |
| | 3 | 检查设备是否掉漆 |
| | 4 | 检查设备是否有油污 |
| | 5 | 检查设备作业后是否有废屑 |

续表

| 活动 | | 活动内容 |
|---|---|---|
| 10 分钟清洁活动 | 1 | 检查设备是否漏油 |
| | 2 | 检查设备油压是否正常 |
| | 3 | 检查设备是否有损坏 |
| | 4 | 检查设备是否有异响 |
| | 5 | 检查设备固件是否松动 |

每天 5/10 分钟设备清洁活动，不仅有助于作业人员养成良好的设备清洁习惯，而且还可以使作业环境得到改善和维持。

**2. 设备清洁检查**

设备整理、整顿以及清扫的执行效果怎么样，需要督察人员进行检查和评估。设备清洁检查表如表 10-34 所示。

表 10-34　设备清洁检查

| 序号 | 检查内容 | 等级 | 评分（分） | 条件说明 |
|---|---|---|---|---|
| 1 | 设备表面 | 一级（差） | 0 | 满是油污、灰尘、锈迹 |
| | | 二级（较差） | 1 | 偶尔清扫，经常有油污和灰尘 |
| | | 三级（及格） | 2 | 经常清扫，设备干净、清洁 |
| | | 四级（良好） | 3 | 自我感觉良好 |
| | | 五级（最佳） | 4 | 任何人都感觉很好 |
| 2 | 设备管线 | 一级（差） | 0 | 很杂乱、无序 |
| | | 二级（较差） | 1 | 偶尔清理，但还是显得很凌乱 |
| | | 三级（及格） | 2 | 经常清理，能够保持整洁 |
| | | 四级（良好） | 3 | 排列整齐，自我感觉良好 |
| | | 五级（最佳） | 4 | 排列整齐，标识清晰，任何人都觉得很舒适 |
| 3 | 设备仪表 | 一级（差） | 0 | 脏污不清，无法看清楚 |
| | | 二级（较差） | 1 | 大致可以看清楚 |
| | | 三级（及格） | 2 | 干净，可以看清楚 |
| | | 四级（良好） | 3 | 自己可以看懂 |
| | | 五级（最佳） | 4 | 采用颜色管理，谁都可以看明白 |
| 4 | 动力部位、螺丝等附属零部件 | 一级（差） | 0 | 经常松动 |
| | | 二级（较差） | 1 | 偶尔松动 |
| | | 三级（及格） | 2 | 经常调试 |
| | | 四级（良好） | 3 | 一出现松动，立即调试 |
| | | 五级（最佳） | 4 | 设备运转中，任何时候都不会出现松动 |

续表

| 序号 | 检查内容 | 等级 | 评分（分） | 条件说明 |
|------|---------|------|----------|---------|
| 5 | 油压部位 | 一级（差） | 0 | 油污堆积 |
| | | 二级（较差） | 1 | 偶尔清理 |
| | | 三级（及格） | 2 | 经常清理 |
| | | 四级（良好） | 3 | 每日清理油污部位 |
| | | 五级（最佳） | 4 | 改善发生源，任何时候都无油污 |

需要注意的是，设置设备清洁检查表，应收集更多的来自一线的信息。总之，要尽可能地符合现场实际状况，这样才能保证评价的准确性和合理性。

### 10.3.4 设备安全管理

进行设备安全管理，首先应明确造成设备不安全的因素，然后针对这些隐患进行治理。一般设备安全隐患包括以下几种：

> 作业人员操作失误导致的故障。

> 作业中，人员、车辆等物体触碰设备导致的故障。

> 设备使用时间长，缺少保养、维修导致的各种故障。

> 设备本身在运转中发生的故障。

对这些安全隐患应采取相应的措施。一方面，实施可视化管理，让作业人员了解设备正确的操作方法，注意到现场设备状态；另一方面，制定设备保养、维修、异常处理规范和程序。

#### 1. 设备安全可视化

设备安全可视化包括设备操作（安全）标识、注意事项展板、设备防护警示等。设备及平台颜色管理与定置如图 10-40 所示。

化学酸碱罐区防护与喷漆：
1. 化学酸碱罐区域平台四周喷涂虎纹线，适用范围为配电柜、凸出物、坑道周围等危险区域。
2. 栏杆和楼梯喷涂黄色。
3. 作为危险物品，罐体及管道喷涂红色。

图 10-40 设备及平台颜色管理与定置

#### 2. 设备安全规范制定

设备安全规范是设备安全管理的基础。6S 推行人员应与作业人员共同制定各类设备的安全规范。设备安全管理规范构成如图 10-41 所示。

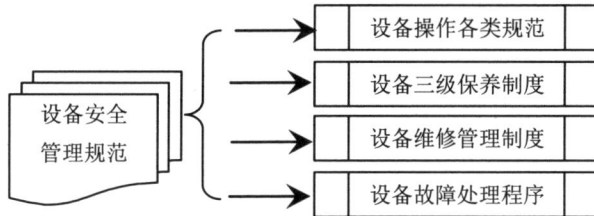

图 10-41　设备安全管理规范构成

危险工序安全作业标准书如表 10-35 所示。

表 10-35　危险工序安全作业标准书（示例）

| 1. 蒸丝工序安全作业流程示意图 | 2. 蒸丝筒（18 个捻以上）作业步骤 |
|---|---|
| 1）彻底排空气体　　2）放入丝后，关紧安全门<br><br>3）注意压力及温控　　4）借助工具出丝<br> | 1）将丝送入蒸丝筒，然后关好安全门，排空蒸丝筒中的空气。<br>2）安全门关闭后，拧紧锅盖螺丝，外面的轴卡紧。<br>3）打开蒸汽总阀，根据蒸丝工艺指标要求，调整压力及温度。<br>4）达到要求后，关闭总阀（通常需要 35～40 分钟）。<br>5）按规定程序（通常 3.5 小时后）打开蒸箱门，戴手套，借助工具出丝。<br>6）蒸丝车在锅外时，要挂好挂钩，防止蒸丝车滑动 |

| | 3. 电蒸箱（16 个捻以下）作业步骤 |
|---|---|
| | 1）先注入足够的用水，通常加至铁板水平处（约在红线处）。<br>2）放入蒸丝车，抽出铁板，将蒸箱门关好，并压紧螺旋手柄。<br>3）打开总阀后，根据工艺指标，随时调整压力及温度。<br>4）达到要求后，立即关闭电源（通常需要 90 分钟）。<br>5）按规定程序（通常 3.5 小时后）打开蒸箱门，戴手套，借助工具出丝。<br>6）蒸丝车在锅外时，要挂好挂钩，防止蒸丝车滑动 |

| 4. 注意事项 | 5. 变更记录 | |
|---|---|---|
| 1）蒸丝前，全面检查是否工作正常。一旦发现异常，及时报告修理。<br>2）蒸丝时不得离开工作岗位，监视压力表，把气压严格控制在规定范围内。<br>3）出丝前先泄压，在压力表降到"0"、温度降到 60℃以下后，才能松开螺丝，准备出丝，以免蒸箱内部的蒸汽伤人。<br>4）做好蒸丝设备的清洁工作，避免弄脏丝 | 变更项目及内容 | 变更人及日期 |
| | | |
| | | |
| | | |

| 制表 | 审核 | 批准 | |
|---|---|---|---|
| | | | |

对危险设备、危险工序必须编制详细的安全作业标准书，让标准操作成为新老员工的作业习惯，避免因操作失误带来安全隐患。

### 10.3.5  设备 6S 检查

设备 6S 推行、管理得如何，要通过设备 6S 检查表来确认。设备 6S 检查表如表 10-36 所示。

表 10-36  设备 6S 检查

| 检查中重点问题描述 | | | 解决思路 | | | | |
|---|---|---|---|---|---|---|---|
| | | | | | | | |
| | | | | | | | |
| 如本人发出红牌请在此处记录 | | | | | | | |
| | | | | | | | |
| 项目 | | 6S 检查项标准要求（评分项） | | 差 | 一般 | 较好 | 很好 |
| 不要的设备 | 1 | 设备周围无任意摆放物品 | | | | | |
| | 2 | 通道上无任意摆放物品 | | | | | |
| | 3 | 设备上未放置与现在工作无关的工具、物品等 | | | | | |
| | 4 | 废旧的设备、工器具及时处理 | | | | | |
| 要的设备 | 5 | 每台设备都有标识牌，且清晰明了 | | | | | |
| | 6 | 每台设备有履历卡，且履历卡内容齐全 | | | | | |
| | 7 | 设备进行定置，且人机距离合理，必要时画虎纹线 | | | | | |
| | 8 | 作业人员的操作区域进行了定置 | | | | | |
| | 9 | 设备加装了防护装置 | | | | | |
| | 10 | 设备旁配有设备操作指导书，且作业人员按标准操作 | | | | | |
| | 11 | 在设备旁配有操作注意事项说明 | | | | | |
| | 12 | 每台设备都配有保养责任牌，且责任人按规定保养 | | | | | |
| | 13 | 设备整洁干净，无油污、灰尘等 | | | | | |
| | 14 | 设备缺陷发生源、困难得到及时改善 | | | | | |
| | 15 | 设备仪表使用了颜色管理，任何人一看就懂 | | | | | |
| | 16 | 主设备旁配有设备台账 | | | | | |
| | 17 | 设备运转状态一目了然，设置了设备运转看板 | | | | | |
| | 18 | 设备设有点检位 | | | | | |
| | 19 | 设备点检路线清晰 | | | | | |
| | 20 | 设备有异常处理程序，作业人员可遵照执行 | | | | | |
| 印象分（10分） | | 根据总体感觉酌情打分 | | | | | |

注：计分标准：差 0 分，一般 1 分，较好 4 分，很好 4.5 分，连同印象分满分为 100 分。

# 10.4　物料管理 6S 推行

使用 6S 管理物料，能够提高作业现场物料的利用率和使用价值，减少浪费；同时也能够降低库存，使物料控制在合理的水平。

## 10.4.1　物料 6S 推行计划

依据 6S 推行总计划，以及物料管理的实际情况，制订物料 6S 推行计划。物料 6S 推行计划表如表 10-37 所示。

表 10-37　物料 6S 推行计划

| 6S 项目 | 内容 | 责任人 | 8月 | | | | 9月 | | | |
|---|---|---|---|---|---|---|---|---|---|---|
| | | | 1 | 2 | 3 | 4 | 1 | 2 | 3 | 4 |
| 整理 | 制定不要物料标准 | | ▬ | | | | | | | |
| | 制定不要物料处理程序 | | ▬ | | | | | | | |
| | 清理库存呆废料 | | ▬ | | | | | | | |
| | 清理现场呆废料 | | | ▬ | | | | | | |
| 整顿 | 物料盘点 | | | ▬ | | | | | | |
| | 物料三定 | | | ▬ | | | | | | |
| | 作业台物料定置与标识 | | | | ▬ | | | | | |
| | 作业台周围物料架定置 | | | | ▬ | | | | | |
| | 现场废料容器定置 | | | | | ▬ | | | | |
| | 物料先进先出看板设置 | | | | | | ▬ | | | |
| | 物料库存看板 | | | | | | ▬ | | | |
| | 拉动看板引入与评估 | | | | | | ▬ | | | |
| 清扫 | 确定物料管理责任范围 | | | | ▬ | | | | | |
| | 建立物料保养规范体系 | | | | ▬ | | | | | |
| | 建立物料盘点机制 | | | | | | | | | |
| | 物料盘点 | | | | ▬ | | | | | |
| | 维修料架、托盘等容器 | | | | | ▬ | | | | |
| 清洁 | 制定物料 3S 检查基准 | | | | | | ▬ | | | |
| | 做好物料 3S 检查准备 | | | | | | | | ▬ | |
| | 实施物料 3S 检查 | | | | | | | | ▬ | |
| | 评估并改善 | | | | | | | | | ▬ |

| 6S 项目 | 内容 | 责任人 | 8月 | | | | 9月 | | | |
|---|---|---|---|---|---|---|---|---|---|---|
| | | | 1 | 2 | 3 | 4 | 1 | 2 | 3 | 4 |
| 素养 | 制定物料管理行为准则 | | | | | | ▬ | | | |
| | 开展物料管理教育 | | | | | | ▬ | | | |
| 安全 | 编制物料安生管理制度 | | | | | | ▬ | | | |
| | 粘贴物料安全标识 | | | | | | | ▬ | | |
| | 设置安全防护设施 | | | | | | | ▬ | | |
| | 进行物料日常巡检 | | | | | ▬▬▬▬▬▬▬▬▬▬▬▬▬▬ | | | | |

### 10.4.2 物料 3S 管理

物料 3S 管理是指对仓库、现场的物料进行整理、整顿和清扫，接下来我们进行详细的介绍。

#### 1. 物料的整理

制定物料要与不要的标准，及时变卖、出售、丢弃呆废料，并对长期闲置不用或暂时不用的物料进行处理。不要物料标准及处理对策如表 10-38 所示。

表 10-38　不要物料标准及处理对策

| 不要物料 | 说明 | 处理对策 |
|---|---|---|
| 种种原因产生的呆料 | 耗用量极少，且库存周转率极低的物料 | • 调拨<br>• 出售 |
| 生产作业产生的废料 | 生产作业中产生的大量废料，如不处理，会污染现场，并占用空间 | • 现场设置废料回收箱<br>• 及时销毁或变卖 |
| 仓储、生产产生的坏料 | 由库存不当或作业不当产生的坏料，应放置于专门的不合格物料箱中，避免与其他物料混放 | • 开辟不合格物料区域<br>• 及时清理出现场或仓库 |
| 一周内不使用的物料 | 一周内不用的物料如果放在现场会占用场地，应搬离现场 | • 放入仓库，而非放在现场<br>• 设置库存看板，作为优先物料供应 |
| 一个月内不使用的物料 | 一个月内不使用的物料，不应出现在现场，应放入库中进行管理 | • 放入仓库，而非放在现场<br>• 实施先进先出管理 |
| 一个季度内不使用的物料 | 不应放在仓库中使用频繁、通行顺畅的场地 | • 放入仓库存放<br>• 存放于仓库靠里面的地方<br>• 做好标识 |
| 一年内不使用的物料 | 占用库存，极易造成积压 | • 价值较高的物料依属性进行保存<br>• 价值一般的物料可以调拨或出售 |

需要指出的是，对于不要物料的处理，都应建立台账，并严格执行财务流程。

#### 2. 物料的整顿

物料的整顿要符合三定原则，这是物料 6S 管理的核心内容。物料实现定位、定品、定量，也就是三定，物料管理人员可以很快辨认出所需物料在哪里、有什么、有多少，从而消除时间上的浪费，提高工作效率。

1）物料定位

定位，即对物料在哪里进行说明，包括用编号、字母等标出物料存放的位置，便于作业人员快速找到。物料定位管理如图 10-42 所示。

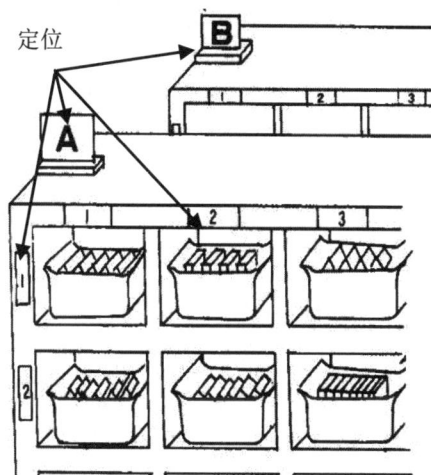

定位方法：
1. 使用字母对货架进行编号
2. 用数字分别在货架纵横方向编号
3. 横向数字表示洞，如 3 洞
4. 纵向数字表示号码，如 2 号
5. 货架顶端不放置东西

例：货架 A 区 2 洞 1 号

图 10-42　物料定位管理

2）物料定品

定品即对定位后的物品进行标识，包括名称、规格、编号等内容，这样做，便于作业人员快速识别，避免误拿。物料定品管理如图 10-43 所示。

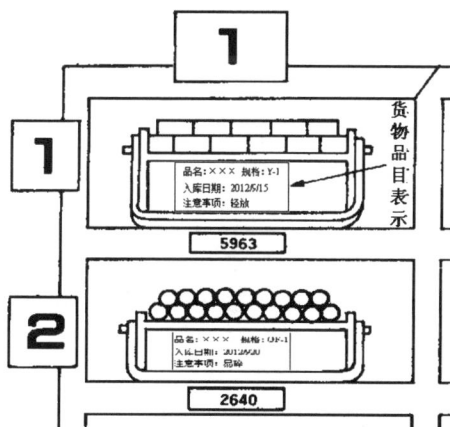

定品方法：
1. 物料筐截面有物料标识卡，注明货物品名、规格、入库日期
2. 每个货格底部数字为物品编号，如"5963"

图 10-43　物料定品管理

3）物料定量

定量，即规范物料的最大存放量和最小存放量，对物料的存量进行控制的过程。物料定量管理如图 10-44 所示。

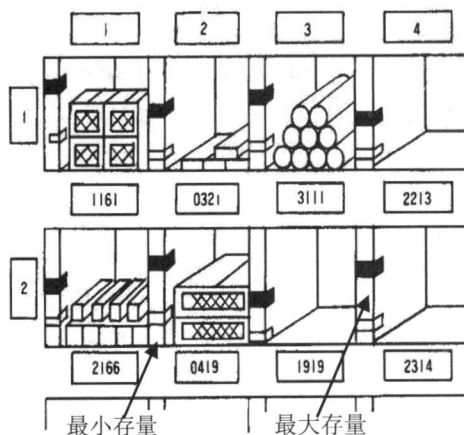

定量方法:
1. 限制放置区或棚架的大小
2. 表示最大库存量 ( 蓝色 / 黑色 ) 和
   最小库存量 ( 红色 / 白色 )

最小存量　　　最大存量

图 10-44　物料定量管理

物料三定管理可以帮助作业人员缩短物料需求的响应时间，并合理控制库存，保证物料正常供应。

### 3. 物料的清扫

物料的清扫可以理解为对物料的保养和维护。保养和维护的目的在于确保物料属性不发生变化。物料清扫检查确认表如表 10-39 所示。

表 10-39　物料清扫检查确认

| 区域 | 保养对象 | 保养基准 | 行动措施 | 责任人 | 执行确认（周或日） | | | | |
|------|----------|----------|----------|--------|------|------|------|------|------|
| | | | | | 1 | 2 | 3 | 4 | 5 |
| | | | | | | | | | |
| | | | | | | | | | |
| | | | | | | | | | |
| 说明：清扫完成后打 "√" | | | | | | | | | |

在物料清扫检查过程中，检查人员应填写物料清扫检查记录表。物料清扫检查记录表如表 10-40 所示。

表 10-40　物料清扫检查记录

| 编号 | 物料名称 | 规格 | 位置 | 问题 | 对策 | | 记录日期 |
|------|----------|------|------|------|------|------|----------|
| | | | | | 措施 | 实施日期 | |
| | | | | | | | |

物料清扫是一项长期的工作，需要坚持不懈，一旦放松，随时会发生物料受损的情况。

### 10.4.3　物料清洁管理

物料清洁是为了让仓库、作业现场人员养成维持 3S 的习惯。

### 1. 每天 5 分钟清洁活动

作业人员可通过每天 5 分钟清洁活动来实施物料的清洁。物料每天 5 分钟清洁活动如表 10-41 所示。

表 10-41 物料每天 5 分钟清洁活动

| 序号 | 活动内容 |
| --- | --- |
| 1 | 检查仓库、作业现场是否有呆废料，如有则放入废料箱，或按相关程序处理 |
| 2 | 检查作业台已加工物料和待加工物料是否分开放置 |
| 3 | 检查现场不良物料是否得到区分，并按不良物料处理程序处理 |
| 4 | 检查各类物料是否符合三定要求，对超量、标识不清、定位不准等情况进行纠正 |
| 5 | 检查物料取走后，物料卡是否进行更新 |
| 6 | 检查物料先进先出标识是否脱落，如是则进行更换 |
| 7 | 检查是否有未按先进先出要求操作的物料 |
| 8 | 检查各类物料、器皿、料架是否完好 |
| 9 | 检查订货看板，是否有物料大量积压，而未能送往后道工序 |
| 10 | 检查物料账物卡是否统一 |

每天 5 分钟清洁活动，不仅有助于人们养成良好的清洁习惯，而且还可以使物料管理得到改善。

### 2. 物料清洁检查

物料整理、整顿以及清扫的执行效果怎么样，需要督察人员进行检查和评估。物料清洁检查表如表 10-42 所示。

表 10-42 物料清洁检查

| 序号 | 检查内容 | 等级 | 评分（分） | 说明 |
| --- | --- | --- | --- | --- |
| 1 | 物料标识 | 一级（差） | 0 | 标识不清，无法辨认 |
| | | 二级（较差） | 1 | 有标识，但内容不准确 |
| | | 三级（及格） | 2 | 标识内容清晰 |
| | | 四级（良好） | 3 | 标识内容全面，更新及时 |
| | | 五级（最佳） | 4 | 任何人都感觉良好 |
| 2 | 物料定位 | 一级（差） | 0 | 自己也不知道在哪里 |
| | | 二级（较差） | 1 | 有定位，但偶尔会错 |
| | | 三级（及格） | 2 | 定位准确 |
| | | 四级（良好） | 3 | 自己可以立即找到 |
| | | 五级（最佳） | 4 | 任何人都可以找到 |

| 序号 | 检查内容 | 等级 | 评分（分） | 说明 |
|---|---|---|---|---|
| 3 | 物料存量 | 一级（差） | 0 | 无最小、最大存量控制措施 |
| | | 二级（较差） | 1 | 缺料或超过最大存量 |
| | | 三级（及格） | 2 | 维持最小安全存量 |
| | | 四级（良好） | 3 | 至最小存量时，能及时补充，且未超最大存量 |
| | | 五级（最佳） | 4 | 保证生产正常用料，且库存周转率低 |
| 4 | 物料先进先出 | 一级（差） | 0 | 无此观念，随到随用 |
| | | 二级（较差） | 1 | 偶尔会使用先进的物料 |
| | | 三级（及格） | 2 | 经常做到先进的物料先使用 |
| | | 四级（良好） | 3 | 严格执行物料先进先出 |
| | | 五级（最佳） | 4 | 任何人无须提醒，且不会出错 |
| 5 | 线上物料 | 一级（差） | 0 | 混放，无区分 |
| | | 二级（较差） | 1 | 有区分，但依然会混到一起 |
| | | 三级（及格） | 2 | 整洁、有序放置 |
| | | 四级（良好） | 3 | 线上物料实施可视化管理 |
| | | 五级（最佳） | 4 | 任何人一眼就可以区分，且不会弄错 |

物料清洁管理应严格按照物料清洁检查表实施，以保证物料 3S 管理顺利，并让员工养成良好的物料管理习惯。

### 10.4.4 物料安全管理

物料安全威胁主要来自搬运和储存，因此，仓管员和作业人员应依据物料的属性、形态、体积做好搬运和储存工作。为了做好此项工作，仓储、生产部门应制定物料搬运管理规范以及物料存储安全管理制度。同时，6S 推行人员应配合做好物料安全的可视化管理，以更好地确保物料安全，主要工作为搬运设计和储存设计。

常见的物料搬运和储存安全标识如表 10-43 所示。

表 10-43 常见的物料搬运和储存安全标识

| 易碎品 | 怕湿 | 怕晒 | 位置向上 |
|---|---|---|---|

续表

| 由此吊起 | 由此夹起 | 此处严禁卡夹 | 温度极限 |
|---|---|---|---|
| 重心 | 禁用手钩 | 此面禁用手推车 | 堆码层数极限 |
| 禁止堆码 | 禁止翻滚 | 禁用叉车 | 堆码重量极限 |

物料搬运和储存安全标识根据其内容的不同，可以直接黏贴在包装上、搬运工具上，还可以张贴在搬运点的墙壁上。总之，要确保作业人员容易看见，避免因被遮挡而发生意外。

### 10.4.5　物料管理素养

物料管理素养体现在对物料的使用和管理上，笔者总结了一些物料管理必需的素养，如表 10-44 所示。

表 10-44　作业人员物料管理素养

| 项目 | 内容 |
|---|---|
| 作业现场 | • 及时清理线上不要物料，而不是堆积得到处都是<br>• 及时领取物料，保证生产用料，且能按领料规范进行<br>• 多余、多领的物料及时退库<br>• 遵守作业规范，绝不浪费物料<br>• 树立成本意识，养成节约使用物料的习惯 |
| 仓储 | • 及时清理呆滞物料，而不是上级提出才行动<br>• 遵守物料发放规范，严格发料<br>• 遵守物料先进先出原则<br>• 不要物料销售变卖时，遵守财务制度<br>• 遵守物料搬运规定，保证物料安全 |

### 10.4.6　物料 6S 检查

物料 6S 推行的进度如何、效果怎么样、员工的积极性如何，都要及时进行检查和确认。物料 6S 检查表如表 10-45 所示。

表 10-45　物料 6S 检查

| 本车间检查中重点问题描述 | | | 解决思路 | | | |
|---|---|---|---|---|---|---|
| | | | | | | |
| | | | | | | |
| 如本人发出红牌<br>请在此处记录 | | | | | | |
| | | | | | | |
| 项目 | | 6S 检查项标准要求（评分项） | 差 | 一般 | 较好 | 很好 |
| 不要物料 | 1 | 呆滞物料是否及时处理 | | | | |
| | 2 | 作业产生的废料是否及时处理 | | | | |
| | 3 | 多领物料是否退库、未堆积在现场 | | | | |
| | 4 | 作业后的剩料是否及时退库、不堆积在现场 | | | | |
| 线上物料 | 5 | 待加工物料是否定置，且定置线的颜色为蓝色 | | | | |
| | 6 | 已加工物料是否定置，且定置线颜色为蓝色 | | | | |
| | 7 | 不合格 / 损坏物料是否置于红色定置区域 | | | | |
| 库存物料 | 8 | 物料领用是否符合先进先出原则 | | | | |
| | 9 | 生产作业是否设置物料计划看板并按计划执行 | | | | |
| | 10 | 物料是否经常进行盘点，保证账物卡统一 | | | | |
| | 11 | 物料领用、发放、使用是否有制度规范 | | | | |
| | 12 | 每种物料是否配置物料卡，且内容翔实 | | | | |
| 库存物料 | 13 | 物料是否进行定位，且谁都能够快速找到 | | | | |
| | 14 | 容纳物料的器皿外部是否粘贴物料基本信息 | | | | |
| | 15 | 各类物料是否设置了最大存量和最小存量 | | | | |
| | 16 | 每种物料储存、放置是否按属性、要求进行 | | | | |
| | 17 | 贵重物料是否采取安全防盗措施 | | | | |
| | 18 | 危险物料是否采取隔离、警示措施 | | | | |
| | 19 | 物料搬运是否按安全指示进行 | | | | |
| | 20 | 是否有物料先进先出装置 | | | | |
| 印象分（10 分） | | 根据总体感觉酌情打分 | | | | |

注：计分标准：差 0 分，一般 1 分，较好 4 分，很好 4.5 分，连同印象分满分为 100 分。

# 10.5　仓储管理 6S 推行

生产企业在仓库实施 6S 活动，可优化库存管理、减少浪费和提高仓库综合利用率等。

## 10.5.1　仓库 6S 推行计划

仓库 6S 推行应有计划。6S 推行小组宜在征求仓库部门的意见后，制订 6S 推行计划。仓库 6S 推行计划表如表 10-46 所示。

表 10-46　仓库 6S 推行计划

| 6S项目 | 内容 | 责任人 | 8月 | | | | 9月 | | | |
|---|---|---|---|---|---|---|---|---|---|---|
| | | | 1 | 2 | 3 | 4 | 1 | 2 | 3 | 4 |
| 整理 | 制定仓库要与不要物标准 | | ▬ | | | | | | | |
| | 工具整理 | | | ▬▬▬▬ | | | | | | |
| | 物料、半成品整理 | | | ▬ | | | | | | |
| | 文件、报表整理 | | | ▬ | | | | | | |
| | 包装、存储器具整理 | | | | ▬ | | | | | |
| | 料架、标签整理 | | | ▬ | | | | | | |
| | 杂物、个人用品整理 | | | | ▬ | | | | | |
| 整顿 | 规划区域 | | | | | ▬ | | | | |
| | 绘制平面图 | | | | | ▬ | | | | |
| | 准备油漆、PC 板等材料 | | | | | ▬▬ | | | | |
| | 料架定置、标识 | | | | | ▬▬ | | | | |
| | 各物料存储区域画线 | | | | | ▬ | | | | |
| | 通道画线 | | | | | | ▬ | | | |
| | 作业区定置、标识 | | | | | | ▬ | | | |
| | 搬运车辆定置 | | | | | | ▬ | | | |
| | 物料三定 | | | | | | | ▬ | | |
| | 存储器具定置、标识 | | | | | | ▬ | | | |
| | 各类电气设备标识 | | | | | | | ▬ | | |
| | 看板制作、悬挂 | | | | | | | ▬ | | |
| 清扫 | 划分清扫责任区域 | | | | ▬ | | | | | |
| | 制作清扫检查表 | | | | ▬ | | | | | |
| | 制定设备清扫基准 | | | | ▬ | | | | | |
| | 设备清扫可视化改善 | | | | ▬ | | | | | |
| | 进行清扫检查 | | | | | ▬ | | | | |

| 6S项目 | 内容 | 责任人 | 8月 1 | 8月 2 | 8月 3 | 8月 4 | 9月 1 | 9月 2 | 9月 3 | 9月 4 |
|---|---|---|---|---|---|---|---|---|---|---|
| 清洁 | 制作清洁检查表 | | | | | | ▬ | | | |
| | 进行 3S 检查 | | | | | | | | ▬ | |
| | 开展寻宝活动 | | | | | | | ▬ | | |
| 素养 | 制定仓储管理规范 | | | | | | ▬ | | | |
| | 开展仓储改善活动 | | | | | | ▬ | | | |
| 安全 | 开展仓储安全教育活动 | | | | | | ▬ | | | |
| | 建立安全事故响应机制 | | | | | | | ▬ | | |
| | 开展安全可视化改善 | | | | | | | ▬ | | |
| | 制定安全管理条例 | | | | | | | ▬ | | |
| | 消防设施、设备定置 | | | | | | | ▬ | | |
| | 建立安全标识系统 | | | | | | | | ▬ | |
| | 建立仓储安全巡查机制 | | | | | | | | ▬ | |
| | 开展 KYT 活动 | | | | | | | | ▬ | |

### 10.5.2　仓库 3S 管理

仓库 3S 管理是提高仓库管理效率，降低损耗的最基础工作。仓管人员应在 6S 推行小组的指导和帮助下积极开展仓库 3S 推行工作。

#### 1. 整理

仓库整理对象分为作业现场区域与办公区域，其中仓库作业现场包括物资存放区、物资检验区、设备存放区、器具存放区、包装车间等。仓库整理如表 10-47 所示。

表 10-47　仓库整理

| 整理项目 | 说明 |
|---|---|
| 仓库作业现场整理 | • 保留正常的装置、设备，剔除或修理破损严重的<br>• 保管质量良好的物料，剔除已变质或破损的物料<br>• 保留正常使用的拖车、叉车、吊装机，清除或更换受损严重的设备<br>• 保留正常使用的工具，清除已损坏的工具，妥善放置暂时不用的工具 |
| 仓库作业现场整理 | • 保留有价值的边角料、废料，清除无价值的废料<br>• 保留信息齐、新、准的看板和各类标识，替换老旧看板和标识<br>• 清除或更换各类过期的作业指导书<br>• 更换已破损的垫子和苫盖<br>• 更换已老化的灯具、电线、电闸、开关<br>• 更换或修理已老化的风扇、窗户和玻璃<br>• 清除墙面上过期的标语、图表<br>• 涂刷墙壁、库门及设备<br>• 更新或维护已失效的防火装置或设施，如灭火器、沙箱、水池等<br>• 替换已失灵的火警和防盗报警器等 |

| 整理项目 | 说明 |
|---|---|
| 仓库办公区整理 | • 清除破旧桌椅<br>• 清除旧报纸、无用报表、账单<br>• 清除多余的个人用品、抽屉内的杂物<br>• 清除置于柜顶、窗台的东西<br>• 地面和窗台等时刻保持干净 |

#### 2. 整顿

仓库的整顿应以 6S 整顿的流程为依据，并结合仓库管理的实际情况开展相关工作。成品仓库整顿前后场景如图 10-45 所示。

整顿前：
货物摆放不整齐，地面无画线

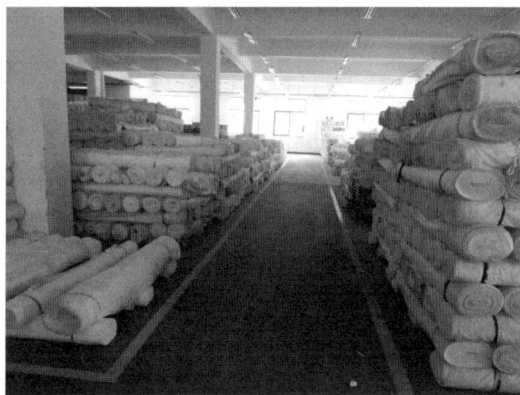

整顿后：
现场整理、整顿工作基本完成，地面画线清晰，货物摆放整齐

**图 10-45 成品仓库整顿前后场景**

1）仓库区域调整

仓库整顿前，应重新审视仓库的布局是否合理。在调整时，主要考虑物流关系、搬运等因素。常见仓库布局如图 10-46 所示。

仓库布局完成后，可以更好地进行画线、定置和标识管理，而不会存在"先天不足"的问题。不过，首先要对仓库各区域进行标识。

2）仓库区域标识

仓库区域标识大到总仓库、分仓库标识，小至某个作业区域标识。总之，要对每个区域进行标识。仓库区域标识如图 10-47 所示。

仓库区域标识，实际上是依据区域内容制作各区域标识，并悬挂或张贴于该区域"门口"。

3）货区物料定置和标识

对于以堆码形式放置的物料进行画线定置和标识时，应符合仓库实际情况。物料的定置完成后，放置物料信息看板，明示物料存放信息。仓库物料定置与标识如图 10-48 所示。

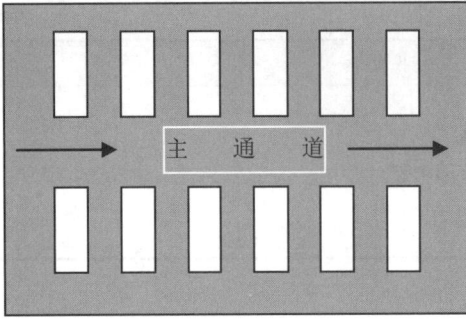

货区垂直布局

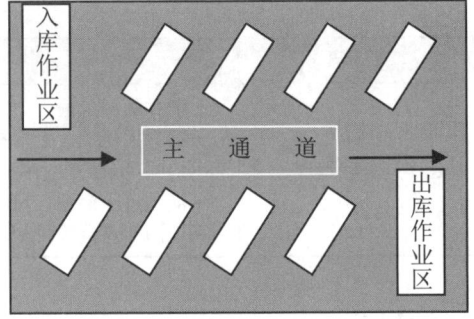

货区倾斜式布局

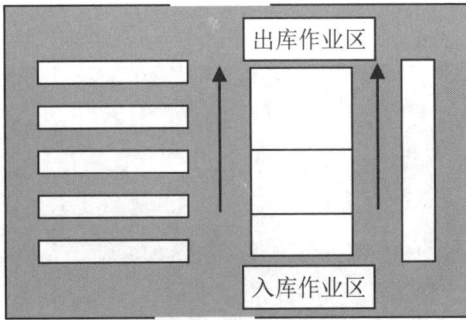

货区横式布局

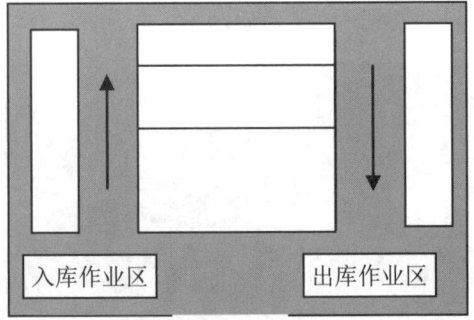

货区纵列式布局

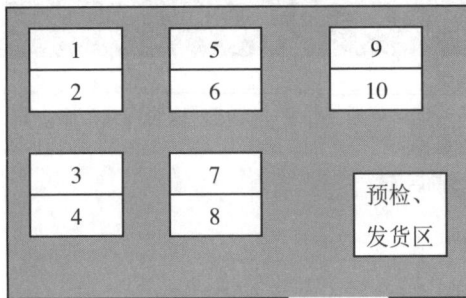

货位纵列式布局

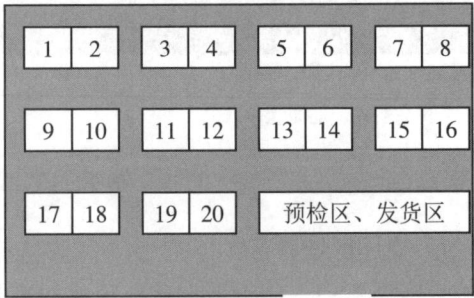

货位行列式布局

图 10-46　常见仓库布局

图 10-47　仓库区域标识

图 10-48 仓库物料定置与标识

物料的定置不是简单画线，应充分考虑以下事项：

➤ 远离火源。

➤ 依据物料对温度、湿度、通风等条件的要求安排物料存放场所，同类型物料相邻放置。

➤ 易燃、易爆、易污染、有储备期的物料要按要求进行特别定置。

➤ 存放危险物料的仓位应靠近消防设施。

➤ 确保人机通行顺畅。

➤ 最大化利用仓库面积和空间，且便于仓管员维护和保养。

➤ 周转速度快的物料，其仓位布置于仓库门口附近；周转速度慢的物料，其仓位布置于仓库中央或后方。

➤ 物料放置时应依其特性采用桶装、盒装、柜装、箱装等方式。

➤ 物料堆放层数要合理。

4）货架标识

笔者在这里着重介绍对货架如何进行标识，也就是如何编号。货架编号如图10-49所示。

类型：
1. 货架号以字母开头
2. 排号与层数用 1、2……表示
3. 货架号牌要与货架垂直，若影响通行，货架号牌与货架平行

例：K11-1 表示货物在 K11 排 1 层

图 10-49 货架编号

货架编号时按照货架的自然排列，先编排号，然后在排号内依序编货位号；不编排号

时，则采用自左向右、自前而后的顺序编货位号。

5）工器具定置、标识

工器具（工具与器具）包括生产工具存储、仓库搬运工具、物料存放器皿等，这些也应在仓库 6S 管理中体现出来。

### 3. 清扫

仓库清扫应先划分责任区域，明确责任范围，然后确定每个区域的清扫基准，对清扫中发现的缺陷、发生源、困难程度进行记录，并确定改善日期。

1）区域划分和责任范围划定

区域划分和责任范围划定要做到以下几个方面：

➢ 明确个人分担的区域和共同负责的区域，由一个人领导，共同负责。

➢ 编制清扫责任区域图，张贴于仓库宣传栏中。

➢ 实行值班制度，每天设值班者。

➢ 个人分担的范围用颜色在清扫责任区域图中标识。

2）制定清扫基准

仓库验货区清扫基准如表 10-48 所示。

表 10-48　仓库验货区清扫基准

| 责任人 | | 清扫区域 | | | | 区域号： | | | | |
|---|---|---|---|---|---|---|---|---|---|---|
| 现场清扫内容 | | | | | | 责任者： | | | | |
| 清扫项目 | 清扫基准 | 月　日至　月　日 | | | | | 月　日至　月　日 | | | | |
| | | 周一 | 周二 | 周三 | 周四 | 周五 | 周一 | 周二 | 周三 | 周四 | 周五 |
| 检验区 | 干净整洁，无脏污、无灰尘 | | | | | | | | | | |
| 检验台 | 干净整洁，无杂物、无灰尘 | | | | | | | | | | |
| 检验器具 | 无破损，刻度、量值准确 | | | | | | | | | | |
| 存放器皿 | 无污染物 | | | | | | | | | | |
| 文件 | 无过期文件、信息 | | | | | | | | | | |
| 说明：清扫后打"√" | | | | | | | | | | | |

### 10.5.3　仓库清洁管理

仓库中存放着种类繁多、数量巨大的物料、成品、半成品以及各类工具、设施等物品，做好清洁工作，可以使仓库整洁干净、秩序井然，以保障正常的物流和生产活动。

### 1. 每天 5/10 分钟清洁活动

仓库的清洁，可通过每天 5 分钟或 10 分钟清洁活动来实施，活动内容如表 10-49 所示。

表 10-49　仓库每天 5/10 分钟清洁活动

| 活动 | | 活动内容 |
|---|---|---|
| 5 分钟清洁活动 | 1 | 清扫地面卫生，以确保干净整洁，无垃圾等杂物 |
| | 2 | 清理多余物品，如边角料、包装材料、破损的器皿等 |
| | 3 | 整理各类报表、台账等文件，使其整齐放置，且标识清晰 |
| | 4 | 检查经常使用的操作设备、叉车等工具，使其干净、无油污 |
| | 5 | 检查物料堆放是否超高、偏离原来位置，使其符合三定要求 |
| | 6 | 清理私人物品，不放置过多物品，茶杯、衣服放在固定的位置 |
| 10 分钟清洁活动 | 1 | 检查料架、工具、工具箱标识，对不清晰或脱落的标识进行修复或更换 |
| | 2 | 检查料架、工具箱、设备、车辆、搬运工具、垃圾桶是否符合定置要求，如不符合一律整改 |
| | 3 | 归位各类工具，并将使用情况记录于台账之中 |
| | 4 | 检查工具、物料等物品标签是否齐全，台账是否记录准确、完整 |
| | 5 | 检查地面、通道喷漆，对破损、脱漆部位进行修补 |
| | 6 | 更换仓库内破损、过期的看板、标签、标语、公告 |

每天 5/10 分钟清洁活动，有助于仓管人员养成良好的习惯，进而促使仓储作业环境得到改善和维持。

### 2. 仓库清洁检查

仓库整理、整顿以及清扫的执行效果怎么样，需要督察人员进行检查和评估。仓库清洁检查表如表 10-50 所示。

表 10-50　仓库清洁检查

| 序号 | 检查内容 | 等级 | 评分（分） | 条件说明 |
|---|---|---|---|---|
| 1 | 地面、道路 | 一级（差） | 0 | 脏乱、堵塞，通行有危险 |
| | | 二级（较差） | 1 | 偶尔清理 |
| | | 三级（及格） | 2 | 经常清理，通道无障碍物 |
| | | 四级（良好） | 3 | 整洁干净，画线清晰 |
| | | 五级（最佳） | 4 | 任何人都感觉良好 |
| 2 | 区域 | 一级（差） | 0 | 没分区域 |
| | | 二级（较差） | 1 | 随意分区域 |
| | | 三级（及格） | 2 | 按管理内容分区域 |
| | | 四级（良好） | 3 | 画线，并有标识牌 |
| | | 五级（最佳） | 4 | 任何时候都可以一目了然 |
| 3 | 物料、工具 | 一级（差） | 0 | 杂乱，不知道所需物品在哪里 |
| | | 二级（较差） | 1 | 需要一个个确认 |

| 序号 | 检查内容 | 等级 | 评分（分） | 条件说明 |
|---|---|---|---|---|
| 3 | 物料、工具 | 三级（及格） | 2 | 整齐有序放置 |
|  |  | 四级（良好） | 3 | 分类放置，且进行标识（物料卡） |
|  |  | 五级（最佳） | 4 | 符合三定管理要求 |
| 4 | 叉车、工具箱、设备、料架 | 一级（差） | 0 | 很杂乱，无序放置 |
|  |  | 二级（较差） | 1 | 偶尔清理，但需要花时间才能找到所需物品 |
|  |  | 三级（及格） | 2 | 放置整齐 |
|  |  | 四级（良好） | 3 | 进行定置、标识，可快速找到 |
|  |  | 五级（最佳） | 4 | 任何人都可以一眼看到 |
| 5 | 作业台 | 一级（差） | 0 | 油污堆积 |
|  |  | 二级（较差） | 1 | 偶尔清理 |
|  |  | 三级（及格） | 2 | 经常清理油污 |
|  |  | 四级（良好） | 3 | 每日清理油污部位 |
|  |  | 五级（最佳） | 4 | 发生源得到改善，任何时候都无油污 |

### 10.5.4　仓库安全管理

开展仓库安全管理工作，首先要明确仓库管理过程中存在哪些安全问题及相关事项，具体如下：

➢ 危险品的储存、使用和搬运，某个环节操作不当容易引起事故。

➢ 仓库存储了大量的物料，火灾隐患大。

➢ 仓库存储的物料保管不善，物料会成为废料。

➢ 库存量过高或过低会造成浪费或影响生产。

➢ 针对这些安全隐患制定的相应的对策。

#### 1. 制定仓库安全管理规范

制定仓库安全管理规范并贯彻落实，可以强化仓管人员的安全责任意识，做好仓库管理工作。仓库安全管理规范构成如图10-50所示。

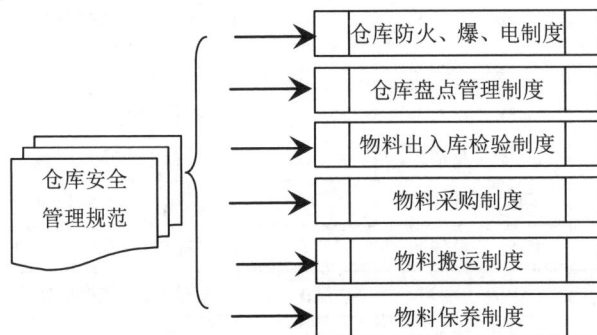

图10-50　仓库安全管理规范构成

#### 2. 仓库安全的目视化管理

仓库安全的目视化管理，目的在于提醒仓管人员注意安全，其管理的重点具体包括以下 4 个方面：

> 如何区分危险性和污染性的物品。

> 如何使用设备才能保证安全。

> 如何让员工知道消防器材放置在何处。

> 如何让员工知道正确应对危险。

### 10.5.5 仓库素养管理

与办公室、作业现场管理一样，仓库作业人员也应具备一流的素养。仓库人员素养管理要求如表 10-51 所示。

表 10-51 仓库人员素养管理要求

| 项目 | 内容 |
|---|---|
| 下级 | ·仪容仪表良好，形象整洁干练<br>·着工装，戴工牌<br>·见面打招呼，问候<br>·作业穿戴安全防护用具<br>·按规章制度巡视和管理仓库<br>·工作精神饱满，不萎靡<br>·遵守岗位纪律<br>·不夹带私人或违禁物品<br>·尊重上级 |
| 上级 | ·定期巡视工作<br>·对新员工关心<br>·工作岗位上的人际关系良好<br>·指示、命令语气适当<br>·在对待员工方面能自我反省 |

### 10.5.6 仓库 6S 检查

仓库 6S 推行的进度如何、效果怎么样、员工的积极性如何，都要及时进行检查和确认。仓库 6S 检查表如表 10-52 所示。

表 10-52 仓库 6S 检查

| 检查中重点问题描述 | | | 解决思路 | | | |
|---|---|---|---|---|---|---|
| | | | | | | |
| | | | | | | |
| 如本人发出红牌<br>请在此处记录 | | | | | | |
| | | | | | | |
| 项目 | | 6S 检查项标准要求（评分项） | 差 | 一般 | 较好 | 很好 |
| 仓库入口 | 1 | 门口处绿化带内无临时堆放各类物品或垃圾 | | | | |
| | 2 | 进门楼道石梁安全警示黄黑斑马线完整无脱落 | | | | |

| 项目 | | 6S 检查项标准要求（评分项） | 差 | 一般 | 较好 | 很好 |
|---|---|---|---|---|---|---|
| 仓库入口 | 3 | 楼道口水桶在定置区域内整齐摆放，规范有序 | | | | |
| | 4 | 楼道内无临时摆放各种清扫工具或纸皮、垃圾 | | | | |
| 消防安全 | 5 | 消防警示线、警示标识牌完整、清晰，无污损 | | | | |
| | 6 | 消防器具、配件配置完整（消防水带、灭火器等） | | | | |
| | 7 | 消防柜内、消防通道内无堆放杂物或生产用物品 | | | | |
| | 8 | 应急灯安装完整，线路通畅，处于使用状态中 | | | | |
| | 9 | 安全通道标识灯使用状况良好，无裸线、破损或歪斜 | | | | |
| | 10 | 电线牵拉符合规范，安全美观，无裸线、随意拉挂 | | | | |
| 主通道 | 11 | 主通道标线完整、清晰，无污损或模糊 | | | | |
| | 12 | 主通道保持畅通，无临时乱堆乱放现象 | | | | |
| | 13 | 主通道内路面清扫干净，无垃圾、积水或油污 | | | | |
| 物料摆放 | 14 | 物料和区域标识牌对应摆放，无混放或错放现象 | | | | |
| | 15 | 各区域物料摆放整齐、有序，边角分明，无压线越线 | | | | |
| | 16 | 各区域内作业垃圾或废包装料收置归位，无乱扔乱放 | | | | |
| 清洁工具 | 17 | 清扫工具划区定位，标识明确，放置整齐有序 | | | | |
| | 18 | 垃圾箱、垃圾桶定点定位，标识明确，放置整齐有序 | | | | |
| | 19 | 垃圾或拆除的包装材料归位放置，无乱扔乱放现象 | | | | |
| 搬运工具 | 20 | 搬运工具专区放置，无临时乱放乱堆现象 | | | | |
| | 21 | 搬运工具在专区内摆放整齐有序，边角分明 | | | | |
| | 22 | 搬运工具使用状态良好，无破损、污迹等 | | | | |
| 区域标识 | 23 | 区域划分明确，区域线完整、清晰，无污损或模糊 | | | | |
| | 24 | 区域标识牌设置合理，张贴或悬挂完整，无破损 | | | | |
| | 25 | 禁止性区域标识完整，张贴整齐，无污损 | | | | |
| 辅助通道 | 26 | 辅助通道标线完整、清晰，无污损或模糊 | | | | |
| | 27 | 辅助通道保持畅通，无随意存放生产用品或搬运器具 | | | | |
| | 28 | 辅助通道内路面清扫干净，无垃圾、积水或纸皮等 | | | | |
| 办公室 | 29 | 办公室资料柜、饮水机、办公桌等定位画线，规范摆放 | | | | |
| | 30 | 办公室清扫干净，无临时摆放各种多余材料、垃圾 | | | | |
| | 31 | 办公室内办公用品定置，摆放整齐有序 | | | | |
| | 32 | 办公桌上文件、水杯等分类有序摆放，规范整洁 | | | | |
| 公告张贴 | 33 | 墙面干净整洁，无乱画、乱贴、乱写现象 | | | | |
| | 34 | 公告张贴划区定置，不在其他区域内随意张贴 | | | | |
| | 35 | 公告张贴（更新）及移除及时，无过时公告信息 | | | | |
| | 36 | 公告张贴整齐有序、完整，无涂画或污损 | | | | |

续表

| 项目 | | 6S 检查项标准要求（评分项） | 差 | 一般 | 较好 | 很好 |
|---|---|---|---|---|---|---|
| 人员 | 37 | 办公室人员衣着规范，工作紧张有序，精气神良好 | | | | |
| | 38 | 作业人员穿戴整齐，无穿拖鞋、赤身或内衣外穿现象 | | | | |
| | 39 | 作业人员在仓库内行走、作业、沟通等行为得体 | | | | |
| | 40 | 作业人员个人物品划区放置，整齐有序悬挂或摆放 | | | | |
| 窗户墙面 | 41 | 窗户无乱挂、乱放、乱贴现象，窗帘无破损 | | | | |
| | 42 | 窗玻璃较干净，无积尘、污迹或破损 | | | | |
| | 43 | 墙面无乱涂、乱贴、乱挂，无各种过时信息 | | | | |
| 成品货架 | 44 | 货架布匹摆放整齐有序、无长短不一现象 | | | | |
| | 45 | 货架标识明确，物卡牌信息对应准确、真实 | | | | |
| | 46 | 货架干净整洁，无积尘以及临时堆放垃圾 | | | | |
| 卫生间 | 47 | 卫生间地面干净、整洁，无垃圾，无污水 | | | | |
| | 48 | 卫生间无暂存各种不要物，用具摆放整齐 | | | | |
| | 49 | 卫生间内清洁及时，整体干净、整洁、适宜 | | | | |
| 验布区域 | 50 | 机台清洁良好，无积垢，无油污，无乱贴乱画 | | | | |
| | 51 | 机台周围作业垃圾同步入筐，无随地乱扔 | | | | |
| | 52 | 机台后各种辅助用料定置，存放有序 | | | | |
| | 53 | 机台周边、包装台下无存放各种无用配件、物品等 | | | | |
| | 54 | 机台后辅料架物品分类装箱，摆放整齐有序 | | | | |
| | 55 | 机台后辅料柜分门别类标识清楚，物料储存有序 | | | | |
| 包装材料/垫板 | 56 | 包装材料用物料架分层、分类存放有序 | | | | |
| | 57 | 包装材料、塑料袋等捆扎叠好，整齐摆放 | | | | |
| | 58 | 垫板在定置区域内整齐码放，边角分明 | | | | |
| 与公路连接口 | 59 | 无临时堆放各种生产用物料或垃圾 | | | | |
| | 60 | 路面垃圾清扫干净，路面整洁、干净 | | | | |
| 印象分（10 分） | | 根据总体感觉酌情打分 | | | | |

注：计分标准：差 0 分，一般 0.5 分，较好 1 分，很好 1.5 分，连同印象分满分为 100 分。

# 10.6　总务后勤 6S 推行

总务后勤推行 6S，有助于人们将各类琐碎事务处理得井井有条，也有助于为员工、客户营造良好的生活和服务环境。

### 10.6.1　总务后勤 6S 推行计划

总务后勤推行 6S 相对简单，推行人员重点关注员工生活区、公共区，简要制订 6S 推行计划。总务后勤 6S 推行计划如表 10-53 所示。

表 10-53　总务后勤 6S 推行计划

| 6S 项目 | 内容 | 责任人 | 8月 | | | | 9月 | | | |
|---|---|---|---|---|---|---|---|---|---|---|
| | | | 1 | 2 | 3 | 4 | 1 | 2 | 3 | 4 |
| 整理 | 制定要与不要物的标准 | | ■ | | | | | | | |
| | 生活区环境整理 | | ■ | ■ | ■ | ■ | | | | |
| | 公共食堂整理 | | | ■ | | | | | | |
| | 后勤公共区整理 | | | | ■ | | | | | |
| 整顿 | 厂区美化、绿化 | | ■ | ■ | ■ | ■ | ■ | | | |
| | 后勤建筑、部门标识 | | | ■ | | | | | | |
| | 公共区域道路画线、标识 | | | | ■ | | | | | |
| | 公共区划分、画线、标识 | | | | ■ | | | | | |
| | 公共区设施定置 | | | | ■ | | | | | |
| | 后勤管井设施整顿 | | | | | ■ | | | | |
| | 宿舍管理标识 | | | | | ■ | | | | |
| | 宿舍物品定置 | | | | | ■ | | | | |
| | 食堂物品定置、标识 | | | | | ■ | | | | |
| | 后勤安防设施定置、标识 | | | | | | ■ | | | |
| 清扫 | 划分后勤清扫责任区 | | | | ■ | | | | | |
| | 制定清扫基准 | | | | ■ | | | | | |
| | 定期实施清扫检查 | | | | | | ■ | | | |
| | 编制后勤清扫检查表 | | | | ■ | | | | | |
| | 定期实施检查 | | | | | | ■ | | | |
| 素养 | 制定后勤管理规范 | | | | | | ■ | | | |
| | 张贴各类标语、宣传画 | | | | | | ■ | | | |
| | 开展文明月活动 | | | | | | | ■ | ■ | |
| 安全 | 开展各类安全教育 | | | | | | ■ | | | |
| | 建立健全安全标识系统 | | | | | | | | ■ | |
| | 编制、推行安全管理制度 | . | | | | | ■ | | | |
| | 开展安全检查活动 | | | | | | | | ■ | |

### 10.6.2　总务后勤 3S 管理

整理、整顿、清扫是总务后勤 6S 管理的核心工作。重点抓好生活区和公共区管理便可基本实现 3S 管理。总务后勤 3S 管理对象如表 10-54 所示。

表 10-54　总务后勤 3S 管理对象

| 管理对象 | 管理对象 |
| --- | --- |
| 1. 工厂建筑色彩管理与标识 | 12. 工厂宣传橱窗 |
| 2. 紧急疏散集合点策划 | 13. 反射镜的设置 |
| 3. 厂房入口编号目视化 | 14. 厂区路口标识 |
| 4. 工厂入口警示目视化 | 15. 垃圾分类标准目视化 |
| 5. 行车道路铺设 | 16. 市政井盖设施标准目视化 |
| 6. 行车道路刷漆 | 17. 雨水井刷漆 |
| 7. 厂区限制标准目视化 | 18. 工厂平面图目视化 |
| 8. 厂区停车画线 | 19. 厂区道路命名 |
| 9. 厂区通道画线 | 20. 食堂 3S |
| 10. 厂区人行横道画线 | 21. 宿舍 3S |
| 11. 厂区禁止停车区标识 | |

### 1. 生活区 3S 管理

生活区包括宿舍区、食堂、休闲娱乐场所等。我们来进一步探讨生活区的 3S 实施和管理。

1）宿舍生活用品定置

生活用品定置是宿舍整顿的重要内容，也是创造整齐有序的宿舍环境的关键因素。宿舍的生活用品定置，主要通过合理规划放置区域和采用目视化手段对物品摆放进行规范。

2）宿舍工作职责目视化

宿舍工作职责目视化是运用展板展示宿舍的责任人及相关职责，安装在宿舍楼门口显眼的地方，起提示、督导作用的一种目视化管理手段。

3）宿舍卫生管理目视化

宿舍卫生管理目视化是将宿舍卫生管理制度和宿舍值日表悬挂在墙上或门背后，对卫生管理起督促作用的一种目视化手段。

对生活环境实行 3S 管理，有利于为员工创造整洁、舒适的生活环境，使员工保持饱满的精神状态和良好的生活风貌，从而为生产活动创造良好的条件，保障企业正常运行。

4）食堂用餐管理

食堂应保证向员工提供干净、卫生的就餐环境和食物。食堂环境维持如图 10-51 所示。

菜肴展示　　　　　　　用餐调味品定置与标识　　　　　　　原材料存储

图 10-51　食堂环境维持

食堂管理还应做好下列事项：

➤ 餐台物品定置摆放，并有明确标识，菜肴应有名称标牌。

➤ 筷子消毒机、刷卡机、调味品应定置摆放，并有使用说明。送餐具处、洗手池地面设置标识线。

➤ 洗手池有节约用水等提醒，送餐具处有剩饭倾倒和餐具放置指示标识。

➤ 储藏间及库房干净、卫生，食品、食材分类分架、隔墙离地加盖存放，标识清楚。

➤ 粮油、调料等辅料应形迹化管理，库存数量合理。

食堂应加强内部管理，制定相关制度并严格执行。为了提高食堂管理水平，可以实施看板管理。食堂看板管理如图 10-52 所示。

总之，食堂应整体环境干净、整洁、卫生，地面无杂物、无油污、无灰尘，墙面无脏污，桌面无油渍、无灰尘；应有防蝇、鼠、虫、鸟及防尘、防潮措施。食堂应设置拖布池、清扫工具存放处，设立卫生清洁间。

### 2. 公共区 3S 管理

公共区 3S 管理，是指对厂区的道路、绿化、井盖等公共设施采取目视化手段进行管理的过程，其间随时进行清扫，处置不要物。

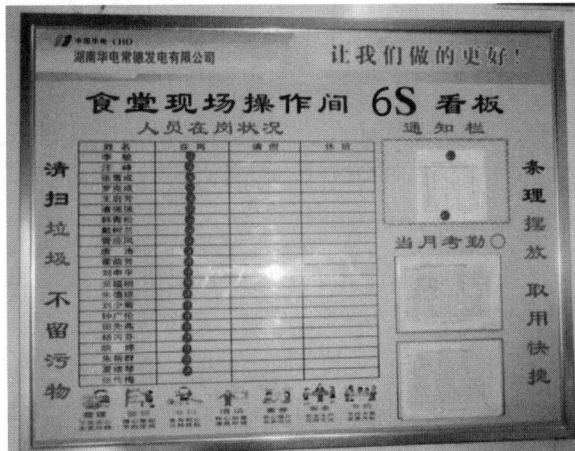

图 10-52　食堂看板管理

厂区醒目处以及路口交汇处设置导视牌，导视牌上应有厂区平面图，具体如图 10-53 所示。

#### 1）道路画线

厂区内宽度大于双向车道的道路都应当画线标示。道路画线参照公路施工标准，用白色和黄色油漆，具体如下：道路两边画白色实线，路中线为黄色实线，线宽为 200mm，如图 10-54 所示；当道路宽度为三车道时，中间追加白色虚线。

此外，在主要道路交叉处还应当画上人行横道，人行横道采用白色斑马线，在人行横道的一端还可以设置人行道标识牌，如图 10-55 所示。

图 10-53　厂区平面图及导视牌

图 10-54　厂区道路画线

人行横道 →

图 10-55　人行横道

　　对厂区道路进行画线标示，同时划定人行横道，可以有效规范厂区道路的行车秩序，防止交通事故，改善厂区交通状况，实现厂区环境的整齐、有序。

　　2）场地绿化

　　对厂区绿化，然后进行保护，主要使用花草树木标识牌、环境标语牌两类，提示员工注意保护厂区绿化，如"请勿践踏草坪""爱护花草树木"等，如图 10-56 所示。

花草树木标识牌

环境标语牌

图 10-56　厂区绿化标识牌

对厂区绿化实行目视化管理，既可以起到美化厂区环境的作用，还能起到改善厂区生态环境、防火减噪、保持水土等功效。

3）车辆停放区规划

车辆停放区用 100mm 宽的黄色实线划分车位，在车位后加防护栏，在防护栏上涂上虎纹线，如图 10-57 所示。

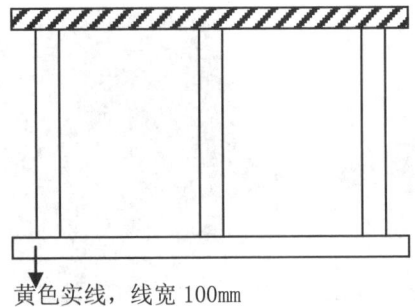

黄色实线，线宽 100mm

图 10-57　车位画线

对公共场所进行区域规划，并用区域线进行标识，可以规范公共区域的车辆停放和物品摆放，保证公共场所安全，为员工创造一个舒适、安全的厂区环境。

4）井盖、垃圾箱等公共设施管理

公共设施包括井盖、垃圾箱、车棚、消防设施、照明设施等，对其进行目视化管理的方法如表 10-55 所示。

表 10-55　公共设施的目视化管理

| 类型 | 图例 | 可视化方法 |
|------|------|-----------|
| 井盖 | | 1. 给井盖刷上黄色、绿色油漆，进行统一标识，既可以美化环境，又可以提示车辆避开行驶<br>2. 刷漆方案：外圈为 30 ～ 50mm 的黄色，内圈为绿色 |
| 垃圾箱 | | 1. 采用分类垃圾箱，分为"可回收物"与"不可回收物"<br>2. "可回收物"箱刷上蓝色油漆，标明"可回收物"；"不可回收物"箱刷上黄色油漆，标明"不可回收物" |
| 道路雨水井 | | 道路雨水井盖板要命名并编号，编号原则使用名称第一个字大写字母及数字（如一号雨水井为 Y001）。盖板使用黄黑相间条纹线标识，线宽 100 ～ 150mm，四周用黄油漆画线，线宽 100mm |

　　对厂区环境进行可视化管理，既可以使厂区环境整洁、美观、大方，又可以起到安全提醒、维护秩序等作用，还能对提升企业文化和企业形象起到促进作用。

### 10.6.3　总务后勤清洁管理

　　总务后勤清洁管理就是要让 3S 成为员工的习惯，让员工自然而然地执行和维护 3S。

### 1. 每天 5/10 分钟清洁活动

总务后勤的清洁，可通过每天 5 分钟或 10 分钟清洁活动来实施。我们以食堂为例进行说明，如表 10-56 所示。

表 10-56　食堂每天 5/10 分钟清洁活动

| 活动 | | 活动内容 |
|---|---|---|
| 5 分钟清洁活动 | 1 | 上班前检查自己的着装、防护用品佩戴状况和清洁度 |
| | 2 | 检查和清点各类做饭用的原材料，将坏掉的清理掉 |
| | 3 | 检查厨具台周围地面，清除垃圾、废弃物 |
| | 4 | 检查厨具是否在定置线内，如不是则归位 |
| | 5 | 检查燃气、电、打火设备，并进行维修、校准 |
| | 6 | 检查确认菜谱，避免误操作 |
| 10 分钟清洁活动 | 1 | 实施上述 5 分钟清洁活动 |
| | 2 | 用餐后认真清洗厨具 |
| | 3 | 及时清理剩饭剩菜 |
| | 4 | 检查并修复设施、厨具 |
| | 5 | 检查并清点剩余做饭原材料 |
| | 6 | 将各类做饭工具归位 |

虽然是食堂，但如果实施每天 5/10 分钟清洁活动，会有助于营造和维持干净、卫生的就餐环境。在总务后勤其他方面也应坚持开展 5/10 分钟清洁活动。

### 2. 总务后勤清洁检查

总务后勤整理、整顿以及清扫的执行效果怎么样，需要督察人员进行检查和评估。总务后勤清洁检查表如表 10-57 所示。

表 10-57　总务后勤清洁检查

| 序号 | 检查内容 | 等级 | 评分（分） | 条件说明 |
|---|---|---|---|---|
| 1 | 宿舍 | 一级（差） | 0 | 杂乱、脏污，有异味 |
| | | 二级（较差） | 1 | 虽无脏物，但东西放置杂乱 |
| | | 三级（及格） | 2 | 地面有少量杂物等，但大体干净 |
| | | 四级（良好） | 3 | 能够随时清扫，保持地面干净 |
| | | 五级（最佳） | 4 | 地面干净、整洁，物品被定置 |
| 2 | 食堂 | 一级（差） | 0 | 脏乱，不卫生 |
| | | 二级（较差） | 1 | 偶尔清理，但仍然不合标准 |
| | | 三级（及格） | 2 | 检查后，卫生状况可维持一段时间 |

| 序号 | 检查内容 | 等级 | 评分（分） | 条件说明 |
|---|---|---|---|---|
| 2 | 食堂 | 四级（良好） | 3 | 经常清理，获得好评 |
| | | 五级（最佳） | 4 | 任何人都会觉得很舒适 |
| 3 | 公共区道路 | 一级（差） | 0 | 无任何交通标识 |
| | | 二级（较差） | 1 | 有少量交通标识，但非常模糊 |
| | | 三级（及格） | 2 | 关键路段有交通标识 |
| | | 四级（良好） | 3 | 所有路段都有交通标识 |
| | | 五级（最佳） | 4 | 任何人、任何时候都不会发生交通事故 |
| 4 | 公共区设施 | 一级（差） | 0 | 没有公共设施 |
| | | 二级（较差） | 1 | 有少量的公共设施，但用处不大 |
| | | 三级（及格） | 2 | 有公共设施，能够被人们使用 |
| | | 四级（良好） | 3 | 公共设施配置充足 |
| | | 五级（最佳） | 4 | 公共设施进行定置、目视化管理 |
| 5 | 后勤安保 | 一级（差） | 0 | 无安保 |
| | | 二级（较差） | 1 | 有安保，但作用不大 |
| | | 三级（及格） | 2 | 安保能够发挥积极的作用 |
| | | 四级（良好） | 3 | 能自主化管理 |
| | | 五级（最佳） | 4 | 任何人感觉良好 |

　　需要注意的是，设置总务后勤清洁检查表，应邀请一线部门的人员参与讨论，总之要尽可能地符合现场实际状况，这样才能保证评价的合理性。

### 10.6.4　总务后勤安全管理

　　总务后勤安全管理无小事，企业应制定完善的后勤安全管理制度。总务后勤安全管理制度关系着厂区安全、食品卫生、人员安全等。6S 推行委员会应与安全管理委员会、行政部门制定总务后勤管理的各项制度，维护企业的正常生产、生活秩序。总务后勤安全管理制度构成如图 10-58 所示。

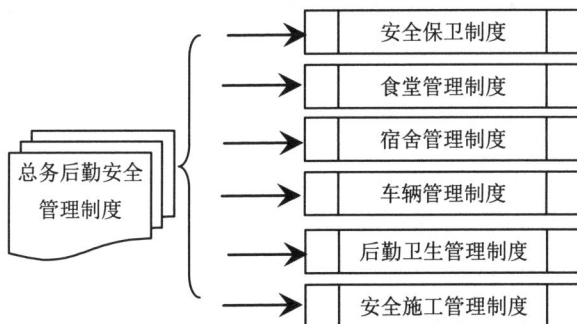

图 10-58　总务后勤安全管理制度构成

### 10.6.5　总务后勤素养管理

总务后勤素养管理由总务部门负责检查和教育，依据下属各部门情况制定相应的规范，并监督和检查员工执行情况，以促使其养成良好的习惯。总务后勤素养如表 10-58 所示。

表 10-58　总务后勤素养（部分）

| 项目 | 内容 |
|---|---|
| 行政事务 | • 遵守作息时间，不迟到、不早到；出入企业，应穿着规定服装，佩戴胸卡<br>• 携有物品出厂时，接受保安人员的检查和登记<br>• 上下班时，应排队打卡，不得代替他人打卡<br>• 接待要礼貌大方，热情周到<br>• 保持会议室的整洁，早晚各检查一次；会议结束后，立即清理会议室 |
| 安全卫生 | • 各工作场所内均须保持整洁，不得堆放垃圾<br>• 各工作场所内的走道及阶梯，至少每日清扫一次<br>• 洗手间、更衣室及其他卫生设施，必须保持清洁<br>• 有尘埃、粉末或有毒的工作等特种作业，须穿戴防护服或器具 |
| 食堂 | • 严格遵守一切规章制度<br>• 讲究职业道德，文明服务，态度和蔼，主动热情，礼貌待人<br>• 做到饭热菜香，味美可口，饭菜定量，食品充足，平等待人<br>• 清洁个人卫生，做到勤洗手、勤剪指甲，勤换、勤洗工作服<br>• 一切用具均须保持清洁卫生<br>• 不断改善服务和饭菜质量 |

### 10.6.6　总务后勤 6S 检查

总务后勤 6S 推行的进度如何、效果怎么样、员工的积极性如何，都要及时进行检查和确认。总务后勤 6S 检查表如表 10-59 所示。

表 10-59　总务后勤 6S 检查

| 检查中重点问题描述 | | | 解决思路 | | | |
|---|---|---|---|---|---|---|
| | | | | | | |
| | | | | | | |
| 如本人发出红牌<br>请在此处记录 | | | | | | |
| | | | | | | |
| 项目 | | 6S 检查项标准要求（评分项） | 差 | 一般 | 较好 | 很好 |
| 宿舍 | 1 | 床、柜所有物品定位放置 | | | | |
| | 2 | 配备卫生工具、套袋垃圾筐 | | | | |
| | 3 | 地面没有任何形式的垃圾、污垢 | | | | |
| | 4 | 墙角、橱柜顶无不用的杂物堆放 | | | | |
| | 5 | 鞋子的摆放位置进行了统一标识 | | | | |
| | 6 | 床铺和衣柜进行了编号分配 | | | | |
| | 7 | 上下铺的扶梯安全牢固 | | | | |
| | 8 | 床板牢固，无破损残缺 | | | | |
| | 9 | 被褥叠放整齐 | | | | |

| 项目 | | 6S 检查项标准要求（评分项） | 差 | 一般 | 较好 | 很好 |
|---|---|---|---|---|---|---|
| 宿舍 | 9 | 被褥叠放整齐 | | | | |
| | 10 | 每张床上均未堆放任何杂物 | | | | |
| | 11 | 床铺周围无杂乱的装饰物 | | | | |
| | 12 | 墙壁无蜘蛛网 | | | | |
| | 13 | 墙壁无乱贴乱画 | | | | |
| | 14 | 开关、线路无乱设私拉 | | | | |
| | 15 | 墙上、玻璃上未乱贴报纸、海报 | | | | |
| | 16 | 玻璃门窗无损坏 | | | | |
| | 17 | 窗台未放置杂物 | | | | |
| | 18 | 门窗玻璃干净 | | | | |
| | 19 | 个人洗漱用品摆放方式一致 | | | | |
| | 20 | 所有脸盆、水杯、毛巾保持干净 | | | | |
| | 21 | 宿舍内个人餐具放入柜子中，无食物残渣痕迹 | | | | |
| | 22 | 个人衣物、鞋子定位放置，摆放整齐 | | | | |
| | 23 | 空调、电视、插座用电安全 | | | | |
| | 24 | 宿舍内无异味 | | | | |
| | 25 | 脸盆内未存污水 | | | | |
| 食堂 | 26 | 所有可移动工具都进行定位并恰当标识 | | | | |
| | 27 | 餐具分类、分区放置 | | | | |
| | 28 | 无任何餐具直接落地放置或乱放 | | | | |
| | 29 | 不存在任何无用的废旧器具、设备、工具 | | | | |
| | 30 | 水管、暖气管无跑冒滴漏 | | | | |
| | 31 | 锅、铲、案板、盆内外干净 | | | | |
| | 32 | 公用餐具经过消毒后使用 | | | | |
| | 33 | 机器设备的开关线路整齐 | | | | |
| | 34 | 所有机器工具无生锈油污 | | | | |
| | 35 | 生、熟食品及原料分类存放 | | | | |
| | 36 | 任何设备上无灰尘、杂物 | | | | |
| | 37 | 操作间内没有苍蝇蚊虫飞舞 | | | | |
| | 38 | 地面任何地方无垃圾、污水 | | | | |
| | 39 | 墙脚、橱底无垃圾、灰尘，无卫生死角 | | | | |
| | 40 | 下脚料有容器随时收集，未堆放在地面 | | | | |
| | 41 | 下水道内无任何污物、杂物 | | | | |
| | 42 | 废水排水畅通无阻，地沟无积水 | | | | |

| 项目 | | 6S 检查项标准要求（评分项） | 差 | 一般 | 较好 | 很好 |
|---|---|---|---|---|---|---|
| 食堂 | 43 | 过道中、操作台下等位置，无杂物、垃圾堆积 | | | | |
| | 44 | 易于油污、溅水的地方贴有瓷砖 | | | | |
| | 45 | 所有门窗、玻璃干净，无灰尘、油污 | | | | |
| | 46 | 墙壁开关标识明确 | | | | |
| | 47 | 顶棚无油污、蜘蛛网 | | | | |
| | 48 | 门窗纱网齐全有效，不脏污 | | | | |
| | 49 | 食堂人员穿戴统一卫生的工作服、帽 | | | | |
| | 50 | 做饭、做菜场所无人吸烟 | | | | |
| 厂区道路 | 51 | 道路按交通规则画线 | | | | |
| | 52 | 在转弯处设置了球面镜 | | | | |
| | 53 | 道路得到了良好的维护 | | | | |
| | 54 | 公共区域设施完好，无破损 | | | | |
| 厂区设施 | 55 | 进行了颜色管理，便于使用和维护 | | | | |
| | 56 | 停车场画线并标识，起到引导作用 | | | | |
| | 57 | 设置了必要防护设施，采取了必要的措施 | | | | |
| | 58 | 厂区绿化率高 | | | | |
| 绿化 | 59 | 植被得到了良好的保护 | | | | |
| | 60 | 绿化区有专人负责，并有管理制度 | | | | |
| 印象分（10 分） | | 根据总体感觉酌情打分 | | | | |

注：计分标准：差 0 分，一般 0.5 分，较好 1 分，很好 1.5 分，连同印象分满分为 100 分。

总务后勤安全管理无小事，引入 6S 管理可以帮助企业创造一流的后勤环境，为企业生产作业提供可靠保障。

# 第 11 章
# 绩效保障：6S 推行评比

> 评比是推行 6S 的有效手段。一方面，员工的努力和工作成果得到了认同；另一方面，通过评比督促大家不断学习、总结，大家对 6S 的理解更加透彻，执行更加到位。

## 11.1　6S 评比准备

6S 评比之前应做好评比的相关准备工作，以保证评比活动能够按计划顺利进行。

### 11.1.1　编制 6S 检查表

6S 检查表是 6S 活动执行情况或绩效评比的工具。6S 推行人员可针对各区域编制合适的检查表，用以支撑 6S 推行绩效评比工作。6S 检查表应从五个方面进行考虑和布局。

#### 1. 了解 6S 评比的目的

6S 评比一是为了检查 6S 推行现状与目标的差异；二是为了巩固成果与检讨问题。检查表中应对发现的问题有所反映。

#### 2. 6S 评比指标和标准来源

6S 检查项目及检查标准等必须是真实、可靠、合理的，它们是在 6S 推行活动中被总结出来且被良好实践的。其来源主要有以下几个：

（1）调研报告。调研报告反映了企业现场管理的问题，以及 6S 推行的程度，系统地分析了现场存在的问题。

（2）6S 推行方案。6S 推行方案确定了 6S 推行的方针、目标和计划。检查表的检查项目及标准符合目标、方针，也能反映出计划达成后的成果。

（3）清洁阶段对整理、整顿和清扫的检查。清洁检查既是对 3S 成效的检查，也是 3S 各类标准输出的关键环节。其各项检查指标以及标准，如清扫基准等具有重要的实践意义，可以直接作为检查表的指标内容。

（4）已改善事项。班组和个人的改善提案为检查表提供了丰富的指标和标准，可以作为检查表相关数据的参考。

（5）优秀团队的标准。6S 阶段性评比中的优秀团队，其推行效果无疑是十分出色的。将其中优秀的 6S 推行成果转化为检查表中的指标，可以提升检查表的有效性。

### 3. 评分系数

不同部门、车间的 6S 推行难度是不同的，生产线相较于总务后勤，6S 推行内容多、难度大，同时其又是企业利润产生的来源，6S 推行小组需要设置相应的评分系数，保证公平，保障资源向着这些部门倾斜。

### 4. 计分方式

计分方式一般采用百分制。计分分数来源于两部分：一是 6S 活动评分，占比为 90%；二是整体印象分，占比为 10%。

## 11.1.2 确定 6S 评分规则

在 6S 评比过程中，为兼顾各部门、单位之间在区域面积、员工人数、教育程度等方面存在的差异，应制定 6S 评分规则，以保障评比的公平性。6S 评分规则如表 11-1 所示。

表 11-1　6S 评分规则（示例）

| ×× 公司 6S 评分规则 |
| --- |
| **一、目的**<br>为建立 ×× 公司精益 6S 监督检查管理体系，持续推动和不断改善 6S 活动，形成制度化、标准化并纳入部门的日常管理，特制定本管理办法。<br>**二、适用范围**<br>此考评细则适用于 ×× 公司下设的所有部门，具体范围参见"×× 公司精益 6S 责任区划分表"，各指定责任人及部门主管均接受此考评管理。<br>**三、权责**<br>3.1 精益 6S 推行小组成员<br>负责按照"精益 6S 检查评分表"对各责任区域细致、公平、客观地评分，对评分结果负责。<br>3.2 区域负责人<br>负责组织所管辖区域内管理者或员工听从推行小组的要求，合理、有序地进行 6S 管理活动，保障作业现场符合企业精益 6S 要求，并积极配合和谦虚接受推行小组的考评。<br>3.3 各部门员工<br>听从部门主管和区域负责人对精益 6S 活动的要求，落实现场 6S 工作细节。<br>**四、考评细则**<br>4.1 考评方法<br>4.1.1 考评时由推行小组执行组长带领推行小组成员对各责任区域进行考核，为保证公平性，考评时检查人员不检查与自己相关的责任区域。<br>4.1.2 考评小组检查时应按事先确定的现场考评标准表，采用见问题点先记录描述，然后再查对应标准表上的等级分值并填入考评表内。<br>4.1.3 考评时应完全遵照考评标准，各部门平等对待，统一标准。检查评分完成后在评分表上签字后上交至统计处。<br>4.2　评分周期<br>4.2.1 为将 6S 活动持续推行下去，将公司的生产环境维持在一个较高的水准，检查工作分为日检查和月度大检查两种。日检查由行政部协调在每周的周一至周五安排 3 人左右进行检查。<br>月度大检查原则上在每月的第一周和第三周的周五，由行政部协调总经办、生产部等相关人员进行评分。 |

| |
|---|
| 　4.2.2 除规定的检查外，推行小组视推进公司全面改善活动以及精益 6S 活动之必要，会对相关区域或部分域实施突击性的检查评分。<br>　4.3 分数标准<br>　4.3.1 评分满分为100分，各评分人按照部门类别对应的评分表打分，并累加各细项分后得出所评分。<br>　4.3.2 每细项分值分为四个评分等级，各等级代表的分值以评分表上的规定为准。<br>　4.3.3 评分人所评对象以抓取待改善之处样本为主，此评分值不受该责任区域内其他符合要求之样本影响，被考评责任人须无条件接受。<br>　4.3.4 日检查评分进行综合计算求出平均分后，所得分占月度总分的50%（满分50分），月度大检查评分综合计算求出平均分后，所得分占月度总分的50%（满分50分），两者相加等于月度的实际得分，以此排出各车间的名次。<br>　4.4 统计核算及权重比例<br>　4.4.1 统计由执行秘书或推行组长安排专人进行。<br>　4.4.2 统计时，先整理各责任区域实际检查表份数，将每份的细项分累加，得出单份检查表的得分，再用各份检查表的实际得分之和除以份数后得该责任区域的加权值前得分。<br>　4.4.3 考虑责任区域作业性质的不同，对责任区域进行加权处理，行政事务性单位区域加权值为0.85，仓储性责任单位为0.9，带有生产性质的作业式仓库可调加权值为0.95，大部分生产性责任单位为1.0；现场物料繁杂、面积较大的生产车间视必要可将加权值上调为1.1。<br>　4.4.4 根据每个责任区域的加权值前得分再乘以该区域的加权值得该区域的最终得分，并将分值计入考核成绩汇总表，进行名次排定。<br>　4.5 名次排定<br>　4.5.1 对各责任单位经加权值后的综合得分进行排序，形成名次表。<br>　4.5.1 检查评分名次表由执行秘书下发至各责任单位，并由督导专员对各责任区域内的动态看板进行更新。<br>　4.6. 考评结果申诉程序<br>　4.6.1 须整改的责任区域应在规定的期限内回复推行小组，如有特别情况，应得到推行小组谅解并备案。<br>　4.6.2 须整改的责任区域对整改内容不清楚而造成未及时改善或回复的，可填报客观原因和后补改善行动。<br>　4.6.3 如对须整改项有异议的，找推行小组执行组长协商须整改项。<br>　4.6.4 对与 6S 推行执行组长协商的结果仍有争议的，报 6S 推行组长裁决。<br>　**五、问题改善及追踪确认**<br>　5.1 执行秘书根据交上来的检查评分表所列问题进行整理，将重点问题汇总，以书面形式的"问题整改通知单"交责任区域责任人进行改善。<br>　5.2 通知单交给责任人后，由责任人督促改善现场中出现的问题点，不断提高责任区域的 6S 水平。<br>　5.3 对各责任区存在的共性的问题，推行小组应召开专题会议讨论，形成制度化要求进行推广；对改善难度较大或一时难以解决的问题，责任人可报组长，由组长想办法进行专项解决。<br>　5.4 推行小组对下发的"问题整改通知单"进行整理汇总、备案，以便随时被查阅。<br>　**六、相关文件**<br>　（1）精益 6S 现场整理工作标准<br>　（2）精益 6S 检查评分表<br>　（3）精益 6S 评分统计表<br>　（4）精益 6S 推行过程问题点记录表<br>　（5）问题整改通知单 |

### 11.1.3　制定 6S 奖惩办法

实施 6S 评比还需要制定相应的奖励与惩罚制度，以保证 6S 绩效评审的合法性、权威性。6S 活动奖惩制度如表 11-2 所示。

表 11-2　6S 活动奖惩制度（示例）

| 6S 活动奖惩制度 |
|---|
| **一、目的**<br>　　为使精益 6S 活动能够全面、顺利地开展，完善公司管理机制，进一步维持精益 6S 推行成果，结合公司实况，特制定本制度。<br>**二、原则**<br>　　遵循"三公"（公开、公平、公正）、实事求是、奖惩分明、精神与物质奖励相结合原则。<br>**三、适用范围**<br>　　此奖惩制度适用于 ×× 公司下设的所有部门，具体范围参见"×× 公司精益 6S 责任区划分表"，各指定责任人及部门主管均接受此考评管理。<br>**四、权责**<br>4.1 精益 6S 推行主任<br>　　对推行小组执行主任提交的 6S 检查评分结果和奖惩内容进行审批。<br>4.2 精益 6S 推行执行主任<br>　　审核统计人员对检查表的统计的准确性，对统计结果负责；审核奖惩名单和内容，提交推行主任签准。<br>4.3 精益 6S 推行组成员<br>　　知悉推行小组检查评分结果和奖惩内容，与相关责任方进行沟通，促进持续改善活动的进行。<br>**五、奖励细则**<br>5.1 奖励资格<br>5.1.1 每一次检查评分中，在达到 70 分及以上的责任区域内选出前三名。<br>5.1.2 评分分数不高，责任区域分数达标（70 分）的个数不够时，则依次空缺；如排名前三的名次有同分的则并列排名。<br>5.1.3 有下列情形之一者，由责任区域主管提交申请，报请推行小组给予特别嘉奖。<br>（1）为 6S 推行提出具体实施方案，行之有效；<br>（2）改进工艺流程，提高产能或降低生产成本；<br>（3）面对意外事件或重大变故，积极采取措施，成功排除险情、处理危机；<br>（4）通过努力，有效遏制质量事故、设备设施事故等的发生。<br>5.2 奖励方式<br>5.2.1 奖励以下表中的方式为准。 |

| 名次 | 现金奖励 | 其他奖励 | 说明 |
|---|---|---|---|
| 第一名 | 500 元 | 流动红旗一面 | 流动红旗悬挂至下阶段检查评分时收回。 |
| 第二名 | 300 元 | 流动红旗一面 | |
| 第三名 | 200 元 | 流动红旗一面 | |

5.2.2 特别嘉奖奖励方式为通报表扬、发放证书和现金 50 元。现金奖励可视改善成果大小适当调整（未来提案制度完善时以提案制度奖励规则为准）。

5.2.3 原则上上月度的评分统计在下月度第一周的前三个工作日内完成，形成分值表和名次表交总经办签审，并于当周的例会上由执行组长召开 6S 评奖发布会，进行现金、证书发放以及流动红旗授予等。

5.3 惩罚细则

5.3.1 在 6S 检查评分以及推行活动中，成绩位列倒数第 1、2 名者且分数值在 60 分以下者，于检查评分的当月工资中分别罚款 100 元、50 元。

5.3.2 在 6S 检查评分以及推行活动中，有下列情形之一者在公司大宣传栏给予通报，以督促其及时改善到位。

（1）在 6S 推行工作中，态度消极，不服从任务安排，不按时完成任务；

（2）故意刁难 6S 推行人员，针锋相对，背道而驰；

（3）工作现场脏乱，工作秩序紊乱，对 6S 问题点改善不力；

（4）因疏忽导致零部件、工具损坏，给公司造成轻微的损失。

| 5.4 奖惩公示 |
|---|
| 每次的 6S 评分检查统计结果以及奖惩内容均张贴于公司宣传栏或刊于公司文化报中。 |
| **六、相关文件** |
| （1）精益 6S 评分结果公示表 |
| （2）精益 6S 检查奖惩公示表 |

### 11.1.4　做好 6S 检查准备

6S 评比开始前准备好 6S 检查表、评分夹、评比规则、评分记录表及检查人员袖章等。同时应明确问题点判定方式，通常采用少数服从多数原则。

#### 1. 考评人员确定及时间安排

6S 推行委员会根据各区域 6S 推行的实际情况，负责安排各区域的考评人员、人数，编制考评时间及人员安排表。6S 考评人员及时间表如表 11-3 所示。

表 11-3　6S 考评人员及时间

| 考评时间 | 考评对象 | | 考评人员 | | 备注 |
|---|---|---|---|---|---|
| | 单位 / 部门 | 责任人 | 成员 | 负责人 | |
| | | | | | |
| | | | | | |
| | | | | | |

在安排 6S 考评人员和时间的过程中，需要注意以下事项：

➢ 考评人员应由 6S 推行委员会和 6S 推行小组的成员共同组成，各考评小组必须选定一名负责人。

➢ 考评人员的安排应遵循回避原则，即考评人员不能参与本部门、本班组的考评工作，以求公正。

➢ 安排考评前应先与考评人员（特别是高层领导成员）及各部门、班组责任人进行沟通，以确保考评工作在不影响正常的生产运作的情况下开展。

#### 2. 准备考评工具

6S 推行委员会应准备的考评工具包括考评过程中使用的各种表单和文件夹、笔、检查袖章等。6S 考评工具一览表如表 11-4 所示。

表 11-4　6S 考评工具一览表

| 名称 | 作用 |
|---|---|
| 评分夹 | 固定各种考评表单 |
| 笔 | 记录 |
| 6S 检查表 | 填写考评内容、得分情况 |
| 6S 考评人员及时间表 | 安排考评人员、考评部门、时间等 |

续表

| 名称 | 作用 |
| --- | --- |
| 检查袖章 | 明示考评人员身份 |
| 6S 考评规则 | 规范考评程序，保证考评结果公平、公正 |
| 6S 奖惩办法 | 说明对考评结果所采取的奖励、惩罚措施的细则 |
| 6S 考评申诉表 | 员工对 6S 考评结果持异议时的一种信息反馈方式 |

为方便检查，可将各责任区域划分情况和加权值表粘贴在评分夹上，同时，将检查袖章别在衣袖上。

### 3. 召开考评前会议

6S 考评前会议由 6S 推行委员会执行秘书召开，参会者为 6S 全体考评人员。会议内容主要是向考评人员说明 6S 考评的规则、要求、注意事项、路线，以及考评的责任分工。做好上述准备工作后，即可开展 6S 考评工作。

6S 考评前的准备工作是极为必要的，它为 6S 考评工作的顺利开展做好了铺垫，避免因准备工作不足而在考评过程中造成失误的情况。

# 11.2　6S 评比控制

6S 评比工作应严格按照评比方案进行，做好评比过程控制、评分、结果反馈和辅导。

## 11.2.1　6S 评比方案确定

6S 检查活动方案是开展检查工作的指导文件，由 6S 推行委员会有关人员制定。

### 1. 6S 评比的原则

6S 评比要遵守以下原则：

➢ 检查过程公开透明。

➢ 检查对象应检尽检。

➢ 回避原则，检查人员不检查自己所在部门。

➢ 检查有始有终，完成闭环。

### 2. 6S 评比的权责

6S 检查要权责到人，每个区域、每项检查都要有责任人，评比结束后都可以溯源。

### 3. 6S 评比的检查程序

明确检查时间后，预先做好检查准备工作，同时告知各部门员工检查时间和检查内容，公布评分和奖惩办法，明确 6S 检查流程（见表 11-5）。

表 11-5  6S 检查流程（示例）

| 序号 | 步骤 | 流程说明 | 责任人 | 是否完成 |
|---|---|---|---|---|
| 1 | 排班 | 安排参与检查的具体人选，做好排班工作 | | □是 □否 |
| 2 | 通知 | 通知检查人员，确认具体人员 | | □是 □否 |
| 3 | 检查准备 | 根据参与检查的人数，打印检查表 | | □是 □否 |
| 4 | 检查记录 | 随时记录检查中发现的问题及处理思路 | | □是 □否 |
| 5 | 收集 | 检查结束后，将所有检查表收集在一起 | | □是 □否 |
| 6 | 汇总与评分 | 根据评分规则，做好评分统计、排名 | | □是 □否 |
| | | 将问题汇总，整理成改善单 | | □是 □否 |
| 7 | 审批 | 将评分结果公示表呈报总经理审批 | | □是 □否 |
| | | 将改善单提交总经理审批 | | □是 □否 |
| 8 | 结果公示 | 将评分结果公示表张贴于宣传栏 | | □是 □否 |
| | | 将改善单下发至责任区，并说明整改要求，包括责任人、标准、时间等 | | □是 □否 |
| 9 | 通知开会 | 通知各责任区开会 | | □是 □否 |
| | | 说明开会的时间、地点 | | □是 □否 |
| 10 | 会议准备 | 准备奖金，用信封包起来 | | □是 □否 |
| | | 将流动红旗收回 | | □是 □否 |
| | | 确认颁奖领导 | | □是 □否 |
| 11 | 会议协调 | 为颁奖领导传递流动红旗及奖金 | | □是 □否 |
| | | 颁奖过程进行拍照 | | □是 □否 |
| 12 | 会议收尾 | 会议结束后，整理会议室，做好清洁工作 | | □是 □否 |
| | | 整理本次检查过程资料并归档 | | □是 □否 |

开展 6S 活动大检查，是对整个企业 6S 推行效果检验的过程。通过 6S 活动大检查，可以检验推行 6S 给企业带来的改观，增强持续推行 6S 的信心和决心；同时，检查中可以发现以往的 6S 推行工作的不足之处，并在今后 6S 推行中加以避免。

### 11.2.2  6S 评比执行与评分

每个检查点的 6S 评比至少由两个人共同完成，并就检查状况进行评分。

#### 1. 6S 评比执行

6S 评比人员应按照 6S 评比方案进行评比。6S 评比现场如图 11-1 所示。

检查过程中检查人员应注意行为规范以及检查纪律，具体内容如下：

➢ 佩戴 6S 检查牌。

➢ 需要佩戴安全帽、穿安全警示服的，要穿戴齐全后进入现场。

➢ 两人一组，一人负责检查，一人负责记录。

➢ 检查过程中，不透露检查情况。

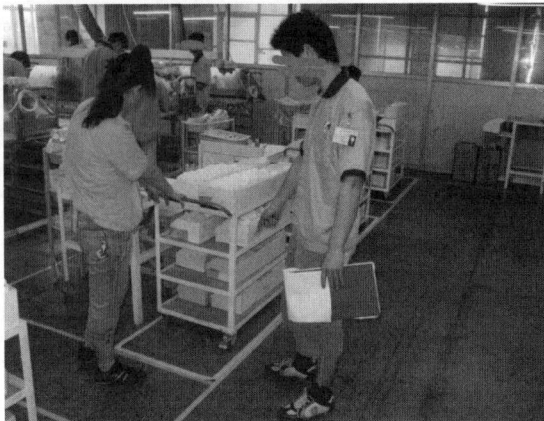

图 11-1　6S 评比现场

➤ 检查过程中不对暴露的问题做评价。

➤ 检查过程中不追责，不指导，避免冲突。

➤ 检查中拍摄典型的问题与优秀的场景。

### 2.6S 检查评分

为保证 6S 评比工作的公正、合理，在检查过程中应注意下列事项：

➤ 对 6S 检查表中的项目要进行全面检查，无相应项目则按相近项目进行检查，或添加备注进行记录。

➤ 一个部门的检查工作结束之后，检查人员和被检部门负责人要在检查表上签名，以示担责。

➤ 检查完毕的次日上午，检查人员上交所有检查表单、工具。

➤ 各检查人员检查时，要记录重点问题。

检查结束后，检查人员和受检单位负责人在 6S 检查表上签名。

### 11.2.3　6S 考核反馈与辅导

6S 检查结束后，应对检查结果及时进行反馈，并对检查中发生的问题进行辅导，以保证 6S 推行能够出成效。

#### 1. 考核反馈

评比人员就考评分数进行反馈，让被考评单位及时知道本单位和其他单位的成绩。评分成绩要公开展示，包括个人成绩评比、各车间成绩评比，最好以展板的形式展现出来。6S 评分公示表如表 11-6 所示。

表 11-6　6S 评分公示

检查日期：2019 年 8 月 16 日　　　　　　　　检查次数：第一次稽查

| 名次 | 责任区 | 责任人 | 得分 | 奖罚情况 |
| --- | --- | --- | --- | --- |
|  | 行政一楼仓库 |  |  |  |
|  | 成品仓库 |  |  |  |

| 名次 | 责任区 | 责任人 | 得分 | 奖罚情况 |
|---|---|---|---|---|
| | 剑杆车间 | | | |
| | 喷气车间 | | | |
| | 白坯仓库 | | | |
| | 倍捻车间 | | | |
| | 喷水车间 | | | |
| | 围墙仓库 | | | |
| | 浆经车间 | | | |
| | 宿舍 | | | |
| | 食堂 | | | |

制表：　　　　　统计：　　　　　审核：　　　　　审批：

依据之前月度评比结果，制作各车间 6S 成绩趋势图，以直观地分析 6S 推行的整体水平，为下一阶段 6S 推行工作指明方向。6S 成绩趋势图如图 11-2 所示。

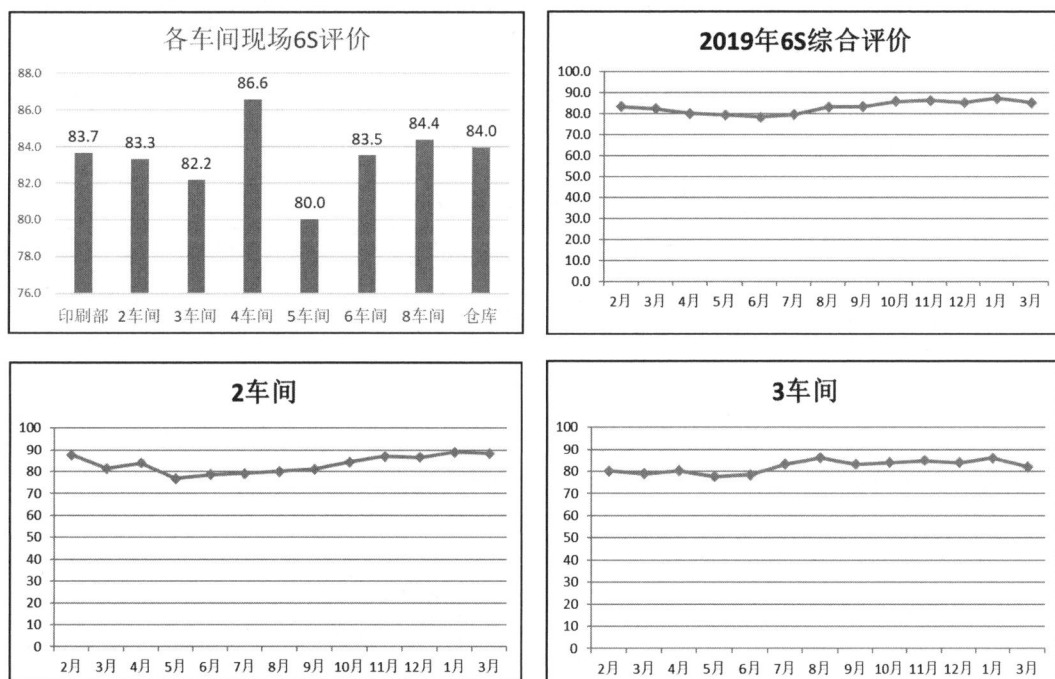

图 11-2　6S 成绩趋势图

6S 推行人员还应制作 6S 目标统计图、6S 问题分析图，进一步细化考核反馈情况。6S 推行执行委员长组织召开总结会议，6S 推行委员会委员、6S 推行小组组员和各车间负责人参会。

## 2. 辅导

6S 推行小组就评比结果进行辅导。

（1）组织相关车间、班组责任人参会，针对普遍问题进行集中培训，查明原因，指出不足，给出改善方案。

（2）6S 推行小组针对重点问题实施红牌作战，直至问题得到彻底解决。

# 11.3　6S 评比结果应用

6S 推行小组应充分重视 6S 评比结果的应用，以激励全员持续参与 6S 推行，同时也可以使 6S 推行越来越规范。

### 11.3.1　6S 推行成果发布与奖惩

对 6S 推行成果应予以充分展示，以让员工获得成就感，使其坚定推行 6S 的决心和信心，同时促进 6S 推行经验的交流。6S 推行成果展示可通过 6S 成果发布会进行。

### 1. 6S 成果发布会的形式

根据参会对象，6S 成果发布会的形式分为代表式和全员式。代表式和全员式发布会说明如表 11-7 所示。

表 11-7　代表式和全员式发布会

| 形式 | 内容 | 发布会不同点 | 发布会相同点 |
|---|---|---|---|
| 代表式 | 参会人员主要为各职能部门的代表 | 6S 推行委员会提前向各部门、单位下达参会通知，要求选派一名代表 | 1. 要合理安排会议时间，尽量避开生产繁忙期<br>2. 选定会场并进行妥当布置，如悬挂、张贴条幅，编排座位等<br>3. 准备会议工具，如会议电脑、音响、投影仪等<br>4. 做好会场管理，如说明会场纪律、进行会场清洁等 |
| 全员式 | 企业全体人员都参加 | 要选择合适的会议场所，或直接选择露天会场 | |

代表式成果发布会场景如图 11-3 所示。

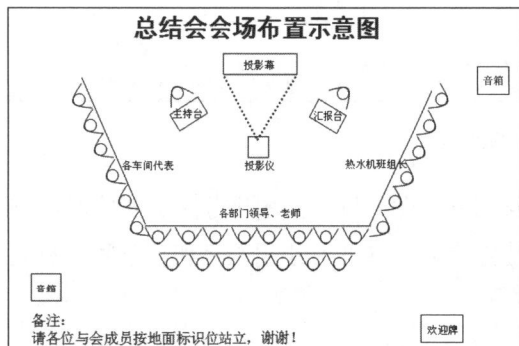

图 11-3　代表式成果发布会场景

成果发布会要邀请企业高层领导参与，制定规范的会议议程，提前演示发布的内容，准备好参观线路与景点，布置好发布会的现场，确保成果发布会顺利进行。

### 2. 确定成果发布会召开程序

为确保发布会达到预期的目的，6S 成果发布会的召开应按程序进行。6S 成果发布会的召开程序如图 11-4 所示。

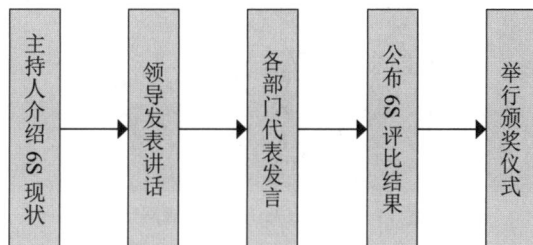

图 11-4　6S 成果发布会召开程序

### 3. 围绕 6S 成果发布会展示成果

（1）6S 成果发布会前。制作各类宣传展板、成绩公告榜，展示 6S 推行风貌、先进事迹、优秀案例。6S 公告榜如图 11-5 所示。宣传展板可放置于会场、食堂门口和企业专用宣传栏。

图 11-5　6S 公告榜

（2）6S 成果发布会上。展示优秀成果，表彰先进团队和个人，颁发荣誉证书、流动红旗等。优秀部门流动红旗展示如图 11-6 所示。

（3）6S 成果发布会后。公示奖惩结果；组织代表学习，观摩优秀团队 6S 现场；悬挂流动红旗，并在现场做简短表扬；通过报刊、宣传栏，宣传本次成果发布会。

企业推行 6S，如果缺少了检查，那么基层人员的执行力就容易打折扣。而对执行结果进行公布，则可以起到"奖励先进、惩戒落后"的作用，激发人们的热情，促进整个项目活动的开展。

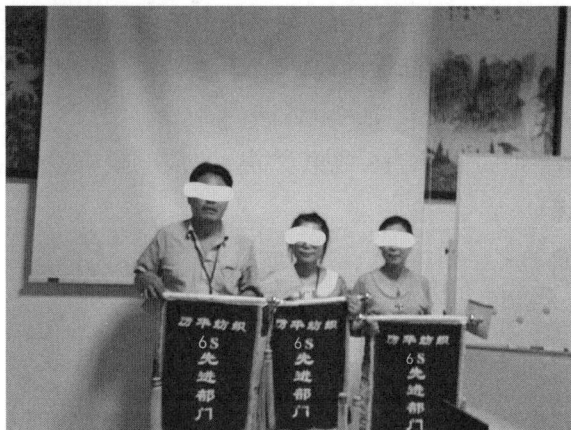

图 11-6　优秀部门流动红旗展示

### 11.3.2　6S 成果规范化、标准化

在展示 6S 成果的同时，对相关的标准文件进行修订，可以保证 6S 正确推行。标准文件的类别及修订内容如表 11-8 所示。

表 11-8　标准文件的类别及修订内容

| 文件类别 | 修订内容 |
|---|---|
| 物品的区分标准 | 1. 在巡查与改善过程中，发现旧标准中未加以明确的项目，在修订时要加入新标准中<br>2. 在改善过程中，如旧标准发生变化，应在新标准中予以修订<br>3. 根据实际操作情况，旧标准中不再使用的项目，在新标准中予以删除 |
| 6S 执行标准手册 | |
| 行政办公的 6S 标准 | |
| 文件资料的 6S 标准 | |
| 作业现场的 6S 标准 | |
| 作业信息的 6S 标准 | |
| 设备设施的 6S 标准 | |
| 仓储物流的 6S 标准 | |
| 总务后勤的 6S 标准 | |

标准应由 6S 推行小组进行修订，形成新的标准草案，并上报 6S 推行委员会，由委员长签署生效。标准生效后及时公示，同时将旧的标准统一回收处理。

### 11.3.3　制定永久性改善措施

在 6S 推行评比后，推行人员应针对重点问题与现场员工共同制定永久性改善措施，确保所有的事情一开始就做对，而无须反复。6S 问题改善措施如图 11-7 所示。

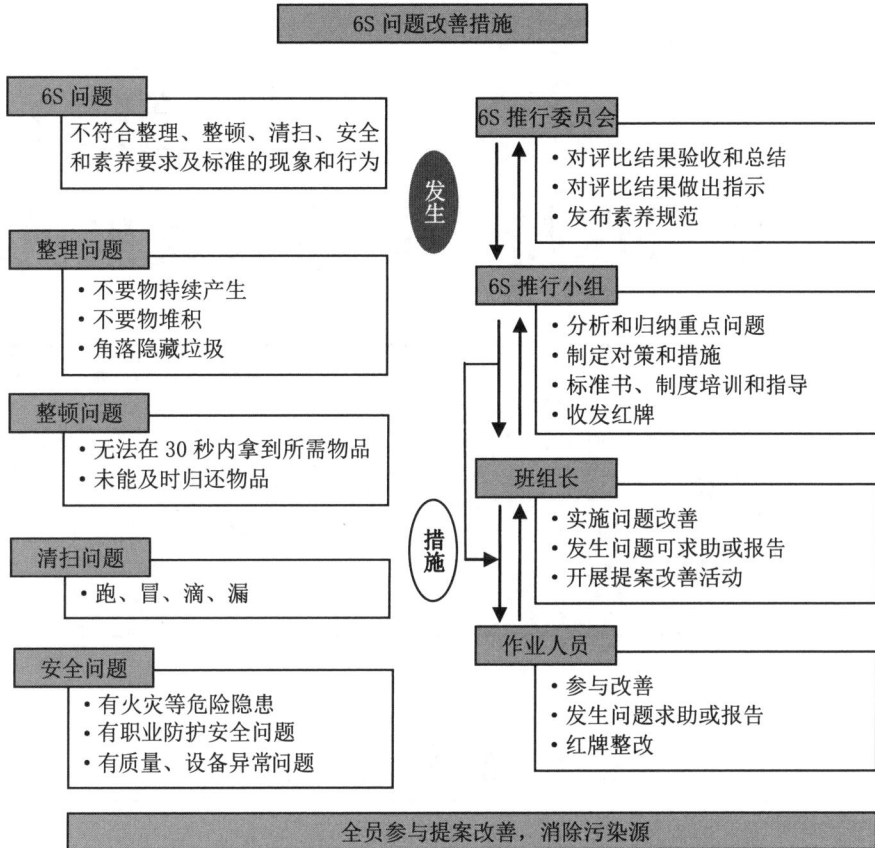

图 11-7  6S 问题改善措施

# 第 12 章
# 成果保持：6S 推行成果巩固

开展巡查和改善活动，可以巩固已有的成果，积累经验，并且积极挖掘问题根因和鼓励大家创造性地解决问题，进而使 6S 推行工作更上一个台阶。

## 12.1　6S 活动巡查

6S 推行委员会建立巡查小组，定期巡查和督导 6S 活动开展情况，为持续改善 6S 创造良好环境。

### 12.1.1　成立 6S 巡查小组

规定小组成员数量，明确其基本要求，是成立 6S 巡查小组的基础。

#### 1. 成员数量及组织结构

6S 巡查小组一般由 3～5 名 6S 推行委员会委员组成，其中，小组组长 1 名，其余皆为组员。其组织结构如图 12-1 所示。

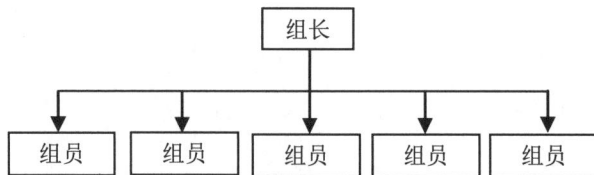

```
            ┌──────┐
            │ 组长 │
            └──────┘
    ┌────┬────┬──┴──┬────┬────┐
    ▼    ▼    ▼    ▼    ▼
 ┌────┐┌────┐┌────┐┌────┐┌────┐
 │组员││组员││组员││组员││组员│
 └────┘└────┘└────┘└────┘└────┘
```

图 12-1　6S 巡查小组的组织结构

#### 2. 6S 巡查小组成员基本要求

6S 巡查小组的成员应具备必要的素养和技能，以胜任 6S 巡查工作。

1）巡查组长的基本要求

巡查小组组长是 6S 巡查小组的管理者、组织者和领导者，要做到七勤，如表 12-1 所示。

表 12-1　巡查小组组长基本要求（七勤）

| 七勤 | 说明 |
| --- | --- |
| 眼勤 | 善于用眼睛观察现场情况，发现问题 |
| 耳勤 | 善于倾听各层关于 6S 推行的建议、意见 |
| 嘴勤 | 善于与高层人员和基层人员沟通交流 |
| 手勤 | 在现场亲自做示范性动作 |
| 脚勤 | 经常到现场巡查，了解真实情况 |
| 脑勤 | 善于思考，找出实践中的难题 |
| 心勤 | 经常以诚恳、谦虚的态度对待各层人员 |

2）巡查员的基本要求

6S 巡查小组巡查员的基本要求如表 12-2 所示。

表 12-2　6S 巡查小组巡查员的基本要求

| 基本要求 | 说明 |
| --- | --- |
| 服从命令 | 听从组长的工作安排与调配，服从上级命令与指挥 |
| 执行力强 | 能按时顺利地完成巡查小组分配的各项任务 |
| 时间充裕 | 能根据小组活动安排，定期参加各项巡查工作 |

## 12.1.2　建立 6S 巡查机制

在明确工作内容的基础上，6S 巡查小组需要采取一定的方法步骤开展 6S 巡查督导工作，为提升 6S 推行效果奠定基础。

### 1. 小组的工作内容

6S 巡查小组的作用是定期巡视现场 6S 活动推行情况，其工作内容如下：

➤ 定期（每周至少一次）巡查现场（包括车间、仓库、办公室等），把握现场 6S 推行活动现状。

➤ 发现 6S 推行活动中的问题，并及时向 6S 推行委员会反馈。

➤ 监督 6S 推行活动中各类问题的改善，跟进改善进度。

➤ 指导、协助现场人员解决 6S 推行活动中的各类问题。

➤ 认真听取基层对 6S 推行活动的建议、意见和要求，并及时反馈。

### 2. 小组的工作方法

6S 巡查小组开展巡查和督导工作的方法包括定期巡查法、不定期巡查法。具体要求如下：

（1）定期巡查法。每周至少巡查一次，一般在周四的下午到现场进行巡查和督导，发现问题，及时反馈。

（2）不定期巡查法。不定期到现场进行巡查和督导，随时发现 6S 推行中的问题，以便迅速采取措施解决。

### 3.小组的工作步骤

6S 巡查小组开展工作的步骤如图 12-2 所示。

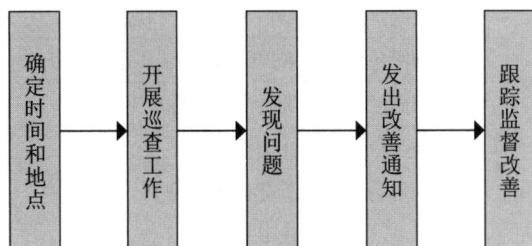

确定时间和地点 → 开展巡查工作 → 发现问题 → 发出改善通知 → 跟踪监督改善

图 12-2　6S 巡查小组开展工作的步骤

（1）确定时间和地点。开展巡查工作前，确定巡查的时间和地点。

（2）开展巡查工作。到确定的现场巡查，并多与现场人员沟通、交流，以便发现问题。在巡查过程中，可参考 6S 巡查标准。

（3）发现问题。在开展巡查工作的过程中，仔细观察和询问，发现 6S 推行中存在的问题。

（4）发出改善通知。向存在问题的单位或责任区发出 6S 问题改善通知书，要求其立即改善。

（5）跟踪监督改善。及时跟踪问题改善的进度，监督改善情况，必要时适当进行指导。

确定 6S 巡查小组的工作流程之后，6S 推行委员会应制定 6S 三级稽查制度，以指导稽查工作的开展。6S 三级稽查制度如表 12-3 所示。

表 12-3　6S 三级稽查制度（示例）

| 文件名称 | 三级稽查制度 | 文件编号 | LH-6S-A14 |
| --- | --- | --- | --- |
| | | 版　　本 | 第 1 版 |
| | | 页　　次 | 第 386 页 共 2 页 |

**一、目的**
　　为保障精益 6S 管理在 ×× 公司得到持续开展，使各区域责任人行之有据，各项工作处于可控范围内，帮助人们形成良好的工作习惯，从而更高效地保障 6S 推行质量和成果，特制定本制度。
**二、权责**
2.1　精益 6S 推行小组成员
　　指导行政人员、区域责任人及其他基层工作人员掌握科学的自查与督查方法，参与咨询辅导期的每周大检查活动。
2.2　区域负责人
　　根据稽查基准，检查自身工作，并督促其他工作人员按标准作业。对大检查或督查中发现的问题，及时安排整改到位。
2.3　一线工作人员
　　在交接班时做好现场维护、点检，并在指定日期内有效完成上级下达的整改意见。
**三、定义**
　　"三级稽查"，是指一级自查、二级督查、三级大检查。

续表

| 四、自查管理 |
|---|

四、自查管理

4.1 自查标准参照"现场清扫基准"。

4.2 在每日交接班时，各区域责任人应开展 5 分钟精益 6S 管理活动，宣导精益 6S 精神，点检所在区域的现状是否达到基准要求。

4.3 对于员工个人，应培养"人人都是清洁员"的责任意识，做到"所有作业垃圾入筐""全面保安全"等自主管理意识。

4.4 在进行点检时，可借助日清表、评分表，逐一核查现场情况。

4.5 在处理问题时，应选用科学的思维方式和习惯。

4.5.1 PDCA 管理法

PDCA 循环管理有助于逐步强化人们精益求精的精神，保证现场管理水平不断得到提高。

（1）P（Plan，计划），是指针对某个主题或问题，确定具体操作计划。

（2）D（Do，实施），是指安排具体时间期限，实地去做，确保完成计划内容。

（3）C（Check，检查），是指汇总计划的结果（包括成绩和不足）。

（4）A（Action，处理），是指肯定成功经验，并实现标准化；总结失败教训，在下一阶段改进。

4.5.2 改善通知单

借助鲜明的成果对比，帮助一线工作人员坚定改善的信心，最终养成持续改善的意识。具体格式参见"×× 车间外围高温、高压设备区改善单"。

（1）针对典型问题或发红牌问题，提出改善单。

（2）改善单上要明确描述问题情况，说明改善预期效果，并更新改善后状态。

（3）总结改善前后的效果差距，效果要鲜明，否则即判为"失败"处理个案。

4.5.3 预防机制

对于重复发生的同类问题，应设立预防机制。比如，对于常见的作业失误，可以设计防呆措施，使作业人员在操作时自觉地避免犯错。

（1）全员不断总结工作中重复发生的各类典型问题。

（2）区域责任人和基层员工针对问题进行讨论，提出预防处理规范，防止同类问题再发生。

五、督查管理

5.1 例行检查的排班组织

5.1.1 例行检查人员由固定人员和可参与人员组成。

5.1.2 由行政专员安排每日例行检查的具体人选，做好排班工作。

5.1.3 例行检查前，安排行政专员负责通知例行检查人员做好准备，并打印检查表，人手一份。

5.1.4 例行检查定时进行。如检查人员临时有事，应自行安排他人代班，以确保检查工作正常进行。

5.2 例行检查结果管理

5.2.1 检查结束后，由行政专员负责进行评分统计。

5.2.2 对于日常检查的结果，要及时统计、排名。

5.2.3 每次统计结果及奖惩说明，应交总经理核准，及时公示，并召开会议说明。

5.3 日常检查问题的处理

5.3.1 例行检查人员在发现问题后，及时汇总问题，保留现场照片，提交处理意见。

5.3.2 总经理对处理意见进行审批后，交区域责任人进行确认，并对问题处理的标准、时限等进行细化说明。

5.3.3 如果问题在第一次发现后未得到及时处理，则在第二次发现时，下发红牌。

六、大检查管理

6.1 大检查的组织

6.1.1 以周为单位，于每周五 13:00—15:00 进行大检查。

6.1.2 参与大检查的人选，除公司领导和各大区域责任人以外，各区域可安排细分责任区的负责人轮流参与大检查。

6.1.3 行政专员应预先进行大检查人员排班。

6.1.4 大检查前，由行政专员确定并通知参加大检查的人员。

6.1.5 行政专员应按照实际参加大检查的人数，打印"精益 6S 检查评分表"，人手一份。

6.2 大检查结果管理

6.2.1 大检查过程中如发现重大问题，及时下发红牌。

续表

| |
| --- |
| 6.2.2 检查后，由行政专员负责进行评分统计，向总经理提交评分结果。<br>6.2.3 大检查结果与例行检查结果加以汇总统计，各占 50%，形成最终评分结果。<br>6.2.4 总经理对评分结果进行审批后，行政专员应于当日或次日，组织结果公示活动。<br>（1）向评分前三名的责任区域颁发奖金和流动红旗。<br>（2）对评分后三名的责任区域予以批评。<br>（3）对连续两次倒数第一名的责任区域，下发黑旗。<br>6.3 改善问题的处理<br>6.3.1 对于大检查中发现的典型问题，行政专员应及时汇总问题，下发问题改善通知单。<br>6.3.2 下发改善通知单时，要确定责任人，向其详细说明整改方法、应达成的标准，并限定整改日期。<br>6.3.3 改善通知单下达后，行政专员在整改过程中加以督促，以确保区域责任人及时处理到位。<br>6.3.4 改善通知单内容要求：<br>（1）明确的责任人。<br>（2）有时间限制。<br>（3）有方法说明。<br>（4）有完成标准。<br>（5）有督导人。<br>**七、红牌管理**<br>7.1 在第一次检查中，被发红牌者，每次扣 5 分。<br>7.2 在第二次检查中，如果再次因同一问题被发红牌，则每次扣 10 分。<br>7.3 私自撕下红牌者，每次扣 10 分，并在会上公开批评，令其做自我检讨。<br>**八、相关文件**<br>（1）现场清扫基准<br>（2）各责任区 6S 检查评分表<br>（3）例行督察排班表<br>（4）大检查排班表<br>（5）问题改善通知单<br>（6）红牌 |

## 12.1.3 改善与追踪 6S 问题点

6S 巡查小组在开展巡查工作的过程中发现问题，应及时指出，并协助进行改善。重点问题改善与跟踪的步骤如下。

### 1. 发现问题

6S 巡查小组巡查现场时，需要将所有发现的问题一一记录下来。

### 2. 确定重点问题

6S 巡查小组成员通过讨论，从众多问题中选出当前需要重点解决的问题。同时，及时向 6S 推行小组反馈情况。

### 3. 发出改善通知

向存在重点问题的责任区域发出问题改善通知单，并将问题产生的原因和分析内容反馈给该区域负责人和部门主管。6S 问题改善通知单如表 12-4 所示。

表 12-4  6S 问题改善通知单

| 6S 问题改善通知单 | | |
| --- | --- | --- |
| 责任区域：_____ | 职能部门 / 人员：_____ | 日期：_____ |
| 类型：□初发　　□再发 | | 级别：□一般　　□严重 |
| 问题点与现象描述： | | |
| 改善期限：_____ | 责任人：_____ | |

### 4. 限期整改的执行

发出问题改善通知单后，6S 巡查小组应采取有效措施督促各问题部门执行整改措施。可要求各问题部门在问题改善通知单发出后 4 个工作日内，递交"问题点整改计划书"，以保证整改工作顺利完成。问题点整改计划书如表 12-5 所示。

表 12-5　问题点整改计划书（示例）

| 问题点整改计划书 | | | 编号： | |
|---|---|---|---|---|
| 问题部门： | | 责任人： | | |
| 决议时间： | | 决议地点： | | |
| 决议主题： | | 参加人员： | | |
| 序号 | 问题点 | 设备管道过低，影响作业人员通行，存在安全隐患 | | |
| 1 | 原因解析 | 对安全、清扫管理理解欠精准，作业现场管道横跨通道，阻碍通行，未有效落实 6S 管理 | | 改善前 |
| | 改善对策 | 作业场所安全管理要求为：在现场不得有影响人员走动、搬运的设施。应重新设计管道路线，拆除当前管道，营造安全作业的环境 | | 改善后 |
| 执行日期： | | 完成日期： | 审批人： | |

### 5. 限期整改的复查（追踪）

在重点问题的改善过程中，6S 巡查小组应定期监督改善情况，跟踪改善进度。开展改善跟进工作可借助一定的工具，如表 12-6 所示。

表 12-6　重点问题改善跟进表

职能部门：　　　　　　　　　　　　　责任区域名称：

| 跟踪日期 | 改善进度描述 | 跟踪人 | 区域负责人 |
|---|---|---|---|
| | | | |
| | | | |
| | | | |

在跟踪过程中，还应就整改内容进行复查，以确认问题点的整改效果并调查是否出现新的问题点。限期整改复查表如表 12-7 所示。

表 12-7　限期整改复查

| 受查部门： | | | 责任人： | |
|---|---|---|---|---|
| 复查日期： | | | 整改期限： | |
| 编号 | 问题点描述 | 整改现状 | 效果确认 | |
| 1 | | □完成　□未完成 | □不合格　□合格　□优秀 | |
| 2 | | □完成　□未完成 | □不合格　□合格　□优秀 | |
| … | | □完成　□未完成 | □不合格　□合格　□优秀 | |
| 复查人： | | 部门责任人： | 审核人： | |

对于整改工作尚未完成或效果不合格的部门，要予以警告，并再次下问题改善通知单。

# 12.2　6S 活动督导

6S 督导在企业推行 6S 中有着重要的作用，专门为企业成功推行 6S 提供技术支持以及纠偏管理。

## 12.2.1　6S 督导责任落实

6S 推行小组设督导员 1 名，可以由熟悉 6S 事务的管理人员担任，一般由部门派员外出学习或经培训后担任此职。

## 12.2.2　6S 推行督导技巧

在推行 6S 的过程中，需要采用一定的督导技巧，加强 6S 推行管理。

### 1. 改变工作观念

开展 6S 推行的督导工作，在观念上存在 5 个盲点，即不知、不觉、不愿、不能和不力。为了搞好督导工作需要消除这 5 个盲点。

➢ 不知：不明白改善为何物，只提出要求，而缺乏指导。
➢ 不觉：没有发现和分析问题的能力。
➢ 不愿：不愿意或不尽力改善。
➢ 不能：无权改善，无法干预。
➢ 不力：改善能力不足，改善方法不好，导致改善力度不够，不能坚持下去。

### 2. 积极争取企业各层人员的支持

企业各层人员的有力支持，是顺利推行 6S 的保障。因此，为获得各层人员支持，可针对不同层人员采取不同措施。

- ➢ 对于高层领导，向其说明推行 6S 的作用和益处，使其重视。
- ➢ 对于中层管理者，向其说明推行 6S 对该层人员的实际效益。
- ➢ 对于基层人员，加强交流与沟通，使其明白推行 6S 对其的影响。

### 3. 建立全面服务意识

建立全心全意为推行 6S 服务的意识，具体做好以下 3 个方面工作：

- ➢ 部门要求进行 6S 活动现场指导时，须按规定做好各项工作。
- ➢ 善于到现场巡查，发现问题，及时协助有关人员解决。
- ➢ 善于向各责任单位传达 6S 活动的信息，传授推行方法和技巧。

### 4. 提升自我能力

努力学习 6S 推行活动各方面的知识，多了解相关的技能和方法，多参与相关的培训活动，不断增加自己的知识，提升自身的能力。

### 5. 善于与现场人员沟通

在开展现场巡查与督导的过程中，应多与现场人员进行沟通和交流。对于他们提出的意见、建议和要求，可当场解决的给予指导，需要讨论分析的记录下来，待日后反馈。

### 12.2.3　6S 推行冲突化解

在推行 6S 过程中，员工因个人素质、利益、观点等存在差异，6S 推行工作往往会受到排斥、抵触，当这种情况出现时，会严重影响 6S 推行工作。对员工消极行为的处理应遵照一定的步骤进行。

### 1. 调查抗拒情况

在推行 6S 时，如果发现员工存在排斥、抵触等情况，应及时开展调查，搜寻相关信息，包括它的强度、范围及消极群体人数等。

### 2. 分析产生原因

通过整合调查收集到的相关资料，分析产生抗拒人员的原因。一般来说，产生抗拒人员的原因有以下 4 种：

- ➢ 开展 6S 推行活动触犯到某些单位、小团体或个人的利益。
- ➢ 个人主观上认为推行 6S 没有实际作用。
- ➢ 受他人唆使，故意对抗。
- ➢ 心怀其他不正当的目的。

### 3. 加强沟通与交流

与抗拒人员进行诚恳的沟通与交流，了解对方的真实想法。沟通与交流的方式有以下两种：

- ➢ 直接与抗拒人员进行面对面的坦诚交流。
- ➢ 借助别人的力量进行间接沟通。如果经过沟通与交流后可消除相关人员的消极情绪，那么就无需此步骤；如果不能达到目的，则双方共同协商。

### 4. 处理抗拒力量

执行处理方案并制定相关的规章制度，最大限度地解决抗拒因素，为 6S 持续推行扫清障碍。

# 12.3  6S 改善提案

6S 改善提案是在 6S 推行活动中，针对现场、现物、现实等的不足，提出的相应的解决方案，以提高 6S 活动管理效率和创新 6S 活动管理的方法。企业应针对全体员工不同层次的需求，开展 6S 改善提案活动。

## 12.3.1  6S 改善提案目的

开展 6S 改善提案活动可以实现以下 4 个目的。

### 1. 解决 6S 推行中各种问题

不同部门和岗位人员针对其工作实际，提出各种具有创新性和实效性的改善提案，能够有效解决 6S 活动中的各种问题。

### 2. 培养员工发现和改善问题的能力

广泛、深入、持久地开展现场改善提案活动，可有效提高现场人员自我改善的能力，养成自我改善的习惯，从而形成善于发现问题、改善问题的意识。

### 3. 增进管理人员与现场人员的沟通

通过开展改善提案活动，可增加管理人员与现场人员接触的机会，增进双方的沟通和交流，拉近二者的距离，从而形成改善问题的良好氛围。

### 4. 进一步推进 6S 活动的开展

通过开展 6S 改善提案活动，可以不断解决 6S 活动过程中的各种问题，扫清推行工作的障碍，为深入开展 6S 活动奠定基础。

## 12.3.2  6S 改善提案标准

6S 推行小组制定改善提案评分基准，以作为评价和奖励的基础。改善提案的评分基准如表 12-8 所示。

表 12-8  改善提案评分基准

| 分数 \ 等级 | | E | D | C | B | A | 分数 | 备注 |
|---|---|---|---|---|---|---|---|---|
| 有形成果 | 50 分 | 实施后所能获得的成本节约金额（元） | | | | | | |
| | | < 1000 | 1000 ～ 5000 | >5000 ～ 10000 | >10000 ～ 50000 | > 50000 | | |
| | | 0 ～ 10 | 11 ～ 20 | 21 ～ 30 | 31 ～ 40 | 41 ～ 50 | | |

续表

| 分数＼等级 | | E | D | C | B | A | 分数 | 备注 |
|---|---|---|---|---|---|---|---|---|
| 无形成果 | 10 分 | 安全，卫生，环境，质量，积极性提高 | | | | | | |
| | | 环境卫生改善 | 质量提升 | 安全性加强 | 均有所提高 | 均有提升，且效果明显 | | |
| | | 0～2 | 3～4 | 5～6 | 7～8 | 9～10 | | |
| 创新性 | 10 分 | 独创性，小窍门 | | | | | | |
| | | 无新意 | 有新意 | 有独创性 | 很有独创性 | 最有独创性 | | |
| | | 0～2 | 3～4 | 5～6 | 7～8 | 9～10 | | |
| 实用范围 | 10 分 | 改善内容值得推广利用的范围 | | | | | | |
| | | 个人 | 小组内 | 部门内 | 企业内 | 社会上 | | |
| | | 0～2 | 3～4 | 5～6 | 7～8 | 9～10 | | |
| 可行性 | 10 分 | 改善内容的可行性 | | | | | | |
| | | 大量整修 | 适度整修 | 少许整修 | 微调 | 直接实施 | | |
| | | 0～2 | 3～4 | 5～6 | 7～8 | 9～10 | | |
| 资源投入 | 10 分 | 改善须投入的资金、人力、物力（元） | | | | | | |
| | | ≥ 10000 | 9999～8000 | 7999～5000 | 4999～2000 | ≤ 1999 | | |
| | | 0～2 | 3～4 | 5～6 | 7～8 | 9～10 | | |
| 总体表现 | 100 分 | | | | | | | |
| | | | | | | 等级： | | |
| 奖励办法 | | | | | | | | |
| 制表 | | | 审核 | | | 批准 | | |

　　6S 推行小组依据提案评分基准对各类提案进行打分，最后分值作为奖励的依据。改善提案活动应融入员工的日常工作之中，做到边工作、边发现、边改善，从而不断促进 6S 管理水平的提升。

### 12.3.3　6S 改善提案制度

　　6S 推行委员会起草制定 6S 改善提案制度，签审后纳入企业的管理制度体系，随管理流程运行。在推行 6S 中，推行小组负责落实改善提案制度。改善提案制度如表 12-9 所示。

表 12-9　改善提案制度（示例）

| 文件名称 | 改善提案制度 | 文件编号 | LH-6S-A01 |
|---|---|---|---|
| | | 版　本 | 第 1 版 |
| | | 页　次 | 第 394 页 共 405 页 |

一、目的
1. 培养干部、员工的问题意识和改善意识。
2. 改善员工精神面貌，创建积极进取、文明健康的企业文化。

3. 改善员工发现问题和解决问题的能力，提高员工的技能水平。

4. 改善员工工作环境，提升员工满意度。

5. 改善设备的运行条件，提高设备运行效率。

二、范围

公司所有员工。

三、权责

1. 改善提案提出：各单位 / 个人

2. 提案受理：6S 推行小组

3. 提案判定审核 / 追踪：6S 推行小组

4. 提案核准：总经办

5. 提案展开落实：提案实施单位

6. 协助部门：全公司各部门

四、定义

改善提案活动是公司通过制度化的奖励措施，引导及鼓励各级干部、员工积极主动地提出并实施任何有利于改善公司生产环境、生产效率、产品质量、作业方式、管理流程等的改进意见或创造发明的活动。

五、作业内容

5.1 改善提案提出与受理

5.1.1 提案人 / 团队认真填写改善提案表时，须清楚填写本人姓名、单位和改善主题。

5.1.2 为避免提案被盗用，故不设立改善提案箱，提案人可将提案呈报给直属主管或直接报到精益 6S 推行小组。

5.2 改善提案审核

5.2.1 精益 6S 推行小组收到提案后及时登记，与生产部等相关部门评估审核提案可行性。如果可行，确定执行部门与责任人以及执行日期，否则将不受理。

5.2.2 提案经审核后的处理意见由推行小组以书面方式返给提案提出方，确保信息沟通的及时性和有效性。

5.2.3 受理的提案执行结束后，效果将以各部门的成本数据为依据，行政部与 6S 推行小组一起评估该提案的成本节约金额（有形效果），具体评估标准见"改善提案效果评分标准"（见附件）。

5.3 改善提案审核

5.3.1 精益 6S 推行小组与行政部根据实际运作结果，共同评估该提案的等级，呈报总经办对其效果进行最终判定，核准后由精益 6S 小组申请提案奖金。

5.3.2 改善提案奖励制度：

| 提案等级 | 个人奖励 | 团体奖励 |
| --- | --- | --- |
| A | 600 元及以上 | 1000 元及以上 |
| B | 301 ～ 400 元 | 401 ～ 800 元 |
| C | 101 ～ 300 元 | 201 ～ 400 元 |
| D | 51 ～ 100 元 | 101 ～ 200 元 |
| E | 10 ～ 50 元 | 0 ～ 100 元 |

5.4 提案展开实施

5.4.1 精益 6S 推行小组及时主持改善成果会议，进行改善经验分享，根据提案等级发放奖金。

5.4.2 会议上向各需要改善的其他部门发布实施指令，限期整改。

5.4.3 精益 6S 小组与行政部将开展实施的提案登记入"受理提案追踪一览表"进行追踪。

5.4.4 执行部门每月将提案实施状况记录至"改善提案实施状况表"，详细记录当月达成状况及下月采取的措施，呈交精益 6S 推行小组 / 行政部核准评估，并在每月成本会上进行专项说明和经验分享。

5.5 相关规定

5.5.1 提案实施部门务必确实落实提案相关工作，否则将提报上级处理。

| 提案等级 | 追踪期限 | 奖励金额 |
|---|---|---|
| A | 12 个月 | 1000 元以上 |
| B | 6 个月 | 600 ~ 1000 元 |
| C | 1 个月 | 100 ~ 300 元 |

5.5.2 如因相关因素影响提案无法展开或需要降低标准，执行部门必须在每月"改善提案实施状况表"上说明，呈报精益 6S 推行小组 / 行政部审核确认。

附件：相关表格

（1）改善提案效果评分标准

（2）改善提案表

（3）改善提案实施状况表

（4）受理提案追踪表

| 制表 | | 审核 | | 批准 | |
|---|---|---|---|---|---|

### 12.3.4　6S 改善提案实施

6S 改善提案的实施大致分为 3 个过程，分别为提案提交、提案审核、提案落实，具体介绍如下。

**1. 明确 6S 改善提案范围**

改善提案需要确定范围，让员工有规范可依，避免出现无效的提案，导致工作无成效，影响员工参与的积极性。

**1）提案受理的范围**

凡对企业 6S 管理改善、运作经营有实际效益的意见、发明、构想，均可作为提案内容。具体包括：

➢ 改善操作方法；

➢ 改善作业程序或作业动作；

➢ 改善机械布置和工具、治具；

➢ 改善质量；

➢ 降低成本；

➢ 利用和节省原料；

➢ 改善物料搬运；

➢ 改善工作环境；

➢ 改善意外事件的防止、安全措施；

➢ 改善不良品、废品回收利用。

**2）不受理提案的范围**

凡对企业 6S 管理改善、运作经营没有实际效益或作用的意见和建议，不属于受理范围之内。具体包括：

➢ 无建设性的批评、投诉等；

> ➤ 无实际操作价值的，纯属个人想象的、空洞的内容；
>
> ➤ 已经采用过或实践失败的方案；
>
> ➤ 众所周知的事项或正在进行改善的项目；
>
> ➤ 对团体或个人进行恶意攻击的提案；
>
> ➤ 与国家专利法相抵触的提案；
>
> ➤ 有关福利、待遇、人事方面的建议。

### 2. 提案提交

要明确改善提案的提交形式，及改善提案的提交载体。一般来说，改善提案采用统一填写"改善提案表"的方式提交。改善提案表如表 12-10 所示。

表 12-10　改善提案表

| 提交人姓名： | | 部门： | | |
|---|---|---|---|---|
| 提交人工号： | | 提交日期： | | |
| 提案名称： | | | | |
| 现状问题描述： | | | | |
| 提案内容： | | | | |
| 实施条件： | | | | |
| 预期效果 | | | | |
| 效果描述： | | 效果计算（每月节省金额） | | |
| | 操作性提高 | ___秒 / 个 ×___个 / 月 ×___元 / 秒 = | | ___元 |
| | 成本降低 | ___元 / 个 ×___个 / 月 = | | ___元 |
| | 削减人员 | ___人月 ×___元 / 人月 = | | ___元 |
| | 品质提高 | ___% → ___% | | |
| | 安全操作环境 | | | |
| | 实施花费： | 元 | | |
| | 共计节省： | 元 | | |
| 评审小组意见： | | 评审结果： | | |

改善提案表设计完成之后，还应当对改善提案的提交方式加以明确。其方式为：由提交人到 6S 推行小组领取改善提案表，将提案表详细地填写完整之后，直接送交 6S 推行小组。

### 3. 提案审核

6S 推行委员会接收到一定数量的提案后进行评审。评审分为初审和复审两个部分。

1）初审

初审由部门、班组负责人进行，主要评审改善提案是否属于不受理的范围，并对提案的可行性进行初步判定。

部门主管对改善提案的初步判定完成之后，在判定不可行的提案上标注不可行的原因，直接返回给提交人；初审判定可行的方案，填写提案审查表，并与改善提案表一同提交至 6S 推行委员会。提案审查表如表 12-11 所示。

表 12-11　提案审查（示例）

| 初审 | 1. 提案是否属于不受理范围<br>（1）是，提案退回提交人，不受理原因如下：<br>□ 提案无具体内容<br>□ 提案内容为正在进行中的改善事项<br>□ 与之前受理的提案内容相同或方法类似<br>□ 提案内容为福利、待遇、人事方面的建议<br>□ 提案内容属于既有规定、操作标准，无建设性<br>□ 属于无实际意义的人身攻击、抱怨<br>（2）否，提案属于受理范围<br>2. 改善提案可行性初步判定<br>（1）提案可行性及实施部门<br>□ 可行，可由本部门自行实施<br>□ 可行，但需要其他部门协助实施<br>□ 不可行，退回提交人，不可行原因描述：_____<br>（2）预计完成日期：　　年　　月　　日<br>　　　　　　　　　　　　　　　　　责任人签署：<br>　　　　　　　　　　　　　　　　　初审日期： |
| --- | --- |
| 复审 | □ 同意采用<br>□ 列入效益追踪，追踪时间：　年　月　日至　年　月　日<br>□ 不同意采用，理由如下：_____<br>　　　　　　　　　　　　　6S 推行委员会委员长签字：<br>　　　　　　　　　　　　　复审日期： |

2）复审

复审由 6S 推行委员会会议讨论，审查的内容主要有改善内容的具体细节、实施可行性、实施条件、节省效益等。复审通过的提案进入实施程序；复审不通过的，在提案审查表上注明原因，与改善提案表一起退回提案人，并复印一份送总经理办公室备案。

**4. 提案落实**

改善提案通过复审后，由 6S 推行小组负责督导各部门改善提案的实施，其实施步骤如图 12-3 所示。

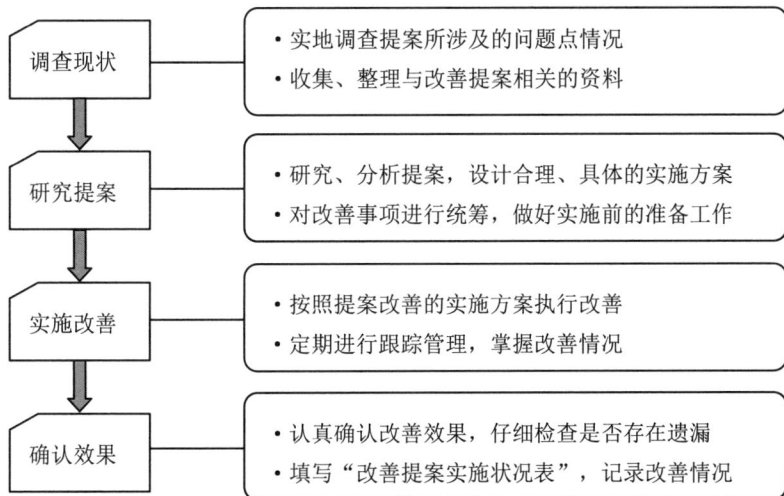

图 12-3　改善提案的实施步骤

改善提案的阶段性实施工作完成后，6S 推行小组填写改善提案实施状况表，对改善提案的具体实施情况予以详细记录，呈交 6S 推行委员会。改善提案实施状况表如表 12-12 所示。

表 12-12 改善提案实施状况

| 提案名称 | | | 提案人员 | | |
|---|---|---|---|---|---|
| 未提案前基准 | | | 执行日期 | | |
| 本月提案达成基准 | | 下月预计达成目标 | | 最终达成目标 | |
| 本月实施状况 | | | | | |
| 未达成最终目标检讨 | | | | | |
| 下月实施计划 | | | | | |
| 资管部评估 | | | | | |
| 精益 6S 小组评估 | | | | | |
| 核准 | | | | | |
| 制表 | | 审核 | | 批准 | |

在改善提案的实施过程中需要注意以下 3 个方面。

（1）提案实施前，6S 推行小组与提案人进行有效沟通，听取建设性意见。

（2）做好准备工作，包括实施条件、所需的物品、工具、改善经费等。

（3）制订具体改善计划，细化改善过程，明确改善周期和相关要求。

在改善过程中，6S 推行小组应积极与实施人员进行沟通，及时发现、解决问题，必要时予以帮助。

# 附录 A　6S 推行工具和表单明细

一、组织管理工具和表单
1. 6S 项目推行责任状
2. 6S 活动员工行为准则
3. 企业常用 6S 推行制度章程
4. 6S 推行委员会委员长职责说明
5. 6S 推行委员会执行委员长职责说明
6. 6S 推行委员会执行秘书职责说明
7. 6S 推行委员会推行委员职责说明
8. 6S 推行小组督导员职责说明
9. 6S 推行小组组长职责说明
10. 6S 推行小组组员职责说明
11. 车间与班组长 6S 推行职责
12. 管理层宣誓词
13. 部门员工宣誓词
14. 中高层管理人员 6S 知识测试题
15. 基层管理人员 6S 知识测试题
16. 基层员工 6S 知识测试题
17. 6S 有奖知识竞赛活动方案
18. 6S 标语征集活动制度
19. 6S 有奖征文稿件评分标准

二、推行方案工具和表单
20. 6S 推行主计划
21. 生产一车间 6S 推行计划（示例）
22. 6S 现场诊断的标准
23. 6S 现场诊断记录单
24. 可行性分析报告示例
25. 6S 候选样板区评分表
26. 6S 推行现状看板内容
27. 6S 样板区问题点记录表
28. 样板区（成品仓库）6S 检查评分表
29. 样板区（仓库）6S 标准书
30. 项目执行人员日清日结任务表
31. 个人日清日结工作表

三、整理活动工具和表单
32. 常见整理内容清单
33. 不确定物品判断表
34. 要与不要的物品列举
35. 不要物处理记录表
36. 不要物处理程序
37. 现场物品整理表

38. 现场不要物品处理确认单
39. 整理巡查表
40. 红牌
41. 红牌记录追踪表
42. 区域红牌看板

四、整顿活动工具和表单
43. 重要度和使用频率整顿表
44. 作业现场常用的线条规格
45. 某区域现场问题整顿表（示例）
46. 整顿任务改善表
47. 物料先进先出颜色标识
48. 颜色含义说明表
49. 标识系统

五、清扫活动工具和表单
50. 车间现场清扫基准表
51. 倍捻车间络丝机清扫基准书
52. 设备保养基准书
53. 清扫活动现场巡查表

六、清洁活动工具和表单
54. 清洁对象说明
55. 整理程度检查表
56. 整顿程度检查表
57. 清扫程度检查表
58. 3S 责任区域确认表
59. 整理工作的检查内容说明
60. 整顿工作检查内容说明
61. 清扫工作检查内容说明
62. 清洁检查表
63. 寻宝活动方案
64. 个人寻宝活动汇报表
65. 废品处理统计表
66. 车间责任区域细化统计清单
67. 6S 标准书
68. SOP 辅助记录表
69. 标准作业指导书示例
70. 3U-MEMO 检查表

七、素养养成工具和表单
71. 素养标准示例
72. 员工素养提升表

73. 员工素养模型

八、安全预防工具和表单
74. 安全管理的标准
75. 开展安全教育的方法
76. ×× 企业三级安全教育制度
77. 三级安全教育卡
78. 安全管理制度
79. KYT 表
80. 安全标识的颜色组成说明
81. 安全标识系统设计方法

九、6S 全面推行工具和表单
82. 办公室 6S 推行计划表
83. 整理的对象区分
84. 办公室清扫责任表
85. 办公室清扫基准（部分）
86. 办公室每天 5/10 分钟清洁活动说明
87. 办公室清洁检查表
88. 仪容仪表、举止规范
89. 办公室礼仪规范
90. 办公室行为规范
91. 办公室 6S 检查表
92. 作业现场 6S 推行计划表
93. 作业现场要与不要物内容（常见）
94. 作业现场清扫责任区域及标准
95. 作业现场每天 5/10 分钟清洁活动说明
96. 作业现场清洁检查表
97. 安全隐患目视化效果
98. 日常安全巡查的内容
99. 作业人员素养
100. 作业现场 6S 检查表
101. 设备 6S 推行计划表
102. 设备运行状态与点检标识
103. 设备清扫不合理记录表
104. 发生源对策实施台账表
105. 清扫（保养）基准
106. 设备清洁检查表
107. 设备安全可视化
108. 设备 6S 检查表
109. 物料计划 6S 推行计划表

110. 物料清扫检查一览表
111. 物料清扫检查记录表
112. 物料清洁检查表
113. 常见的搬运和贮存安全标识
114. 作业人员素养
115. 物料 6S 检查表
116. 仓库 6S 推行计划
117. 仓库整理
118. 仓库某区域清扫基准（验货区）
119. 仓库每天 5/10 分钟清洁活动说明
120. 仓库清洁检查表
121. 仓库素养管理要求
122. 仓库 6S 检查表
123. 总务后勤 6S 推行计划
124. 公共设施的可视化管理
125. 食堂每天 5/10 分钟清洁活动说明
126. 总务后勤清洁检查表
127. 总务后勤素养
128. 总务后勤 6S 检查表

十、6S 推行绩效评比工具和表单
129. 企业 6S 评分规则
130. 6S 活动奖惩制度
131. 6S 考评时间表
132. 6S 考评工具一览表
133. 6S 大检查流程
134. 6S 评分公示表

十一、成果保持活动工具和表单
135. 三级稽查制度
136. 6S 问题改善通知书
137. 问题点整改计划书
138. 重点问题改善跟进表
139. 限期整改复查表
140. 6S 推行小组督导员职责说明
141. 提案评分基准
142. 改善提案制度
143. 改善提案表
144. 提案审查表
145. 改善提案实施状况表

注：需要以上工具和表单的，请加微信领取（微信号：13973393969）。

# 参考文献

[1] 藤宝红. 6S 精益推行图解手册 [M]. 北京：人民邮电出版社，2014.

[2] 姜明忠. 6S 管理现场实战全解 [M]. 北京：机械工业出版社. 2019.

[3] 孙少雄，邱杰. 6S 精益管理（工具执行版）[M]. 北京：中国经济出版社，2020.

[4] 平野裕之，古谷诚. 改变公司面貌的 5S[M]. 孙猛，译. 北京：北京大学出版社，2005.

[5] 越前行夫. 5S 推进法 [M]. 尹娜，译. 北京：东方出版社，2011.

[6] 大西农夫明. 5S 管理务实 [M]. 高丹，译. 北京：化学工业出版社，2011.

[7] 曾跃频. 5S 推行问题与对策 [M]. 厦门：厦门大学出版社，2018.